Glenda

Liebe und Bewusstsein

Glenda Green

Liebe und Bewustsein

Gespräche mit Jesus

KOHA

Wichtiger Hinweis

Die im Buch veröffentlichten Empfehlungen wurden von Verfasserin und Verlag sorgfältig erarbeitet und geprüft. Eine Garantie kann dennoch nicht übernommen werden. Ebenso ist die Haftung der Verfasserin bzw. des Verlages und seiner Beauftragten für Personen-, Sach- und Vermögensschäden ausgeschlossen.

Aus dem Englischen
von Nayoma de Haën

first printing 2003

published with
Spirits Church, Sedona

Aus dem Englischen von Nayoma de Haën
Lektorat: Delia Rösel

1. Auflage: 2015
Gesamtherstellung: Karin Schnellbach
Druck: C.H. Beck
ISBN 978-3-86728-292-5

Inhalt

Einleitung

Die Helligkeit war so intensiv, dass alle Schatten im Raum verschwanden. Ein Blick nach oben bestätigte mir, dass der Kronleuchter ausgeschaltet war. Ohnehin fühlte sich dieses sanfte, weiße Strahlen, das wie eine Wolke vom Himmel herabzuschweben schien, nicht nach einem künstlichen Licht an. Eine Stille wie kurz nach frisch gefallenem Schnee erfüllte das ganze Haus. Silbrige Lichtfäden strömten durch diesen stillen, ehrfurchtsvollen Raum, energetische Wellen und leise Luftstöße wie von Flammen breiteten sich aus. Die Quelle dieser Impulse lag in einem Punkt gleißender Helligkeit, der wie die Sonne leuchtete und doch nicht glühend war. Er strahlte mehr wie die höchste Konzentration dieses Lichts, das den ganzen Raum erfüllte und dessen Herrlichkeit durch glänzende, silberne und goldene Muster noch erhöht wurde. Sie waren in schimmerndem Weiß miteinander verwoben und funkelten in Blau-, Rosa- und Lavendeltönen.

Ich konnte nur einen Augenblick lang in diese Mitte hineinblicken, weil sich meine Augen sofort mit Tränen füllten. Voller Ehrfurcht musste ich mich abwenden. In diesem Moment vernahm ich Klänge, die sich zu den Kadenzen und Mustern eines sprachlichen Ausdrucks formten. Nie zuvor hatte ich etwas Derartiges gehört. Die »Worte« begannen in meinem Geist eine Bedeutung anzunehmen und ihre Botschaft war »Sei gegrüßt, Glenda.«

Unbeschreibliche Heiligkeit erfüllte den Raum. Wenn Licht singen könnte, wären himmlische Sphärenklänge erklungen. Wenn Licht duften könnte, hätte es die Unschuld reiner Bergluft verströmt. Ich schaute wieder in das Zentrum des Lichts, doch die Helligkeit war einfach überwältigend. Ich schloss meine Augen, um sie vor diesem Strahlen zu schützen, und weinte dabei. In dem gleichen Augenblick, in dem ich mich so in mich selbst geflüchtet hatte,

schoss aus dem Zentrum dieser Erscheinung ein Strahl von Energie in den Punkt zwischen meinen Augenbrauen. Ich verspürte einen Druck und so öffnete ich die Augen, nur um tatsächlich einen Energiestrom zu sehen, der sich in mich ergoss. Zu meiner inneren Sicht zurückgekehrt, konnte ich beobachten, wie ein Bild meinem Gedächtnis eingeprägt wurde. In etwa fünf Sekunden war die Übertragung abgeschlossen, bei der das Bild in dem visuellen Bereich meines Gehirns offensichtlich so verankert wurde, dass es unveränderlich blieb und von mir zu jedem beliebigen Zeitpunkt betrachtet werden konnte.
Gebannt und hingerissen bestaunte ich eine vollständige, dreidimensionale, holographische Vision von Jesus Christus. Majestätisch stand er auf einem Hügel über einer grünen Flusslandschaft, Schafe weideten dort und darüber türmte sich eine große Wolke zu der Gestalt eines Löwen.
Ich musste tief Luft holen. Wo war ich? Befand ich mich immer noch im Bereich des normalen Lebens? Wenn ja, befand ich mich immer noch in meinem Haus oder hatte mich etwas in eine andere Zeit und einen anderen Raum versetzt?
Als meine Wahrnehmung wieder zur Normalität zurückkehrte, war die leuchtende Erscheinung verschwunden und die Wirklichkeit erschien wieder so, wie man es von ihr üblicherweise erwartet. Ich ahnte jedoch, dass gewisse Dinge für mich nie wieder so sein würden wie zuvor. Diese Ahnung bestätigte sich, denn nach diesem heiligen Augenblick veränderte sich mein ganzes Leben.
Das herrliche Licht war meiner Seele auf ewig eingeprägt oder vielmehr, mit meinem Herzen in einem vereinten, unendlichen Herzschlag verschmolzen. In mir war ein Funke zum Leben erweckt worden, der mich in ein immens erweitertes Bewusstsein und Leben führte. Wie weit das gehen würde, das konnte ich mir nicht vorstellen, aber eines war klar: Ich würde das Portrait malen, wie es mir schon in Träumen und Visionen vorhergesagt worden war. Als professionelle Malerin liebte ich zwar künstlerische Herausforderungen, doch in den letzten Monaten, als ich diesen Ruf erhielt ein

Porträt von Jesus Christus zu malen, hatte mich die Vorstellung, gelinde gesagt, eher mit Zurückhaltung als mit Vorfreude erfüllt. Doch jetzt traten alle Vorbehalte in den Hintergrund, denn ich hatte Sein Gesicht gesehen.

Vierzig Tage vergingen, bevor ich mir der Bedeutung dieser Erfahrung sicher genug war, um mit dem Malen beginnen zu können. Jeden Morgen war ich eifrig dabei, die Vision durch andächtige Bewunderung und Meditation lebendig zu halten. Ich vertiefte mich in jede Nuance und atmete sie in mich ein wie das Leben selbst. Im Laufe der Tage wurde die Vision vollständiger und die Gegenwart Jesu lebendiger. Allein schon diese Tatsache unterschied diese Erfahrung von vergangenen Erlebnissen mit Träumen oder visuellen Inspirationen, die durch Wiederholung meist verblasst waren.

Zunächst war das Gefühl so, als würde ich einen Freund grüßen, der sich auf der anderen Seite eines Fensters befand, durch die Glasscheibe von mir getrennt. Seine wunderbaren Augen, die eine immer tiefere Hingabe in mir hervorriefen, brachten jedoch schließlich das »Glas« zwischen uns zum Schmelzen und zogen mich magnetisch in Seine Welt. Dadurch wurde Seine Gegenwart noch unmittelbarer und lebendiger. Ich schien in eine, mit allen Sinnen wahrnehmbare Welt hineingeraten zu sein, die so lebendig und lebhaft war wie ein herrlicher Traum, doch in diesem »Traum« fühlte ich mich wacher als je zuvor.

Die Tage zwischen dem 23. November 1991 und dem 1. Januar 1992 waren mit Vorbereitungsarbeiten, Erkundungen und intellektuellen Betrachtungen angefüllt. Ich befasste mich plötzlich mit kosmischen, unendlichen Möglichkeiten. Ich erinnerte mich an mein Studium. Ich hatte mich mit der christlichen Kunst des Mittelalters beschäftigt und war daher mit vielen Darstellungen paranormaler Visionen von Jesus oder Maria vertraut. Angesichts der Prüfungen und Härten des klösterlichen Lebens, die mit solchen Visionen oft einhergingen, hatte ich zunächst etwas Sorge um mein Wohlbefinden. Doch meine hervorragende körperliche

Gesundheit und die Bestätigungen meiner geistigen Gesundheit durch andere zerstreuten diese Bedenken bald.

Weihnachten stand vor der Tür und angesichts all der damit verbundenen Geschäftigkeit beschloss ich, erst Anfang Januar mit dem Malen zu beginnen. Das gab mir auch Zeit noch einige Entscheidungen zu treffen und die Leinwand vorzubereiten. Zunächst musste ich mich auf das Format festlegen. Ich richtete also meine Aufmerksamkeit auf die Vision und bat Jesus um Rat. Das war das erste Mal, dass ich auf die Idee kam, mit der Vision zu kommunizieren. Die Antwort wurde mir eindeutig telepathisch übermittelt, ohne gesprochene Worte. Die Leinwand sollte ein Quadrat mit 1,20 m Seitenlänge sein.

Sooft ich mich auch durch den Blick nach innen ihrer versicherte, die Vision blieb glasklar und schien anzukündigen, dass eine vollkommen neue Welt geboren werden sollte. Sie war offensichtlich lebendig und ich bestaunte sie ehrfürchtig. Sie zeigte und verstärkte so viel von Seiner Lebenskraft, dass sie mir schließlich das Gefühl vermittelte, dass Er da war!

Die Tage zogen sich hin und die Spannung stieg. Es entstand ein starkes Gefühl der Gemeinschaft zwischen uns und die erwartungsvolle Stille war voll von noch Ungesagtem.

Als ich am zweiten Januar in mein Studio ging, war ich erfüllt von einem geradezu beunruhigenden Frieden… einem Frieden, auf den mein Körper nur mit einer Gänsehaut antworten konnte – es fühlte sich an, wie die Ankündigung der Gegenwart des Schicksals. Obwohl der Raum nach Leinöl und Terpentin roch statt nach Weihrauch, schien er doch die Atmosphäre eines Tempels zu haben. Vielleicht entsprach meine Wahrnehmung einfach meiner Erwartung, aber vielleicht war da auch wirklich eine geistige Präsenz, die an jenem Tag eine Art Öffnung für das zu Erschaffende bewirkte. Wie auch immer, meine Sinne waren so klar und frisch, als wäre ich gerade neu geboren worden. Von dem Staub auf den Fenstersimsen über meine chaotische Pinselsammlung bis hin zu der vor mir aufragenden Leinwand prägte sich jedes Detail meinem

Gedächtnis ein. Natürliches Sonnenlicht schien ins Zimmer und erinnerte mich an ein anderes, heiliges Licht, das ich vor nicht allzu langer Zeit gesehen hatte. Ich bewegte mich durch die Sonnenstrahlen und die Bewegungen meines Körpers verlangsamten sich dabei zunehmend bis hin zu völliger Stille. Die ernste Unausweichlichkeit des Augenblicks überwältigte mich und die Zeit schien still zu stehen. Tausend Augen schienen auf mich zu schauen und ich suchte innerlich und äußerlich, um meine »Beobachter« zu entdecken.

Ein forderndes Maunzen vor der Tür unterbrach die feierliche Ruhe. Was auch immer da im Studio vor sich ging, Gunnar, mein schöner, tibetischer Kater, wollte dabei sein. Zögernd öffnete ich die Tür, weil ich irgendwie erwartete, mehr als nur Gunnar gegenüber zu stehen, und war ziemlich erleichtert, nichts als das kleine Blauauge zu sehen. Er sprang flink herein, als ob der Zeitpunkt und die Gelegenheit nicht verpasst werden dürften, und machte es sich dann auf einem meiner zwei weißen Meditationskissen bequem. Ich wandte mich der jungfräulichen Leinwand auf meiner Staffelei zu, doch noch immer hatte ich nicht das richtige Gefühl, um anzufangen. Also setzte ich mich erst einmal neben Gunnar auf das andere Kissen und begann mit meiner täglichen Übung, mich auf den Lichtpunkt vor meinem geistigen Auge zu konzentrieren, bis die Vision wieder erschien. Heute wollte ich ihre Details besonders eingehend betrachten, denn wenn meine Aufmerksamkeit erst einmal auf die Leinwand gerichtet ist, bin ich vollständig von dem kreativen Prozess in Anspruch genommen. Plötzlich unterbrach ein neues Miau von Gunnar die Tiefe meiner Meditation und ein sanfter Wind strich durch den Raum und über mein Gesicht. Das »innere« Licht, welches das Bild vor meinem inneren Auge erhellte, schimmerte jetzt auch von **außen** durch meine Augenlider hindurch! Mit noch nie dagewesener Gewissheit öffnete ich meine Augen, um Christus vor mir stehen zu sehen, während ich zu Seinen Füßen saß.

Langsam und mit Ehrerbietung erhob ich mich, setze mich vor

die Staffelei und begann, auf die Leinwand zu zeichnen. Mein Problem, wie ich die Vision sehen und gleichzeitig malen sollte, hatte sich gelöst, auch wenn die dahinter stehenden Mächte mir ein Rätsel waren.
An jenem Tag fiel kein Wort, doch während ich Seine Umrisse auf die Leinwand übertrug, konnte ich gar nicht anders als lächeln. Seit jenem Augenblick erschien mir Jesus jedes Mal in dreidimensionaler Realität, wenn ich an dem Gemälde arbeitete. Von Tag zu Tag wurde es mehr als eine Vision. Er war da und wir waren durch diese Aufgabe, das Bild zu erschaffen, miteinander verbunden. Im Laufe der Jahre wurde mir klar, dass Sein Erscheinen eine viel größere Bedeutung hatte, als ich mir damals vorstellen konnte. Doch in Seiner Art der praxisbezogenen Spiritualität rief Er mich zuerst in dem Bereich in Seinen Dienst, in dem meine größte Stärke lag. Ich bin eine professionelle Künstlerin und Kunstdozentin. Ich habe an zwei großen Universitäten gelehrt und meine Arbeiten wurden in den besten Museen ausgestellt. Auf der professionellen Ebene war ich also für dieses Projekt gut vorbereitet, doch nichts hätte mich auf die Veränderungen in meinem Leben vorbereiten können, die mir bevorstanden. Es schien in erster Linie darum zu gehen, dass ich Jesu' Porträt malen sollte, doch es geschah mehr, als ich hätte ahnen können. Nach einer Weile kam zu Seiner herrlichen Erscheinung auch eine wohltönende Stimme hinzu und ich begann, mich mit Ihm zu unterhalten. Sechzig Tage lang sprachen wir, nur sonntags ruhte unsere Arbeit. Es war eine zutiefst persönliche Erfahrung, doch sie fand inner- und außerhalb von mir statt. Ich hatte nicht nur deutlich sichtbar eine heilige Präsenz vor mir, sondern ich vernahm auch einen weichen Bariton und antwortete darauf mit meiner eigenen Stimme. Die vorliegenden Texte sind nicht das Ergebnis von Telepathie, automatischem Schreiben oder Channeling. Wir sind alle Kanäle für Gott. Doch Channeling in einem Zustand von Trance fand hier nicht statt. Channeling ist eine uralte Praxis der Kommunikation von anderen Ebenen in diese hier. Zurzeit gewinnt Channeling wieder an Popularität und

ich erwähne es nur zur Unterscheidung, nicht um es zu bewerten. Jesu' Stimme war hörbar und ich antwortete bei vollem Bewusstsein – als das Gegenüber eines Dialogs. Ich machte mir ausführliche Notizen von unseren Gesprächen, doch vor allem erfuhr ich eine Bewusstseinstransformation, die im Laufe der Zeit immer deutlicher wurde.

Das Gemälde, das den Titel *»Das Lamm und der Löwe«* erhielt, wurde am 12. März 1992 vollendet. Damit war der Zweck von Jesu' Besuch zunächst erfüllt. In jenem Augenblick begann die Energie, die Seine Erscheinung hervorrief, sich aufzulösen und in reines Licht zurückzuverwandeln. Die auf dem Bild dargestellte, neue Vision konnte jetzt der Welt gezeigt werden und ich widmete mich voll und ganz dieser Aufgabe. Das Gemälde wurde an vielen verschiedenen Orten ausgestellt und Kunstdrucke davon in aller Herren Länder versandt. Vier Jahre lang ließ ich jedoch kein Wort darüber verlauten, dass es Gespräche gegeben hatte. Im Frühjahr 1996 erschien mir Jesus dann erneut und bat mich, Seine Botschaften an die Welt weiterzugeben. Ich begann im Laufe der nächsten sechs Monate damit, öffentliche Vorträge zu halten, die auf Kassette aufgenommen und schließlich in dem Buch »Unendliche Liebe – Jesus spricht« veröffentlicht wurden. Sein Ruf erschallte in alle Welt. Als Jesus im Winter 1992 die Worte »Du bist Liebe« zum ersten Mal aussprach, hatte ich das noch nie gehört, obwohl viele der großen, universellen Lehren diese Aussage sicherlich unterstützen würden. Inzwischen ist dieses Konzept eine Kernaussage, welche die Evolution unseres Bewusstseins beschreibt und voranbringt.

Die Auswirkungen dieser Arbeit zogen immer weitere Kreise und meine eigenen Erfahrungen damit erweiterten sich in andere Dimensionen des Lebens hinein und transformierten sie mit ihrer Kraft. Am Anfang meiner Beziehung zu Jesus war ich schüchtern und verhielt mich höflich und zurückhaltend Ihm gegenüber, so wie meine religiöse Erziehung mir das beigebracht hatte. Im Laufe der Zeit wurde der Umgang jedoch vertrauter. Ich erfuhr zum ersten Mal spirituelle Nähe zu jemandem, der jeden meiner Gedanken kannte und auf meine Fragen antwortete, bevor ich sie gestellt hatte. Als das Bild fertig war, hatte mich die Erfahrung auf vielfache Weise verändert. Mein Herz hatte sich gewandelt, mein Bewusstsein erweitert und auch meine Beziehung zu Jesus war ganz anders geworden, als meine religiöse Vorbildung es mich erwarten ließ. Ich sah Ihn nicht mehr als einen fernen Herrn, sondern als ein bedingungslos liebendes, transzendentes Wesen, erfüllt von unendlicher Gnade, dem ich mich nicht nur nähern durfte, sondern mit dem ich aus meinem Inneren heraus unmittelbar verbunden bin. Im Laufe der Zeit gewann unsere Beziehung an Tiefe und Vielfalt. Er wurde mir gleichzeitig teurer Freund und göttliches Licht.

Diese Veränderungen fanden bereits während des Malens statt. Eines Tages bemerkte ich während der Arbeit an dem Gemälde, dass ich besonders friedlich und entspannt war. Irgendetwas hatte sich in mir verändert und alle Anspannung aufgelöst, so dass ich ihm leichter gegenübertreten und offener mit ihm umgehen konnte. Plötzlich hatte ich die Idee, ihn darum zu bitten, seinen Namen so auszusprechen, wie er zu seinen Lebzeiten gesprochen wurde. Er erfüllte mir meinen Wunsch und sagte mit seiner schönen, vollen Stimme den Namen Jeschua. Es klang wie Je schu ha, dabei betonte er die erste Silbe am wenigsten, die zweite am stärksten und die dritte am zweitstärksten. Der Klang brachte etwas in meinem Herzen und Bewusstsein zum Schwingen.

Ich wusste aus Büchern um seinen hebräischen Namen, doch mir wurde plötzlich klar, dass ich ihn noch nie ausgesprochen gehört hatte. In unseren Bibelübersetzungen wird immer der Name Jesus verwendet und ich hatte das nie in Frage gestellt. Ich hatte naiverweise angenommen, dass es keinen Unterschied macht, mit welchem Namen man etwas benennt. Doch jetzt traf es mich tief, den Namen zu »spüren«, unter dem seine Freunde, Verwandten und Jünger ihn kannten. Zu seinen Lebzeiten hatte niemand den Namen Jesus verwendet.

Er bemerkte, was in mir vorging, und gab mir weitere Erklärungen. Seine Eltern hatten ihm den Namen Yehoschua ben Joseph gegeben. Das ist die zutreffendste Schreibweise angesichts der Tatsache, dass es im Hebräischen keine geschriebenen Vokale gab. Es gibt daher auch Varianten dieses Namens wie Jehoschua, Jeschua und Joschua. Er erklärte auch, dass zu seiner Zeit die hebräische Sprache stark mit dem Aramäischen durchmischt war. Aramäisch war damals die Sprache des einfachen Volkes, in der er auch lehrte und in der sein Namen Jeschua (mehr am Aramäischen orientiert) oder Yeschua (mehr am Hebräischen orientiert) lautete. Bedeutung und Klang bleiben sich dabei gleich.

Es gibt heute in der Christenheit ein wachsendes Bestreben, wieder seinen ursprünglichen Namen zu verwenden – und damit gehen die typisch menschlichen Diskussionen über die richtige Schreibweise einher. Angesichts der Fülle der archäologischen Fakten und theologischen Aspekte wird das sicherlich noch eine Weile so sein, doch manches ist uns bereits bekannt. Jeschua wurde in der griechischen Übersetzung zu Iesous oder Ihsouß, woraus dann im Lateinischen Iesus und im Laufe des Mittelalters Jesus wurde. Bis dahin hatte niemand ihn Jesus genannt.

In meinem Bewusstsein machte es einen enormen Unterschied, ihn wieder mit seinem ursprünglichen Namen anzusprechen. Es ließ nicht nur unsere Beziehung authentischer werden, sondern bewirkte auch, dass seine Worte ein inneres Wissen ans Licht brachten, das schon in mir gewesen war, von dessen Existenz ich jedoch keine Ahnung gehabt hatte.

Zunächst scheute ich mich davor, öffentlich von ihm als Jeschua zu sprechen. Der Name war mir zu kostbar, als dass ich mich auf Diskussionen darüber eingelassen hätte, für die ich mich auch gar nicht qualifiziert fühlte. Die Bibel nannte ihn Jesus – wer war ich schon, das zu ändern? Während der vielen Präsentationen des Gemäldes in Kirchen bemühte ich mich immer, die Tradition genauso zu ehren wie die Wahrheit. Also nannte ich ihn in meinen Vorträgen wie auch in dem Buch, das dann erschien, weiterhin Jesus.

Es war relativ ehrlich, denn auch ich hatte ihn lange unter diesem Namen gekannt und geliebt und mich oft mit ihm unterhalten. Ich verstand daher alle, die ihn in ihrem Herzen Jesus nannten und wollte ihre Hingabe nicht mit einem ungewohnten Namen stören. Ich befürchtete, damit mehr zu verlieren als zu gewinnen und schließlich war sein wahrer Name ohnehin »Liebe«.

Die Erfahrung hat jedoch gezeigt, dass meine Bedenken unnötig waren. Manchmal rief die Verwendung seines ursprünglichen Namens bei anderen auch die gleiche, tiefe Wirkung hervor wie bei mir: ein Gefühl der Wärme, der Klarheit und der Verbundenheit, des inneren Lichtes und des tieferen Glaubens. Unter dem Deckmantel der Rücksichtnahme hatte ich mich, gegen mein inneres Wissen, feige an die Tradition gehalten. Eines Tages öffnete ich die Bibel und las bei Matthäus 26,34-35, was Jesus (Jeschua) zu Petrus gesagt hat: »Wahrlich, ich sage dir: In dieser Nacht, ehe der Hahn kräht, wirst du mich dreimal verleugnen. Petrus sprach zu ihm: »Und wenn ich mit dir sterben müsste, will ich dich nicht verleugnen. Das Gleiche sagten auch alle Jünger.« Später am gleichen Abend erfüllte Petrus die Prophezeiung, indem er zu den Leuten im Hof des Hohenpriesters sagte: »Ich kenne diesen Mann nicht.« Wie Petrus weinte ich angesichts der Erkenntnis, dass ich ein Zeugnis zurückgehalten hatte, das für die Herzen anderer von Bedeutung sein könnte. Ich musste diese Diskrepanz endlich beseitigen, denn in meinem Herzen nannte ich ihn seit langem Jeschua.

In den Wochen und Jahren nach seinem Besuch begann ich jeden Tag damit, »Guten Morgen, Jeschua« zu sagen – und er war da. Ich dachte an seinen Namen und das für eine Situation notwendige Verständnis formte sich in meinem Bewusstsein. Ich tauschte Gedanken und Erfahrungen mit ihm aus und er fuhr fort, mich zu unterweisen. Abends sagte ich »Danke« und »Gute Nacht« und er besuchte mich oft in meinen Träumen. Er erschien mir weiterhin, allerdings spontan und unvermutet. Manchmal hatte ich auditive oder visuelle Wahrnehmungen und manchmal nicht. Gunnar sah ihn häufig, sie waren gute Freunde. Doch vor allem

spürte ich Jeschua's Präsenz in meinem Herzen und im Zentrum meines Seins. Jedes Mal wenn ich seinen Namen aussprach, erfüllten seine Liebe und seine Weisheit mein Bewusstsein.
Das Leben ist fließender als unsere Wahrnehmung uns vermuten lässt. Raum ist anpassungsfähig und Zeit ist nichts als ein Webstuhl, auf dem die Schicksalsfäden verknüpft werden, die dafür sorgen, dass sich die Ereignisse unseres Lebens nähern und entfernen. Ich erlebte jeden Tag die Erfüllung des Versprechens »*Ich werde immer bei euch sein*«, das er vor langer Zeit gegeben hatte. Außer in den direkten Erscheinungen und Dialogen sah ich ihn auch in meinen Gebeten und Meditationen. Er sprach zu mir durch heilige Schriften und andere Weisheitstexte. Ich bemerkte, wie er mich durch die praktischen Dinge des Lebens lehrte und immer wieder gab es Fortsetzungen seiner Botschaften, die durch andere Quellen und durch meine persönliche Bereitschaft, Beispiele für diese Wahrheiten zu entdecken, zu mir kamen.
Mir fiel schon nach kurzer Zeit auf, dass seine Lehren ganzheitlich waren, also alle meine Sinne und Lebensumstände miteinbezogen. Manchmal geschah das direkt und offensichtlich und zu anderen Zeiten wurde ich dahin geführt, intuitiv Erkenntnisse in meinem Herzen oder durch die Natur zu gewinnen. So konnte ich die Informationen und Denkansätze, die in »Unendliche Liebe – Jesus spricht« enthalten sind, Themen bezogen erforschen und weiterentwickeln. Ich widmete mich jedem Thema aus vielen verschiedenen Perspektiven, aus objektiver, subjektiver, experimenteller, praxisorientierter und kontemplativer Sicht.
Die ersten Worte des vorliegenden Buches wurden im Winter 2000 verfasst. Ursprünglich wollte ich anderen eine Zusammenfassung der sich ständig weiterentwickelnden Lektionen vermitteln, die ich von Jeschua erhielt. Am Anfang vermutete ich, dass dieser Text die Inhalte meiner ersten Gespräche mit Jeschua vertiefen und vervollständigen sollte und gab die ersten Kapitel einzeln unter dem Titel »A Course in Life« an meine Schüler weiter. Im Verlauf der späteren Lektionen wurde mir jedoch klar, dass sie eine Kraft und

ein Momentum enthielten, das über meine ursprünglichen Erwartungen hinaus ging. Ich erkannte, dass dies ein eigenständiger Text war, dass Jeschua ein neues Buch verfasste! Es war nicht nur ausgesprochen inspirierend, sondern behandelte auch Themen, über die wir nie zuvor gesprochen hatten und bei denen ich mich nur wenig auskannte. Meine Vorstellungen über das jeweils Nächste wurden immer wieder übertroffen.

Anfang dieses Jahres tauchte dabei ein neues Element auf. Während ich versuchte, jedes Kapitel zusammenzufassen und sein zentrales Thema herauszuarbeiten, wurde mir klar, dass in jedem eine Kernaussage, eine Art »Schlüssel zum Leben« enthalten war. Je mehr ich mich dem Ende des Buches näherte, desto deutlicher traten diese Kernpunkte hervor. So entstand dann das vorliegende Format, in dem es zu jedem Kapitel eine Botschaft von Jeschua gibt, der eine Erläuterung der darin enthaltenen »Schlüssel zum Leben« folgt. Dazu gehört dann auch ein Text über die Anwendbarkeit dieser Botschaft im täglichen Leben und entsprechende Zitate aus der Bibel und anderen Weisheitstexten. Um es Ihnen zu erleichtern, die Botschaft in sich aufzunehmen, schließt jedes Kapitel mit einer Meditation und einem Gebet. Ich möchte Ihnen empfehlen, dieses Buch mit dem gesamten, Ihnen zur Verfügung stehenden Verständnis zu genießen, auf der subjektiven wie auf der objektiven Ebene. Eine holistische Wahrnehmung der enthaltenen Weisheiten und Enthüllungen wird es Ihnen ermöglichen, sie in Ihrem Herzen zu kultivieren.

Um Ihnen die Lektüre zu erleichtern, habe ich Jeschua's Worte kursiv geschrieben. Sie können sie also auch ganz unabhängig vom übrigen Kontext lesen. Und ich habe mich bemüht, mich an persönliche Anekdoten, Empfindungen und Motive zu erinnern. Dieses Buch ist das Ergebnis meiner zwölfjährigen Arbeit mit Jeschua. Natürlich sind Worte nur begrenzt fähig eine lebendige Erfahrung zu vermitteln, noch dazu wenn sie so ungewöhnlich war und den Rahmen der bekannten und vertrauten Realität sprengt. Daher würde ich mich freuen (und Sie würden sich einen guten Dienst erweisen), wenn Sie all Ihre vorgefassten Meinungen in den Hintergrund stellen und sich einfach auf den Gedanken einlassen könnten, dass ich irgendwie auf eine höhere Welle von Bewusstsein getragen wurde, die für die Menschheit relevante Offenbarungen enthielt.

Ich bin nach wie vor nicht in der Lage, die möglichen existentiellen Erklärungen für all dies zu erfassen. Was seit dem 23. November 1991 geschah und bis zum heutigen Tag geschieht, ist einfach ein Wunder. Doch es ist auch nicht notwendig, es zufrieden stellend rational zu erklären. Dieses Buch will weder jemanden überzeugen noch einen Glauben festigen oder verändern. Ich wünsche mir nur, dass Sie, die Leserinnen und Leser, die hier enthaltenen Lehren annehmen können als Geschenk, das Ihrem Herzen enthüllt wird. Das Nachgrübeln darüber, wie es nun zu verstehen sei, dass Jesus mir erschien, würde Ihrer Inspiration und dem Genuss dieser Botschaften nur im Wege stehen. Es wäre klug, sich zwei wichtige Tatsachen über Spiritualität und Glauben vor Augen zu halten. Zum Ersten: Die Wahrheit scheint immer durch, in was für einer Geschichte, egal ob fiktiv oder realistisch, sie auch auftreten mag. Viele der größten Wahrheiten und philosophischen Grundsätze sind dem Bewusstsein in fiktiven oder imaginativen Zusammenhängen präsentiert worden. Also brauchen Sie diese Geschichte nicht zu glauben, um die Wahrheit darin zu finden. Zum Zweiten ist die Kraft persönlicher und subjektiver Überzeugungen ohnehin viel größer als alle formalen oder äußeren Glaubenssysteme. Sie werden Ihre eigenen Überzeugungen formulieren, entsprechend Ihrer eigenen Persönlichkeit, und so soll es auch sein.

Wir sind von Geheimnisvollem umgeben und die größten Mysterien sollten wir genießen, nicht enthüllen. Die vielleicht erstaunlichste Entdeckung der modernen Wissenschaft ist die Tatsache, dass 99 Prozent des Existierenden sich nicht nur unserer sinnlichen und instrumentellen Wahrnehmung entziehen, sondern noch nicht einmal Masse oder Form besitzen. Selbst das eine Prozent Masse unseres physischen Universums ist nur auf Grund von relativ stabilen Energiekonfigurationen fest. Es gibt viele unter den größten Wissenschaftlern, z. B. Niels Bohr, Max Planck und Werner Heisenberg, die zu dem Schluss gekommen sind, dass es auch in einem rationalen Universum Raum für unerklärliche Wunder gibt. Den größten Teil unserer Zeit sind wir ganz auf dieses eine Prozent der Existenz konzentriert, das wir sehen, hören und berühren können. Doch was ist mit dem Rest? Wie stehen wir damit in Verbindung? Wahrscheinlich durch Sinne, die uns noch nicht bewusst sind, die die meisten von uns vielleicht noch nicht einmal entwickelt haben. Doch wir alle nehmen mit größter Selbstverständlichkeit an diesem unendlichen Universum Teil, zum Beispiel, wenn wir diesen großen Filter, genannt »Selbst«, zur Seite lassen und uns in einem Spiel, dem Dienst am Nächsten, einem Gespräch, einer Phantasie, einer Meditation, einem Gebet, einer Idee oder im Schlaf »verlieren«. Dann verschiebt sich unser Fokus vom Überlebenskampf zu größeren Mustern der Verbundenheit mit unbegrenzten Möglichkeiten. Die Verbundenheit mit dem Unendlichen erfahren wir in der Regel nicht als mystische Entrückung in ein fernes Paradies, sondern als die stille, beglückende Erkenntnis, dass das Wunderbare und das Alltägliche ein und dasselbe sind. In solchen Augenblicken wird uns klar, dass wir alles bereits vor Augen haben, dass wir nur ein wenig unsere Perspektive ändern müssen.

Marcel Proust schrieb, dass der eigentliche Moment der Entdeckung nicht darin besteht, neue Länder zu finden, sondern mit neuen Augen zu sehen. Das menschliche Bewusstsein ist heutzutage zweifellos das größte unbekannte Territorium. Der allgemeinen menschlichen Entwicklung weit voraus, regte Jeschua zu seiner Zeit eine Bewusstseinserweiterung an, deren Ende noch nicht abzusehen ist. Dies geschah zum großen Teil durch Demonstration von etwas, das wie »paranormale« Meisterschaft über das Leben aussah. Doch die wahre Kraft dieser Wunder lag in seiner Lehre, dass dies eben nicht »para-normal« ist, sondern etwas für seine Ebene der Liebe, Wahrnehmung und Macht völlig Normales.

Er verhieß sogar, dass wir alle durch spirituelle Reife, die Liebe zu Gott und den Menschen und die Erhöhung unseres Bewusstseins dies und mehr vollbringen können. Wenn Jeschua mit seinen Wundern nur sein Publikum bezaubert hätte, um sie zu beeindrucken, dann läge darin kein bleibender Wert. Im gleichen Sinne wird es Ihnen die Botschaft dieses Buches nicht näher bringen, wenn Sie darüber nachgrübeln, warum und auf Grund welcher Tugenden oder Fähigkeiten seiner Autorin solch eine außerordentliche Erfahrung zuteil wurde. Meine Bedeutung liegt in dem, was ich Ihnen mitteile, nicht in dem, was uns unterscheidet. Die Werte, Erklärungen, Inspirationen und Wahrheiten in diesem Buch legen selbst Zeugnis ab für die Kraft, die in der menschlichen Seele liegt und die jedem zugänglich ist.

Ob Sie ihn nun Jeschua oder Jesus, Freund, Lehrer, Meister, Herr oder menschgewordenen Gott nennen, die historische Tatsache bleibt unbestreitbar, dass es in den letzten zweitausend Jahren keinen Menschen gegeben hat, der den Verlauf der Geschichte mehr beeinflusst hat als er. Ob man nun an ihn glaubt oder nicht, die Auswirkungen seines Lebens sind ein Vermächtnis für uns alle. Neben den zahllosen Menschen, die sich in ihren religiösen Überzeugungen auf ihn beziehen, gibt es Millionen, die seine Weisheit, Liebe und seine Tugenden ehren, ohne an der in seinem Namen entwickelten Religion interessiert zu sein. Diese Wirklichkeit übertrifft alle Arten individuellen oder kollektiven Glaubens.

Albert Einstein sagte: »Das Schönste und Tiefste, was der Mensch erleben kann, ist das Gefühl des Geheimnisvollen. Es liegt der Religion sowie allem tieferen Streben in Kunst und Wissenschaft zugrunde. Wer dies nicht erlebt hat, erscheint mir, wenn nicht wie ein Toter, so doch wie ein Blinder. Zu empfinden, dass hinter dem Erlebbaren ein für unseren Geist Unerreichbares verborgen sei, dessen Schönheit und Erhabenheit uns nur mittelbar und in schwachem Widerschein erreicht, das ist Religiosität.«

Glenda Green, September 2003

Jeschua

1

Du bist Liebe

Die Botschaft

Wunderbare Worte strömten aus Jeschua's Mund: »*Die Wasser des Lebens sind in einem kleinen Bach im Walde genauso machtvoll wie in einer tosenden Brandung. Das Wasser genießt es, Wasser zu sein und mit seiner Substanz das Leben zu nähren. Groß ist die Seele, die den Atem des Lebens einatmet und mit der Freude des völligen Loslassens ausatmet, in dem Wissen, dass zwischen den Atemzügen nichts ist als das Selbst und Gott.*«
»Meintest du das, als du sagtest: ›Wir sind Liebe‹?«
»*Ihr könnt euch genauso wenig als Liebe wahrnehmen, wie ein Licht sein eigenes Leuchten betrachten kann. Deswegen habt ihr eure Wahrnehmung der Liebe auf äußerliches Tun reduziert. Doch in der ganzen Fülle der göttlichen Schöpfung ›du selbst zu sein‹ bedeutet nichts anderes, als die Liebe selbst zu sein. Indem du diese Wahrheit ehrst, dienst du Gott und deinen Nächsten. Doch begreife vor allem die Macht, mit der sich die Liebe von einer Seele zur anderen übertragen kann, mit der sie die vielen Gaben des Lebens, der Weisheit und Erfahrung verteilt und uns erhält. Liebe ist das große Medium des Austauschs, das alle Grenzen überwinden kann. Liebe lehrt die Seelen und vereint sie in ihrer gemeinsamen Bestimmung, so dass die Gemeinschaft einiger weniger der Macht von vielen entspricht. Wer das begreift, der beginnt Mitgefühl zu verstehen. Und wer Mitgefühl hat, dem stehen alle Dimensionen und Wirklichkeiten offen, der kann ohne Angst oder Ablehnung sogar durch den Tod gehen. Wer sich den Pfaden der Liebe hingibt, in dem wird das Bewusstsein seiner selbst als Liebe erwachen.*«

Entsprechende Passagen aus der Bibel

1. Korintherbrief 13,7-13:
»Sie (die Liebe) erträgt alles, sie glaubt alles, sie hofft alles, sie duldet alles. Die Liebe hört niemals auf, wo doch das prophetische Reden aufhören wird und das Zungenreden aufhören wird und die Erkenntnis aufhören wird. Nun aber bleiben Glaube, Hoffnung, Liebe, diese drei; aber die Liebe ist die größte unter ihnen.«

1. Johannesbrief 4,16:
»Und wir haben erkannt und geglaubt die Liebe, die Gott zu uns hat. Gott ist die Liebe; und wer in der Liebe bleibt, der bleibt in Gott und Gott in ihm.«

Römerbrief 13,10:
»Die Liebe tut dem Nächsten nichts Böses. So ist nun die Liebe des Gesetzes Erfüllung.«

Galaterbrief 5,14:
»Denn das ganze Gesetz ist in einem Wort erfüllt, in dem: ›Liebe deinen Nächsten wie dich selbst!‹«

Schlüssel zum Leben

Liebe ist, wer wir sind und was eine Seele für eine andere empfindet. Bestimmte Dinge, Orte, Ereignisse, Taten oder Umstände »mögen« wir, doch dieses »Mögen« ist immer an Bedingungen geknüpft, sei es auch noch so intensiv, denn es liegen ihm Vorlieben und Vergleiche zugrunde. LIEBE IST EINFACH BEDINGUNGSLOS! Liebe ist die Eigenmacht Gottes. Es gibt keine mächtigere Kraft als die Liebe! Daher gibt es in der physischen Welt auch nichts Vergleichbares. Liebe ist unabhängig von Umständen. Sie ist die göttliche, mystische und heilige Kraft, die das Leben erzeugt und erhält, einfach weil sie Freude daran hat. In der reinsten Form der Liebe erschafft sich die Schöpfung selbst. Den Schlüssel zur Liebe finden wir, indem wir unsere eigene Verbindung zu dieser Kraft erkennen. Liebe ist eine Kraft. Sie ist ebenfalls die reinste Essenz des Seins. Wenn Liebe überhaupt einen komplementären Aspekt hat, so ist es der Dialog zwischen ihren aktiven und passiven Elementen – dem Tun und dem Sein. *»Liebe bedarf im Bereich der Materie weder der Ergänzung noch der Zusätze oder Verpflichtungen«*, hatte Jeschua mir gesagt. Sein eigenes Leben ist der beste Beweis dafür, dass es möglich ist, in der Welt und doch nicht von dieser Welt zu sein. Obwohl sie nicht von dieser Welt ist, ist die Liebe den Seelen doch eine »machtvolle Welt«. Sie verfeinert und klärt nicht nur das Potential der einzelnen Seelen, sondern bietet auch die Möglichkeit, dass Seelen einander unterstützen und bereichern können – auf dem Weg über die Liebe. Sicher sind wir uns alle einig, dass gute Taten das Leben angenehmer machen, doch die Macht der Liebe vermag viel mehr als das. Jeschua brachte mir gegenüber sehr deutlich zum Ausdruck, dass der Austausch von Liebe zwischen zwei Seelen viel mehr Gutes bewirkt als nur die äußeren Umständen zu verbessern. Er sagte einmal: *»Liebe ist transdimensional. Sie kennt keine Grenzen, noch nicht einmal die Grenze des Nichts oder die offensichtlicheren Grenzen des Hasses, der Angst oder des Widerstands. Alle Arten von Bewusstsein, Erfahrung und Verstehen können durch die Meisterung der Liebe von einer Seele auf die andere übertragen werden. Das ist die Allmacht des Mitgefühls. Was auch immer durch die Macht der Liebe von einer Seele auf die andere übertragen wird, das währt ewig.«* Doch es gibt eine hartnäckige Herausforderung für die Liebe in unserem Universum. Liebe ist ihrem Wesen nach alles einschließend. Im Gegensatz dazu existieren physische Teilchen und Energiestrukturen durch räumliche Intervalle, Muster und in Abgrenzung von einander. Energie entsteht durch Antrieb gegen Widerstand im Raum! Daher gibt es seit Anbeginn und für alle Zeiten zwei Kräfte, die dieses Universum erzeugen: die Macht der Liebe, die alles beinhaltet, und die Macht der physischen Existenz, die durch Ausschluss und Trennung fortbesteht. Die Seele steht vor der faszinierenden Herausforderung, beide Mächte wahrzunehmen und beim Auswählen zu integrieren und einen Ausgleich zwischen diesen Möglichkeiten zu finden. Das nennen wir dann Leben. Was auch immer eine Seele auswählt, es hat eine tief greifende Wirkung auf ihr Selbstbild und ihre Beziehungen zu anderen.

Eine Seele deren Selbstverständnis in der Liebe wurzelt ist in Harmonie in sich selbst, was die Gesamtheit des Lebens fördert und es ihr erlaubt ihren Sinn zu erfüllen. Ist eine Seele nicht in Harmonie mit sich selbst, so sucht sie auf der materiellen Ebene nach Ausgleich. Das kann zu Kreativität oder Destruktivität führen. Ungleichgewicht ist notwendig, um Wachstum in Gang zu setzen, doch die Zyklen der Schöpfung brauchen den Ausgleich um weiter bestehen zu können. Wenn wir zum Beispiel nicht immer wieder unser Gleichgewicht aufgeben würden, könnten wir nicht gehen. Wenn wir nicht immer wieder unser Gleichgewicht herstellen würden, könnten wir nicht stehen. Gleichgewicht und Ungleichgewicht sind notwendige Bestandteile des Lebens. Wir müssen für jede dieser Kräfte den dazu passenden Platz kennen, damit uns die materielle Existenz nicht so aus dem Gleichgewicht bringen kann, dass wir das nicht mehr ausgleichen können. Dafür ist oft ein geschickter Lagewechsel notwendig.

Glücklicherweise ist Liebe göttlich und kann daher weder besiegt noch eingeschränkt werden. Welche Entscheidungen wir auch immer treffen mögen, welche Konflikte und Hindernisse sich aufgebaut haben mögen – die größere Macht der Liebe durchdringt, löst und vereinigt alles auf ihrem Weg zur Erfüllung des Lebens. Es ist gleichgültig ob wir damit beginnen, liebend zu handeln oder liebend zu sein, solange wir uns des notwendigen Gleichgewichts dieser beiden Aspekte bewusst sind. Wir handeln dem entsprechend, wie wir sind und wir werden zu dem, was wir tun. Indem wir mit anderen zusammen sind, erweitern wir den Kreis. Diese Ideen mögen pompös klingen, doch sie beschreiben den Kern dessen, wie das Leben selbst mit den alltäglichsten Dingen umgeht. Dazu eine spannende und witzige Herausforderung, vor der ich vor

etlichen Jahren stand, als ich Kunst an der Universität von Oklahoma unterrichtete, die zu jener Zeit vor allem dafür bekannt war, dass ihr Fussballteam den nationalen Meisterschaftstitel errungen hatte. Im Herbst 1975 hatte ich dann die zweifelhafte Ehre, diese Mannschaft in meinem Kunstunterricht zu haben! Es war ein Pflichtfach und die kraftstrotzenden Spieler waren restlos gelangweilt. Mein Problem war, dass der Notendurchschnitt dieser Kerle für die Schule wichtiger war als die Sixtinische Kapelle. Um meine Integrität als Lehrerin nicht zu verlieren, musste ich schnell eine Lösung finden. Mit einer Mischung aus Genialität, Frustration und Hoffnung entließ ich die Klasse an unserem ersten Tag und verabredete mich mit ihnen für die nächste Stunde auf dem Platz. Ich bat die Fussballer ihre Bälle mitzubringen. Sie schauten mich irritiert an, aber schließlich war alles besser als irgendwelche Künstler und Kunstwerke auswendig lernen zu müssen.
Mir war klar, dass ich, wenn ich diese Jungs und den Rest der Klasse erreichen wollte, mein Fach in ihre Sprache übersetzen musste. Glücklicherweise war das Wetter am nächsten Tag wunderschön und die frische Herbstluft versetzte uns alle in gute Laune. Ich richtete meine ersten Worte an einen der Spieler und bat ihn, mir beizubringen, wie man einen Pass schießt. Während er herumstotterte und versuchte, es mir zu demonstrieren, verbesserte ich seine Anweisungen in einer Weise, dass Begriffe wie »Qualität« und »klare Absicht« als Grundlagen der »Kunst« anfingen, einen Sinn zu ergeben. Ich konnte in den Augen der Schüler sehen, wie ihnen ein Licht aufging.
Bis dahin hatte es eine Kluft zwischen uns gegeben – sie hielten mich für eine zimperliche Kunsttante und sie waren die echten Kerle! Diese feste Vorstellung wurde durch unser neues »Klassenzimmer« und den neuen »Lehrstil« aus den Angeln gehoben. Jetzt brauchte ich nur noch die Grundregeln und Qualitätsmerkmale der Kunst innerhalb ihres Bezugsrahmens zu erklären. Nach dieser Übertragung von Bewusstsein hatten wir eine Verständnisgrundlage und der Rest war ein Kinderspiel. Die Fussballer schlossen mein

Fach mit ehrlich verdienten Noten ab und ich bekam Freikarten für die nächsten Spiele. Ich muss zugeben, dass ich sie mit einem ganz neuen Interesse verfolgte.

Es gibt noch eine weitere Geschichte, die auf bewegende und historisch verbürgte Art zeigt, wie der Austausch von Liebe zwischen vier Seelen den Verlauf der Menschheitsgeschichte bestimmte. Eines Tages hörte ein armer, schottischer Bauer bei seiner Feldarbeit aus einem nahen Sumpf Hilferufe. Er ließ seine Werkzeuge fallen und lief hin. Bis über die Hüften im schwarzen Morast versunken, kämpfte dort ein Junge um sein Leben. Bauer Fleming rettete den Jungen vor diesem qualvollen Tod. Am nächsten Tag fuhr ein eleganter Wagen bei seinem ärmlichen Anwesen vor. Ein vornehm gekleideter Herr stieg aus und stellte sich als der Vater des geretteten Jungen vor. Er wollte dem Bauern Geld dafür geben, dass er das Leben seines Sohnes gerettet hatte.
»Ich kann für so eine Tat kein Geld annehmen«, erwiderte der Bauer und winkte ab. In diesem Augenblick trat der Sohn des Bauern aus der Tür.
»Ist das Ihr Sohn?«, fragte der Herr.
»Allerdings«, antwortete der Bauer stolz.
»Ich mache Ihnen einen Vorschlag. Ich will ihm die gleiche Schulbildung zukommen lassen, wie sie mein eigener Sohn erhält. Wenn der Bursche nach seinem Vater kommt, dann werden wir beide eines Tages stolz auf ihn sein.«
Und so geschah es. Der Sohn des Bauern Fleming besuchte die besten Schulen und machte schließlich seinen Abschluss am medizinischen St. Mary-Kolleg in London. Er wurde weltweit unter dem Namen Sir Alexander Fleming bekannt und entdeckte das Penicillin. Viele Jahre später erkrankte der, aus dem Sumpf gerettete Sohn des vornehmen Herrn an einer Lungenentzündung. Dieses Mal rettete das Penicillin ihm das Leben. Der Name des vornehmen Herrn war Lord Randolph Churchill und der Name seines Sohnes lautet: Sir Winston Churchill.

Andere Quellen der Weisheit

Kahlil Gibran (1883-1931) *Der Prophet:*
»Liebe gibt nichts als sich selbst
und nimmt nichts als von sich selbst.
Liebe besitzt nicht, noch lässt sie sich besitzen;
denn die Liebe genügt der Liebe.
Wenn du liebst, sollst du nicht sagen: ›Gott ist in meinem Herzen‹, sondern: ›Ich bin in Gottes Herzen‹.
Und glaube nicht, du kannst den Lauf der Liebe lenken, denn die Liebe, wenn sie dich für würdig hält, lenkt deinen Lauf.
Liebe hat keinen anderen Wunsch als sich zu erfüllen.«

Anwendung

Erinnern Sie sich an drei Situationen in Ihrem Leben, wo einfach Ihr SIE-SELBST-SEIN anderen geholfen hat.
Erinnern Sie sich an drei Situationen in ihrem Leben, wo das einfache SEIN einer anderen Person Ihnen geholfen hat.
Der alte Spruch, dass es nicht so sehr darauf ankommt, was du weißt, sondern wen du kennst, ist so breitgetreten, dass ihn schon keiner mehr hören kann. Wie schade, dass dieses Juwel von einer Wahrheit so heruntergekommen ist. Doch wir wollen jetzt einmal alle erlernten Bedeutungen zurückstellen und annehmen, dass das Wichtigste an uns wirklich unser Sein ist – das, wer wir sind.
Vor kurzem zogen ein paar alte Freunde von mir weit weg. Wir hatten in der letzten Zeit nicht mehr viel miteinander zu tun, doch jetzt vermisse ich sie sehr.
Oder ein anderes Beispiel: In meiner Jugend kannte ich einen Jungen, der seinen Eltern viel Sorge bereitete. Sie kamen nicht mit ihm zurecht und versuchten alle möglichen Erziehungsmethoden, auch die Militärschule. Mit Anfang Zwanzig fiel er in Vietnam. Erst dann konnten seine trauernden Eltern sich nicht mehr nur mit seinem schwierigen Verhalten befassen, sondern ihn annehmen als

denjenigen, der er war. Wir konzentrieren uns so oft auf das Verhalten einer Person und vergessen, wer eigentlich dahinter steckt! Kein Wunder, dass sich unsere Beziehungen oft so schwierig gestalten. Bei dieser Übung bitte ich Sie, einfach zu schauen, wer zu Ihrem Leben gehört und wer Sie für diese Menschen sind – ohne Bewertung, Projektion oder Erwartungshaltungen.
Wir können erst begreifen, wo wir in dem Leben anderer oder sie in unserem eigenen Leben hingehören, wenn wir jenseits der unvollkommenen Verhaltensmuster und Erwartungen schauen. Der Humor, die Leichtigkeit und die Anmut, die wir in besonders guten Beziehungen beobachten können, werden durch eine größere Perspektive möglich, die über das persönliche Verhalten hinaus die Kraft des Seins würdigt. Indem Sie die größere Bedeutung des Seins anerkennen, können Sie Ihre Beziehungen solange über die Ebene der Probleme erheben, bis das SEIN der Liebe jegliches Bedürfnis nach Kontrolle und Bewertung überwindet. Sie können Konflikte mit anderen beenden oder unpassendes Verhalten verändern, indem Sie einfach bedenken, wer da gerade Ihre Aufmerksamkeit auf sich lenkt, statt sich auf das Thema zu fokussieren, das gerade der Streitpunkt ist. Dieser Blick auf das Sein schafft oft Klarheit, Lösung und Freiheit für beide Seiten. Es ist erschreckend, wie viele Menschen noch niemals in ihrem Sein anerkannt und respektiert wurden.
Achten Sie bei Ihren Fragen danach, wer Sie selbst und andere eigentlich sind, darauf, sich nicht von Etiketten und Tätigkeitsbezeichnungen blenden zu lassen. In unseren hoch industrialisierten Ländern streben wir oft danach etwas zu tun, das uns selbst in einem guten Licht dastehen lässt. Anschließend geben wir dann vor, es wäre Liebe gewesen. So verschwindet im Laufe der Zeit das »Wer wir sind« hinter Zielen und Beweggründen, die wir für überlebenswichtig halten. Wenn wir unsere Selbstwahrnehmung über diese Sümpfe erheben, werden Wunder möglich – und die Fähigkeit, uns selbst in unserer Liebe zu erkennen, wird diese Wunder aufrechterhalten.

Was tun Sie in Ihrem Leben, was die Liebe, die Sie sind, wirklich zum Ausdruck bringt und stärkt?
Wie würden sich Ihre Beziehungen verbessern, wenn Sie wüssten, wie die anderen die Liebe, die sie sind, zum Ausdruck bringen?

Meditation

Jeschua sagte: »Das Himmelreich ist in euch«. Unsere Körper erscheinen uns fest und dicht, doch in Wirklichkeit bestehen sie zum größten Teil aus Raum und das wenige Feste an ihnen ist kondensiertes Licht. Die einzig weitere Wirklichkeit oder der Bezugsrahmen, der unsere körperliche Existenz definiert, ist die Tatsache, dass unsere Körper auch Teil des genetisch-biologischen Lebenszyklus sind, mit allen dazugehörigen Bedürfnissen, Freuden und Leiden und unserem sozialen Leben. Den größten Teil unseres Lebens konzentrieren wir uns auf diesen zweiten Aspekt unseres Seins. Doch was würde geschehen, wenn wir die Betonung auf den ersten Aspekt verschieben würden, den von Raum und Licht, der – aus einer anderen Perspektive betrachtet – genauso physisch ist? Die göttlichen Kräfte, die unseren höheren, unsterblichen Körper hervorbrachten, warten buchstäblich in jeder Zelle darauf freigesetzt zu werden. In tiefer Meditation können Sie dem lebendigen Christus in sich selbst und um Sie herum begegnen. Er wird Sie auf Ihrer Heimreise begleiten.
Der Weg gestaltet sich wie folgt: Von Ihrem Schädeldach bis zu Ihrem Steißbein gibt es mindestens acht cerebrospinale Zentren. In ihnen verbinden sich organische Substanz, Energie, Emotion, Gedanke, Bewusstsein und Geist. Sich einfach ihrer Existenz bewusst zu sein ist wichtiger als genau zu wissen, wo sie sitzen, wie sie genannt werden und was ihre Funktion ist. Die in ihnen zusammenfließenden Elemente formen die Brücke zwischen Himmel und Erde. Die Schwingungen ihrer Vereinigung sind durch Visualisation zugänglich, können durch Energie aktiviert und mit Hilfe des Bewusstseins erforscht werden. Ihre höchste Schwingung ist Liebe

und sie werden grundsätzlich in Form von Farbe, Licht und subtiler Bewegung wahrgenommen.

Beginnen Sie die Übung, indem Sie sich bequem, mit aufrechter Wirbelsäule, auf einen Stuhl oder eine Matte setzen. Lassen Sie Ihren Blick zur Ruhe kommen und schließen Sie dann die Augen. Beobachten Sie Ihren Atem, während Sie sanft durch die Nase einatmen. Dabei wölbt sich der Bauch nach außen. So kann sich das Zwerchfell nach unten ausdehnen und die Lunge erweitert sich in den unteren Brustraum hinein. Atmen Sie tief und vollständig ein, halten Sie die Luft einen Augenblick lang an und atmen Sie dann langsam durch die Nase wieder aus. Wiederholen Sie dies, bis Sie sich ruhig und voller Sauerstoff fühlen.

Jetzt stellen Sie sich Ihre Wirbelsäule als ein hohles Rohr vor, durch das Sie atmen. Spüren Sie, wie Ihr Atem sich interdimensional durch Ihre Wirbelsäule bewegt – mit dem Einatmen nach oben und mit dem Ausatmen nach unten. Während Sie von unten, von der Erde her einatmen, spüren Sie in diesem Geschenk der Energie und der Liebe die Gegenwart unserer geliebten Göttlichen Mutter; und beim Ausatmen lösen Sie sich von allem Vergänglichen, während der allmächtige Göttliche Vater Sie in Seine Arme nimmt. Fahren Sie damit fort, bis diese völlige Hingabe auf allen Ebenen Ihres Bewusstseins einen rhythmischen und harmonischen Energiefluss angeregt hat. Dann richten Sie Ihre Aufmerksamkeit auf den Bereich Ihres Herzens und visualisieren Sie dort einen Lichtfunken. Sehen Sie zu, wie dieses Licht von Gottes Liebe und Ihrer eigenen Akzeptanz genährt wird und wächst, bis in einer gebärmutterähnlichen Aura die Gestalt eines Kindes sichtbar wird. Schauen Sie diesem Kind unverwandt in die Augen, bis Sie eine Übertragung von Liebe, Erkennen und Weisheit spüren. Dieses Kind ist nicht das Kind, das Sie in Ihrer Jugend waren, sondern die ewige Seele, die Sie sind, auf ewig jung, zart und unschuldig, doch auch mitfühlend und weise. Dies ist das göttliche Kind, das Sie sind, durch die Augen Gottes gesehen. Dies ist das göttliche Kind, das im Himmelreich lebt.

Spüren Sie, wie Sie in der Gegenwart dieses göttlichen Kindes mit allem, was Sie je waren und erfahren haben, angenommen sind. Während Sie weich und rhythmisch weiteratmen, erfreuen Sie sich an dem sanften, inneren Dialog zwischen Ihrem ursprünglichen Selbst, das nach dem Bilde Gottes erschaffen wurde, und Ihrem Selbst, das sich auf diese Abenteuerreise begeben hat. Die LIEBE als wahres Sein tritt nun in Beziehung zu der Liebe, die eine Erfahrung macht. Genießen Sie es sich selbst zu erkennen und verweilen Sie so lange in diesem Himmelreich, wie es Ihnen gefällt.

Gebet

Lob und Preis sei Dir, mein Schöpfer,

Ich sehe meinen Geist vereint mit der Ewigkeit
Und mein Leben als ein endloses Meer.
Ich bete, dass meine Liebe alle erreichen möge,
So wie Deine Liebe mich erreicht hat.

Voller Freude danken wir für alle Deine Segnungen.
Lass uns lieben, als wären wir nie verletzt worden.
Lass uns singen und tanzen, als würde uns niemand zusehen.
Lass uns leben, als wäre der Himmel auf Erden.

Amen

2

Die Wiederentdeckung des wahren Selbst

Die Botschaft

Während ich eines Tages so vor mich hin malte, stellte ich Jeschua unbefangen eine scheinbar einfache Frage: Ich wunderte mich darüber, wie am Anfang der Schöpfung »Etwas« aus »Nichts« erschaffen werden konnte. Seine Antwort war, wie so oft, tief und umfassend:
»Etwas wurde nicht aus Nichts erschaffen. ***Alles wurde aus dem ›Sein‹ erschaffen.*** *Der ultimative Zustand reinen Seins ist die friedvoll und still in sich selbst ruhende Gesamtheit von Energie und Potential. Das ist der Zustand, in dem alle Ideen der Schöpfung Form annehmen, und all diese Ideen sind nichts als Ausdehnungen des Selbst. Die Schöpfung erfolgt aus der Bewegung des ICH BIN in das Tun oder Leben dadurch, dass ES sich selbst vervielfältigt. Es gibt kein Schöpfungsinstrument außerhalb des göttlichen Seins. ICH BIN, DER ICH BIN ist Gott. Also wirst auch du die Wahrheit über dich selbst nicht durch Taten oder durch deine persönliche Geschichte erkennen, sondern in der Einfachheit deines stillen und friedvollen inneren Seins. In diesem Universum und für alle Zeit ist Sein das Höchste. Alles was du tust und hast, ist eine Ausdehnung deines Seins und eine nach außen gerichtete Geste dessen, wofür du dich hältst.*
Als ich auf Erden wandelte, erfüllte ich meine Aufgabe nicht durch meine Taten, Wunder oder Geschichten, sondern durch die eine, zentrale Lehre, die ich in zahllosen Varianten in meinem Leben verkörperte: Am Anfang und immer ist ICH BIN der Weg. ICH BIN ist das Wort. Ich lebte dieses Prinzip und lehrte es alle, die an der Kraft dieser Wahrheit interessiert waren. Dies ist das Geheimnis, wie wir Mitgefühl, Realität und Integrität miteinander vereinbaren und die

Gefahr, uns in Illusionen, Urteilen und der Getrenntheit zu verstricken, überwinden können. Es gab nur ein Ritual, das allen Gemeinden der frühen Kirche gemeinsam war, jenes Ritual der Verbundenheit, das ich mit meinen Aposteln vollzog, an dem Abend, bevor ich mich hingab. Leider ist viel von der ursprünglichen Bedeutung verloren gegangen. Ich wollte die Jünger damit nicht vor dem drohenden Blutvergießen und Martyrium warnen. Ich gab ihnen vielmehr eine letzte Gelegenheit die zentrale Bedeutung meines Lebens zu begreifen, die mit den folgenden dramatischen Ereignissen besiegelt wurde. Ich überwand den Tod nicht durch meine außergewöhnlichen Kräfte und nicht einmal durch die Kraft des Gebets, sondern einzig durch den Körper und das Blut MEINES SEINS. Außer dass ich eins mit dir bin und du eins mit mir bist, können wir nichts füreinander tun. Das gilt für alle Menschen. Durch die Verbindung in der Liebe, was das Gleiche ist wie Mitgefühl, und durch die Einheit des Geistes, was das Gleiche ist wie Frieden, kommt das Licht in die Welt und alles wird vollendet.«

Entsprechende Passagen aus der Bibel

Exodus 3,14:
»Gott sprach zu Mose: Ich bin, der ich bin. Und sprach: So sollst du zu den Israeliten sagen: ›Ich bin‹, der hat mich zu euch gesandt.«

Johannes 8,58:
»Jesus sprach zu ihnen: Wahrlich, wahrlich, ich sage euch: Ehe Abraham wurde, bin ich.«

Johannes 1,1:
»Im Anfang war das Wort, und das Wort war bei Gott, und Gott war das Wort.«

Schlüssel zum Licht

Nachdem ich zwei Jahrzehnte lang meine Karriere aufgebaut, in Museen gearbeitet und an Universitäten gelehrt und mir mit meiner Kunst erfolgreich einen Namen gemacht hatte, ging ich davon aus, dass Erfolg ein Ergebnis solcher Bemühungen sei. Ich war davon überzeugt, dass Erfolg entsteht, wenn man sich ganz einem bestimmten Ziel verschreibt, sei es im Beruf, in Beziehungen, im Dienst an anderen oder in der Freizeit. Als die spirituelle Aufforderung, ein Porträt von Jeschua zu malen, in mein Leben trat, schien daher in meinem Terminkalender erst einmal kein Platz dafür zu sein. Ich betrachtete dieses Projekt zunächst mehr als eine Ablenkung, zu der ich mich verpflichtet fühlte, und in keiner Weise als die Kulmination von allem, was mir jemals wichtig gewesen war. Ich ahnte nicht, dass mir eine neue Definition von Erfolg vermittelt werden würde, nämlich inmitten jeglicher Art von Erfahrung wahrhaftig ich selbst zu sein und der Versuchung zu widerstehen, mich mit der Erfahrung zu identifizieren oder mich durch sie begrenzen zu lassen.

Die Geschichte meines Nachgebens und mich Hingebens habe ich in »Unendliche Liebe – Jesus spricht« bereits erzählt. Hier möchte ich jetzt über die innere Bedeutung jener Erfahrung sprechen. Am 23. November 1991 wurde ich zum ersten Mal von dem Licht Christi begrüßt – eine Lichtpräsenz, die ganz aus SICH SELBST heraus erzeugt wurde. Dieses Licht wurde nicht von äußeren Faktoren wie Strom oder refektierenden Oberflächen hervorgerufen. Ich befand mich in der Gegenwart des ICH BIN, das nur existierte, um ES SELBST ZU SEIN.

Dieser Tag und seine Auswirkungen liegen lange zurück, doch die Erinnerung an jene erste Begegnung verblasst nicht. Auch wenn Jahre dazwischen liegen, ist doch der ursprüngliche Augenblick der Lichterscheinung sehr lebendig. Trotz der großen Ehre, die damit verbunden war ein Porträt der körperlichen Erscheinung des Meisters hervorzubringen, und trotz all der Segnungen, die

daraus entstanden, sehnte ich mich in meinem Herzen danach, meine erste Vision des lebendigen Christus zu vermitteln, ein Abbild Seiner spirituellen Präsenz, die über Zeit, Raum, Kultur und Geschlecht hinaus reicht. Ich dachte immer wieder darüber nach ein Bild davon zu malen, verwarf den Gedanken aber jedesmal, weil es mir unmöglich erschien. Wie sollte die Oberfläche eines Gemäldes reines Licht wiedergeben können?
Während ich im Frühling 1998 an »Unendliche Liebe – Jesus spricht« schrieb, verspürte ich eine Extraportion Selbstvertrauen und beschloss, entweder die Idee ein für alle Mal zur Durchführung zu bringen oder sie endgültig fallen zu lassen. Ich überdachte sorgfältig alle Probleme und Schwierigkeiten. Da ich mit jeder zusätzlichen Schicht Farbe mehr Licht verlieren würde, musste ich mit der hellsten Malgrundlage beginnen, die möglich war, und ich durfte nur leichteste Andeutungen von Farbe verwenden. Das Ergebnis meines ersten Arbeitstages war ein wunderschönes, zartes Gemälde, das man vielleicht »Impressionistisches Schneegestöber« betiteln konnte. Ich hatte nicht viel erreicht, doch meine Hoffnung war immer noch stark. Am nächsten Tag begann ich auf dieser Grundlage eine künstlerische Komposition zu entwickeln und nahm kräftigere Farben, um mehr Projektionskraft zu gewinnen. Am Ende des zweiten Tages hatte ich ein interessantes, abstraktes Gemälde erschaffen, aber niemand wäre je auf den Gedanken gekommen, dass es ein Porträt Christi sein sollte. Frustration machte sich in mir breit, doch ich schwor mir die Sache weiter zu verfolgen.
Ich begann meinen dritten Tag mit einer Meditation, in der ich mich der ursprünglichen Erfahrung auf das Lebhafteste erinnerte. Ein wesentliches Detail, das ich in dem Gemälde bisher ausgelassen hatte, waren die Energiewellen, die von dem Licht ausstrahlten. Also fügte ich dem Abbild an jenem Tag weiße, gewellte Pinselstriche hinzu, die vom Mittelpunkt ausgingen. Ich war mir sicher, dass ich der Sache diesmal näher gekommen war, doch als ich ein paar Schritte zurücktrat, um mein Tagewerk zu begutachten, war mir

das Ergebnis eher peinlich. Ich hatte das Werk der letzten beiden Arbeitstage unter einer Art von vielarmigem, weißen Tintenfisch begraben. Meine Augen füllten sich mit Tränen und mein Herz versank in dem Gefühl, versagt zu haben.
Da ich am Wochenende auf einer Konferenz sprechen sollte, schien es die logischste und gesündeste Lösung meines Problems zu sein, das Projekt zur Seite zu legen und erst einmal eine Pause einzulegen. Wenn mir neue Ideen kommen würden, könnte ich ja zu einem späteren Zeitpunkt wieder anfangen. Auf dem Rückweg von der Konferenz fiel mir ein, dass ich mit Blattgold umgehen konnte. Ich hatte kürzlich in einem Laden für Künstlerbedarf auch silberne und weitere, farbige Folien gesehen, die dem Bild vielleicht mehr Brillanz verleihen würden. Am Dienstag morgen begann ich aufs Neue – mit Blattgold in der Hand und neuer Hoffnung im Herzen. Die metallischen »Fliesen« glitzerten und strahlten und ich verlor mich ganz darin, sie dicht an dicht auf der Oberfläche aufzubringen. Kurz bevor ich fertig war, stellte ich jedoch einen »Patchwork«-Effekt fest. Ich hätte dieses strukturbetonte Bild sicher als völlig unpassend verworfen, wenn ich nicht in dem gleichen Augenblick eine vertraute Stimme vernommen und eine tröstende Hand auf meiner Schulter gespürt hätte.
Jeschua war da und fragte mit sanfter, freundlicher Stimme, ob ich vielleicht Hilfe bräuchte. Natürlich brauchte ich Hilfe und mein Herz hüpfte vor Erleichterung und Freude. Zu meiner Überraschung deutete er auf eine Rolle Paketklebeband, die auf dem Sofa lag. Er empfahl mir, etwa ein Dutzend Streifen davon abzureißen und an die Kante meines Arbeitstisches zu hängen. Ich war erstaunt und neugierig. Sollte ich das Bild einpacken und in den Himmel schicken? Doch er wies mich an das Klebeband, mit der klebrigen Seite nach außen, um meine Hände zu wickeln. Dann legte er seine Hände über meine und gemeinsam begannen wir, Folie und Farbschichten herunterzureißen. Nach zwei Stunden Arbeit und vielen Streifen Klebeband war ein Meisterwerk entstanden. Ich traute meinen Augen kaum. Der entscheidende Schritt war

ein Prozess des Entfernens gewesen! Jetzt leuchteten die verschiedenen Farbschichten durch einander hindurch und verliehen dem Gemälde eine hinreißend schöne Ausstrahlung.

Jeschua, der Meister des In-Gleichnissen-Redens, hatte wieder einmal auf diese Weise gelehrt. Er hatte ein Vorhaben gerettet, das zum Scheitern verurteilt gewesen war und mit dem die beabsichtigte Wirkung nie erzielt worden wäre, und er hatte es in eine Metapher für das Leben verwandelt. Das Gemälde besaß jetzt sogar gewisse Eigenschaften meiner ursprünglichen Erfahrung, weil es eine höhere Wahrheit ausdrückte.

Ohne dass es mir bewusst war, hatte ich mit meinen vergeblichen Bemühungen doch, in jedem Stadium des Erschaffens, alle notwendigen Bestandteile bereitgestellt. Ich hatte durch meine Bereitschaft zu suchen und auszuprobieren jede Ebene der Schöpfung entwickelt. Der Weg war mir nicht klar und das Ergebnis meiner Bemühungen erschien mir oft als sinnlos und von meinem Ziel weit entfernt. Ich fuhr jedoch einfach auf Treu und Glauben fort. Um das Licht dann zu offenbaren, bedurfte es nur einer Richtungsänderung und einer Rückkehr zur Schlichtheit. Indem einfach die Teile entfernt wurden, die nicht dazu gehörten oder nicht mehr dienlich waren, konnten Schönheit und Aussage zum Vorschein kommen. Mein Versuch die Heilige Essenz darzustellen wäre gescheitert, hätte Jeschua den Prozess nicht in einen Spiegel für unsere Beziehung zum Göttlichen umgewandelt. So bewegen wir uns auch im Leben von Kapitel zu Kapitel und bahnen uns häufig den Weg durch dichtes Gebüsch. Freuden und Enttäuschungen mischen sich und wir sagen uns immer wieder, dass der wahre Erfolg sich nach dem nächsten Entwicklungsschritt einstellen wird. Bis wir schließlich feststellen, dass jede neue Erfahrungsebene das Licht etwas mehr dämpft.

Nun können wir durch die Schichten von Erfahrungen hindurch, von denen jede zur Reichhaltigkeit, Tiefe und Einzigartigkeit unseres Charakters beigetragen hat, das Licht wieder zum Vorschein bringen und als das authentische Selbst in seiner Schlichtheit strahlen lassen.

Der Schlüssel zur Wiederentdeckung des authentischen Selbst liegt im SEIN. Dieses Sein lässt sich ausschließlich durch es selbst beschreiben. Das Licht unseres Seins ist ursprünglich. Daher kann es nicht erschaffen, sondern nur wiederentdeckt werden.
Es ist genauso wie bei der Entstehung dieses Bildes: Die Erkenntnis unseres wahren Seins entsteht immer durch die Befreiung von Anhaftungen. Die Offenbarung des Lichts und die Rückkehr zur Unschuld sind ein Prozess des Entfernens – nicht des Hinzufügens! Das Ich Bin, das wir sind, IST seit Anbeginn. Es ist immer die, all unseren Erfahrungen zugrunde liegende Kraft gewesen. Wer eine einzelne Erfahrung als den Grund für seine Existenz ansieht oder feiert, wird nicht erkennen, wer er wirklich ist.

Andere Quellen der Weisheit

Lao Tze (ca. 6. Jh. v. Chr.) *Tao Te King:*
»Der Weg ist ewig namenlos.«

William Shakespeare (1564-1616) *Hamlet:*
»Dies über alles. Sei dir selber treu, und daraus folgt, so wie die Nacht dem Tage, du kannst nicht falsch sein gegen irgendwen.«

Anwendung

In den Jahren, in denen ich diese Lektion seitdem verinnerlichen und anwenden konnte, wurde mir die Kraft des stillen, friedvollen Herzens bewusst und wie aus einer schlichten Geisteshaltung heraus das rechte Handeln deutlich wird – wenn auch vielleicht nicht sofort. Diese Beobachtung zeigt auch die tiefe Bedeutung auf, die ein Tag der Ruhe zu Ehren der eigenen, heiligen Quelle hat. Das Ich Bin unserer irdischen Persönlichkeit befindet sich in größter Harmonie mit dem göttlichen ICH BIN, wenn wir uns in einem Zustand der Ruhe und des Friedens befinden. So steht es auch in den Psalmen (Ps. 46,10): »Sei still und wisse, Ich Bin Gott.«

Laut Jeschua werden die unserem Leben zugrunde liegenden Programme durch die Art unserer Liebe bestimmt. Diese universelle Kraft versöhnt den scheinbaren Widerspruch zwischen dem Willen Gottes und dem freien, persönlichen Willen. An dem »Nullpunkt« der absoluten Übereinstimmung zwischen der Liebe, die wir sind, und dem Willen Gottes, dass es so sein soll, ergeben sich unendlich viele Möglichkeiten zur Veränderung, Verfeinerung oder Erweiterung des von uns erfahrenen Lebens.
Dieses Konzept ist jedoch wahrscheinlich leichter zu verstehen als anzuwenden, denn die Rückkehr zu dem »Nullpunkt« des reinen Selbst erfordert das Aufgeben von Widerständen, die wir gegen zufällige oder unerwünschte Einbrüche des wahren Selbst errichtet haben, und gefährdet die Spielchen, die wir treiben. Es ist schon eine bittere Ironie, dass wir Identitäten entwickelt haben, die versuchen das zu dominieren, was sie erschaffen hat, obwohl doch nur das wahre Selbst die Spiele des Lebens überlebt. Die vielen Autoimmunerkrankungen, unter denen die Menschheit zurzeit leidet, sind vielleicht ein trauriger Spiegel dieses Problems. Krebs zum Beispiel, die Todesursache Nummer 1, ist ein irrationales Programm des Körpers das zu fördern, was ihn tötet. Andere Programme treiben uns dazu, uns derart abzurackern, um den äußeren Anforderungen zu genügen, dass wir kein Gefühl für das Leben selbst mehr haben. In vielen Beziehungen arbeiten wir so hart daran in Harmonie zu kommen, dass die reine Freude am Zusammensein verloren geht.
Vielleicht geht es darum, uns wieder der zweitausend Jahre alten Botschaft des Meisters zu erinnern, dass wir die ursprüngliche Wahrheit nur finden können, wenn wir die Illusionen des Selbst aufgeben. Hierin liegt sowohl göttliche als auch praktische Gesetzmäßigkeit. Es gibt zahlreiche Gründe für die vielen Identitäten in unserem Leben, von sozialen Konditionierungen über praktische Notwendigkeiten bis hin zu dem Abenteuer, unterschiedliche Erfahrungen zu machen. Doch unabhängig von den Gründen: Alle Identitäten sind Abweichungen von der Wahrheit und besit-

zen kein eigenes Leben. Wer sich in einer von ihnen einsperrt, hat sich dem Tod verschrieben. Wer eine davon höher schätzt als sein wahres Sein, kehrt die Richtung der göttlichen Fürsorge um und entleert seinen Speicher aller Lebendigkeit. Das wahre Sein braucht keine Verteidigungsstrukturen. Es muss nur gelegentlich daran erinnert werden, dass der Ursprung aller Energie in Gott liegt, sich von dort in das wahre Selbst senkt und sich dann in Gestalt der Identitäten und Schöpfungen unseres Lebens manifestiert. Nach meiner Erfahrung ist die einfache Rückbesinnung auf diese ursprüngliche Gesetzmäßigkeit der effektivste Weg mit den Identitäten umzugehen, die nur um der Erfahrung willen oder aus praktischer Notwendigkeit heraus erzeugt wurden.

In den vielen Jahrhunderten, in denen spirituelle Belehrungen gegeben wurden, wurde diese zentrale Wahrheit sicherlich stärker betont, aber in den schriftlichen Quellen hat nur wenig davon überlebt. Da viele politische Systeme die persönliche Souveränität untergraben wollten, geriet diese Lehre wiederholt ins Visier von despotischen und tyrannischen Herrschern (weltlichen wie religiösen). In unseren Gesprächen wies Jeschua darauf hin, dass das »ICH BIN«, das in seiner Lehre eine zentrale Stellung einnimmt, im Neuen Testament nur selten Erwähnung findet. Bei Moses stehen zwei wichtige Hinweise auf die Bedeutung, die diese Wahrheit bei den frühen Hebräern hatte. In Exodus 3,14 steht geschrieben: »Gott sprach zu Moses: Ich bin, der ich bin. Und sprach: So sollst du zu den Israeliten sagen: ›Ich bin‹, der hat mich zu euch gesandt.« Aus diesem Kontext heraus können wir auch das zweite Gebot verstehen, in dem Moses uns ermahnt, den Namen Gottes nicht zu missbrauchen. Auch da bezog er sich auf die Worte »ICH BIN«. Heutzutage missverstehen wir das oft so, als wäre das Wort »Gott« ein Name, der nie unangemessen verwendet werden dürfte. Ich bin zwar auch der Meinung, dass man immer mit Ehrerbietung über Heiliges sprechen sollte, doch ich glaube nicht, dass Moses uns derartiges Wohlverhalten nahe legen wollte. Ich halte es für wahrscheinlicher, dass er sein Volk in der Kraft des ICH

BIN unterwies, dass nämlich alles, was damit verbunden wird, die ursprüngliche Kraft dieses »Namens« enthält. Was benannt wird, manifestiert sich. Deswegen ist es gefährlich die Worte »ICH BIN« unbedacht zu verwenden oder in Zusammenhang mit etwas Negativem zu bringen. Ein weit verbreiteter Missbrauch dieser Kraft ist zum Beispiel zu sagen: »Ich bin unglücklich.« Solch eine Aussage ruft sofort mehr Unglücklichsein hervor. Es wäre weitaus besser, die unglückliche Situation anzuerkennen und etwas in dem Sinne von »Ich bin dabei das zu ändern« folgen zu lassen.

Ihre erste und ständige Aufgabe besteht also darin, Ihre Sprache zu beobachten: Welche Überzeugungen sind für Sie mit den Worten »ICH BIN« verbunden. Werden Sie sich Ihrer Redegewohnheiten bewusst, um ehrerbietig mit der Ihr Leben bestimmenden ICH BIN-Kraft umzugehen.

Ihre zweite permanente Aufgabe besteht darin, auf einen friedvollen und kontemplativen Geisteszustand zu achten. Für einige von Ihnen mag das bedeuten, sich erst einmal Zeit zu nehmen, so einen Zustand überhaupt zu erfahren. Mit zunehmender Sicherheit und Klarheit können Sie diese Haltung dann auch auf den Rest Ihres Lebens und Ihrer Aktivitäten ausdehnen. So werden Sie sich klarer darüber werden, wer und was ICH BIN für Sie sein soll.

Ihre dritte Aufgabe wird alle Ihre Beziehungen enorm verbessern und gleichzeitig Ihre persönliche Souveränität in ungeahnter Weise stärken. Als Jeschua uns anwies unseren Nächsten zu lieben wie uns selbst, wollte er damit nicht einfach unser Zusammenleben verbessern. Er wies vielmehr darauf hin, dass der Schlüssel zur Verwirklichung des eigenen wahren Seins in der Würdigung anderer liegt. Einer der größten Fehler, die wir begehen, ist, dass wir uns bemühen, unsere Einzigartigkeit durch Abgrenzung gegenüber anderen zu erkennen. Dies geschieht oft, indem wir über sie urteilen. Damit trennen wir uns weiter von einander. Um diese Tendenz umzukehren, können Sie folgenden Prozess anwenden, den mir Jeschua empfohlen hat. Stellen Sie sich über jede Person in Ihrem Leben zwei Fragen:

1. Welcher Teil von mir bist du?
2. Welcher Teil von dir bin ich?
Diese Übung mag Aspekte von Ihnen ans Licht bringen, die lange vernachlässigt oder vergessen wurden oder dunkle Seiten, die es anzuschauen gilt. Was auch immer Sie dabei erfahren, nach gewissenhafter und wiederholter Anwendung werden Sie vielleicht genau wie ich feststellen, dass die echte Anerkennung anderer zu mehr Klarheit über einen selbst führt und dass die echte Anerkennung unserer selbst uns andere klarer erkennen lässt. Auf diese Weise sind wir ehrenvoll vereint und unterscheiden uns, ohne getrennt zu sein. Oder in den Worten des Meisters ausgedrückt: *»Ich Bin ist der Weg.«*

Meditation

Für dieses Kapitel gibt es eine stille Meditation. Sie können sich darauf einstimmen, indem Sie die Affirmationen lesen, die ich für Sie geschrieben habe, während ich mich in der Versenkung in das Heilige Herz befand, mit Jeschua an meiner Seite, und über das Wunder Ihres Seins nachsann:

Ich sehe Sie in Ihrem Frieden und in Ihrer Liebe. Ich sehe das Licht Ihres Seins, die Liebe, die Sie sind. Ich sehe die Schönheit Ihrer Seele. Ich sehe Ihre Präsenz und den Frieden, der darinnen ruht. Mögen Sie voll der Liebe und des Wunders des Kosmos sein. Mögen Sie voll des Wunders der gesamten Existenz sein. Mögen Sie erfüllt sein mit dem Heiligen Geist und der Liebe und der Wunderbarkeit Gottes. Mögen Sie erfüllt sein mit der Herrlichkeit Ihres eigenen Seins und der Liebe, die Sie sind.

Aus dem Herzen spricht Jeschua:
»Ich gebe dir diesen Frieden, auf dass du in seiner Gegenwart deiner eigenen Schöpfung gewahr wirst.
Komm zu mir in deinem Frieden

und ich werde dir in Fülle geben.
Komm zu mir in deiner Freude und ich werde mit dir jubeln.
Komm zu mir mit deinen Illusionen
und ich werde dir Wahrheit geben.
Komm zu mir mit deinem Schmerz
und ich werde dir Heilung geben.
Komm zu mir mit deinen Ängsten
und ich werde dir Hoffnung geben.
Komm zu mir mit allem, was du deiner Meinung nach bist,
und ich werde dir geben, wer du wahrhaft bist.
ICH BIN ist das Licht und die Wahrheit, ICH BIN ist die Macht, ICH BIN ist der Weg.
In diesem heiligen Zustand, erkenne dich selbst.
Ich rufe dich bei deinem Namen und sage:
Sieh wie schön du bist, wie herrlich. Du bist die Krone der Schöpfung. Und nichts davon kommt aus deinem Tun, sondern alles aus deinem Sein. Nach dem Bilde Gottes wurdest du erschaffen. Dein Leben wird sich in Übereinstimmung mit dem entfalten, was du deiner Meinung nach bist. Im Frieden Gottes erkenne dich selbst. Der Frieden Gottes ist jenseits aller Illusionen und kennt keine Grenzen, keinen Tod und kein Ende. Dies ist dein Zuhause. Ich heiße dich Zuhause willkommen.«

Gebet

Vater Mutter Quelle,
Ich bitte um die Einfachheit eines Seins, das alles Leben ehrt,
Denn Dich und alle anderen zu ehren, ehrt auch mich.
Mir wurde alles gegeben und ich wusste nicht,
es zu empfangen.
Weil ich nicht wusste,
wie ich den Segen des Lebens würdigen kann.
Ich bat darum, dass meine Bedürfnisse befriedigt werden,
Wo es doch mein einziges Bedürfnis ist,
die Macht der Liebe zu ehren.
Jetzt, da mir dies bewusst ist, ruhe ich in Deinem Frieden,
Erschaffe aus Deiner unerschöpflichen Fülle,
Und bin für immer in Deiner Wahrheit.

Amen

3

Der Mut zur Bewusstheit

Die Botschaft

Eines der wiederkehrenden Themen in meinen Gesprächen mit Jeschua war, dass Glaube und Bewusstsein beide wesentlich sind für die menschliche Erfüllung. Interessanterweise braucht es für beide Mut und zusammen sind sie die Garanten für unser Ganzsein. In meinen ersten Gesprächen mit Jeschua fragte ich ihn nach der Frau, die nur durch die Berührung seines Gewandes geheilt wurde. Er antwortete: *»Sie berührte meine Liebe und das hat sie ›ganz‹, ›heil‹ gemacht.«* Ich fragte neugierig: »Wodurch wurde dieses Ganzsein bewirkt?«

»In der Gegenwart der Liebe kann die Kraft Gottes Wunder wirken. Wie könnte es auch anders sein, ist Gott doch die Quelle aller Liebe? Wenn eine Seele wahrhaftig die Gegenwart Gottes in einem anderen ehrt, sind Heilung und Heiligkeit willkommen. Wo immer Liebe von einer Seele zur anderen übertragen wird, wird das Ganzsein mit eingeschlossen und das umfassendere Bewusstsein zum Licht gebracht. Das ist die Kraft des Heiligen Geistes.

Solch eine Übertragung braucht nicht auffallend oder dramatisch zu sein. Täglich gibt es Wunder, es geschehen Heilungen, es wird etwas geschaffen, ohne dass du es bemerkst. Oft nimmst du positive Veränderungen als selbstverständlich hin und überlegst überhaupt nicht, dass es auch anders hätte gehen können. Ziehst du die Vielzahl der möglichen Entwicklungen in Betracht, die in jeder Situation enthalten sind, so wird dir klar, dass die positiven Bewegungen im Leben nur von Bewusstsein gelenkt und von Glauben geführt werden können. Im Nachhinein sagst du: ›Das war doch logisch‹. Der Glaube ist nicht blind, im Gegenteil, wahres Vertrauen führt zur Einsicht und wahrer Glaube hilft das zu erkennen, was erkannt werden kann. Der eigentliche Zweck der Logik besteht sogar darin, das Unbekannte in das Bekannte zu verwandeln, und genau das ist die letzendliche Leistung des Glaubens. Wenn du das nicht grundsätzlich verstanden hast, kannst du die innere Verbindung zwischen Glauben und Bewusstsein nicht wertschätzen.

Das Bewusstsein ist erheblich mehr als die Wahrnehmung im Wachzustand. Beim Bewusstsein geht es darum, durch die Integration von Wahrnehmung, Erfahrung, Wissen und Sehnen ein Gleichnis, eine Analogie des Lebens zu schaffen. Auf welchem Gebiet des Bewusstseins man dabei die Erfahrungen machen möchte, das spielt keine Rolle. Es kann um persönliches Glücklichsein gehen oder um wissenschaftliche Genauigkeit, der Prozess ist der gleiche. Eine Geschichte, die eine Bedeutung hat, ist ein Gleichnis und mit Algebra ist es genauso. Beides sind nur Modelle für Gewahrsein und Verfeinerungen des Glaubens, in Einklang gebracht mit Wahrheit und Erfahrungswerten. Ohne den Glauben jedoch, könnte man diesen Zusammenhang nur aus der Rückschau heraus erkennen und jeder Fortschritt würde im Keim erstickt.

Mut ist der Herzschlag des Bewusstseins und Angst ist sein Todfeind. Das, was du dir nicht anschaust, wird sich dir entziehen oder es wird einen Teil deines Lebens auf unerwartete Weise zerstören. Bewusstsein ist das Licht der Seele. Die Dunkelheit wird es also vermeiden oder sich im Halbschatten irgendeines äußerlichen Lichts aufhalten. Es bedarf großen Mutes, ein Licht in der Welt zu sein, und großen Vertrauens, zu wissen, dass ein Lichtstrahl einen dunklen Raum so verwandeln kann, dass man ihn sicher betreten kann. Ich bin in die Welt gekommen, um die Macht des Glaubens zu verstärken und eine neue Dimension des Bewusstseins, die so noch nicht bekannt war, zu enthüllen.

Ich würde euch nie blind in das Unbekannte führen, nur geleitet von verschwommenem Glauben. Ich war gekommen, um euch Antworten zu den Fragen über das Leben zu geben und Schlüssel für eure Entwick-

lung. Sowie die Menschheit nach tieferem Glauben und Bewusstsein strebt, wird die Angst überwunden werden. Angst ist die Grundlage für alle falschen Glaubenssätze. Es ist tragisch, dass viele, die ihr Leben und ihre Gebete auf blinden Glauben setzen, ihren Glauben auch noch durch Angst unterhöhlen. Wenn der Glaube aber andererseits eine Bestätigung für das Im-Leben-Sicher-Sein darstellt und für einen Fortschritt in Richtung auf mehr Bewusstheit, verschwindet die Angst und der Heilige Geist kann erscheinen und Wunder vollbringen.«

Seine Antwort gab mir Mut eine Frage zu stellen, die mir am Herzen lag. »Wenn es der Glaube war, zusammen mit deiner Liebe und der Kraft des Heiligen Geistes, der jene Frau heilte, warum leiden und sterben dann Menschen trotz ihrer Gebete? Hast du nicht gesagt, dass es genügt zu glauben?«

»Das Problem ist nicht die Größe des Glaubens, denn davon ist nur ein Quentchen notwendig. Das Problem ist zu wissen, was Glaube ist! Glaube ist nicht blinde Hoffnung. ***Glaube ist die Abwesenheit von Angst.*** *Nur ohne Angst kann es wahre Hingabe an die positiven Möglichkeiten geben. Frei von Angst zu sein, erlaubt eine Erweiterung des Bewusstseins, die dem Glauben die Gewissheit hinzufügt. Auf diese Weise arbeiten Glaube und Bewusstsein miteinander, eines verstärkt das andere.*

Glauben ist eine Bekräftigung des Vertrauens. ***Glauben ist die Gewissheit, mit der du etwas für wahr hältst. Das wiederum wirkt sich auf deinen Bewusstseinszustand aus.*** *Leider sind nicht alle Überzeugungen positiv und viele sind übernommen worden, ohne ausreichend auf ihren Wahrheitsgehalt hin überprüft worden zu sein. In der modernen Welt werden Glaube und Vertrauen ziemlich missverstanden. Sie werden häufig als naiv und irrational angesehen. Das trifft zwar oft zu, aber doch ist der Glaube etwas Machtvolles. Deswegen muss er mit Bewusstsein ausgeglichen werden, damit er wirklich wirksam sein kann.*

Für viele Menschen hat Glaube überhaupt nichts mit Logik zu tun. Der Bereich der Logik wird heute vollständig von wissenschaftli-

chen, mathematischen und mechanischen Perspektiven dominiert und Glaube wird als etwas Intuitives, Emotionales und Ungeprüftes betrachtet, das nur dazu dient, mit den Geheimnissen des Lebens besser fertig zu werden. Geht man allerdings davon aus, dass Glaube und Logik Gegensätze sind, wird nicht genügend Überzeugung oder Glaube vorhanden sein, um Wunder hervorzubringen. Im Gegenteil: Dies wurde oft dazu benutzt, um Menschen in ihren empfindlichsten Augenblicken auszubeuten. Als ich vor zweitausend Jahren lehrte, war Glaube kein Beruhigungsmittel, um die Angst vor dem Unbekannten zu ertragen. Er war keine Alternative zu Logik und Vernunft, sondern die Gewissheit, dass auch morgen die Sonne aufgehen wird. Glaube war für den Menschen jener Zeit der ›Polarstern‹, mit dessen Hilfe er ohne Zweifel und Zögern seinen Weg fand. Das meinte ich, als ich sagte: ›Wer glaubt, dem ist alles möglich.‹«

Entsprechende Passagen aus der Bibel

Markus 11,23:
»Amen, das sage ich euch: Wenn jemand zu diesem Berg sagt: Heb dich empor, und stürz dich ins Meer! Und wenn er in seinem Herzen nicht zweifelt, sondern glaubt, dass geschieht, was er sagt, dann wird es geschehen.«

Johannes 8,12:
»Da redete Jesus abermals zu ihnen und sprach: Ich bin das Licht der Welt. Wer mir nachfolgt, der wird nicht wandeln in der Finsternis, sondern wird das Licht des Lebens haben.«

Johannes 14,26:
»Aber der Tröster, der heilige Geist, den mein Vater senden wird in meinem Namen, der wird euch alles lehren und euch an alles erinnern, was ich euch gesagt habe.«

Sprüche 4,7:
»Denn der Weisheit Anfang ist: Erwirb Weisheit und erwirb Einsicht mit allem, was du hast.«

Schlüssel zum Leben

Der Schlüssel zum Bewusstsein liegt darin, das Bewusstsein als das Licht unserer Seele zu betrachten. Es ist keine äußere Dimension, zu der wir uns hinarbeiten können, sondern ein Weg, um das Leben von einer höheren Warte aus zu begreifen. Glaube ist die Kerze und Mut ist die Flamme. Sie tragen das Licht in dunkle Bereiche und lassen uns Einsicht gewinnen in das, was zuvor unsichtbar war.

Bewusstsein geht mit Sein einher. Es entspringt dem unschuldigen, heiligen und mitfühlenden Mittelpunkt unserer Seele, jenem Ort, an dem wir in Frieden und Gelassenheit in der Lage sind alles ohne Voreingenommenheit wahrzunehmen. Bewusstsein in all seinen Formen erfordert Mut, denn es verlangt, dass wir uns selbst und andere akzeptieren. Im Gegensatz zu Wissen, das aus Mustern, dem Vergleichen von Erfahrungen und der Integration von Fakten entsteht, beginnt Bewusstsein mit der einfachen Wahrnehmung unserer selbst. Das Bewusstsein ist ganz verwirklicht, wenn Sie sich selbst in jedem Aspekt erkannt haben, auf jede Weise, in der Sie »in der Welt« und doch nicht »von der Welt« sind.

Heutzutage wird viel über Bewusstsein geredet. Manche glauben, dass wir dabei sind, in das »Zeitalter des Bewusstseins« einzutreten. Wenn dem so wäre, wie würde so etwas denn aussehen? Sicherlich stehen wir an dem Startpunkt zu einem großen Sprung nach vorne. Und sicherlich wird unser Prozess mit technologischen Fortschritten und noch größerer Ansammlung von Wissen einhergehen. Doch wenn wir nach der Antwort auf obige Frage suchen, ist vielleicht der Gedanke hilfreich, dass technologischer Fortschritt nur eine lebenswerte Zukunft erschafft, wenn er mit ausreichender Bewusstseinsentwicklung gekoppelt ist. Wir könnten ansonsten jenen düsteren Zeiten entgegengehen, die von so manchem

Sciencefiction-Schriftsteller beschrieben wurden. Solche schrecklichen Lebensbedingungen könnten das Ergebnis eines zunehmenden Überlebenskampfes sein, in dem die ultimative Waffe Wissen wäre. Das wäre unter Umständen das Ende der Reise, zu der die Menschheit vor vielen Jahrtausenden aufgebrochen ist.

Es sei denn, es gäbe noch eine andere Möglichkeit.

In den alten Überlieferungen vieler Kulturen wird von einer Zeit erzählt, in der die Menschen beschlossen haben, ihren Zustand der Unschuld zu verlassen und nach Wissen und Erkenntnis zu suchen. Die meisten dieser Geschichten lassen sich auf jene Zeit vor etwa fünf- bis siebentausend Jahren zurückführen, als die ersten Stadtkulturen entstanden. In diesen aus Stammesgesellschaften hervorgehenden Kulturen konnten die Menschen trotz zunehmender Unterschiedlichkeit und Konflikte miteinander auskommen, weil sie ihr Wissen »objektivieren« und ihre Erfahrungen vergleichen konnten. Es wurden Übereinkünfte getroffen, bei denen sich die Menschen auf gemeinsame Vorstellungen, wirtschaftlichen Austausch und gemeinsame Feinde einigten. In diesem schwierigen Umfeld entstanden die ersten Philosophien, Denkschulen und Religionen, die dazu dienten, größere Gruppen von Menschen zu gemeinsamen Unternehmungen zusammenzuführen und gemeinsame Überzeugungen als Grundlage zu schaffen. Dies war ein entscheidender Schritt in der menschlichen Entwicklung, doch er erforderte ein riesiges Opfer, auf das die alten Geschichten auch alle hinweisen. Welches Opfer gebracht wurde wird deutlich, wenn wir uns den Unterschied zwischen Bewusstsein und Wissen anschauen. Bewusstsein beginnt mit einem Selbst-Gewahrsein, das sich in einem größeren Lebenszusammenhang entfalten und ausdrücken möchte. Wissen beginnt mit Beobachtungen, bei denen wir versuchen, eine Erfahrung zu isolieren und objektiv, von subjektiven Faktoren getrennt, zu untersuchen. In der Geschichte vom Garten Eden folgen auf die Entscheidung von Adam und Eva für das Wissen und gegen die Unschuld das Bedürfnis nach Kleidung (um das Selbst zu verbergen) und die Fähigkeit, das wahrzunehmen, was außerhalb von ihnen ist.

Nach Tausenden von Jahren, in denen wir Wissen gesammelt haben, haben wir endlich derart empfindliche Messinstrumente entwickelt, dass die Beobachtungen nicht mehr von dem Prozess des Beobachtens zu trennen sind. Anders ausgedrückt: Die Verbindung zwischen Objekt und Beobachter ist unwiderlegbar deutlich geworden. So sind wir wieder an einem Punkt angelangt, wo wir uns zwischen Bewusstsein und Wissen entscheiden können. Doch es gibt noch einen dritten Weg: Wir können das Wissen weiter schätzen und gleichzeitig die größere Kraft des Bewusstseins anerkennen!
In seinem Erdenleben bereitete Jeschua einen Weg vor, um ein Verständnis zu erlangen, das uns bei unseren Entscheidungsprozessen helfen sollte und dabei, nach höheren Bedeutungs- und Bewusstseinsebenen zu streben. Die Grundlage für dieses neue Verständnis lag in seinem Weg der Barmherzigkeit und des Mitgefühls. In der alten Zeit waren die Menschen zwar subjektiv Gott näher als wir heutzutage, doch das half ihnen nicht dabei, in einer zunehmend komplexeren und konfliktreicheren Gemeinschaft mit anderen Menschen auszukommen. Deshalb strebten sie danach, eine objektive Wahrnehmungsebene als Grundlage für Vereinbarungen, Überzeugungen und Verhaltensregeln zu verwenden. So hatte man einen gemeinsamen Bezugspunkt – jedenfalls manchmal. Die Geschichte ist voll von turbulenten Bestrebungen, die Kontrolle über diese »objektiven« Rahmenrichtlinien zu gewinnen. Allerdings sind offensichtlich bislang weder subjektive Wahrnehmungen noch objektive Schlussfolgerungen in der Lage gewesen uns wirkliche Erfüllung zu bringen. Doch es gibt noch einen dritten Weg, einen erweiterten Bewusstseinszustand, in dem die subjektive und die objektive Wirklichkeit in eine kontinuierliche, gemeinsame Erfahrung integriert werden. Das erfordert, dass man andere Menschen als Ausdehnungen seiner selbst betrachtet und sich selbst als einen Mikrokosmos all dessen, was ist. In seinen zwei Geboten (Matt. 22,37-39) hat Jeschua uns die Flugroute zu dieser höheren Bewusstseinsebene hinterlassen:
»Du sollst den Herrn, deinen Gott, lieben mit ganzem Herzen, mit

ganzer Seele und mit all deinen Gedanken. Das ist das wichtigste und erste Gebot. Ebenso wichtig ist das zweite: Du sollst deinen Nächsten lieben wie dich selbst.« Wenn wir das mit diesen Geboten verbundene Gefühl in einem Wort zusammenfassen sollten, dann wäre es: Mitgefühl.

Es ist sehr schade, dass wir dazu neigen, unter »Mitgefühl« nur freundliche Zuwendung und gute Taten zu verstehen. Eigentlich steckt in diesem Begriff eine allumfassende Verbindung zu allem Leben und der gesamten Existenz. Wenn Mitgefühl ein Schlüssel zu höheren Bewusstseinsebenen ist, muss es sich auf alle Lebensbereiche beziehen und zur Problemlösung in allen Lebenslagen beitragen. Dieses erweiterte Verständnis von Mitgefühl müsste zum Beispiel auch auf die Wissenschaften anwendbar sein. Und in der Tat wandelten sich das Leben und das Bewusstsein von Albert Einstein grundlegend, als er sich mit den Grenzen der objektiven Messbarkeit des Lichts konfrontiert sah und die Beschränkungen des deduktiven Denkens überwand, indem er sich durch die Vorstellung, er würde auf einem Lichtstrahl reiten, mit dem Licht »verband«. Schon viel früher entwickelte Kopernikus »aus seiner Vorstellung« heraus ein Modell des Kosmos, das sich von der damaligen, geozentrischen Weltsicht fundamental unterschied. Er vereinte dann diese Theorie mit den allgemein zu beobachtenden Phänomenen, bis eine neue Sicht unseres Sonnensystems entstand. Ist es denkbar, dass alle Ausdrucksformen des Lebens als Erfahrungen des Mitgefühls betrachtet und freudig angenommen werden können?

Als ich vor vielen Jahren Kunst studierte, hatte ich einmal das Vergnügen mit dem Direktor der New York Art Students League zu speisen. Er war ein hoch geachteter Mann, der in allen Kunstfächern bewandert war. Ich wollte also seine Weisheit erforschen, doch schon seine Antwort auf meine erste Frage brachte mich zum Schweigen. Ich wollte wissen, was seiner Meinung nach die wesentlichste Eigenschaft sei, die einen großen Künstler ausmache. Seine Antwort war einfach: »Mitgefühl«. Ich war damals noch nicht fähig, diese tiefgründige Antwort wirklich zu begreifen, doch mir

war klar, dass danach alle weiteren Fragen trivial wirken würden. In dem gleichen Jahr lernte ich von einem anderen Professor etwas Ähnliches, das jedoch glücklicherweise meinem damaligen Begriffsvermögen näher lag. Das Kunststudium war in den Sechziger Jahren für jemanden wie mich, der sich mehr der konkreten Malerei verbunden fühlte, eine schwierige Geschichte. Es war die hohe Zeit des abstrakten Expressionismus. Dass ich ein Begabten-Stipendium hatte, machte es noch schlimmer, denn ich hatte offensichtlich keine Begabung in irgendeiner der modernen Richtungen. In meinem letzten Jahr wurde meine Verärgerung darüber so groß, dass ich um ein Gespräch mit meinem Mallehrer bat. Ich erzählte ihm von meiner Enttäuschung darüber, dass mir keine realistische Malerei beigebracht wurde, und ich stellte die Art in Frage, wie wir die Farbe einfach um ihrer selbst willen zum Ausdruck bringen sollten. Es stellte sich schnell heraus, dass die Frustration gegenseitig war. Ungehalten knallte er ein Buch über Leonardo da Vinci vor mir auf den Tisch und fragte, ob ich so malen wollte.
»Ja, das ist genau das, was ich meine«, gab ich schnippisch zurück. Er öffnete das Buch, zeigte auf die »Mona Lisa« und sagte: »Wenn ich Ihnen genau erkläre, wie Sie dieses Gemälde reproduzieren können, lassen Sie sich dann darauf ein, es wirklich zu malen oder in einer Hausarbeit zu beschreiben, warum genau Sie die Arbeit abgebrochen haben?« Ich nahm die Herausforderung an, ohne zu ahnen, dass bei dieser Lektion Versagen das Thema sein würde. Ich ging mit Optimismus und Begeisterung ans Werk, doch meine Arbeit entpuppte sich schnell als eine ermüdende Übung. Ich kopierte die Techniken und Details nach bestem Vermögen, doch nach zwei Wochen wurde mir klar, dass ich niemals eine neue Mona Lisa malen würde. Mit einer gewissen Beschämung machte ich mich daran, meine Hausarbeit zu schreiben. Es war zunächst mühsam, eine Begründung zu finden. Doch plötzlich ging mir ein Licht auf. Aus dem »Nichts« wurde mir plötzlich klar, dass Kunst ein Abbild des Bewusstseins ist. Natürlich konnte ich keine Mona Lisa malen, egal wie viel ich übte. Nur Leonardo da Vinci hatte das Bewusst-

sein, das dieses Meisterwerk erschaffen konnte! Seine Kunst war **ein Ausdruck seines Seins und des Mitgefühls**, das er für sein Leben und seine Zeit hatte. Endlich begriff ich die immense Bedeutung des Mitgefühls in großer Kunst. Mein Professor gab mir meine Arbeit mit einer Eins zurück und meinte: »Gut gemacht und vergessen Sie nicht: Sie meistern Ihre Kunst, indem Sie sich selbst meistern. Die künstlerischen Techniken sind dabei zweitrangig.«

Es gibt eine untrennbare Verbindung zwischen Bewusstsein und SEIN. Die Zukunft ist noch nicht da, wir können sie also nicht wirklich kennen. Die Vergangenheit ist nur Erinnerung. Der einzige Standpunkt, von dem aus wir das volle Panorama der Möglichkeiten haben, liegt also in der Mitte unseres eigenen Seins. Es bleibt jedem Einzelnen überlassen, wie viel seines Bewusstseins er im Subjektiven behält und wie viel davon er zu objektiver Wirklichkeit entwickelt. Gewisse Faktoren scheinen jedoch konstant zu bleiben: Bewusstsein wird durch die eigenen Überzeugungen, Erfahrungen, Verbindungen und Anhaftungen im Leben erweitert oder beschränkt. Und all dies fließt in der individuellen Beziehung zum Leben zusammen.

Jeschua sagte, dass viele der Probleme, mit denen wir beschäftigt sind, nicht direkt lösbar sind, weil sie gar nicht unsere persönlichen Probleme sind, sondern einfach zur »Einrichtung« unserer Bewusstseinsebene gehören. Er machte deutlich, dass wir zunächst unsere Anhaftungen und Überzeugungen, die zu unser Ebene gehören, und die dazugehörigen Formen von Stress auflösen müssen, bevor wir zu einer höheren Existenzebene aufsteigen können. Bei Matthäus wird dazu eine Begebenheit erzählt, die das gut verdeutlicht. Eine Frau salbte Jeschua's Haupt mit kostbarem Öl. Die Jünger wiesen sie ob dieser Verschwendung zurecht, weil das Geld besser bei den Armen aufgehoben gewesen wäre. Jeschua antwortete jedoch: »Warum scheltet ihr diese Frau? Sie hat mir wohl getan. Die Armen werden immer bei euch sein, aber ich werde nicht immer bei euch sein.« Damit verwies er wieder einmal auf die zähe Dauerhaftigkeit solcher Dinge wie Armut, die jedoch nicht verschwunden sein müssen, damit wir über sie hinauswachsen können. Immer wieder riet er mir, nach der höheren Ebene zu suchen.

»Solche schlechten Bedingungen wurden nicht von bewussten Menschen erschaffen, sondern von den Massen, die sich aus Furcht und Unbewusstheit aneinander klammern, um sich in der Menge sicher zu fühlen. Den Individuen, die sich in der Liebe zu Gott und zueinander befinden, stehen viel mehr Möglichkeiten offen, sei es durch schlichtes Tun oder durch großmütige Gesten. ***Du bist nicht der Zustand, in dem du dich befindest.*** *Es verändert alles, wenn man diesen Unterschied kennt.«*

Nachdrücklich wies er darauf hin, dass jeder, der sich einem Zustand unterwirft, ohne seine Beziehung zu diesem zu untersuchen, nur unerwünschte Faktoren am Leben erhält. Die Lösung eines Problems liegt nicht auf der Ebene, auf der es entstanden ist, sondern auf einer höheren Bewusstseinsebene und dort kann sich das Problem einfach im Licht einer größeren Wahrheit auflösen.

Indem wir Gott ehren und indem wir die Gegenwart Gottes in anderen und uns selbst ehren, offenbart sich die Quelle allen Bewusstseins. Wenn wir uns in die Lebensumstände verstricken, verlieren wir diese Wahrheit jedoch oft aus dem Blick. An dieser Stelle der Geschichte brauchen wir Mut und Vertrauen. Unser Ziel ist es letztendlich, unser wahres Sein wieder zu entdecken, doch auf dem Weg dorthin bleibt vieles unklar und gerät in Vergessenheit. Vertrauen und Glaube werden oft missverstanden und als das Gegenteil von Bewusstsein betrachtet. Glaube wird oft als blinder Gehorsam gegenüber unsichtbaren Kräften verstanden. Wenn dem so wäre, dann wäre ein gläubiges Leben eine gefährliche und irrationale Sache. Nach meiner Erfahrung stimmt das nicht. Jeschua sagte zu mir: *»Glaube bedeutet, dass die Angst aufhört.«* Ohne Angst verschwindet auch die Irrationalität, vergangene Erfahrungen können sinnvoller integriert und Überzeugungen klarer vertreten werden. Seit mich im Herbst 1991 die ersten Strahlen der Inspiration berührt haben, hat Jeschua mich beständig dazu angehalten, immer wieder vertrauensvoll und in gutem Glauben zu handeln.

In seiner gewohnten, besonnenen und liebenswürdigen Art hat er mich zu einem praktischen und realistischen Verständnis des Glaubens als einem Mittel, das Bewusstsein zu erweitern, geführt. Indem ich mich seiner Führung anvertraute, drang ich immer mehr in das Unbekannte ein und freundete mich mit dieser Art des Verstehens an. Als er mich zum Beispiel 1996 bat seine Botschaft weiterzugeben, erhob ich zunächst in der für mich typischen Art Einwände. Er schlug daraufhin vor, dass ich als Erstes auf einer kleinen Veranstaltung in meiner Galerie darüber sprechen sollte und dass ich danach seinen Vorschlag noch einmal überdenken könnte. Ich lernte also, meinen Glauben und mein Vertrauen durch Erfahrung, Selbsterkenntnis und die Freude an dem Dienst am Nächsten zu stärken. Seine feinfühlige Anleitung ermöglichte es mir **in allem, was ich tue**, die essentielle Macht des Glaubens und des Vertrauens zu erfassen und die Bedeutung zu verstehen, die sie bei unserem Streben nach größerer Bewusstheit haben.
Bewusst zu leben erfordert großen Mut, vor allem vor dem Hintergrund unserer Verantwortung für die nicht so bewussten Taten unserer Vergangenheit. Doch es gibt keine bessere Lösung für das Bedauern über Vergangenes als sich in einen Zustand zu erheben, in dem die Rahmenbedingungen, die zu dem geführt haben, was wir bereuen, nicht mehr gegeben sind. Das ist wahre Vergebung und Heilung – allumfassend und beständig.

Andere Quellen der Weisheit

William Wordsworth (1770-1850), *The Excursion:*
»Und als der Strom,
Der seelenüberströmende, verschwand,
Ließ ein Bewusstsein er zurück
Am stillen Ufer
Von Erinnerungen und kostbaren Gedanken,
Die weder sterben noch vernichtet werden können.«

Augustinus (354-430), *Bekenntnisse:*
»Ich liebe Dich, Herr, ich zweifle nicht daran, ich liebe Dich mit vollem, hellem Wissen. Mit Deinem Wort hast Du mein Herz getroffen und ich liebte Dich. Und auch Himmel und Erde und alles, was sie füllt, das alles sagt mir, dass ich Dich lieben soll.«

Simon Newcomb (1835-1909) *The Extent of the Universe:*
»Wenn die Aufmerksamkeit darauf gerichtet wird, dann erfüllen die Tausende von Sternen beiderseits der Milchstraße den Geist mit dem Bewusstsein eines derart gewaltigen, allumfassenden Rahmens, dass alle menschlichen Angelegenheiten in die Bedeutungslosigkeit versinken.«

Anwendung

Wie die Luft, die wir atmen und der Raum, in dem wir leben, gehört auch Bewusstsein zu den derart grundlegenden Dingen in unserem Wachzustand, dass wir unseren Umgang damit meist gar nicht bemerken. Wir haben keine Möglichkeit Bewusstsein zu messen, das ist anders als beim Wissen. Wenn wir mehr Wissen haben möchten, lernen wir etwas oder lassen es uns beibringen. Wenn sich unser Wissen als fehlerhaft erweist, korrigieren wir es. Wir können Wissen überprüfen, ergänzen und das Wissen über einen Bereich auf einen anderen übertragen. Doch durch welches Medium fließt eigentlich all dieses Wissen? Was ermöglicht es uns festzustellen, ob wir wissen oder nicht wissen? Welche andere Dimension verbindet unsere Leben und unsere Erfahrungen, gibt unserem Wissen die persönliche Note und wendet es zum Überleben, Wohlbefinden, Erschaffen und im Umgang miteinander an? Das ist das Bewusstsein. Es ist ein unverzichtbarer Teil unseres Seins und uns so nahe, dass wir es nicht sehen können. Paradoxerweise ist es einerseits der Sitz unserer Integrität, gleichzeitig aber haben Erfahrungen, Verbindungen, Verhaftungen und Überzeugungen einen Einfluss darauf. Es kann vernachlässigt oder verleugnet werden und es lässt sich durch Aufmerksamkeit und Anerkennung erweitern. Hier sind vier Möglichkeiten, mit denen jeder die Qualität seines Bewusstseins verbessern und ein höheres Bewusstsein fördern kann. Jede trägt dazu bei, das Leben zu bereichern und bewusster werden zu lassen.

1. Die erste Übung ist der »Hausputz des Bewusstseins«. Hier befassen wir uns mit vergessenen Anhaftungen, vernachlässigten Freundschaften oder Familienmitgliedern, liegengelassenen Projekten und angestaubten Träumen. Wir räumen sozusagen den Dachboden unseres Bewusstseins auf.
Um diese Dinge in Erinnerung zu bringen, müssen Sie vielleicht in vergessenen Kisten herumstöbern, alte Adress- und Notizbücher durchsehen und Schränke durchräumen. Dabei geht es nicht so sehr um das Aufräumen, da hat jeder seinen eigenen Standard. Es geht vielmehr darum, jene Dinge ans Licht zu bringen, die unangemessenerweise immer noch Ihr Leben und Ihr Bewusstsein bestimmen, obwohl Ihr Leben längst weitergegangen ist. Achten Sie darauf, wie Ihr Bewusstsein auf die jeweiligen Bereiche reagiert, die Sie dabei aufdecken. Manchmal ist das, was uns einst so wichtig war, heute nur noch Gerümpel. Diese Erkenntnis setzt Bewusstsein frei. In anderen Fällen haften wir vielleicht an Dingen, die uns immer noch lieb und teuer sind und die wiederbelebt werden wollen. Damit integrieren wir ein Stück unserer Vergangenheit und bringen mehr Fülle in unser Leben. Manche Anhaftungen haben wir auch in eine Kiste gesteckt, weil sie uns unangenehm waren. Diese verdienen besondere Beachtung. Solange unser Bewusstsein an ihnen hängt, haben sie Einfluss auf unser Leben. Eine Entscheidung zu treffen ist auf jeden Fall besser als etwas zu verdrängen, denn beim Entscheiden schauen wir uns die Sache noch einmal aus unserer heutigen Perspektive an.
Achten Sie darauf, welche Dinge, Bereiche oder Personen Ihre Aufmerksamkeit am meisten fesseln. Dabei können Sie lernen, dass es für Ihr Bewusstsein egal ist, ob es sich um Dinge aus der Ver-

gangenheit oder aus der Zukunft handelt. Das Bewusstsein ist ein hartnäckiger Diener, der keinen Bereich aussparen wird und sich erst zufrieden gibt, wenn die Anhaftung entweder bewusst gelöst oder die Sache zu einem Abschluss gebracht wurde. Seine Loyalität mag Ihnen dienlich sein oder Ihr Leben sabotieren. Unbeachtete, negative Anhaftungen können Ihr ganzes übriges Bewusstsein dominieren. Während Sie also Ihre Vergangenheit durchforsten, beachten Sie auch das scheinbar Abgeschlossene. Bei einigen Themen haben Sie inzwischen möglicherweise bessere Vorgehensweisen entwickelt, anderes muss einfach abgeschlossen werden und für den Rest können Sie aus Ihrer heutigen Perspektive heraus neue Prioritäten entwickeln.

2. Schauen Sie auf Ihr heutiges Leben und listen Sie alle wesentlichen Entscheidungen auf, die für Sie anstehen. Wenn es nichts Wichtiges gibt, nehmen Sie einfach irgendeine Entscheidung. Sie können bei dieser Übung etwas lernen und gleichzeitig unmittelbar Ihr Leben verbessern. Beobachten und notieren Sie, was Ihre Entscheidung behindert. Das kann – von einem Mangel an Zeit, Information, Unterstützung bis hin zu der Angst vor der Reaktion anderer – alles Mögliche sein.
Sie werden vielleicht bemerken, dass diese Hinderungsgründe mindestens genauso viel von Ihrem Bewusstsein absorbieren wie das Thema, das zur Entscheidung ansteht. Ihre Unentschiedenheit nimmt genauso viel Bewusstsein in Anspruch wie das Thema selbst. Sollte dies nicht Ihren Wünschen entsprechen, gibt es ein einfaches Mittel das zu ändern, nämlich gelebten Glauben: **Bewegen Sie sich trotzdem weiter auf Ihr Ziel zu**. Indem Sie alles zusammentragen, was Ihnen jetzt zur Verfügung steht an Unterstützung, Zeit oder Informationen, ebnen Sie den Weg für eine größere Handlung, sobald diese möglich ist und geben sich selbst die Chance, eine weise Entscheidung zu treffen. Das Geheimnis liegt darin, absichtlich Ihr Bewusstsein **über die Entscheidung hinaus** auszudehnen, in dem gläubigen Vertrauen, dass Sie fähig sind, das Beste in Gang

zu setzen. So werden Sie letztendlich eine »größere« Entscheidung fällen, die die geringere mit einschließt. Die Macht des Glaubens und des Bewusstseins stehen Ihnen immer zur Verfügung.

3. Bei der dritten Übung geht es darum, wie Sie mit Problemen umgehen. Wählen Sie sich eines aus, mit dem sie anfangen wollen. Konzentrieren Sie sich darauf, bis Sie die dazugehörige Situation und die entsprechende Bewusstseinsebene klar vor Augen haben. Ganz ehrlich: Wie geht es Ihnen mit der gesamten Situation, die zu Ihrem Problem gehört? Handelt es sich um eine vorübergehende Schwierigkeit in einem grundsätzlich positiven Umfeld oder ist eine Anhebung der Bewusstseinsebene nötig? Diese Unterscheidung ist wichtig, denn Probleme in einem positiven Umfeld lassen sich in der Regel relativ rasch lösen. In einem positiven Umfeld erweitert sich das Bewusstsein auf natürliche Weise. Auf jeden Fall liegt die Antwort auf einer Ebene **oberhalb der Ursache**, denn Antworten entstehen durch eine **Erweiterung des Bewusstseins**. Manchmal erfordert es einfach ein wenig Geduld zu warten, bis der Strom des Bewusstseins so weit angestiegen ist, dass der Damm bricht. Ein im Niedergang befindliches Umfeld hingegen bringt Probleme mit sich, für die es keine einfachen Lösungen gibt. Hier entwickelt sich das Bewusstsein nicht weiter. Ihr »Problem« ist vielleicht nur ein Aspekt eines größeren Problembereichs und das eigentliche Problem sind die Überzeugungen und Anhaftungen, die Ihr Leben einschränken. Haben Sie erst einmal herausgefunden, was es zu berichtigen oder zu stärken gilt, kann sich Ihr Bewusstsein auf wundersame Art selbst heilen.

4. Die vierte Übung bewirkt die größte und tiefgreifendste Erweiterung des Bewusstseins und möglicherweise eine ausgesprochen bedeutsame Veränderung in Ihrem Leben. Es geht um das bewusste Ausüben von Mitgefühl und es fängt bei Ihnen selbst an! Setzen Sie sich vor einen Spiegel und schauen Sie sich ehrlich und vorbehaltlos an. Betrachten Sie Ihre Gesundheit, Ihr Glück, Ihr Aussehen,

Ihre Beziehungen, Ihre Finanzen, Ihren Verstand, Ihre Begeisterungsfähigkeit und Ihre spirituellen Überzeugungen.

Jetzt kommt das Schwierigste: NEHMEN SIE ALLES SO AN, WIE SIE ES SEHEN. Betrachten Sie Ihre Bemühungen, Ihre Erfolge und Schwierigkeiten mit Anerkennung. Erkennen und würdigen Sie die Aspekte von Ihnen, die Sie in Zeiten der Not überleben ließen, genauso wie die, die sich in Zeiten der Fülle zeigten. Erkennen Sie Ihre Bescheidenheit als einen Ausdruck der Mäßigung genauso an wie Ihren Humor und alle Ihre Emotionen. Finden Sie eine Haltung der Akzeptanz (nicht der Rechtfertigung) für jeden Aspekt Ihres Seins, bis Sie mitfühlende Gelassenheit empfinden, frei von allen Erwartungen, Enttäuschungen oder Verurteilungen. Es geht dabei nicht um Anschuldigungen, Verhaltensänderungen oder Vergebung irgendwelcher Schuld. Vielmehr können Sie durch diese Übung die Gnade natürlicher Vergebung durch die höhere Macht des Mitgefühls erleben.

Seien Sie geduldig. Bei Ihrem ersten Versuch werden Sie vielleicht mit einer Flut von eigenen und fremden Vorurteilen konfrontiert. Mitgefühl ist unser reinstes Gebet, begeben Sie sich also in eine innere Gebetshaltung, um alle Illusionen der Verurteilung zu durchschauen und die Trennung von Ihrem höchsten Selbst zu beenden. Sie wissen, dass Sie ihr Ziel erreicht haben, wenn Sie sich einfach bewusst fühlen, statt Ihr Bewusstsein Ihren Überzeugungen, Anhaftungen und Urteilen anpassen zu müssen. Jeschua sagte mir, dass es zwischen Mitgefühl und den höchsten Bewusstseinszuständen kaum einen Unterschied gäbe. Ungefilterte Bewusstheit ist wie eine klare Glasscheibe: Schaut man von der einen Seite hindurch, erblickt man reine Liebe, schaut man von der anderen Seite, sieht man reines Leben. Sobald Sie dieses wunderbare Gefühl an sich selbst erfahren haben, können Sie es leicht auch auf alle Menschen in Ihrem Leben beziehen.

Meditation

Ich schließe meine Augen und gebe mich dem Frieden in meinem inneren Heiligtum hin. Ich lasse mein Bewusstsein mit den inneren Strömungen des Geistes dahinschweben wie eine Feder auf einem Windhauch. Wie ein Nachtfalter zum Licht strebt, so treibt auch diese sanfte Bewegung meines Bewusstseins unaufhaltsam auf den kleinen Funken in mir zu, der klar und beständig wie der Polarstern in mir leuchtet. Es ist nicht wichtig, wo ich ihn finde, denn alles andere ist ohnehin Illusion. Er ist der Mittelpunkt meines Seins und ich nähere mich ihm mit Ehrfurcht. Wenn ich ihm nahe bin, spüre ich ein warmes, herzliches Willkommen und mein Bewusstsein gleitet in dieses Licht so leicht hinein wie eine Hand in einen perfekt sitzenden Handschuh.

In diesem Zustand seliger Vereinigung bin ich in meinem Sein zu Hause. Der Funke, von dem ich mich einst getrennt gefühlt hatte, umgibt jetzt mein ganzes Sein und sättigt mich mit seinem strahlenden Leuchten. Ich fühle mich in diesem inneren Heiligtum genährt und mit der Gegenwart Gottes gesegnet. Ich schaue in das Licht und durch es hindurch auf wundersame Möglichkeiten. Meine größten Wahrheiten werden in diesem Licht lebendig und woran ich am meisten glaube, nimmt vor meinen Augen Gestalt an. Ich halte mich an die Wahrheit Jeschua's, der sagte: »Alles ist dem möglich, der glaubt.« Alle meine Ängste lösen sich auf, denn in dem Licht meines wahren Seins gibt es nicht den Schatten eines Zweifels und nichts Schädliches hat darin Raum.

Mir wird offenbar, dass alles Gute seit Anbeginn der Zeit vorhanden war. Ich war es, deren Bewusstsein durch Glauben und Vertrauen wachsen musste, um das Wunder der Schöpfung zu erkennen. Ich empfange und nehme die Fülle Gottes an, in dem Wissen, dass alles, worauf ich angstfrei und gläubig vertraue, durch die Gnade Gottes geschehen wird. So lasse ich mich einfach von diesem inneren Licht nähren und stärken und erkenne langsam, dass dieses Licht mit meinem Leben verschmilzt. Ich bin neugeboren.

Gebet

Heiliger Schöpfer und Quelle,
Ich bete vor allem, dass meine Getrenntheit von Dir
ein Ende finden möge.
Demütig und aufrichtig bitte ich darum,
wieder mit Dir vereint zu sein,
Auf dass ich das Licht jenes Mitgefühls erfahre, in dem alles heil
wird und alle Möglichkeiten sich offenbaren.
Im Geist dieses Mitgefühls
Bete ich, dass die Armen versorgt werden.
Ich bete, dass die Reichen den anderen
den Weg zu Wohlstand zeigen.
Ich bete, dass die Kranken geheilt werden.
Ich bete, dass die Gesunden ihre Stärke für uns alle einsetzen.
Ich bete, dass die Kummervollen getröstet werden.
Ich bete, dass die Herzen der Glücklichen
ein Lichtstrahl der Liebe sind.
Ich bete für die Gefangenen,
dass sie Freiheit auf anderen Wegen finden.
Ich bete für die Freien,
dass sie ihre Freiheit zu würdigen wissen.
Ich bete für die Menschheit, dass sie in allem das Gute sieht
Und dass wir in unserem Nächsten
Deine Heilige Gegenwart ehren.

Amen

4

Der Fluss des Lebens

Die Botschaft

Jeschua und ich hatten ausführlich über die Ur-Teilchen gesprochen. Dabei fragte ich ihn, welchen Platz die Ur-Teilchen im Großen Ganzen einnehmen und wie es dazu kam, dass die uns bekannte Materie plötzlich im Ur-Raum erschien, fast wie eine Mutation innerhalb der riesigen Ausdehnung des unendlichen Potentials, in der es keine Orientierungspunkte oder Markierungen gab. Jeschua antwortete:

»Die Antwort liegt in einem Wahrnehmungsbereich, der über das menschliche Bewusstsein hinausgeht. Ich kann dir nur Metaphern geben. Das menschliche Bewusstsein ist in sich selbst eine großartige Metapher für die Existenz. Am Anfang war die Liebe und die Liebe wechselte rhythmisch zwischen Loslassen und Selbsterkenntnis. In ihrer Selbsterkenntnis erzeugte die Liebe einen Standpunkt. Von diesem Standpunkt aus erzeugte sie Betrachtungsweisen. All diese Betrachtungsweisen waren gut und existierten nur, weil die Liebe sagte: So ist es. In der Beziehung zwischen der Liebe, ihren Standpunkten und ihren Betrachtungsweisen entstanden Raum und Einheit. Die Liebe erkannte dies als Geist. Aus der gleichen Beziehung ergaben sich auch Rhythmus, Energie und Potentialunterschiede. Die Liebe erkannte dies als Leben. Doch all dies existierte lediglich aufgrund der Absicht der Liebe, eine Erfahrung zu machen. Zunächst ereigneten sich jedes Potential, jeder Gedanke und jede Aktion in vollkommener Synchronizität, daher existierten sie auf der Wirklichkeitsebene der Lichtgeschwindigkeit. Da die Liebe jedoch eine Erfahrung machen wollte, war ein neues Muster an Beziehungen notwendig, in dem zufällige

Veränderungen und endliche Prozesse möglich waren. Wir nennen das jetzt ›Zeit‹. Dafür begab sich die Liebe in einen Dialog mit dem Geist, so dass das Leben eine neue Tendenz zu neuartigen Reaktionen entwickelte. Was hat man schon von einem Gespräch, wenn alle Antworten vorgegeben sind? Dieser Dialog erschuf die Grundlage für den freien Willen und die Entscheidungsmöglichkeit. Dadurch wurde es zum ersten Mal notwendig, dass die Liebe jene ›Punkte‹ markierte, an denen das Leben und der Geist in Erscheinung traten. Wo immer in dem Equilibrium eine Veränderung auftrat, sollte Materie entstehen. Die Liebe war da sehr eindeutig. So sollte dem Geist nie etwas verloren gehen, egal welche Veränderungen, Schwierigkeiten oder Neuordnungen sich für die Existenz im Laufe der ›Erfahrung‹ ergeben würden. Diese neue Existenz war zunächst nur ein Flüstern, eine Ahnung, doch es war die erste Manifestation von Substanz und der Anfang des euch bekannten Universums. Hieraus entstand alle Materie. Doch um das zu begreifen, musst du die Essenz des Geistes betrachten, die Liebe, aus der er hervorgegangen ist und den Fluss des Lebens, in dem er fließt.«

Mir war bei seinen Worten klar, dass das Leben, nach seinem Verständnis, nicht an die zerbrechlichen und beschränkenden Bedingungen der organischen Substanzen, die wir normalerweise »Leben« nennen, gebunden war. Für ihn war »Leben« vielmehr eine heilige Angelegenheit Gottes, viel machtvoller als alles, was eine Form je verkörpern könnte. Ich sehnte mich danach, mehr zu erfahren…

»Der Kern aller Erkenntnis liegt im Beobachten von Beziehungen und Mustern. In isolierter Form haben subatomare Teilchen wenig Bedeutung, sie können nur als die Verbindung hinter beobachtbaren Phänomenen begriffen werden. In diesem Universum repräsentieren Muster die Wahrscheinlichkeiten von Verbindungen, nicht von Dingen. Das Leben ist keine Ansammlung isolierter Objekte, sondern ein Netzwerk von Phänomenen, die alle miteinander in Verbindung stehen und einander bedingen. Der Geist der Erde kann durch wahres ökologisches Verständnis begriffen werden. Um irgendetwas im Leben

zu begreifen, sei es im irdischen Leben oder im ewigen Leben, muss man die Beziehungen beachten.

Die klassische Wissenschaft glaubt traditionell, dass in einem komplexen System das Verhalten des Ganzen durch eine Analyse der Eigenschaften seiner Teile erfasst werden könnte. Dieser Prozess des analytischen und deduktiven Denkens hat das Bild eines linearen Universums erzeugt, das aus festen, trägen Strukturen und aus Energie, die weniger wird, besteht. Doch im Laufe der Zeit wird man erkennen, dass es keine Teile gibt, sondern nur immer feinere Muster innerhalb eines großen, lebendigen Systems, und dass jedes Lebewesen von wesentlicher ***Bedeutung*** *ist für das Ganze, statt nur eine mechanische Funktion innerhalb begrenzender Strukturen zu erfüllen.«*

»Dann ist alles lebendig«, fuhr ich fort. »Doch was ist mit dem zweiten Gesetz der Thermodynamik, das besagt, dass der Verlust von Energie in diesem Universum unvermeidlich ist?«

»Es gibt in diesem Universum sowohl offene als auch geschlossene Systeme. Das ist der Unterschied zwischen Leben und Tod. Der größte Teil der anorganischen Materie besteht aus geschlossenen Systemen, die sich um symmetrische Aktionen und Reaktionen herum stabilisiert haben. Ein geschlossenes System kann Veränderung nur durch zunehmende Unordnung oder Energieverlust erfahren. Doch neben den geschlossenen Systemen gibt es ein lebendiges Universum von offenen Systemen, die sich ständig von der Unordnung zur Ordnung hin entwickeln und so an Energie ***gewinnen****.*

Du kannst die Getrenntheit nur überwinden und die Kraft des Lebens nur erhalten, wenn du statt der Dinge ***Beziehungen*** *zum Mittelpunkt deines Denkens machst. Die Macht des Lebens zu kennen bedeutet, die Erfahrung der Fürsorge zu kennen. So, wie du dich um dich selbst kümmerst, ohne dich darum zu bemühen, kannst du deine Fürsorge auch auf alle anderen ausdehnen und dadurch das volle Ausmaß des Lebendigseins erfahren. Das menschliche Leiden wird durch das Anhaften an fixe Ideen, isolierende Grenzen und trennende oder zerstörerische Strukturen enorm verstärkt. Aus Unachtsamkeit trennt der Mensch die von ihm wahrgenommene Welt in einzelne Objekte* *und Existenzkategorien auf, die er für unverrückbar hält, die jedoch eigentlich sich ständig anpassende Aspekte des Lebensflusses sind. Seit das erste organische Leben auf der Erde erschien, haben mehr als 99 Prozent der Arten ihre Aufgabe erfüllt und sind in höheren Lebensformen aufgegangen. Der Fluss des Lebens erweitert ständig seine Möglichkeiten und die Komplexität seiner Manifestationen. Seine Grundlage ist jedoch Einfachheit.*

Es mag euch erschrecken, doch alle Bakterien der Welt haben Zugang zu ein und demselben Genpool, der sich als unglaublich anpassungsfähig erwiesen hat und seit drei Milliarden Jahren eine Unmenge an atemberaubenden Kombinationen hervorbringt. Jedes Bakterium kann zu jeder Zeit auf zusätzliche Gene und damit Funktionsweisen zurückgreifen, die ihm seine eigene DNS nicht bietet. Dieser globale Genaustausch durch DNS-Neukombinationen bietet schier endlose Anpassungsmöglichkeiten. Was einem Bakterium widerfährt, erfahren daher alle. So ist die weit verbreitete Verwendung von antibakteriellen Mitteln nicht nur vergeblich, sondern auch schädlich. In der Zukunft wird die Medizin die Möglichkeit haben, die Bakterien so anzuregen, dass eine positive Anpassung im Sinne einer unterstützenden Symbiose möglich sein wird. In Gegenwart der Liebe ereignen sich diese positiven Anpassungen auf natürliche Weise, während in einer hass- und angsterfüllten Umgebung negative oder resistente Bakterienstämme eher auftreten. Die Lebensformen verändern sich ständig, doch die grundlegende Zusammensetzung des Lebens bleibt bestehen. Klammert euch nicht an vergängliche Formen, sondern strebt nach einem Verständnis des Lebens, das alle Möglichkeiten einschließt. Das erreicht ihr durch die Integration und Expansion von Mustern und Beziehungen. So werdet ihr Gott als die schöpferische Kraft des Lebens erkennen. Als ich euch aufforderte, einander zu lieben, gab ich euch nicht nur ein Rezept dafür, wie ihr gut miteinander auskommen könnt, sondern einen Weg zum ewigen Leben.«

Ich war tief beeindruckt, doch ich fragte mich auch, ob wir also einfach nur Nudeln in der kosmischen Suppe seien. Er hatte meinen Gedanken wohl gespürt, denn er fuhr fort:

»Einheit und Verbundenheit bedeuten nicht den Verlust von Individualität und persönlicher Autorität. Sie sanktionieren auch keine sorglosen oder kritiklosen Vereinbarungen, die die Qualität des Lebens mindern. Mach dir nur bewusst, dass die Ganzheit den Raum bietet, in dem das Seltene und Einzigartige gedeihen kann.«

Entsprechende Passagen aus der Bibel

Lukas 12,22-23; 12,25:
»Er sprach aber zu seinen Jüngern: Darum sage ich euch: Sorgt nicht um euer Leben, was ihr essen sollt, auch nicht um euren Leib, was ihr anziehen sollt. Denn das Leben ist mehr als die Nahrung und der Leib mehr als die Kleidung.
Wer ist unter euch, der, wie sehr er sich auch darum sorgt, seines Lebens Länge eine Spanne zusetzen könnte?

Johannes 4,14:
»...wer aber von dem Wasser trinken wird, das ich ihm gebe, den wird in Ewigkeit nicht dürsten, sondern das Wasser, das ich ihm geben werde, das wird in ihm eine Quelle des Wassers werden, das in das ewige Leben quillt.«

Johannes 6,63:
»Der Geist ist's, der lebendig macht; das Fleisch ist nichts nütze. Die Worte, die ich zu euch geredet habe, die sind Geist und sind Leben.«

Schlüssel zum Leben

Um unsere Ganzheit zu erkennen, vom Akzeptieren ganz zu schweigen, müssen wir weit über unseren gegenwärtigen Fokus hinaus schauen, jenseits dessen, was wir tolerieren oder momentan bevorzugen. Es ist nur natürlich, dass wir uns im Leben gewisse Schwerpunkte setzen, die uns lohnend erscheinen. Genauso bevorzugen wir auch bestimmte Aspekte unseres eigenen Wesens. Doch viel spannender ist es, die Ganzheit zu erkennen, die alle unsere Verbindungen mit einbezieht und verwendet, ohne zu teilen, zu begrenzen oder zu trennen. Die größere Macht des Lebens koordiniert, integriert und fügt alle Teile in nahtloser Harmonie zusammen. Aus der Sicht des Ganzen sind alle Teile wesentlich und notwendig. Ist Ihr Schlaf zum Beispiel notwendiger als Ihr Wachen? Sind Ihre unbewussten Reaktionen unwesentlicher als Ihre kognitive Wahrnehmung? Haben Ihre Bemühungen, Niederlagen und Peinlichkeiten nicht genauso Ihren Charakter geformt wie Ihre Freuden und Erfolge? Wer nur nach dem Licht strebt, wer nur dem Regenbogen nachjagt und wer sich nur mit künstlichen Annehmlichkeiten umgibt, trennt sich genauso von sich selbst wie jene, die das Leben nur als ein Jammertal betrachten. Eine ernsthafte Suche nach Ganzheit kann mit Vergebung beginnen oder mit dem festen Aufstellen der eigenen Füße auf der Erde. Wie auch immer sie beginnt: Die aufrichtige Überprüfung der eigenen Ganzheit innerhalb einer größeren Gemeinschaft oder Umgebung führt mit Sicherheit zu tieferem Mitgefühl und mehr Fürsorge für alles Lebendige.

Die Menschheit lebt in einem ewigen Paradox, denn uns wurde der Segen zuteil zu wissen, dass wir »sind«, doch wir wissen auch, dass wir »Teil« sind. Wir wurden als Liebe erschaffen, nach dem Bilde Gottes, doch wir können diese Güte nur in dem fürsorglichen Miteinander mit anderen und mit der Natur begreifen. So finden wir das Beste, was wir erfahren können, in jener Dämmerung, in der sich Tag und Nacht unserer Erfahrungen miteinander verbinden. Nur in diesen Augenblicken sind wir in der Lage unser ganzes Sein wie eine Silhouette vor dem Hintergrund der Herrlichkeit unseres Universums zu erkennen. Der Heilige Geist ist unser Ratgeber und Lehrer, der uns in diesen uns umgebenden Ausdehnungen und Übergängen Kraft und Weisheit finden lässt.

Erst nach Jahren der Erfahrungen und Vereinfachungen begann ich die Bedeutung eines Gesprächs mit Jeschua über zwei Sprüche aus dem Neuen Testament zu begreifen. Ich verstand nicht, wie er an einer Stelle sagen konnte: »Darum sollt ihr vollkommen sein, wie euer Vater im Himmel vollkommen ist.« (Matthäus 5,48) und dann an anderer Stelle zu verstehen gibt, dass keiner von uns ohne Sünde ist. Ich hatte verschiedene Erklärungsversuche gelesen, doch noch keine wirkliche Antwort gefunden.

»Ihr wurdet als Liebe nach dem Bilde Gottes erschaffen«, erwiderte Jeschua auf meine Frage. *»Je mehr ihr euch auf diese Wahrheit bezieht und euch an den Segnungen Gottes erfreut, desto mehr werdet ihr an Weisheit und Stärke gewinnen, um* **in** *dieser Welt zu sein, aber nicht* **von** *ihr. Doch die Menschheit genießt nicht das Privileg über der Schöpfung und dem Leben zu stehen, niemals Hunger, Not oder Verlust erdulden zu müssen. Wenn ihr wisst, dass ihr in dieser Welt seid, um zu dienen, zu erfahren und um der Gemeinschaft willen, dann könnt ihr ein breiteres Verständnis eurer Verbindungen mit allem Leben entwickeln. So könnt ihr euch selbst, eure Geschichte, euer Miteinander und die Erde zur Gänze erfahren. Solche Vollständigkeit könnt ihr jedoch nur erkennen, wenn ihr sowohl in den Schatten als auch in das Licht schaut. Für viele Menschen ist nur der Schatten Wirklichkeit. Um vertrauensvoll in das Licht schreiten zu können, müssen sie nach Vergebung streben und sie annehmen. Und es gibt auch andere, die so voller Vorurteile gegen den Schatten sind, dass sie Gefangene ihres kleinen, vertrauten Lichtleins sind.«*

Eine Weile später fuhr er fort: *»Ihr seid die Ganzheit eurer Liebe und all eurer Erfahrungen. Die fehlgeleitete Vorstellung, dass euer Leben so weit ›berichtigt‹ werden müsste, bis nur noch eure bevorzugten Seiten übrig sind, ist reine Torheit. Jede Unterbrechung eurer Verbindung mit dem Fluss des Lebens mindert euer Potential mitfühlend zu geben oder zu empfangen.«*

Das ganze Leben ist ein Fluss. Wir können diesen Fluss auch als den Satzbau von Verbindungen betrachten, der innerhalb eines Bewusstseinsfeldes Erfahrungen und das gemeinsame Erfahren ermöglicht. Wir schwimmen nicht nur in diesem Fluss, wir erschaffen ihn dabei auch und verbinden uns mit seiner unermesslichen Weite.

Als ich vor ein paar Jahren begann, öffentlich über meine Gespräche mit Jeschua zu reden, begrüßte ich mein begierig lauschendes und spirituell erfahrenes Publikum oft mit einer Fangfrage. Ich fragte: »Wie viele von Ihnen glauben, dass sie eine Seele haben?« In der Regel gingen einmütig alle Hände hoch. Sie sanken jedoch entmutigt zurück, als ich kühl erwiderte: »Das stimmt nicht.« Nach einer kleinen Pause löste ich dann die Verwirrung mit der Bemerkung: »Sie SIND eine Seele!«

Nach dieser Einleitung möchte ich Ihnen jetzt vorschlagen, die Erfahrungen Ihres Lebens als etwas zu betrachten, was Sie **sind** und nicht, was Sie **haben**. Dabei sollten Sie die durch die Erfahrung ausgelösten Gefühle nicht mit der Erfahrung selbst verwechseln. Sie sollen natürlich nicht Ihr Bedauern, Ihre Enttäuschung oder Ihre Befriedigung SEIN, sondern ich schlage vor, dass Sie für einen Augenblick alle Schlüsse, die Sie aus Ihren Erfahrungen gezogen haben, hinter sich lassen. Seien Sie sich Ihres Empfindens so bewusst, wie es in diesem Augenblick ist und lassen Sie die folgende Frage auf sich wirken:

Wie kann die Liebe in einer Welt von Bestand sein, die die Präsenz der Liebe ständig in Frage stellt? Doch nur, wenn die Liebe sich zutraut, ihre Verbindungen in Bereiche hinein zu erweitern, die der Veränderung oder des Wachstums am meisten bedürfen.

Mitgefühl ist die Antwort auf das Paradox der Menschheit. Mitfühlen ist der Schlüssel zum Leben! Die Schönheit des Mitgefühls liegt darin, dass es uns erlaubt, die Vollkommenheit Gottes in jeder Situation zu erkennen und dass es gleichzeitig Raum für Lernen, Entscheidungen und sogar Fehler lässt. Das Leben ist ein Netzwerk von Verbindungen und Erweiterungsmöglichkeiten, von der subatomaren Ebene bis hin zu den komplexen Zusammenhängen, die wir kennen.

Der Evangelist Johannes schrieb: »Am Anfang war das Wort und das Wort war bei Gott und Gott war das Wort.« Kann dieses Wort irgendetwas anderes gewesen sein als Liebe? Und dann machte sich die Liebe auf, sich selbst in allen Formen zu erfahren. Wie weit würde es der Liebe gelingen, angesichts aller möglichen Widrigkeiten und Herausforderungen, Liebe zu SEIN? So erweiterte sich die Welt der Erfahrungen und wurde immer komplexer. Bei der Suche nach Sinn in diesen unendlich vielfältigen Verbindungen bewegten wir uns von dem unschuldigen »ersten Wort« hin zu geordneten Ausdrücken und ganzen Sätzen des Lebens. Doch dahinter steht machtvoll und einfach, dass die Liebe uns Mitgefühl durch Erfahrung lehrt.

Andere Quellen der Weisheit

Häuptling Seattle (1786-1866), aus seiner Rede an Präsident Franklin Pierce, 1854:
»Wie könnt ihr den Himmel kaufen oder verkaufen, die Wärme des Landes? ...Wenn wir die Frische in der Luft, das Funkeln auf dem Wasser nicht besitzen, wie könnt ihr es dann kaufen? Jeder Teil der Erde ist meinem Volk heilig. Jede glänzende Kiefernnadel, jedes sandige Ufer, jeder Nebel im dunklen Wald, jede Lichtung und jedes summende Insekt ist im Gedächtnis und in der Erfahrung meines Volkes heilig. ... Soviel wissen wir: Alles ist miteinander verbunden. Was immer der Erde geschieht, geschieht auch den Söhnen der Erde. Der Mensch hat das Netz des Lebens nicht geknüpft, er ist nur ein Faden darin. Was immer er dem Netz antut, tut er sich selbst an.«

Heraklit: (ca. 500 v. Chr.)
»Alles fließt.«

Marc Aurel: (121-180):
»Beachte stets, dass alles durch Veränderung bewirkt wird, und gewöhne dich an den Gedanken, dass die Natur nichts so sehr liebt wie die Veränderung vorhandener und die Erzeugung neuer, ähnlicher Formen.«

Anwendung

In dieser Übung werden Sie in gewisser Weise ein Porträt Ihres eigenen Lebens erschaffen, indem Sie die Flusslinien, Muster und Beziehungen betrachten, die Sie mit Ihrer Umgebung verbinden. Das Leben hat immer Muster und fließt am angenehmsten, wenn diese Muster bewusst gewählt oder zumindest harmonisch akzeptiert werden. Nur allzu oft haben wir das Gefühl, an den Mustern des Lebens nichts ändern zu können. Manche Muster schienen fest zu stehen, vielleicht weil sie ererbt wurden oder Tendenzen des physischen Universums entsprechen. Die uns Nahestehenden verändern sich oft nur sehr langsam, weil sie tief in sozialen Traditionen verwurzelt sind. Angesichts all dessen ist das Leben jedoch erstaunlich flexibel, anpassungsfähig und empfänglich für unsere Entscheidungen und Umentscheidungen. Wenn dem nicht auf allen Ebenen der Existenz so wäre, wären alle Entscheidungsfreiheit und das Konzept des freien Willens reiner Hohn.

A. Überprüfen Sie Ihre Beziehungen in jedem wichtigen Bereich Ihres Lebens. Das soll keine psychologische Innenschau dessen werden, wie Sie diese Beziehungen empfinden oder wie Sie sie bewerten. Es gibt hier kein Richtig oder Falsch, es geht vielmehr darum, dass Sie sich der Energieflüsse, des Austauschs und der Rhythmen in Ihrem Leben bewusst werden. Werden Sie zu dem Fischer, der vom Ufer aus den Fischen zuschaut. Er beobachtet die Muster, die sich bilden. Manche Fische verirren sich vielleicht in flache Becken und manche verstecken sich hinter Baumwurzeln am Ufer. Wie kommen sie da wieder heraus, wie beeinflussen Hindernisse den Fluss des Wassers, etc.
   Stellen Sie sich folgende Fragen:

   1. Familie
   Speisen Sie gemeinsam? Unternehmen Sie etwas gemeinsam, gestalten Sie die Freizeit gemeinsam? Wie kommunizieren

Sie? Wird die Privatsphäre des Einzelnen geachtet? Wie treffen Sie Vereinbarungen? Wie lösen Sie Konflikte? Was erfreut die Einzelnen?

2. Freunde

Haben Sie einen kleinen Kreis enger Freundschaften oder einen großen Kreis sozialer Freunde? Unter welchen Umständen schließen Sie am ehesten Freundschaft? Wie zeigen Sie anderen Ihre Freundschaft? Was schätzen Sie an einem Freund am meisten? Sind Ihre Freunde eine Erweiterung Ihrer Familie? Schließen Sie die meisten Ihrer Freundschaften auf der Arbeitsstelle oder wo sonst? Fühlen Sie sich eher von Menschen angezogen, die Ihnen ähnlich oder die Ihnen unähnlich sind?

3. Natur

Welchen Raum nimmt die Natur in Ihrem Leben ein? Wie weit ist es von Ihrem Haus oder Ihrer Wohnung zu dem nächsten Park oder der freien Landschaft? Haben Sie ein Haustier? Besitzen Sie Zimmerpflanzen? Gehen Sie je spazieren, fahren Sie Fahrrad oder liegen Sie manchmal im Garten? Achten Sie darauf, immer wieder zu lüften? Sind Sie an das Klima gewöhnt, in dem Sie leben? Schauen Sie sich den Sonnenauf- oder untergang an?

4. Gesundheit und Ernährung

Wie ist Ihr Wach-Schlaf-Rhythmus? Essen Sie regelmäßig oder einfach, wenn Sie Hunger haben? Wissen Sie, wann Sie hungrig sind? Wie ist Ihre Atmung? Wie viel Wasser trinken Sie? Bewegen Sie sich regelmäßig? Wie entscheiden Sie, was Sie essen?

5. Arbeit

Wie viele Stunden widmen Sie täglich Ihrer Arbeit? Wie wirkt sich Ihre Arbeit auf Ihre Beziehungen zu Ihrer Familie und Ihren Freunden aus? Befriedigt Sie Ihre Arbeit? Entspricht sie Ihren Fähigkeiten? Verdienen Sie genug damit, um ihre Bedürfnisse zu befriedigen? Wie kommen Sie in Ihrer Arbeit vorwärts? Wie gehen Sie mit Anweisungen um? Wie gehen Sie mit Untergebenen um?

6. Spiritualität
Wie beziehen Sie sich auf Gott? Spielt Spiritualität in Ihrem Leben eine Rolle? Haben Sie bestimmte Zeiten, zu denen Sie beten, meditieren oder inspirierende Lektüre lesen? Was gibt Ihrem Leben Sinn?

Wählen Sie weitere Bereiche Ihres Lebens, um ihre Muster zu betrachten, zum Beispiel Kreativität, Lernen, Erholung und so weiter. Sie werden feststellen, dass das Leben am besten in jenen Bereichen funktioniert, in denen Ihre Muster es der Energie erlauben, frei und im Einklang mit Ihrem Wesen zu fließen.

B. Betrachten Sie die Grenzen in Ihrem Leben. Wir können am besten mit Grenzen umgehen, wenn wir uns bewusst sind, worin sie bestehen, wo sie liegen und warum sie dort sind. Es ist äußerst erschreckend, traumwandlerisch gegen eine Wand zu laufen, dort, wo in unserem Traum ein Weg zu sein schien. Viele Grenzen kann man überwinden oder entfernen, doch es gibt kaum welche, die man ignorieren kann.

Welche Grenzen gibt es in Ihrem Leben? Haben Sie sich dafür entschieden oder wurden sie Ihnen von anderen gesetzt? Beruhen sie auf einem Mangel an Hilfsmitteln oder Fähigkeit? Oder beruhen Sie einfach auf Gewohnheit oder Angst? Was haben Sie davon?

Denken Sie über konstruktive, dynamische Grenzen nach, die wie ein Flussbett den Fluss des Lebens enthalten und lenken, ohne ihn aufzuhalten. Gibt es in Ihrem Leben statische, einschränkende Grenzen, die in dynamische verwandelt werden könnten?

C. In welchem Bereich Ihres Lebens genießen Sie die größte Freiheit?

Meditation

Beim Sprechen drücken wir uns aus. Im Lauschen **sind** wir. Beides ist für einen gesunden Bewusstseinszustand wichtig. Kommunikation ist wichtig, um Bewegungen von einem zum anderen zu übertragen. Doch das Lauschen und Zuhören ist der kraftvolle Teil der Kommunikation, der die ständig fließende Bewegung des Universums und des uns umgebenden Lebens ausgleicht und stabilisiert. Es gibt uns die Möglichkeit, in der Mitte von allem Wandel, wir selbst zu sein. Im Lauschen können wir sein, ohne etwas werden zu müssen. Nur im Lauschen können wir die Bewegung um uns herum wahrnehmen, ohne uns hineinbegeben zu müssen. Nur im Lauschen können wir andere so lassen, wie sie sind, ohne uns auf für uns unpassende Aktivitäten oder Haltungen einlassen zu müssen. Nur im Lauschen können wir reaktive Handlungsmuster unterbrechen und umlenken. Nur im Lauschen können wir die Dinge so sehen, wie sie wirklich sind. Dabei gilt es nicht nur anderen und der Welt um uns herum zuzuhören, sondern auch auf unsere Körpersignale, unsere Gewohnheiten und unser Selbst zu lauschen. Was sagt uns all das? Und vor allem gilt es, auf die Stimme Gottes zu lauschen.

Wir hören nicht hin, weil wir Angst davor haben in Bewegung zu geraten, sei sie ausgelöst durch Inspiration oder dadurch, dass unsere feste Position erschüttert wird. Dahinter stehen oft unangenehme oder leidvolle Kommunikationserfahrungen. Vielleicht wurden uns Meinungen aufgezwängt oder wir wurden getäuscht. Das Tragische daran ist jedoch weniger, dass wir solchen Dingen zuhören mussten, sondern dass wir nicht genug gelauscht haben, um ALLES zu hören! In dem Augenblick, wo wir etwas hören, was uns nicht passt, neigen wir dazu die Läden zu schließen und den Rest der Unterhaltung in defensiver Haltung fortzuführen. In diesem verteidigungsbereiten Zustand ist unser Bewusstsein eingeschränkt und wir verpassen viel von den wichtigen Informationen, die zwischen den Zeilen vermittelt werden. Dann werden wir unwissentlich zu Opfern der beschränkten Wahrnehmung der Wahrheit einer anderen Person. Kommunikation offenbart oft Möglichkeiten für Veränderung. Wenn wir zum Beispiel unter Stress stehen und deswegen Änderungen nur in geringem Maße tolerieren können, ziehen wir uns oft aus der Kommunikation zurück und versuchen das Gespräch durch eigenes Reden zu steuern. Das ist eine weit verbreitete Gewohnheit, die unglaublich selbstschädigend ist, denn nichts hilft uns mehr, Zeiten der Veränderung durchzustehen, als gutes Zuhören und Lauschen – nicht nur mit den Ohren, sondern auch mit dem Herzen.

Seien Sie aufmerksam. Überlegen Sie nicht schon, was Sie sagen wollen, wenn Ihr Gegenüber noch gar nicht ausgeredet hat.
Lassen Sie sich bewegen.
Seien Sie tolerant und versuchen Sie, auf die Worte oder die Ereignisse, die das Thema sind, nicht einfach nur zu reagieren.
Seien Sie ein vertrauenswürdiger Gesprächspartner und freuen Sie sich über jede Gelegenheit zum Zuhören.
Achten Sie darauf, wie Sie als Zuhörer teilnehmen.
Lassen Sie sich in Ihren Antworten von Höflichkeit und Mitgefühl leiten.
Achten Sie auf Ihre Worte. Klingen sie natürlich und fließend oder wie unbewegliche Feststellungen?
Achten Sie auf die Art, wie Sie antworten. Sind Sie steif oder spontan, ist Ihr Verhalten der Situation angemessen oder unangemessen? Sprechen Sie aufrichtig, doch mit Freundlichkeit und Respekt? Können Sie anderer Meinung sein, ohne den anderen in Frage zu stellen?

Trägt Ihre Antwort etwas zu einem umfassenderen Verständnis bei? Zielt das Gespräch auf gemeinsame Erkenntnis?
Fühlen Sie sich mit Momenten des Schweigens wohl? Können Sie sie als eine andere Art der Kommunikation betrachten?
Wenn Sie mit dieser Meditation eine Weile gearbeitet haben, können Sie auch eine kommunikative Beziehung mit Freunden entwickeln, die nicht mehr bei Ihnen sind. Schließen Sie auch Ihre Freunde aus anderen Reichen ein, wie Tiere, Pflanzen, oder auch Aktivitäten. Sprechen Sie jedoch vor allem mit Gott. Lernen Sie, diese Beziehungen so zu entwickeln, als wären es echte Gespräche. Denn das sind sie! Lernen Sie von Ihren Freunden die Kunst des Lauschens. Im Laufe der Zeit werden Sie diese Kunst dann in allen möglichen Lebensbereichen anwenden können – vom Kochen bis zum Beten. Beim Kochen können Sie den Zutaten lauschen, statt ihnen Ihren Willen aufzudrängen. Sie können auf die Bedürfnisse Ihrer Familie lauschen, statt ihnen Ihre Vorstellungen aufzudrängen. Sie können auf Ihren Körper lauschen und so gut für ihn sorgen. Und im Gebet können Sie auf Gott lauschen und das hat nichts mit passiver Unterwerfung zu tun. Lauschen Sie in dem tiefen Bedürfnis zu verstehen und antworten Sie mit Freude und Bewusstheit und bereichern Sie so Ihr Leben. Wir erfahren das, was wir am dringendsten brauchen, nur durch konstruktive Gespräche und geduldiges, genaues Zuhören.

Gebet

Vater Mutter Quelle,

Ich bete für ein einfaches Sein, das alles Leben achtet
Und Dich ehrt in der Einheit, die wir sind.
Voller Ehrfurcht wende ich mich an die Erde:
Du bist herrlich, Du bist voller Wunder und
Du bist die Krone der Schöpfung.
Du wurdest aus dem Herzen Gottes erschaffen.
Aus Deinem Leib entsprang alles Leben.
Alle Wesen der Luft, des Wassers und des Landes erkennen in
Dir die Mutter.
Ich sehe in Dir die Herrlichkeit Gottes.
Möge der Frieden Gottes auf Dich herabsinken.

Und die Erde antwortet:
»Ich erwidere diese Ehrerbietung,
auf dass Du Deine eigene Schöpfung erkennen mögest.
Komm zu mir in Deinem Frieden
und ich werde Dir in Fülle geben.
Komm zu mir in Deiner Freude und ich werde mit Dir jubeln.
Komm zu mir mit Deinen Illusionen
und ich werde Dir Wahrheit geben.
Komm zu mir mit Deinem Leid und ich werde Dich heilen.
Komm zu mir mit Deinen Ängsten
und ich werde Dir Hoffnung geben.
Komm zu mir mit allem, was Du Deiner Meinung nach bist und
ich werde Dir geben, Wer Du wahrhaft bist.
Mein Herz überwindet die Illusion,
Es kennt weder Begrenzungen, noch Angst, noch Ende.
Ich gebe Dir meinen Leib als Heim
und ich empfange Dich immer mit Liebe.«

Ich strebe demütig danach, mit der Liebe
Und dem Wunder des Kosmos erfüllt zu werden.
Möge ich von dem Heiligen Geist und der Liebe und Majestät
Gottes erfüllt werden, auf dass ich die Großartigkeit der Existenz
erkennen und in meinem eigenen Wesen die Macht der Liebe
entdecken möge.

Amen

5

Das Verlangen des Herzens

Die Botschaft

»Die Sehnsucht des Herzens ist nicht auf Dinge gerichtet, die du nicht hast. Das Herz verlangt nach nichts, was für dein Leben unpassend wäre. Es durchschaut die Illusionen des ›Ich habe nicht genug‹, denn es weiß um die größere Wahrheit, dass alles, was du je haben wirst, dir bereits gegeben wurde. Das Heilige Herz deines Seins kennt keinen Mangel. Es verlangt nur danach, seine Beziehung zu Gott zu erfüllen. Es sehnt sich danach, deine verborgenen Schätze zu entdecken und dich so mit Freude zu erfüllen, dass du sie empfangen kannst. Dementsprechend groß ist seine Dankbarkeit für das, was du bereits hast, inklusive dem, was du noch nicht erreicht oder empfangen hast. Es ist die Freude des Herzens dich auf deinen Schatz vorzubereiten. Lass dich nicht von Illusionen der Bedürftigkeit täuschen, die in dir nur einen noch größeren Hunger wecken. Stärke stattdessen die Macht der Liebe in dir, indem du für das dankst, was noch nicht sichtbar ist und indem du Lobgesänge singst, selbst wenn du vor Lebensschmerz weinen könntest.

Das Spiel des Lebens besteht darin, die Illusion der Bedürftigkeit zu durchbrechen. Jede Seele birgt einen Samen in sich, der wachsen und irgendwann geerntet werden kann. Wenn du diese Gabe in dir liebevoll und vertrauensvoll hegst und pflegst, wird dein Herz deinen Lohn erkennen und in dein Leben fließen lassen.

Alles, was du dir vorstellen kannst, ist bereits in deiner Seele als mögliche Realität eingepflanzt. Wenn du betest, tue es also voller Freude über das, was verheißen wurde und bitte um Führung, auf dass dein Verstand harmonisch mit deinem Herzen zusammenwirken möge und dein Leben seiner Erfüllung entgegengehe. Wann immer du das tust, stärkst du dein Vertrauen und deine Integrität in Bezug auf das im Leben, was wirklich zu dir gehört. Wenn du nach dem strebst, was nicht wirklich dein ist, entsteht in dir eine Art unstillbarer Hunger und ein tiefes Gefühl von Bedürftigkeit, welches dein Leben verzerrt und Unwohlsein erzeugt.

Der Begriff ›Desire‹ (engl. für Sehnsucht, Verlangen) *bedeutet ursprünglich ›von Gott‹. Ohne leidenschaftliche Sehnsucht kann in der Tat nichts erreicht werden. Doch diese Kraft wurde oft missverstanden. Verlangen wird oft mit Wollen, mit einer Art Gier nach Anhaftungen und weltlichen Dingen assoziiert. Das ist die Art von niedrigem Verlangen, vor dem die spirituellen Meister aller Zeiten gewarnt haben. An Verlangen an sich ist jedoch nichts falsch, sondern an seiner Richtung. Ein Herz, das mit seinem wahren Verlangen verbunden ist, kennt keine Bedürfnisse, nur unendliche Dankbarkeit für all das, was bereits gegeben wurde, und ein unstillbares Verlangen zurückzugeben. Das meinte ich, als ich damals sagte: ›Trachtet zuerst nach dem Reich Gottes und nach seiner Gerechtigkeit, so wird euch das alles zufallen.‹ (Matthäus 6,33) Nur euer Herz kennt euer wahres Verlangen. Nur euer Herz kann euren Schatz erkennen, wenn er erscheint. Nur euer Herz weiß, dass alles Lebendige heilig ist und dass Beten bedeutet, sich in das Heilige zu versenken. Es ist gleichgültig, mit welchen Worten oder mit welchen Überzeugungen ihr am Altar der heiligen Erfahrung ankommt. Allen heiligen Augenblicken ist eines gemeinsam: Der Zustand des Menschseins wird hingegeben für Möglichkeiten, die das Verständnis und die Vorstellungskraft übersteigen. Durch dieses Vertrauen und diese Empfänglichkeit können ehrfurchtgebietende Wunder offenbar und scheinbar Unmögliches erreicht werden.«*

Entsprechende Passagen aus der Bibel

Markus 11,23:
»Wahrlich, ich sage euch: Wer zu diesem Berge spräche: Heb dich

und wirf dich ins Meer! und zweifelte nicht in seinem Herzen, sondern glaubte, dass geschehen werde, was er sagt, so wird's ihm geschehen.«
Lukas 6,45:
»Ein guter Mensch bringt Gutes hervor aus dem guten Schatz seines Herzens.«

Schlüssel zum Leben

Wir alle machen häufig den Fehler, Verlangen als emotionale Anhaftungen oder Bedürfnisse zu verstehen und auszudrücken. Jede Emotion ist ein Indikator dafür, wo wir auf irgendeiner Skala des Überlebens stehen. Während unschuldige Emotionen so frisch und direkt wie ein Kind sein können, sind doch viele unserer Gefühle von Bedingungen abhängig, zwanghaft und reaktiv. Emotionen entwickeln sich also aus einer Orientierung auf ein Bedürfnis oder seine Befriedigung. Das bringt uns zu dem zweiten, weit verbreiteten Fehler in Bezug auf das Verlangen: Wir rechtfertigen es, indem wir es mit Bedürfnissen verknüpfen.
Wenn Verlangen in seinem Kern göttlicher Natur ist, dann hat es nichts mit Bedürftigkeit, Überleben oder Konkurrenz zu tun. Ich kann Jeschua's Lehre dazu am besten folgendermaßen zusammenfassen: Verlangen ist jene Leidenschaft, die uns dazu treibt, unseren Platz in der Ganzheit des vollständigen Universums zu suchen – in einem Universum, das keinen Mangel kennt und alle seine Teile so versorgt wie das Ganze. Verlangen wäre dann die Leidenschaft, mit der wir die Fülle und den Segen empfangen, den die göttliche Vorkehrung bereits in Gang gesetzt hat. Jeschua sagt, dass wahres Verlangen mit gläubigem Vertrauen beginnt und durch Dankbarkeit gestärkt wird. Auf dem Wege zu ihrer Erfüllung löst diese Art von Verlangen alle Ängste, Mangelempfindungen und Bedürfnisse auf und entfacht das »wundertätige« Wesen der Seele, das die Illusionen von Zeit, Raum und Begrenzung transzendieren kann.

Viele unserer großen Lehrer und spirituellen Lehrmeister haben uns vor den Gefahren des Verlangens gewarnt. Diese Ermahnungen wären sinnvoll, wenn Verlangen lediglich ein »Wollen« wäre, das auf weltliche Dinge ausgerichtet ist. Das Problem mit Wollen, mit Ersehnen, Brauchen und Begehren ist, dass wir dabei davon ausgehen, dass wir ohne die Suche nach der Befriedigung, unvollständig, ungenügend oder ohne Erfüllung wären. Das Elend bei der »Bedürftigkeit« besteht darin, dass sie sich nicht nur selbst erhält, sondern auch vermehrt, denn jede ausagierte Überzeugung vervielfacht sich.

Damit will ich nicht leugnen, dass es viele leidende Seelen gibt, die wirklich sehr bedürftig sind und die unser tiefes Mitgefühl verdienen. Wenn Bedürftigkeit schon zu einer physischen Realität geworden ist, sind wir aufgerufen auf der praktischen Ebene zu helfen. Doch in dem Sinne einer Problemlösung, die von einer höheren Ebene ausgeht als jener, auf welcher das Problem aufgetreten ist, streben wir nach einem Verständnis des Ursprungs jener Bedürftigkeit, die sich zu einer derart verzweifelten Situation entwickelt hat. Nur aus dem größeren Verständnis heraus können wir zu der Verkörperung der Lösung werden, statt zu dem Problem beizutragen.

Wann immer Jeschua von Verlangen sprach, geschah es im Zusammenhang mit dem Wertschätzen der universellen Fülle und des unendlichen Potentials. Es schien so, als sei Verlangen für ihn ein Navigationsinstrument, das ihm half, die Leidenschaften seines Herzens zu ihrer Erfüllung zu leiten. Der Schlüssel dazu liegt in gläubigem Vertrauen, in einem Verständnis des universellen Ganzen und der Verbundenheit all seiner Teile. Verlangen aktiviert ein bereits vorhandenes, wenn auch noch unbekanntes Potential. Jegliches Streben nach Erfüllung unseres Verlangens, das auf Getrenntheit beruht, ist vergeblich. Trennung begrenzt das Potential. Viele Menschen verbringen einen großen Teil ihrer Zeit damit, sich einen Lebensstil zu erarbeiten, der sich von dem abhebt, was sie nicht wollen. Damit meinen sie dann zum Ziel ihrer Sehnsüchte zu gelangen. Doch das ist genau das Gegenteil von dem, was Jeschua unter dem Verlangen des Herzens versteht. Manche Sehnsüchte unseres Herzens scheinen angesichts der äußeren Bedingungen unerfüllbar zu sein. Doch wenn wir gläubig vertrauen und dem Vertrauen Taten folgen lassen, kann sich die äußere Situation augenblicklich verändern. Das mag zunächst so unmerklich geschehen, dass man ohne den Glauben geneigt wäre, die ganze Sache fallen zu lassen. Die folgende wahre Geschichte beschreibt diese, manchmal indirekte, doch unfehlbare Erfüllung unseres Verlangens auf wunderbare Weise.

Ein armer Junge namens Howard Kelly verdiente sich einst das Schulgeld damit, dass er von Tür zu Tür ging, um kleine Dinge zu verkaufen. Am Ende eines dieser Tage war er sehr hungrig und hatte nur noch zehn Cent in der Tasche. Er beschloss an der nächsten Türe um etwas zu Essen zu bitten, doch als ihm ein hübsches, junges Mädchen öffnete, verließ ihn der Mut. Statt nach etwas zu Essen zu fragen, bat er nur um ein Glas Wasser. Sie dachte bei sich, dass er recht hungrig aussah und brachte ihm ein großes Glas Milch. Er trank es bedächtig aus und fragte dann, wie viel er ihr schuldig sei.

»Du schuldest mir gar nichts«, erwiderte sie. »Mutter hat uns beigebracht für Freundlichkeiten niemals Geld anzunehmen.«

»Dann danke ich dir von ganzem Herzen«, sagte der Junge und verabschiedete sich. Als er davon ging, fühlte er sich nicht nur körperlich genährt, sondern auch in seinem Glauben an Gott und die Menschen gestärkt.

Viele Jahre später wurde die Frau, zu der das junge Mädchen herangewachsen war, ernsthaft krank. Die Ärzte ihres Heimatortes waren ratlos und schickten sie in die Großstadt, wo es Spezialisten für ihre seltene Erkrankung gab. Dr. Howard Kelly wurde zur Untersuchung zugezogen. Als er den Heimatort der Patientin erfuhr, blitzte die Erinnerung in ihm auf und er machte sich sofort auf den Weg zu ihrem Zimmer.

Er erkannte sie sofort, sagte jedoch nichts, sondern widmete einfach von diesem Tag an ihrer Genesung besondere Aufmerksamkeit. Es war ein langer Kampf, doch schließlich war die Krankheit überwunden. Am Tag ihrer Entlassung bat er darum, dass ihm ihre Rechnung vorgelegt würde. Er schrieb etwas darunter und ließ sie dann an die Patientin weiterleiten. Sie öffnete den Umschlag nur zögerlich, weil sie eine Summe befürchtete, die sie für den Rest ihres Lebens würde abarbeiten müssen. Schließlich schaute sie jedoch hin und entdeckte die handschriftliche Bemerkung des Arztes: »Vollständig bezahlt mit einem Glas Milch.«

Jede gute Tat unseres Lebens ist eine Anzahlung auf die Erfüllung eines zukünftigen Verlangens – zusätzlich zu dem unermesslichen Schatz, den der Schöpfer ohnehin für uns bereitgestellt hat. Der Zugangscode zu diesem Konto liegt in unserer Dankbarkeit für das, was bereits existiert, denn in diesem Seinszustand feiern wir den Wohlstand und die Fülle der Existenz statt uns vor Mangel zu fürchten.

Wenn wir beten, bringen wir oft Wünsche und Bedürfnisse zum Ausdruck, die von der grundlegenden Sehnsucht unseres Herzens weit entfernt sind. In meinen Gesprächen mit Jeschua über den Unterschied zwischen Illusionen und vernünftiger Wirklichkeit sagte er, dass viele Gebete nichts weiter sind als die Bitte, die Sandburgen vor der einrückenden Flut zu schützen. Solche Gebete können nicht direkt erfüllt werden, weil es nicht dem Interesse des Herzens entspricht, Illusionen aufrechtzuerhalten. Wenn einem das klar ist und man in dem reinen Bewusstsein dessen betet, wonach das Herz wirklich verlangt, dann kann die in den zusammenbrechenden Sandburgen enthaltene Liebe in erfüllendere Unternehmungen umgeleitet werden. Wenn unsere Gebete erhört werden sollen, müssen wir unser eigenes Herz kennen, denn nur durch das Herz kann die Kommunion mit Gott stattfinden.

In der Kontemplation der höheren Bewusstseinsdimensionen des Herzens, der Einheit und Liebe, des Lebens und des Respekts, der Aufrichtigkeit, Gerechtigkeit und Güte, läutern und verfeinern wir unser Verständnis von der Existenz – vor allem von unserer eigenen. Doch es genügt nicht zu verstehen und loszulassen. Um die Macht des Herzens wirklich zu aktivieren, muss man bereit sein sich in den eigenen inneren Raum zu begeben, in dem das Höchste weilt, hier liegt die allumfassende Quelle in der Reichweite unseres Bewusstseins. Im Herzen kennt unser grundlegendes Dasein keinen Abstand zwischen sich selbst und den unendlichen Himmeln. Es gibt in der Seele keine Grenze, an der wir (die Wirkung) enden und Gott (die Ursache) beginnt. Die unsterblichen Worte des großen Dichters Ralph Waldo Emerson in seinem Essay »The Oversoul« beschreiben die Essenz dieser Wahrheit:

»In uns ist die Seele des Ganzen; die weise Stille,
Die universelle Schönheit, auf die alle Teile
und Teilchen gleichermaßen bezogen sind; das ewige Eine.
Wenn es unseren Intellekt durchbricht,
dann entsteht Genialität;
Wenn es durch unseren Willen bricht, Tugend;
Wenn es durch unsere Zuneigung bricht, Liebe.«

Dieser, mit keiner anderen Leidenschaft vergleichbare, innere Zustand kann einen Traum Wirklichkeit werden lassen, kann den Himmel auf Erden bringen, die Sklaven befreien, die Kranken heilen und unvorstellbare Wunder bewirken. Wie gelangen wir in diesen kostbarsten und machtvollsten aller Zustände? Jeschua enthüllte das Geheimnis vor zweitausend Jahren in seinen Antworten auf entsprechende Fragen seiner Jünger. Seine Worte waren klar und einfach, doch leider wurden sie im Laufe der Zeit mit soviel religiösen Interpretationen und Bedingungen überhäuft, dass von ihrer Anmut und Transzendenz kaum noch etwas übrig blieb. Die Jünger suchten nach der Erfüllung ihrer Hoffnungen und Träume, als Jeschua ihnen antwortete: *»Trachtet zuerst nach dem Reich Gottes und nach seiner Gerechtigkeit, so wird euch das alles zufallen.«* (Matthäus 6,33). In heutigen Worten ausgedrückt könnte man sagen: »Schaut das Reich Gottes – fühlt es, nehmt es an, bringt es zum Ausdruck, tut ihm Genüge und feiert es von ganzem Herzen; und jedes Verlangen, das ihr in dieser Leidenschaftlichkeit in euch verspürt, wird euch erfüllt werden.«

Andere Quellen der Weisheit

Kahlil Gibran (1883-1931), *Der Prophet:*
»Denn was ist das Gebet anderes als die Ausdehnung eurer selbst in den lebendigen Äther hinein?
Und wenn es zu eurem Troste ist, das Finstere in euch in den Raum zu ergießen, ist es auch zu eurer Freude, die Morgenröte eures Herzens darin zu verströmen.
Und wenn ihr nichts anderes könnt als weinen, wenn eure Seele euch zum Beten aufruft, sollte sie euch, durch das Weinen hindurch, immer und immer wieder dazu anspornen, bis ihr lachend herauskommt.
Wenn ihr betet, erhebt ihr euch und trefft in den Lüften jene, die zur selben Stunde beten
und denen ihr nur im Gebet begegnen könnt.
Daher soll euer Besuch in diesem unsichtbaren Tempel
nur der Verzückung und der süßen Kommunion dienen.
Wenn ihr den Tempel aus keinem anderen Grund betreten solltet, als um zu bitten, werdet ihr nicht empfangen:
Und wenn ihr ihn betreten solltet, um euch zu erniedrigen, werdet ihr nicht erhöht:
Oder sogar wenn ihr ihn betreten solltet,
um zum Wohle anderer zu bitten, werdet ihr nicht erhört.
Es ist genug, dass ihr den unsichtbaren Tempel betretet.
Ich kann euch nicht lehren, wie man in Worten betet.
Gott hört nicht auf eure Worte,
außer wenn Er selber sie durch eure Lippen spricht.
Und ich kann euch nicht das Gebet der Meere
und der Wälder und der Berge lehren.

Aber ihr, die ihr aus den Bergen und den Wäldern und den Meeren geboren seid,
könnt ihre Gebete in eurem Herzen finden,
Und wenn ihr nur in der Stille der Nacht hinhört,
werdet ihr sie schweigend sagen hören:
Unser Gott, der du bist unser geflügeltes Selbst,
es ist Dein Wille in uns, der will.
Es ist Dein Wunsch in uns, der wünscht.
Es ist Dein Drängen in uns, das unsere Nächte,
die Dein sind, in Tage verwandelt, die auch Dein sind.
Wir können Dich um nichts bitten,
denn du kennst unsere Bedürfnisse,
ehe sie in uns geboren werden:
Deiner bedürfen wir; und indem du uns mehr von Dir gibst,
gibst du uns alles.«

Anwendung

Glücklichsein ist eine Entscheidung. Im Laufe der Jahrhunderte hat sich immer wieder gezeigt, dass jene, welche sich wahrhaftig für das Glücklichsein entscheiden, mit so ziemlich allem, was ihnen im Leben begegnet, produktiv und kreativ umgehen können.

1. Als einem Kind Gottes wurde Ihnen Entscheidungsfreiheit gegeben: Wofür haben Sie sich in Ihrem Leben entschieden? Das ist der Kompass, nach dem sich alle Ihre Entscheidungen und Handlungen ausrichten.

2. Entscheiden Sie sich, das Leben zu erschaffen, das Sie sich wirklich wünschen: Übernehmen Sie Verantwortung für Ihr Tun, Ihre Gedanken und Ihre Gefühle. Hören Sie damit auf, andere für Ihr Unglücklichsein verantwortlich zu machen, denn auf diese Weise vermeiden Sie nur, selbst die Verantwortung zu übernehmen. Glückliche Menschen betrachten

sich nicht als Opfer – egal wie die Umstände aussehen. Sie konzentrieren sich darauf Lösungen für ihre Probleme zu finden und ihre Lebensumstände zu verbessern.

3. Entscheiden Sie sich, bewusst tief in sich selbst hineinzuschauen: Finden Sie Zugang zu dem, was Sie persönlich glücklich macht, statt sich nach dem zu richten, was andere Leute meinen, dass Sie glücklich machen sollte. Sie erweisen sich selbst die höchste Freundlichkeit und Güte, wenn Sie in Ihre Seele blicken, Ihre Bedürfnisse erkennen, Ihre Leidenschaften und Ihre Bestrebungen und sich dann entscheiden: »Will ich das wirklich?«

4. Räumen Sie dem Erzeugen von Glücklichsein Vorrang ein: Passen Sie Ihre Prioritäten Ihren Träumen an. Tun Sie jeden Tag etwas, was Sie glücklich macht. Erwarten Sie nicht von anderen, dass die Sie glücklich machen. Das Einzige, was Sie im Leben übernehmen sollten, ist die Verantwortung für die Gestaltung Ihres Lebens.

5. Trauen Sie sich, Ihr wahres Verlangen nach Gott zuzugeben – und beginnen Sie dann, Menschen zu finden, die die gleichen Träume haben.

6. Drücken Sie Ihre Dankbarkeit aus für das, was Sie bereits haben: Erstellen Sie eine Liste all der Segnungen in Ihrem Leben, für die Sie nie gedankt haben – weder Gott noch anderen noch sich selbst.

7. Bitten Sie darum, zu der Erfüllung des Gebets eines anderen zu werden: Wenn Sie dies ernsthaft erwägen, können Sie von anderen Menschen viel über Verlangen lernen.

8. Denken Sie darüber nach, wie jemand anderes die Erfüllung Ihres Gebets sein könnte: So fangen Sie an, andere in das einzubeziehen, wonach Sie sich sehnen.

9. Beten Sie für jemand anderes: Hierbei geht es nicht darum, jemand anderem wohlmeinend Ihren Willen aufzudrängen, sondern die Ehrfurcht und die Freude an der Einheit aller Seelen in der Gegenwart Gottes zum Ausdruck zu bringen.

10. Der sicherste Weg in das Heilige Herz ist die Dankbarkeit für bereits erhörte Gebete. Das sind viele. Machen Sie eine Bestandsaufnahme. Wenn das bedeutet, dass Sie Ihre Erwartungen dem Leben gegenüber überprüfen müssen, dann tun Sie es. Dabei werden Sie auch Ihr wahres Verlangen aufspüren, denn Gott erhört nur die Gebete Ihres wahren Verlangens. Schauen Sie sich an, welche Ihrer Gebete erhört wurden und Sie werden das Beten als solches besser verstehen.

Meditation

Setzen Sie sich so hin, dass Sie bequem tief atmen können. Entspannen Sie Ihren Körper und beruhigen Sie Ihren Verstand. Bitten Sie darum, dass jeder Teil Ihres Seins von Liebe erfüllt wird und bereiten Sie sich darauf vor, den Segen Gottes zu empfangen. Atmen Sie tief durch und lassen Sie ganz los. Wiederholen Sie dies drei Mal. Erlauben Sie Ihrem vierten Einatem sich auszubreiten, in das Energiefeld hinein, das Ihren Körper umgibt. Spüren Sie, wie Ihre Lungen sich dehnen und wie sich dabei Ihr ganzes Energiefeld erweitert. Wenn Sie Energie aus dem Universum in sich ziehen, dehnt sich jeder Aspekt Ihres Körpers, Wesens und Seins aus. Wenn Sie dann beim Ausatmen wieder loslassen und die Energie ins Universum zurückströmen kann, zieht sich das Energiefeld zusammen. Verdichten Sie diese Energie in Ihrem Inneren auf einen einzigen Lichtpunkt. Bobachten Sie während der nächsten paar Atemzüge, wie Ihre Energie sich ausdehnt, während Sie empfangen und komprimiert, während Sie loslassen, ohne dass je etwas verloren ginge.

Mit jedem Einatmen erweitern Sie das Energiefeld um Ihren Körper mehr. Mit jedem Ausatmen lassen Sie alle Bemühungen los, mit denen Sie etwas auf unnatürliche Weise erschaffen oder aufrechterhalten wollen. Nehmen Sie den Segen des Friedens an und danken Sie für die innere Bereicherung, die er bringt.

Wenn Sie den Frieden ganz annehmen und alle anderen Bedürfnisse loslassen, werden Sie anfangen, im Mittelpunkt Ihres Seins ein inneres Strahlen wahrzunehmen, einen weichen Glanz oder ein funkelndes Licht. Konzentrieren Sie sich darauf und erlauben Sie diesem Licht ebenfalls im Rhythmus Ihres Ein- und Ausatmens zu schwingen. Lassen Sie dieses Licht mit dem Einatmen Ihr ganzes Energiefeld ausfüllen und komprimieren Sie es beim Ausatmen auf einen glitzernden Funken. Fahren Sie damit fort, bis es ganz natürlich und lebendig fließt. Dann fügen Sie ein weiteres Element hinzu: Das Ausdehnen und Loslassen der Liebe, die Sie sind. Dies ist der ewige Atem Ihrer Seele. Hier brauchen Sie nichts außer dem Bewusstsein Ihrer Einheit mit Gott. Hier gibt es weder Zeit noch Raum, denn der Atem des Lebens, der Energie und der Liebe stimmt in seinem Rhythmus vollkommen mit dem Atem des Lichts überein, der weder Zeit noch Raum kennt. Vergangenheit, Gegenwart und Zukunft sind eins. In diesem Atem des Lebens können Sie mit einer Haltung des Annehmens und Vergebens Ihre persönliche Geschichte ändern. Sie können Ihre Zukunft gestalten, indem Sie annehmen und lobpreisen. Alles, wonach Sie sich sehnen, können Sie in diesen Bereich jenseits von Zeit und Raum, frei von Anhaftungen und Bedürfnissen, einbringen. Sie können Ihr wahres Verlangen in diesen Lichtfunken einfließen lassen, während Sie ganz ausatmen, und Sie werden beobachten, wie es sich in die Wirklichkeit hinein erweitert, während Sie beim Einatmen frei und offen empfangen.

Gebet

Ich preise Dich, unendlicher Gott allen Lebens,
der gesamten Existenz und aller Güte.
Ich danke dafür, Anteil zu haben an Deinem Leben
und an Deiner Güte,
dass Du mich so freizügig daran teilhaben lässt
und mich eins mit Dir werden lässt.
Hilf mir, den Schatz, den Du bereits gegeben hast,
zu entdecken und zu vermehren,
Auf dass ich in Deiner reichhaltigen Fülle
meinen Platz finden möge.
Lehre mich, das sich entwickelnde Wesen der Natur zu achten,
jeden Tag als die Erfüllung eines Gebets zu betrachten
Und in jedem Gebet mein gläubiges Vertrauen auf einen neuen
Tag zu erkennen.

Amen

6

Unschuldige Wahrnehmung

Die Botschaft

»Wenn du jeden Tag so lebst, als wäre es dein erster und einziger Tag, dann erfreust du dich unschuldiger Wahrnehmung. Wenn du dagegen über das Leben urteilst, bevor du es dir angeschaut hast, oder deine Erwartungen auf vergangene Erfahrungen gründest, so kannst du das, was vor dir liegt, nicht unvoreingenommen wahrnehmen.«

Ich wollte wissen, woher komplexe Ideen oder solche komplizierten Konstrukte wie Sprachen und Theorien ihre Glaubwürdigkeit erhalten sollen, wenn echte Wahrnehmung nur als ursprüngliche Erfahrung möglich ist.

»Da sprichst du etwas an, was für die Menschen ein echtes Problem darstellt. Die Manifestationen der Wirklichkeit, die uns umgeben, sind herrlich, doch sie sind die Endstufen der Schöpfung, nicht der Weg, sie zu erzeugen. Wenn ihr nur die Zyklen der Erscheinungen betrachtet und sie als ein Ergebnis früherer Manifestationen versteht, findet ihr nie einen Ausweg aus dem Labyrinth der Illusionen. Eine Funktion oder ein Objekt mögen als komplex erscheinen, doch deswegen braucht dein Verständnis davon nicht komplex zu sein. Das Geheimnis ist, tiefer zu schauen, auf eine Ebene größerer Einfachheit. Wenn ihr Erscheinungen einfach nur beobachtet, so wie sie sind, ohne etwas hinzuzufügen oder abzuziehen, dann könnt ihr die wahre Ordnung der Schöpfung erkennen und euch von den Leiden der materiellen Substanz befreien. Natürlich gibt es Zyklen der Beständigkeit und der Auflösung innerhalb der physischen Kräfte, Formen und Dinge. Euch scheint es jedoch so, als ob die Realität der materiellen Dinge ihre eigene geradlinige Abstammungslinie hätte, aus der heraus alle

Formen entstehen und sich dann an die jeweiligen Lebensumstände anpassen. Doch was du siehst, hängt von deiner Betrachtungsweise ab. Steine entstehen zum Beispiel aus flüssiger Erde, weitere natürliche Kräfte bestimmen ihre Form. Doch wie wir sie bewusst wahrnehmen und ihre Stellung in der Ordnung der Dinge bedarf nicht der Zustimmung dieser Kräfte. Ihr Wert existiert in einer Dimension des Bewusstseins, die ihnen SEIN zuschreibt. Hätte das Bewusstsein nicht den Wert von Steinen erkannt und ihnen einen sinnvollen Platz in der Verbundenheit mit anderen Seinsformen zugewiesen, so wäre geschmolzene Erde zu etwas anderem geworden. Wenn du sagst, dass DU BIST, dann WIRST DU, nicht umgekehrt.

All die bedeutendsten Erkenntnisse der Menschen fingen als eine unschuldige Wahrnehmung an. Es geht darum Fortschritte zu erreichen und Neues zu lernen, indem man einfache, nachprüfbare Beobachtungen macht. Um komplexe Zusammenhänge an andere weiter vermitteln zu können, muss man sie auf einfache Bilder reduzieren, deren Bedeutung allgemein verständlich ist. Aus diesem Grund spreche ich oft in Gleichnissen, sie enthalten einen Funken zeitlos gültiger Wahrheit in einem Bild, das sich den Umständen, der Zeit und den Zuhörern anpassen kann.«

Die Schöpfung kann mit einem senkrechten Strahl aus Liebe, Willen und Licht verglichen werden, der alles von ihr Erschaffene durchdringt und ihm eine Achse verleiht, von der aus sich die Manifestation horizontal ausdehnen kann. Wenn ihr Komplexitäten entwickelt, zum Beispiel in der Art, wie ihr die physische Substanz begreift, dann verfangt ihr euch in den horizontalen Spielfeldern und könnt keine höhere oder weitere Perspektive gewinnen. Unschuldige Wahrnehmung ermöglicht es euch, den Schleier der Manifestation zu durchschauen und die Schöpfung auf ursprüngliche Art zu erfahren.«

»Es heißt, dass unser Bewusstsein von unseren Überzeugungen geprägt wird. Stimmt das?«

»Es gibt einen Kreislauf von der Wahrnehmung über Bewusstsein zur Überzeugung, die dann die nächste Wahrnehmung filtert und damit das Bewusstsein und so weiter. Ihr erfahrt ständig irgendetwas, sei es

alt oder neu. Die gesamte Realität wurde euch anvertraut. Eure Empfangsbereitschaft bestimmt eure Erfahrung. Eure Wahrnehmung ist das Tor zu eurer Erfahrung und der Auslöser für eure Überzeugungen. Ihr wurdet erschaffen, um bewusst und eurer selbst bewusst zu sein. Der freie Wille wurde euch gegeben, auf dass es bei eurer Liebe zu Gott und eurer Wahrnehmung des Lebens keine sklavische Abhängigkeit gebe. Es ist wichtig, dass ihr euch eurer Überzeugungen bewusst seid, doch ich rate euch, einen Glauben zu entwickeln, der umfassender ist als alle begrenzten Überzeugungen. Eure Überzeugungen sind von Ängsten, Meinungen oder Vorbehalten geprägt, die euch nur wenig Spielraum für neue Wahrnehmungen lassen. Damit nehmen Glauben und Bewusstsein wie in einer sich verengenden Spirale ab. Ihr könnt diese Abwärtsspirale jedoch umdrehen. Unschuldige Wahrnehmung ist der Lebensstil all derer, die guten Glaubens nach der Erkenntnis des wahren Lebens streben. Unschuldige Wahrnehmung ist das Herz eines Kindes – und der Odem der Freiheit.«

Entsprechende Passagen aus der Bibel

Matthäus 5,8:
»Selig sind, die reinen Herzens sind; denn sie werden Gott schauen.«

Matthäus 19,14:
»Aber Jesus sprach: Lasset die Kinder und wehret ihnen nicht, zu mir zu kommen; denn solchen gehört das Himmelreich.«

1. Petrusbrief 1,22:
»Habt ihr eure Seelen gereinigt im Gehorsam der Wahrheit zu ungefärbter Bruderliebe, so habt euch untereinander beständig lieb aus reinem Herzen.«

Schlüssel zum Leben

Als menschliche Wesen sind wir zugegebenermaßen Teil der Manifestation, doch gleichzeitig hat uns der Geist erlöst und uns eine höhere und größere Perspektive ermöglicht, wann immer wir uns dafür entscheiden. Häufig vergessen wir jedoch nicht nur, uns zu entscheiden, sondern tun sogar so, als hätten wir gar keine Wahl. Wir nehmen die Mechanismen unserer menschlichen Wahrnehmung als selbstverständlich hin und halten sie für eindeutig festgelegt. Die Wahrheit ist jedoch, dass unser Wahrnehmungsmechanismus uns ein recht verzerrtes Abbild der Wirklichkeit liefern kann. Ohne eine höhere Führung durch das Bewusstsein, innere Weisheit und die beständige Absicht, den Schleier der Illusionen zu durchschauen, würden wir uns wohl einfach in den bequemen Einschränkungen der Sinneswahrnehmungen häuslich einrichten. Die Vorstellung, dass die Erde eine Scheibe sei, ist ein klassisches Beispiel für dieses Phänomen. Wir können aber auch einfach unseren Sehapparat betrachten: Ein kleines Objekt verschwindet bei einer gewissen Entfernung aus unserem Blick. Dies geschieht, weil es in den Bereich zwischen den beiden Fokussen fällt, durch die unsere Augen die Daten aufnehmen, die dann an das Gehirn weitergeleitet werden. Größere Objekte und durchgängige Flächen werden im Gehirn »geklont«, um ein lückenloses Bild zu erzeugen. Wir bewegen instinktiv unseren Kopf auf eine Weise, die uns verschiedene Perspektiven ermöglicht und damit dieses Problem kompensiert oder verändern unseren Standpunkt im Raum. Wie oft haben Sie schon Ihren Schlüssel »verloren« und ihn kurz darauf auf dem Küchentisch »wiedergefunden«? In diesem Augenblick befand er sich an dem Punkt Ihres blinden Flecks und Ihr Gehirn hatte ihn einfach überbrückt, indem es die Tischfläche »weitergeführt« hatte. Sie konnten den Schlüssel erst sehen, als Sie von einem neuen Blickwinkel aus an die Sache herangingen. Genauso müssen wir auch auf die blinden Flecken unserer Glaubenssysteme achten. Nur allzu oft loben wir das Licht und meiden den Schat-

ten des Irdischen. Doch ohne die Dunkelheit des Nachthimmels wäre der edelste Teil der Schöpfung, wären die Sterne im Himmel für uns unsichtbar.
Wie können wir also unsere blinden Flecken und das Wirken unserer einschränkenden Glaubenssysteme erkennen? Ganz einfach: Mit dem Herzen eines Kindes – unseres inneren, heiligen Kindes. Der große Cellist Pablo Casals liebte Kinder genauso sehr wie die Musik. Er schätzte in beiden die Fähigkeit, wie sie in Gegenwart der Liebe ihre Komplexität aufgeben und zu wunderbarer Harmonie werden. Er sagte einst: »Überall um uns herum ist Schönheit, doch wie viele von uns sind dafür blind? Sie betrachten die Wunder dieser Erde – und scheinen nichts zu sehen. In jeder Sekunde erleben wir einen neuen, einzigartigen Augenblick dieses Universums, einen Augenblick, der noch nie war und nie wieder sein wird. Und was lehren wir unsere Kinder in den Schulen? Dass zwei und zwei vier ergibt und dass Paris die Hauptstadt Frankreichs ist. Wann werden wir sie lehren, was sie sind? Wir sollten zu jedem Kind sagen: Weißt du, was du bist? Du bist ein Wunder. Du bist einzigartig. In der ganzen Welt gibt es kein anderes Kind, das genauso ist wie du. In den Millionen Jahren, seit es die Menschheit gibt, war noch nie ein Kind genau wie du. Und schau dir nur deinen Körper an: was für ein Wunder! Deine Beine, Arme, deine geschickten Finger, die Art, wie du dich bewegst! Vielleicht wird aus dir ein Shakespeare, ein Michelangelo, ein Beethoven. Du hast alle Möglichkeiten. Ja, du bist ein Wunder. Und wenn du erwachsen wirst, kannst du dann einem anderen Schaden zufügen, der doch genauso ein Wunder ist wie du? Ihr müsst einander ehren. Wir alle müssen dafür arbeiten, diese Welt zu dem zu machen, was ihre Kinder wert sind.«
Der Schlüssel zur unschuldigen Wahrnehmung liegt im »Entdeckergeist«, in einer inneren Haltung, die frei von festen Vorstellungen und Urteilen über das Leben ist, so dass wir es mit der Unbefangenheit und dem Staunen eines Kindes neu erforschen können.

Andere Quellen der Weisheit

Buddha (ca.563-483 v. Chr.):
»Es gibt nur einen Augenblick, in dem man erwachen muss. Dieser Augenblick ist Jetzt.«

Basho (1644-1694):
»Wie sehne ich mich, zwischen den Morgenblüten das Antlitz Gottes zu schauen.«

Rumi (1207-1273):
»Lasst die Schönheit, die wir lieben, das sein, was wir tun. Es gibt hundert Arten zu knien und den Boden zu küssen.«

Ralph Waldo Emerson (1803-1832):
»Wollt ihr eure Herzen nicht öffnen für das, was Regenbögen lehren und Sonnenuntergänge zeigen?«

Thomas Traherne (1637-1674):
»Du erfreust dich an der Welt erst wirklich, wenn du jeden Morgen im Himmel erwachst, dich in Gottes Palast siehst und die Himmel, die Erde und die Luft als himmlische Vergnügungen betrachtest, mit liebevollem Blick, als wärst du einer der Engel.«

Anwendung

Unschuldige Wahrnehmung ist das Natürlichste und Einfachste von der Welt, doch in dieser komplizierten und unnatürlichen Welt, in der wir leben, erfordert sie höchsten Fokus und entschiedenste Absicht. Während Sie die unschuldige Wahrnehmung üben, erinnern Sie sich daran, dass sie vor allem auftritt, wenn man sich in einem empfänglichen Zustand und einer neutralen Haltung befindet. Fangen Sie damit an, sich zu erlauben, empfänglich zu sein. Das betrifft alles, auch Geschenke, Fürsorge, Nahrung, Erkenntnisse, Gefühle, Empfindungen, Ideen, Hilfe und Liebe. Viele von Ihnen werden feststellen, dass ihnen das Annehmen schwerer fällt, als sie gedacht haben. In manchen Fällen werden Sie erkennen, warum Ihre Gebete nicht erfüllt wurden. Sie konnten nicht erfüllt werden, weil Sie nicht bereit waren anzunehmen.

Uns wurde gesagt, dass es Engel unter uns gibt, doch wir erkennen sie nicht. Der erste Schritt zur unschuldigen Wahrnehmung besteht darin, dass Sie begreifen, dass ALLE Wahrnehmung auf Annehmen basiert. Ohne das, was unsere Sinnesorgane aufnehmen, gäbe es keine Wahrnehmung. Überprüfen Sie es selbst! Erleben Sie, wie Ihre Welt heller wird, wenn Sie für alles empfänglich werden, sei es Information, Anerkennung, Hilfe oder Liebe. In der Empfangsbereitschaft wird Ihre Wahrnehmung deutlicher. Es gibt noch einen weiteren wichtigen Zusammenhang: Wenn Sie mit ANDACHT Ihre Sinne öffnen, steigt ebenfalls Ihre Empfangsbereitschaft für alles andere.

Wenn Sie Empfangen je für etwas Selbstsüchtiges hielten, rate ich Ihnen, diese Meinung zu überdenken. Empfangen ermöglicht es Ihnen zu geben und das, was Sie damit unterstützen, besser zu verstehen. Der Strom kann erst zum Meer fließen, wenn er in seinem Oberlauf die Quellen und Bäche aufgenommen hat.

Wenn Sie von dem grundlegenden Zusammenhang zwischen Wahrnehmung und Empfangen überzeugt sind, können Sie zum nächsten Schritt der unschuldigen Wahrnehmung übergehen: Dem Empfangen ohne Erwartungen. Kindern fällt dies leicht, doch je mehr Lebenserfahrung auf unseren Schultern ruht, desto schwerer tun wir uns damit. Wir haben nicht nur Gewohnheiten, Muster und Ansichten entwickelt, sondern betrachten unser Leben auch durch Filter, die unser Leben färben. Wir haben regelmäßige Bedürfnisse entwickelt, denen wir unser Leben anpassen. Unserer Toleranz und Risikobereitschaft sind Grenzen gesetzt und vor allem haben wir schmerzhafte Erinnerungen an Erfahrungen, die wir nicht noch einmal erleben wollen. Ohne Erwartungen zu empfangen – das ist viel verlangt, und die meisten schaffen das nicht einfach so. Zuerst müssen wir uns dabei sicher fühlen und es muss uns vom Verstand her klar sein, dass dies positive Ergebnisse bringt. Dazu gilt es, Ihre Fähigkeit zum Nein-Sagen wieder aufzufrischen oder überhaupt zu entdecken: Bewusst, gezielt und entschieden »Nein« sagen zu können zu dem, was Ihrem Leben nicht gut tut. Wenn Sie sich Ihrer Fähigkeit, unerwünschte Erfahrungen abzulehnen, sicher sind, kann Ihnen nichts mehr dabei passieren, wenn Sie mit einem grundsätzlichen »Ja« auf das Leben zugehen. Weisheit zeichnet sich unter anderem dadurch aus, dass man vergangene Erfahrungen und Beobachtungen dazu verwendet, konstruktivere Entscheidungen zu treffen. Doch die meisten Menschen verwenden ihr »Nein«, um eine Erfahrung oder Wahrnehmung zu vermeiden, statt innerhalb einer Erfahrung »Nein« zu sagen, nachdem man entschieden hat, dass sie unerwünscht ist. Wie viele von uns öffnen gar nicht erst die Tür, wenn ein Vertreter klingelt, anstatt erst zu fragen, was er zu verkaufen hat, und sich DANN zu entscheiden. Wir verhalten uns so, weil man uns die Idee verkauft hat, dass wir uns nur ganz oder gar nicht auf eine Erfahrung einlassen können. Das entspricht nicht der Wahrheit. Uns wurde ein freier Wille gegeben, die Fähigkeit bei Allem und zu jeder Zeit bewusst zu sein. Wenn Sie erst begriffen haben, dass Sie auch innerhalb einer Erfahrung zu jeder Zeit »Nein« sagen können, werden Sie leichter und öfter »Ja« sagen können und der Fülle des Lebens offener gegenüberstehen. Nur so können Sie frei von Erwartungen empfangen.

Mit zunehmendem Verständnis dieser Zusammenhänge wird sich Ihr Vertrauen in Sie selbst, in Gott und in das Gute im Leben vertiefen. Ohne Empfangsbereitschaft sind Ihre Wahrnehmungen auf die schmale Bandbreite dessen begrenzt, was Sie bereits haben. Ohne Vertrauen fehlt Ihren Wahrnehmungen die Unschuld. Entwickeln und üben Sie diese zwei grundsätzlichen Verhaltensweisen, das Empfangen und das Vertrauen mit Unterscheidungsvermögen.

Dann können Sie diese Fähigkeiten zum Beispiel durch folgende Aktivitäten zum Ausdruck bringen:

1. Sprechen Sie mit jemandem, während Sie irgendwo in der Schlange stehen und schließen Sie so neue Bekanntschaften.
2. Schreiben Sie jemandem einen Dankesbrief.
3. Schenken Sie der Arbeit oder dem Dienst eines Menschen Beachtung und lassen Sie ihn wissen, dass Sie sich daran erfreuen.
4. Sprechen Sie mit einem Kind und lassen Sie sich auf seine Sicht der Welt ein.
5. Lassen Sie sich von einem Tier zeigen, was es möchte.
6. Erinnern Sie sich an Ihre Träume und seien Sie offen für ihre Botschaften.
7. Notieren Sie ein Ziel oder einen Traum, den Sie bislang für undurchführbar hielten. Gehen Sie einen Augenblick lang davon aus, dass es möglich wäre. Schreiben Sie ein Drehbuch darüber, wie es geschehen könnte. Spielen Sie es durch und nehmen Sie dann wahr, welches Gefühl Sie jetzt dazu haben.
8. Lassen Sie an Ihrem Arbeitsplatz das, was Sie tun, zu Ihnen sprechen. Es hat eine Botschaft für Sie. Hören Sie ihr zu.
9. Gehen Sie auf eine Bitte ein, statt sie zu ignorieren.
10. Führen Sie etwas aus, was Sie schon lange hinausschieben.
11. Achten Sie auf den Wert Ihrer Beziehungen – und nicht nur der Worte und Taten. Sie enthalten eine Botschaft.
12. Beten Sie, dass sich der Wille Gottes in Ihrem Leben offenbare und versprechen Sie, zuzuhören.
13. Wenn Sie sich in der Natur aufhalten, bitten Sie um Frieden und Erneuerung.

Erweitern Sie diese Liste um Ideen, die zu Ihrem eigenen Leben passen.

Meditation

Diese Meditation wird mit offenen Augen durchgeführt. Suchen Sie sich einen Ort außerhalb ihrer normalen, programmierten Verhaltensabläufe aus, möglichst in der Natur, um aufmerksam und empfänglich in ihr Inneres zu lauschen.
Setzen Sie sich aufrecht und entspannt hin. Atmen Sie ruhig und tief, bis Ihr Atem sanft und regelmäßig fließt. Wenn Sie ganz in diesem ruhigen Zustand angekommen sind, fragen Sie mit dem Ausatmen: »Was ist das?«
Diese Frage ist weder intellektuell noch symbolisch gemeint. Stellen Sie die Frage mit unschuldigem Ernst, nicht nur in Ihrem Kopf, sondern mit Ihrem ganzen Wesen. Was ist das? Was ist das? So gelangen Sie in einen Zustand unvoreingenommener Andacht.
Die Antwort liegt in keinem Objekt, in keinem Ort, weder in Ihrem Atem noch im leeren Raum. Mit der Frage »Was ist das?« geben Sie sich einfach demütig dem hin, was Sie nicht wissen, und lassen alle vorgefassten Meinungen über mögliche Antworten los.
Wiederholen Sie diese Frage mit dem Ausatmen, bis alle anderen Gedanken und Ablenkungen verschwunden sind und Sie in stiller, unbefangener Andacht versinken. Beginnen Sie in diesem Zustand darauf zu achten, welche Antworten auftauchen. Vielleicht werden Sie bemerken, dass Ihr Kopf sich dreht oder Ihr ganzer Körper sich in eine bestimmte Richtung gezogen fühlt. Die Antwort kann in Gestalt von Vögeln, Tieren oder fallenden Blättern erscheinen, doch höchstwahrscheinlich tauchen aus Ihrem Inneren Gedanken, Empfindungen und Gefühle auf. Dabei handelt es sich nicht um das gewöhnliche, mentale Geplapper unseres Denkens, sondern um frische, unerwartete Gedankenblitze, die wir in der Unruhe unserer täglichen Erfahrungen übersehen hätten.
Die Frage »Was ist das?« wirkt wie ein Gegengift für alle ablenkenden Gedanken, denn sie richtet sich an den Gedanken selbst, der dann seine wahre Quelle oder Motivation offenbart.
Indem Sie dieser Frage aufrichtig und beharrlich nachgehen, ihr

zugestehen auf alles anwendbar zu sein, öffnen Sie sich der Ganzheit der Erfahrung, dem ehrfurchtgebietenden Wunder des Lebens in seiner ganzen Tiefe.
Wenn Sie die Meditation beendet haben, bewegen Sie Ihren ganzen Körper und schütteln Sie ihn aus, bis er wieder ganz wach und beweglich ist. Nehmen Sie diese frische und ruhige Aufmerksamkeit mit sich, wenn Sie sich wieder in die äußere Welt begeben.

Gebet

Oh Herr,

Führe uns an jenen inneren Ort,
An dem sich Deine Weisheit offenbart.
Führe uns in jenen Zustand der Andacht,
In dem Deine Wunder erkannt werden.
Führe uns dorthin, wo sich Dein Licht sammelt,
Auf die Hügel der aufgehenden und der untergehenden Sonne.

Öffne unsere Ohren für Deine Stimme im Wind.
Öffne unsere Augen für den Scharfblick des Adlers.
Öffne unseren Verstand für die heilende Wahrheit.
Erleuchte unsere Nächte mit himmlischem Glanz.
Erleuchte unsere Herzen mit Augenblicken des Lachens.
Erleuchte unser Leben mit Deiner Liebe.

Amen

7

Die Macht des Friedens

Die Botschaft

Vor zweitausend Jahren kam Jeschua in eine Welt, die der unseren recht ähnlich war. Es gab eine herrschende, wohlhabende Nation, die von vielen kleineren, benachteiligten Nationen abgelehnt wurde. Die ganze Welt stand auf der Schwelle zu einer großen Veränderung. Damals wie heute ist es angesichts weitreichender Entscheidungen von höchster Wichtigkeit, dass die Menschen einen Begriff von der Realität haben, in der sie leben. Vielleicht heute mehr denn je. Der Evangelist Matthäus berichtet, dass Jeschua sagte: »Ich bin nicht gekommen, Frieden zu bringen, sondern das Schwert.«
Das schien mir so wenig zu seinem Charakter zu passen, dass ich ihn fragte, ob er das wirklich gesagt habe oder ob vielleicht der Kontext so verzerrt wurde, dass die ursprüngliche Bedeutung nicht mehr erkenntlich ist.
»Bei der Übersetzung dieses Satzes ging vielleicht mehr von der ursprünglichen Bedeutung verloren als bei vielen anderen Überlieferungen von mir. Ich sagte damals sinngemäß: ›Ich bin nicht gekommen, um in der Welt Ordnung und Harmonie herzustellen, sondern um Frieden in die Herzen der Menschen zu bringen.‹
Euer innerer Friede liegt in dem Wissen darum, wer ihr wirklich seid. Das ist die Macht, die die Illusion der falschen Realität mit all den darin enthaltenen Konflikten durchschlägt. Die Anwendung dieser Macht führt nicht immer und unmittelbar zu Harmonie oder einer geordneteren Welt, aber sie bedeutet den geringsten allgemeinen Schaden und den dauerhaftesten Frieden für alle. DU kannst Frieden finden – nicht die Welt!

Um dir ein größeres Verständnis davon zu ermöglichen, will ich dich zunächst daran erinnern, dass deine Seele in eine Dimension unbegrenzter Existenz und Möglichkeit hineingeboren wurde, in der Freude, Frieden und Liebe ewig währen. Wenn wir die gesamte Existenz in Prozenten ausdrücken könnten, würde dieser ursprüngliche Seinszustand 99,9 Prozent umfassen. Der Einfachheit halber könntest du diesen Anteil als die Essenz des Reinen Geistes bezeichnen. Das physische Universum, das dich im Augenblick umgibt, macht weniger als ein Prozent der Existenz aus. Es besteht im Wesentlichen aus stabilen Energiekonfigurationen, die aus dem Chaos hervorgehen. Denn trotz der Ordnung, in der es dir erscheint, ist die Grundlage des physischen Universums das Chaos, nicht die Harmonie. Das müsst ihr verstehen, wenn ihr Wissenschaften und Spiritualität richtig anwenden wollt. Wer das nicht versteht, kann keinen wahren Frieden finden, ja, er weiß noch nicht einmal, was Frieden eigentlich ist. In den Dimensionen des Chaos, die das physische Universum ausmachen, entsteht Ordnung durch strukturelle Integration und harmonische Angleichung. Das führt dann zu Vorhersehbarkeit und Wachstum.
Die Erforschung, Entwicklung und der Umgang mit diesen Tendenzen ist die Aufgabe der Wissenschaften, sowohl der Naturwissenschaften, als auch der Technik, der politischen Wissenschaften und der Medizin. Durch konstruktives Bemühen kann Ordnung in das Chaos gebracht werden und das ist gut so.
Doch das ist noch kein Frieden. So wie die Lianen die Bäume im Regenwald überwuchern, so überwindet das Chaos immer wieder die Ordnungen der physischen Welt, schon alleine weil zur Aufrechterhaltung von Ordnung mehr Energie nötig ist als zur Erzeugung von Chaos. Das Chaos wohnt dem physischen Universum, diesem einen Prozent der Existenz, einfach inne. Es bildet die grundlegende Kraft, die im zweiten Hauptsatz der Thermodynamik beschrieben wird, der besagt, dass sich jeder Energietransfer in diesem physischen Universum auf zunehmende Entropie hinbewegt.
Um Frieden zu finden, musst du die Macht des Einen Geistes anrufen, dem dauerhafter Frieden innewohnt. Nur Frieden kann dich aus

dem Chaos befreien. Jede Seele steht mit der Essenz des Friedens in Verbindung, denn alle Seelen sind daraus hervorgegangen. Frieden ist deine Verbindung mit den 99,9 Prozent des reinen Seins. Dein Herz ist das Tor dazu und was du darinnen findest ist das wahrhaftigste Porträt deiner selbst, das du je zu Gesicht bekommen wirst.«

Entsprechende Passagen aus der Bibel

1. Korintherbrief 14,33:
»Denn Gott ist nicht ein Gott der Unordnung, sondern des Friedens.«

Matthäus 5,9:
»Selig sind die Friedfertigen; denn sie werden Gottes Kinder heißen.«

Johannes 14,27:
»Den Frieden lasse ich euch, meinen Frieden gebe ich euch. Nicht gebe ich euch, wie die Welt gibt. Euer Herz erschrecke nicht und fürchte sich nicht.«

Epheser 4,3:
»…und seid darauf bedacht, zu wahren die Einigkeit im Geist durch das Band des Friedens.«

Schlüssel zum Leben

Der Schlüssel zum Frieden liegt in der Erkenntnis, dass er nicht in der Welt zu finden ist, sondern nur in einem selbst. Haben Sie je bemerkt, dass es in Ihrem Bewusstsein viele Räume gibt, wie die Zimmer eines Hauses? Jedes Zimmer ist entsprechend der Gedanken, Ziele und Aktivitäten des jeweiligen Lebensbereiches eingerichtet und möbliert.
Auch Frieden hat eine räumliche Qualität und dieser Aspekt ist wichtig, weil Frieden unser Sein mit unendlichem Raum erfüllen kann. Das friedvolle Zentrum unseres Seins ist wie die Nabe eines

Rades, welche alle Speichen verbindet, unterstützt und integriert. Und genauso wie bei einer Radnabe verbindet uns Frieden mit der Achse der Kraft. Wir können Frieden auch als die Unendlichkeit betrachten, die aus dem Heiligen Herzen strömt. Welches Bild Ihnen mehr zusagt ist egal, wichtig ist zu wissen, dass Frieden in unserem eigenen Sein beginnt und sich nur von dort aus in unsere Umgebung ausbreiten kann.

Die Probleme und die evolutionären Herausforderungen des Lebens konfrontieren uns unausweichlich mit Dramen. Dabei kann es sich um internationale Konflikte oder lebensbedrohliche Umweltveränderungen handeln, doch meistens erwischt uns das Drama eher in Form eines platten Reifens oder eines Missverständnisses an der Arbeitsstelle. Die Größenordnung des Chaos spielt nur eine geringe Rolle: Wann auch immer es ausbricht, müssen wir uns entscheiden, wie wir damit umgehen wollen.

Jeschua lehrte mich nachdrücklich, dass die einzige Lösung für Chaos im Frieden liegt. Er erklärte mir sorgfältig den Unterschied zwischen Ordnung und Frieden, und dass es die natürliche Tendenz der physischen Substanz ist, zum Chaos zu streben – nicht zur Ordnung. Daher wird jede physische Materie, unabhängig davon wie viel Struktur und Ordnung wir ihr aufzwingen, ohne ständiges Bemühen und Korrigieren unausweichlich wieder ins Chaos verfallen. Wenn Ordnung unser einziges Werkzeug im Kampf gegen das Chaos wäre, so wäre unser Kampf endlos und aussichtslos, einfach weil Ordnung mehr Energie erfordert als Chaos. Eine simple mathematische Übung kann diese düstere Aussicht leicht verdeutlichen. Egal wie viel Ordnung wir schaffen, das Chaos bricht durch jede unbemerkte Ritze wieder durch. Viele bezeichnen das, was sie dabei erfahren, als »böse«. Es ist emotional nachvollziehbar, dass man diesen Zustand verabscheut, doch das führt zu keiner Lösung, denn Hass und Angst erzeugen Widerstand und negative Haltungen dem Leben gegenüber – daraus entstehen keine Lösungen.

Die Macht des Friedens verleiht uns die Fähigkeit in dieser Welt und doch nicht von dieser Welt zu sein. Ohne Frieden wäre das Chaos unendlich. Frieden beginnt mit der Wiederentdeckung unseres wahren Seins und unser Heimkehr zu den 99,9 Prozent des Reinen Geistes. Diese 99,9 Prozent existieren nicht getrennt von der physischen Materie, sondern als der Raum zwischen den Atomen und Elementen und als die Kraft, die sie hervorruft. Sie bilden den Vorrat der Schöpfung, sie sind der Atem des Schöpfers. Gott und die Realität sind Eins. In diesen 99,9 Prozent gibt es keine Konflikte und kein Chaos. Es ist die höchste Dimension, in der wir auf natürliche Weise Kinder Gottes sind. Jeschua sagt, dass hier der Ursprung für allen Frieden liegt. Von hier aus manifestiert sich Frieden in der physischen Realität in Form von positiver Präsenz, positivem Denken, Handeln und durch das miteinander Teilen. Doch aus der Sicht der physischen Welt wird Frieden immer etwas Geheimnisvolles sein.

Frieden ist eine Sichtweise, ein Seinszustand, für den jede Seele sich entscheiden kann. Frieden ist nicht etwas, das man finden oder zunächst außerhalb von sich selbst erschaffen kann. In diese Art des Frieden-Schaffens wurde schon viel zu viel vergebliches Bemühen investiert. Jeschua brachte mir bei, dass die Suche nach dem Wesen unseres eigenen Friedens der beste Weg ist, um das eigene, wahre Selbst zu finden. Denn eines ist sicher: Wir können nicht den Frieden einer anderen Seele finden. Es kann auch hilfreich sein, sich darüber klar zu werden, dass selbst das Chaos eine spirituelle Funktion hat, indem es uns dazu bringt, zunächst den Frieden in uns selbst zu suchen.

Wahre Zivilisation entsteht aus Frieden, nicht aus Ordnung. In unserer postindustriellen, geordneten Welt neigen wir zu der Annahme, dass ein Aufrechterhalten der Ordnung automatisch Zivilisation erschafft.

Es gibt ein großes Paradox und Liebe ist die einzige Antwort darauf. Und selbst in der Liebe bleibt das Geheimnis verborgen, wenn man sie nur als Handlung sieht, bezogen auf das eine Prozent physischer Substanzen. Nur wenn wir LIEBE als das große

Wesen, als jene 99 Prozent des Seins betrachten, kann sich die Antwort zeigen: »DU BIST LIEBE«.
Als LIEBE können Sie, und nur Sie selbst, beide Seiten der großen Gleichung der Schöpfung erkennen. Ich selbst habe einige erstaunliche Dinge erfahren, die aller Logik widersprechen und nur durch die ewige Kraft der Liebe zu erklären sind, doch ich bin auch nur eine Lernende, die darauf hofft, Ihnen diese höchste Verbindung von Möglichkeiten so klar wie möglich vor Augen zu führen.
Jeschua lehrte seine Jünger, die Gesetze von Ursache und Wirkung zu achten und gleichzeitig zu wissen, dass sie auch dem Reich der Wunder angehörten. Das Herzstück seiner Wahrheit besteht aus zwei Aspekten: der Achtung vor Ursache und Wirkung einerseits und der Wirklichkeit der Wunder andererseits. Es gab andere Meister, die uns Wege aufzeigten die Welt zu transzendieren. Auf der Universität hingegen kann man die Gesetze von Ursache und Wirkung studieren. Diese zwei, scheinbar widersprüchlichen Möglichkeiten verband Jeschua auf erstaunliche und machtvolle Weise, indem er uns lehrte, in dieser Welt zu sein und nicht von dieser Welt. Er wandelte unter uns als gewöhnliches menschliches Wesen, damit seine Lehre der besonderen Transzendenz vollständig auf unser Leben anwendbar sei.
Auf praktischer Ebene ist es hier auf Erden nur natürlich, nach Erklärungen für die Ursachen und Wirkungen zu suchen, die unser Leben bestimmen. Und es ist genauso natürlich für die göttliche Präsenz – die wir sind – Wunder zu erwarten. In ihrem Kern lehrt uns Jeschua's revolutionäre Lehre, mit diesen beiden Realitäten gleichzeitig umzugehen und sie zu einem vollständigeren und erfüllteren Leben zusammenzufügen. Doch gerade in diesem Zusammenfügen liegt die Herausforderung! Es ist ein bisschen so, als ob man sich gleichzeitig auf den Kopf klopfen und den Bauch reiben soll.
Es ist so leicht, sich während unserer Suche nach Antworten für unser Leben von einer Seite der Gleichung absorbieren zu lassen

und darüber die lohnendste Möglichkeit zu verpassen, nämlich die, beide Dimensionen miteinander zu verbinden.
Den vollständigen Blickwinkel, der alles umfasst, erhalten wir in der Liebe. Wo finden wir sie? In den 99,9 Prozent der Existenz ist sie klar und deutlich ausgedrückt. Wie fühlt sie sich an? FRIED-VOLL! In dem Mysterium des Friedens entdecken wir die wahre Macht der Liebe. Frieden und die Kraft der Liebe sind weitgehend das Gleiche, beide lösen alle Paradoxe auf.

Andere Quellen der Weisheit

Rainer Maria Rilke (1875-1926) *Buddha in der Glorie*
Mitte aller Mitten, Kern aller Kerne,
Mandel, die sich einschließt und versüßt,–
dieses Alles bis an alle Sterne,
ist dein Fruchtfleisch: Sei gegrüßt.
Sieh, du fühlst wie nichts mehr an dir hängt;
im Unendlichen ist deine Schale,
und dort steht der starke Saft und drängt.
Und von außen hilft ihm ein Gestrahle,
denn ganz oben werden deine Sonnen
voll und glühend umgedreht.
Doch in dir ist schon begonnen,
was die Sonnen übersteht.

Ralph Waldo Emerson (1803-1882) *Essays. First Series. Self-Reliance:*
»Nichts kann dir Frieden geben – außer dir selbst.«

Benjamin Franklin (1706-1790) *Letter to Josiah Quincy:*
»Es gab noch nie einen guten Krieg oder einen schlechten Frieden.«

Anwendung

Frieden kann äußere Bedingungen nachhaltiger beeinflussen als irgendein anderer menschlicher Zustand. Doch Frieden beginnt nicht im Außen. Auch das Erschaffen einer friedvollen Umgebung erzeugt noch keinen Frieden. Zuallererst ist Frieden ein innerer Seinszustand. Von dort ausgehend kann er aus unserem Herzen ausstrahlen und uns mit einer Aura der Gnade umhüllen, die nicht von dieser Welt ist. Dann erst kann sich der Frieden in die äußere Welt hinein ausdehnen und seine transzendenten Wunder vollbringen.
Die folgende Übung soll Ihnen helfen, Ihren inneren Frieden zu erfahren, ihn zu entdecken, wieder zu finden oder zu stärken und dann sein transformierendes Potential zu erleben. Sie können diesen Prozess alleine durchführen, doch es ist wahrscheinlich leichter, wenn Sie sich mit ein oder zwei anderen Menschen zusammentun, so dass einer führen und die anderen sich ganz der Erfahrung hingeben können. Nachdem Sie es ein- oder zweimal geübt haben, brauchen Sie dabei kaum noch zu denken und können es auch gut alleine praktizieren.
Ziel der Übung ist es, Ihnen eine Körper, Herz, Verstand und Seele umfassende Erfahrung von Frieden als einem Seinszustand zu vermitteln. Dazu werden Sie fünf Örtlichkeiten erschaffen, indem Sie jeden der folgenden Begriffe auf ein extra Blatt Papier schreiben und mit etwa 35 Zentimeter Abstand in der angegebenen Reihenfolge auf den Boden legen.

1. Vergangenheit
2. Gegenwart
3. Sehnsucht, Verlangen
4. Überzeugungen
5. Transzendenz

1. Nachdem Sie die Papiere auf den Boden gelegt haben, stellen Sie sich vor das Blatt, auf dem »Vergangenheit« steht und rufen sich alles in Erinnerung, was für Sie mit Frieden zu tun hat. Betrachten Sie alle Bereiche Ihrer Wahrnehmung und Empfindung so genau und detailliert wie möglich. Am besten ist es, wenn Sie es jemandem laut erzählen. Wenn Sie damit fertig sind, treten Sie auf das Blatt »Vergangenheit«. Stehen Sie in dem klarsten und eindrucksvollsten Augenblick des Friedens, an den Sie sich erinnern können.

Wichtig: Diese Gefühle und Wahrnehmungen entsprechen IHREM Zustand des Friedens und sollten als solcher gewürdigt werden. Es geht hier nicht darum, was die Welt braucht oder was jemand anderes meint, was Ihnen gut täte. HIER GEHT ES NUR UM SIE. Seien Sie also bei jedem Papier, auf das Sie hier treten, zutiefst mit Ihren persönlichen Gefühlen beteiligt.

2. Während Sie noch auf dem Blatt »Vergangenheit« stehen, verwandeln Sie in Gedanken diesen Zustand des Friedens in eine gegenwärtige Erfahrung. Erlauben Sie den wunderbaren Gefühlen des Friedens, Sie JETZT zu umgeben. Achten Sie auf Ihre Atmung und bemerken Sie, wie alle Ihre Sinne sich auf Empfindungen des Friedens einstimmen. Genießen Sie es ein paar Minuten lang. Wenn Sie mit jemandem zusammen arbeiten, teilen Sie ihm Ihre Wahrnehmungen mit. Nachdem Sie Frieden ganz in der Gegenwart erfahren haben, treten Sie auf das Blatt »Gegenwart« und fühlen Sie, dass Sie ganz da sind.

3. Während Sie auf dem Blatt »Gegenwart« stehen und den dazugehörigen Zustand empfinden, beginnen Sie auf das nächste Blatt »Sehnsucht, Verlangen« zu schauen. Sinnen Sie über den Frieden nach, den Sie sich für Ihre perfekte Welt wünschen würden. Erinnern Sie sich an alle Gefühle, Fähigkeiten, Bedingungen und Freiheiten, aus denen Ihre Welt vollkommenen

Friedens bestehen würde. Dann treten Sie einen Schritt nach vorne auf das nächste Blatt und spüren Sie diesen wunderbaren Raum für eine Weile.

4. Schauen Sie von dem Blatt »Sehnsucht, Verlangen« aus auf das nächste Blatt, auf dem »Überzeugungen« steht. Überlegen Sie, welche Ihrer Überzeugungen und Werte Ihr Verlangen nach Frieden unterstützen und welche es blockieren. Sprechen Sie laut aus, welche Überzeugungen und Werte Sie in Ihrer Welt vollkommenen Friedens haben werden. Dann treten Sie auf das Blatt und genießen Sie die transformierenden Gefühle.

5. Und während Sie ganz mit Ihren höchsten Werten und Überzeugungen erfüllt sind, schauen Sie vorwärts auf die Transzendenz, die den äußeren Zustand der Welt verändern wird. Die Gefühle, die diesen Raum der Transzendenz erfüllen, sind meistens nicht in Worte zu fassen. Treten Sie einfach auf das Blatt »Transzendenz« und erlauben Sie den Gefühlen, Sie zu überwältigen. Verweilen Sie dort so lange, bis Sie ein Bild für diese Erfahrung der Transzendenz erhalten, vielleicht eine Farbe oder ein paar Worte. Lassen Sie sich auf die Herrlichkeit und Großartigkeit dieser Erfahrung so vollständig wie möglich ein.

Jetzt hat Ihr Bewusstsein einen Eindruck von einer Körper, Herz, Verstand und Seele integrierenden Erfahrung von Frieden. Die so erlebten Empfindungen können Sie jederzeit wieder erleben. Das Bild, die Farbe oder die Worte, die Ihnen in der Erfahrung der Transzendenz zugeflossen sind, lassen sich als Anker verwenden, mit dessen Hilfe Sie sich jederzeit wieder in die Essenz des Friedens versenken können. Wiederholen Sie dies als eine dynamische Kontemplation des Lebens und als Invokation des Friedens so oft wie möglich.

Meditation

Zünden Sie für diese Meditation eine Kerze an, um sich an das allgegenwärtige Licht des Schöpfers zu erinnern. Feuer kennt, wie alles Licht, keinen Mangel und verbreitet sich, indem es sich verteilt. Sie brauchen für diese Meditation einen bequemen Stuhl oder ein Sofa, auf dem Sie mit aufrechter Wirbelsäule gut sitzen können. Entspannen Sie Ihren Körper. Weder Arme noch Beine sollten gekreuzt sein. Beginnen Sie damit, beim Einatmen das von der Kerzenflamme symbolisierte Licht des Schöpfers einzuatmen. Atmen Sie aus und lassen Sie dabei alle Anspannungen und Sorgen los. Bleiben Sie bei dieser Art des Atmens, bis Ihr ganzes Sein sich entspannt und erfrischt fühlt. Wenn möglich, atmen Sie dabei durch die Nase ein und durch den Mund aus. Lassen Sie Ihre Muskeln, einen nach dem anderen, entspannen. Schließen Sie Ihre Augen und lassen Sie sich in einen Zustand inneren Friedens treiben.

Heben Sie Ihr Gesicht mit geschlossenen Augen etwa 30 Grad, als würden Sie leicht nach oben blicken, und stellen Sie sich vor, dass ein sanft strahlendes, blaues Licht auf Sie zufließt. Lassen Sie dieses Licht von oben durch Ihren Kopf in sich hineinfließen. Schicken Sie es nacheinander in Ihr Gehirn, in Ihre Gesichtsmuskeln, Ihre Augen, Wangen, Zunge und in Ihren Hals. Konzentrieren Sie sich weiterhin auf Ihren Atem und erkennen Sie in diesem blauen Licht das Licht des Schöpfers, das Ihnen aus den unendlichen Weiten des Geistes zufließt. Lassen Sie mit dem Ausatmen alles los, was Sie anstrengt, was reaktiv ist oder nicht in Harmonie mit dieser Energie schwingt. Lassen Sie das Licht durch Ihren Hals und Ihre ganze Wirbelsäule hinab fließen. Laden Sie es in Ihre Arme und Beine ein, bis hin zu den Finger- und Zehenspitzen. Fahren Sie damit fort, bis Körper und Seele ganz in Harmonie sind.

Jetzt möchte ich Sie einladen, in Ihrer Vorstellung, Phantasie oder Erinnerung einen angenehmen und vollkommen sicheren Platz für sich zu finden. Dies ist Ihr persönlicher Platz, an dem Sie völlig geschützt sind. Hier kann Ihnen nichts etwas anhaben. Hier sind

Sie immer all das, was Sie wirklich sind. Es mag ein Ort aus Ihrer Kindheit sein, ein Tempel in ihrer Phantasie, eine Wiese am Fluss oder ein bequemes Lager am Feuer. Sie können von einem Berggipfel aus den Wolken zuschauen oder als Baby in den Armen Ihrer Mutter gewiegt werden. Stellen Sie sich irgendeinen Ort vor, an dem Sie sich völlig sicher, geschützt und behütet fühlen. Verwenden Sie alle Ihre Sinne, um die Erfahrung so real wie möglich zu machen. Falls Sie auf einer Wiese sitzen, spüren Sie das Gras, lauschen Sie den Grillen und riechen Sie die warme Erde.

Wenn Sie in dieser Weise ganz an Ihrem besonderen Platz angekommen sind und sich ganz sicher sind, dass Ihnen hier niemand irgendwelchen Schaden zufügen kann, genießen Sie es für eine Weile. Genießen Sie das Gefühl des Friedens. Sie sind im Einklang mit dem Universum. Gott liebt Sie. Schauen Sie jetzt wieder auf das strahlend blaue Licht, das ungefähr 30 Grad über dem Horizont leuchtet. Atmen Sie die Kraft ein und den Frieden, der darin liegt. Fahren Sie damit fort, während sich vor Ihrem inneren Auge eine Leinwand entrollt. Lassen Sie auf dieser Leinwand eine Situation aus Ihrem Leben auftauchen, die voller Hindernisse oder Schwierigkeiten steckt. Es könnte ein Aspekt Ihres Lebens sein, der einfach aussichtslos erscheint. Bitte achten Sie darauf, dieses Bild auf der Leinwand zu lassen. Halten Sie es von Ihrem besonderen Ort fern. Schauen Sie eine Weile zu, wie sich die Situation entfaltet. Sie haben nichts zu befürchten, denn an Ihrem besonderen Ort sind Sie sicher und geschützt. Schauen Sie es sich einfach an wie einen Film. Wenn sich die ganze Situation so dargestellt hat, wie sie zurzeit ist, erlauben Sie dem sanften blauen Licht in diese Szene hinein zu fließen. Sie können das Licht wie einen Laserstrahl bündeln und zuschauen, wie sich der Film dadurch verändert. Mit Hilfe dieses heiligen Lichts werden aus Niederlagen Erfolge, aus Mangel wird Erfüllung und was eben noch aussichtslos wirkte, ist jetzt voller Verheißung. Dieser Prozess bewirkt eine tatsächliche Transformation in Ihrem Leben, denn Sie vereinen darin die beiden mächtigsten Kräfte, die uns in unserem Leben zur Verfügung stehen: das Licht Gottes und die Macht des inneren Friedens. Sättigen Sie sich mit diesem Gefühl der Einheit, wissend, dass, wo auch immer Gott und Frieden zusammen kommen, ein beiderseitiges Einverständnis für grundsätzliche Veränderungen in Ihrem Leben besteht. Schauen Sie nochmals auf den jetzt vollkommenen Film, der auf Ihrer Leinwand läuft, voller Erwartung und Dankbarkeit gegenüber den Möglichkeiten, die sich aus der Vereinigung Ihres Friedens mit der vollkommenen Liebe des Schöpfers ergeben. Dann darf sich die Leinwand auflösen und Sie sind wieder ganz in der nährenden Umgebung Ihres geschützten Platzes. Genießen Sie die damit verbundenen Gefühle weiter, während Sie langsam die Augen öffnen. Erfreuen Sie sich an dem hellen Schein der Kerzenflamme. Eine spirituelle Transformation hat sich ereignet, denn jetzt wissen Sie, dass in der Gegenwart Gottes und durch die Macht Ihres eigenen inneren Friedens jede Situation Ihr besonderer Ort sein kann.

Gebet

Oh Du Heiliger,

Du bist meine Ruhe mitten im Sturm,
Du bist mein Schutz vor allem Schaden,
Du bist meine Kerze in der Nacht,
Du bist der Funke in meinem Herzen.
Du bist die Tür, die offen steht,
Du bist der Gast, der innen wartet,
Du bist der Fremde, der bei mir klopft,
Du bist der Hilferuf der Schwachen.
Du bist meine Hoffnung in allem Schrecken,
Du bist das Licht, die Wahrheit und der Weg.
Dein Frieden sei auf Erden.

Amen

8

Das Heilige und das Spirituelle

Die Botschaft

»Es gibt ein unteilbares Feld in und zwischen uns allen, das allem aus Teilchen geformten, jeder Energiemanifestation und jedem bewussten Wesen gemeinsam ist. Die verbindende Resonanz dieses Feldes und seine schöpferische Kraft sind das, was wir ›Geist‹ nennen. Diese große Einheit birgt jede Art von Leichtigkeit und Schwere in sich, jede Verdichtung und Materielosigkeit. Wie könnte sie sonst alles sein? In seiner reinsten und unschuldigsten Ausprägung ist der Geist die Gegenwart Gottes, das, was wir den Heiligen Geist nennen. Er ist auch die Essenz des Lebens, der Äther der Gedankenwelt. In ihm und durch ihn bauen sich energetische Potentiale auf und er ist das, was Teilchen zu Formen und Strukturen ordnet.«

»Wie ist diese Vorstellung von Geist denn mit unserem Begriff von ›Heiligkeit‹ vereinbar?«, wollte ich wissen. »Schließlich bedeutet ›heilig‹ doch etwas Besonderes, Getrenntes, eben etwas für das Heilige Vorbehaltenes.« Ich rang mit diesen Konzepten, während Jeschua mir erklärte, dass eine der verbreitetsten Beschränkungen der Religionen in dem Glauben an eine Trennung zwischen Gott und dem normalen Leben, also in der Verleugnung der Einheit läge. »Wie können wir denn erkennen, was heilig ist?«, fragte ich.

»Das Heilige zu erkennen, genau das ist die Herausforderung für die Menschheit – obwohl es in jedem Aspekt der Schöpfung gegenwärtig ist. Wenn du nach dem Heiligen suchst, so meinst du damit eine bestimmte Qualität, die du erkennen und erleben kannst. Die Seele strebt danach, in ihrem Bewusstseinsfeld einen Freiraum zu finden, wo sie sich der Gegenwart Gottes bewusst sein kann. In diesem Frei-

raum findet die Seele zur heiligen Wahrnehmung zurück und steht in gewissem Maße ›außerhalb‹ des normalen, sich ständig verändernden Erfahrungsflusses, auch wenn Gott und Geist von nichts getrennt sind. Dieser Freiraum kann nur in der höheren Wahrheit des Herzens gefunden werden.

Euer Problem liegt darin, dass ihr eure Aufmerksamkeit auf das physische Sein und die damit verbundenen Dinge und Erschwernisse richtet. Im Bereich des Geistes gibt es keine Hindernisse, obwohl er alle Verdichtungen und Komplexitäten der Materie und des Bewusstseins enthält. Geist IST einfach – immer! Geist ist die Essenz von ›Sein‹ und Bewusstsein. Doch die Seele, auf ihrer Suche nach Erfahrung, bewegt sich in den relativen Dichten des Bewusstseins auf und ab wie ein Fahrstuhl. Bei dieser Achterbahnfahrt, dem Abenteuer ›Welt‹, kann die Seele ihre heilige Mitte verlieren.

Es ist wie bei der Liebe: Der Geist hat keinen Gegensatz.

Doch niedere Ebenen des Bewusstseins, die auf die sterbliche Existenz eingestimmt sind, werden oft zum Geist hochblicken und ihn als einen über die dichte Materie erhabenen, jedoch entfernten Zustand des Friedens, der Harmonie und Auflösung ansehen.

Diese Logik hat viele dazu verleitet an die Getrenntheit von Geist und Substanz zu glauben. Wenn es der Menschheit bestimmt wäre, nur die niederen Bewusstseinsebenen zu kennen, wäre diese Schlussfolgerung unausweichlich. Glücklicherweise seid ihr jedoch nicht darauf beschränkt. Der Weg zu höheren Lebens- und Erkenntnisebenen steht euch offen. Mit meiner Lehre vom Heiligen Herzen und seiner höheren Intelligenz habe ich euch die Wegbeschreibung gegeben, mit der ihr diese Reise beginnen könnt. Das Heilige Herz ist der Mittelpunkt eurer Seele.

Und jetzt verrate ich euch ein Geheimnis: Jedes Wesen – vom göttlichen Sein über das Wesen des Universums bis hin zu den menschlichen Wesen – ist ›Wesen‹, weil es einen Mittelpunkt hat, von dem aus es ›das Ganze‹ betrachten kann. Der genaue Mittelpunkt jedes Ganzen, das einem Rad oder einer Kugel gleicht, hat eine spezifische Qualität – es ist der einzige Teil, der alle anderen beeinflusst und dabei selbst unberührt und unbewegt bleibt. Dieser Mittelpunkt ist das, was ›heilig‹ ist.«

Entsprechende Passagen aus der Bibel

Jesajas 6,3:
»Und einer rief zum andern und sprach: Heilig, heilig, heilig ist der Herr Zebaoth, alle Lande sind seiner Ehre voll!«

1. Korintherbrief 2,9-13:
»Was kein Auge gesehen hat und kein Ohr gehört hat und in keines Menschen Herz gekommen ist, was Gott bereitet hat denen, die ihn lieben. Uns aber hat es Gott offenbart durch seinen Geist; denn der Geist erforscht alle Dinge, auch die Tiefen der Gottheit. Denn welcher Mensch weiß, was im Menschen ist, als allein der Geist des Menschen, der in ihm ist? So weiß auch niemand, was in Gott ist, als allein der Geist Gottes. Wir aber haben nicht empfangen den Geist der Welt, sondern den Geist aus Gott, dass wir wissen können, was uns von Gott geschenkt ist. Und davon reden wir auch nicht mit Worten, wie sie menschliche Weisheit lehren kann, sondern mit Worten, die der Geist lehrt, und deuten geistliche Dinge für geistliche Menschen.«

1. Petrusbrief 1,15-16:
»...sondern wie der, der euch berufen hat, heilig ist, sollt auch ihr heilig sein in eurem ganzen Wandel. Denn es steht geschrieben: ›Ihr sollt heilig sein, denn ich bin heilig.‹«

Schlüssel zum Leben

Der Geist ist jene Dimension der Existenz, die über alle für Materie, Energie, Zeit und Raum geltenden Regeln, selbst über Handlungs- und Lebenszyklen hinausgeht. Der Geist kann jedes Wesen umfassen, ohne je seine Identität oder Integrität zu verlieren. Er kann viele Leben und Existenzen umfassen, ohne an der Vielzahl zu zersplittern oder von der Unendlichkeit überwältigt zu werden. Der Geist ruht souverän in der Einfachheit und hat seine unendli-

che Überlebensfähigkeit bewiesen. Als Individuum kann man den Geist als jenen größeren Teil des Selbst betrachten, der alle Gefahren der kollektiven Existenz und alle weltlichen Probleme überlebt. Der Geist existiert über, außerhalb und jenseits der Lebenskraft, seinem aktiven Mitspieler im großen Spiel der Existenz. Im Leben, in der Arbeit, in Meditation, Gebet und Selbsterforschung ist der Geist unser Berater. Er bestätigt die Wahrheit unseres Lebens.
Es gibt keinen Ort, keine Dimension und keine Erfahrung, in welcher der Geist als etwas Äußeres betrachtet werden könnte, als ein objektivierbarer Aspekt der Existenz. Der Geist ist in allen Dingen und existiert in Form von allen Dingen. Wir können uns von ihm nicht trennen oder ihn als ein von seiner Schöpfung getrenntes Ding betrachten, doch wir können unsere Erfahrung des Geistes vertiefen und läutern. Wir müssen uns also bewusst sein, dass er in allen Dingen gegenwärtig ist und zugleich auch jene besondere Tiefe und Reinheit besitzt, an der wir etwas Heiliges erkennen. Zum Beispiel bezeichnete Jeschua die Gegenwart Gottes im Bereich des Spirituellen als den Heiligen Geist. Wenn wir nach dem Heiligen suchen, so meinen wir damit einen geschützten, spirituellen Bereich, doch gleichzeitig entzieht sich das Heilige, genau wie der Geist, unserem Versuch es zu definieren und behauptet seine Unabhängigkeit als das, was alles andere definiert.
In meinen Vorbereitungen für dieses Buch habe ich die neuen Botschaften Jeschua's mit traditionellen Weisheiten verglichen und mich durch ein weites Spektrum an Büchern hindurch gelesen. Dabei habe ich viel Weisheit gefunden, doch die tieferen Erkenntnisse offenbarten sich in jenen spirituellen Texten, die den »Geist« sich selbst definieren ließen. Noch nicht einmal der Geist spricht über sich selbst. Dazu zitiert der Evangelist Johannes die Worte des Meisters: »Wenn aber jener kommt, der Geist der Wahrheit, wird er euch zur vollen Wahrheit führen. Denn er wird nicht von sich aus reden, sondern er wird reden, was er hört und das Zukünftige wird er euch verkünden.« (Joh. 16,13)

Jeschua und seine Jünger versichern uns immer wieder, dass der Heilige Geist durch die Taufe jede Seele erneuert und keinen Krümel des Egos mehr übrig lässt. Eines bleibt allerdings rätselhaft: Wir haben dieses wunderbare Versprechen und dazu die Tatsache, dass der Geist tatsächlich überall und in allen Dingen zu finden ist – wie um alles in der Welt konnte uns dann die Gegenwart des Heiligen Geistes eigentlich entgehen? Jeschua beantwortete meine Überlegungen mit der Metapher des Rades und seiner Nabe.

»Der exakte Mittelpunkt jedes Ganzen, das einem Rad oder einer Kugel gleicht, hat eine spezifische Qualität – es ist der einzige Teil, der alle anderen beeinflusst und dabei selbst unberührt und unbewegt bleibt. Dieser Mittelpunkt ist das ›Heilige‹. Der Unterschied zwischen einem bewussten Wesen und dem einfachen Fluss des Lebens liegt in diesem Bewusstseinszentrum, von dem aus das Wesen auf das Ganze schauen kann. Idealerweise wendet sich es sich dabei der Unendlichkeit zu. Doch das ist nicht immer so. Häufig ist ein Wesen so intensiv darum bemüht, das zu sein, was seine Aufmerksamkeit erregt hat, dass es von den zentrifugalen Kräften an den Rand geschleudert wird. Wer darin gefangen ist, hat kaum Energie oder Aufmerksamkeit für irgendetwas anderes übrig. Doch im Unterschied zu den zentrifugalen Kräften der sterblichen Existenz kennt der Heilige Geist nur das Herz Gottes. Durch ihn kann jede Seele diesen heiligen Mittelpunkt erreichen und sich dort wieder herstellen.«

Der Schlüssel zu unserem heiligen Mittelpunkt liegt in dem natürlichen Equilibrium, das sich bei vollständiger Entspannung einstellt. Es gibt kaum etwas, das mehr Hingabe von uns verlangt als der Geist, besonders der Heilige Geist. Als Künstlerin bin ich immer wieder fasziniert, wenn meine persönliche Vorstellungskraft von jener höheren Kraft transformiert wird, die meinen inneren Skizzen Leben und Bedeutung verleiht. Wir können uns immer entscheiden, worauf wir unseren Fokus lenken, doch nach meiner Erfahrung kehrt mein Fokus nur dann zur Mitte meines Seins zurück, wenn ich mich der spirituellen Präsenz dieser höheren Kraft hingebe.

Als meine Mutter vor kurzem ihr irdisches Dasein hinter sich ließ, hatte ich eine Vision und mir wurde die tiefe Einsicht zuteil, welche Kraft darin liegt, einfach den Fokus zu verändern. Die Nachricht von ihrem nahen Tod erreichte mich zu plötzlich, als dass ich hätte zu ihr reisen können, also nahm ich an ihrem Übergang zu einem höheren Leben in meinen Gebeten und Meditationen teil. Es ging auf Sonnenuntergang zu und ich fuhr mit meinem Mann zu einem ganz besonderen Platz in der Nähe von Sedona. Als die Sonne den Horizont berührte, dehnte ich meinen Geist und meine Vorstellungskraft aus, um über mehr als tausend Meilen hinweg noch einmal ihre Hand zu berühren. Gerade als ich die Wärme des Kontaktes spürte, erglühte ein Licht am Horizont und ich sah meine Mutter, jung und strahlend! Gleichzeitig vernahm ich ihre Stimme aus der Tiefe meines Herzens. »Suche nicht dort nach mir«, sprach sie liebevoll. »Die Erde war der Ort meine Themen zu bearbeiten und ich habe sie für diesmal abgeschlossen. Jetzt ist der Himmel mein Zuhause. Ich werde dich immer lieben und bei dir sein, doch du musst lernen, dich auf eine andere Art auf mich zu konzentrieren, damit wir in liebender Verbindung bleiben können.« In dieser Sekunde war ich mir der Wahlmöglichkeit bewusst, die ich hatte und die uns allen in allem gegeben ist. Wir können uns darauf fokussieren, dass wir alle sterblich sind oder wir können uns mit Hilfe des Geistes in die Unendlichkeit hinein ausdehnen. Dabei genießen wir unbegrenzte Freiheit und sind lediglich an die Konsequenzen unserer Entscheidungen gebunden. Den größten Teil unseres Lebens leidet unsere Existenz jedoch darunter, die Konsequenzen unserer bereits getroffenen Entscheidungen auszuleben. Wir plagen uns, dienen und beten, doch es scheint, die Wahl wurde bereits getroffen und die Würfel sind gefallen. Dann hoffen, planen und gestalten wir unser Leben um, um einen besseren Ausgangspunkt zu gewinnen. Wenn sich nach allen sterblichen Bemühungen nichts verändert hat, ziehen sich die meisten Menschen darauf zurück, die letzten Reste an Vergnügungen zu genießen, die ihnen für ihren Lebensabend noch geblieben sind.

Doch glücklicherweise hat Jeschua uns Hoffnung auf ein anderes Leben gegeben, die Hoffnung, dass wir uns an das Heilige erinnern können – an das Heilige Herz, das in jedem von uns existiert und in dem unsere Verbindung zu Gott immer rein und klar ist. Das Leben ist ein riesiges und komplexes Netzwerk von ineinander gewobenen Möglichkeiten und Konsequenzen. Der Fluss des Lebens hat einen Menschen vielleicht durch so viele Veränderungen und Schwierigkeiten geführt, dass sich ein fester Knoten unauflösbarer Probleme gebildet hat. Doch jeder Knoten kann durch die Macht der heiligen Zentrierung aufgelöst werden. Dieser besondere Wechsel des Fokus steht jedem, unter allen Umständen und immer offen. Das heilige Sich-Zentrieren bringt der Seele wahre Befreiung.

Andere Quellen der Weisheit

William Wordsworth (1770-1850) *Lines completed a few miles above Tintern Abbey:*
»Die Ahnung von etwas viel Tieferen,
Das im Licht der Abendsonnen,
Der Weltmeere und der erfrischenden Lüfte lebt,
In der Himmelsbläue und im menschlichen Verstand.
Als Bewegung und Geist treibt es alles Denkende
Und alles, woran gedacht werden kann,
Und durchströmt alles, was ist.«

Kahlil Gibran, (1883-1931) *Der Prophet:*
»Euer tägliches Leben ist euer Tempel und eure Religion.
Wann immer ihr ihn betretet, nehmt alles mit, was ihr habt.
Nehmt euren Pflug und den Amboss und den Hammer und die
Laute, die Dinge, die ihr aus Notwendigkeit
oder aus Freude geschaffen habt.
Denn in euren Tagträumen könnt ihr euch nicht
über eure Leistungen erheben.

Und auch nicht tiefer fallen als eure Misserfolge.
Und nehmt mit euch alle Menschen:
Denn in der Anbetung könnt ihr nicht höher fliegen
als ihre Hoffnungen und euch nicht tiefer erniedrigen,
als ihre Hoffnungslosigkeit.
Und wenn ihr Gott erkennen wollt,
bildet euch deswegen nicht ein, die Rätsel lösen zu können.
Schaut euch lieber um und ihr werdet sehen,
wie Er mit euren Kindern spielt.
Und schaut in den Raum; ihr werdet sehen,
wie Er in der Wolke geht und Seine Arme im Blitz ausstreckt
und im Regen herabsteigt.
Ihr werdet sehen, wie Er in den Blumen lächelt,
aufsteigt und aus den Bäumen winkt.«

Anwendung

Die folgende Darstellung ist eine Zusammenfassung vieler Lehren Jeschua's, alter wie neuer. Ich habe mich bei ihrer Entwicklung auch vom Heiligen Geist und meinen eigenen Lebenserfahrungen führen lassen. Sie zeigt den Abstieg des Geistes in die Bereiche des Physischen. Wir alle leben um der irdischen Erfahrung willen und sind doch zugleich ewige Seelen. Daraus ergibt sich eine interessante Reise und unendlich viel Herausforderung.

Das Mittelstück dieses Diagramms zeigt unseren Abstieg in die sterbliche Existenz als einen sich verengenden Punkt einer zunehmend fokussierten Perspektive. Im Verlauf dieses Prozesses verstärken sich manche Qualitäten und andere nehmen ab. Wenn wir dann zu einer erweiterten Vision des endlosen Potentials zurückkehren, treten auch die anderen Qualitäten wieder in den Vordergrund. In der Mitte des Diagramms verläuft der heilige Faden, der alle Ebenen miteinander verknüpft und der den Ort markiert, an dem heitere Gelassenheit möglich ist. Hier kann die Heiligkeit im persönlichen Leben wieder hergestellt werden, unabhängig davon, wie tief sich unser Fokus in die Erde gegraben hat. Vielleicht können Sie den Verlauf Ihres Lebens in diesem Diagramm nachvollziehen.

Einige Zeichen und Symptome für inneren Frieden

- Die Tendenz, spontan zu denken und zu reagieren, statt auf der Grundlage von Ängsten, die aus vergangenen Erfahrungen stammen.
- Die ausgeprägte Fähigkeit, jeden Augenblick zu genießen.
- Mangelndes Interesse daran, andere Menschen zu beur-teilen.
- Mangelndes Interesse daran, die Handlungen anderer Menschen zu interpretieren.
- Mangelndes Interesse an Konflikten.
- Verlust der Fähigkeit, sich Sorgen zu machen.
- Häufige, überwältigende Anfälle von dankbarem Anerkennen dessen, was ist.
- Zufriedenheit und ein Gefühl des Einsseins mit anderen und mit der Natur.
- Häufiges, unkontrollierbares Lächeln.
- Zunehmende Anfälligkeit für die Liebe anderer, verbunden mit dem unkontrollierbaren Bedürfnis, diese Liebe selbst auszustrahlen.
- Viel Freude und Glücklichsein.

Meditation

Nehmen Sie eine bequeme Haltung ein, strecken Sie sich noch einmal und entspannen Sie dann. Atmen Sie tief durch und kommen Sie zu einem Gefühl des Friedens mit sich selbst. Stellen Sie sich vor, dass Sie ein Aspekt der Liebe Gottes sind. Jetzt erweitern Sie Ihr Herz, Ihren Geist und Ihre Seele so weit Sie können und versenken Sie sich in alles, was ist. Erkennen Sie sich in dieser Versenkung als Einheit innerhalb des Einen. Wenn Sie das getan haben, öffnen Sie sich innerlich und stellen Sie sich vor, dass alles, was ist, sich in Sie versenkt! Ob Sie sich dessen bewusst sind oder nicht: Es gibt diesen Dialog zwischen Ihnen und dem Einen Geist – und er währt ewig. Und stellen Sie sich vor, das gilt für jedes existierende Wesen! Dieser Dialog zwischen dem »Einen« und dem »Allen« ist der endlose Rhythmus des Lebens. Es gibt nichts als Rhythmen des Gebens und Nehmens, des Sprechens und Zuhörens, des Lehrens und Lernens, des Vorwärtsdrängens und des Zurückweichens, des Erscheinens und des Verschwindens. Es gibt keine Getrenntheit!

Gebet

Oh Christus, Du bist das geliebte Licht,
Das Strahlen, welches die ganze Schöpfung erhellt.
Aus Dir sind alle Bilder hervorgegangen,
Du bist der Sonnen-Logos, die göttliche Intelligenz,
Die Präsenz in allen Bildern, allen Wesen.
Du bist das reine Selbst, das in jedem von uns lebt.
Wir bitten heute um Unterweisung, Offenbarungen,
Visionen, Liebe und Heilung von Dir.
Wir streben danach, mit Dir zu dienen und zu wandeln,
Im Diesseits wie im Jenseits.

Amen

9

Glaube: Der Weg zur Verwirklichung

Die Botschaft

»Nicht alles, was ein Mensch hofft oder worauf er schwört, glaubt er wirklich. Wahrer Glaube ist eine Art des Wissens, von dem man im Grunde seines Herzens überzeugt ist, dessen man sich in Herz und Seele gewiss ist. Wenn Glaube nur auf Vereinbarungen und Doktrinen beruht, ist er unbeständig und jede Krise oder Gelegenheit kann ihn verändern. Man braucht sich nur die Geschichte anzusehen. Die Glaubensbekenntnisse wechselten wie die Jahreszeiten.

Ein Verständnis von der wahren Macht des Glaubens wird die Menschheit ihrer Verwirklichung erheblich näher bringen. Glauben und Empfangen sind eigentlich zwei Seiten der selben Münze. Schau dir an, was du empfangen hast und was du dir in Zukunft gestatten wirst zu empfangen. Das wird dich zu dem führen, woran du wirklich glaubst. Glaube ist die Mitte, die Gegenwart, der Punkt, an dem sich die Empfänglichkeit der Vergangenheit und der Zukunft treffen. Deine Zukunft wird sich von deiner Vergangenheit nur unterscheiden, wenn dein Herz und deine Seele eine Veränderung empfangen. Du kannst darauf konditioniert sein allerlei zu erwarten, Gutes und Schlechtes. Doch allem Positiven, woran du glaubst, liegen drei Gewissheiten zugrunde. Die erste und machtvollste ist deine Verbindung zu Gott. Die zweite ist ehrliche Selbsterkenntnis. Die dritte ist der Grundsatz: So wie wir geben, so wird uns gegeben. Wenn du diese drei Erkenntnisse berücksichtigst, wirst du neue Gewissheit erfahren.«

Naiv fragte ich: »Wenn Glaube eigentlich Gewissheit ist, wieso assoziieren wir dann Glauben meistens mit Vertrauen?«

»Glaube ist Gewissheit, die über sich selbst hinaus gewachsen ist. Wenn

sich aus zwei Punkten eine Linie ergibt, kann sich diese Linie ins Unendliche fortsetzen. Das Vertrauen spielt dabei allerdings immer eine Rolle, da du nicht weißt, worauf diese Linie in ihrem Verlauf vielleicht stoßen wird und wie sie sich in Bezug auf andere Linien verhält. Selbst unter Freunden gibt es unterschiedliche Ansichten und Lebensziele. Auch wenn alles Lebendige aus einer höheren Perspektive integriert und aufeinander bezogen ist, tauchen doch Gefühle der Ungewissheit oder Verwirrung in dir auf, wenn sich etwas anders entwickelt, als du gehofft oder erwartet hast.

Wenn die Liebe Gottes, Selbsterkenntnis und ein Verständnis der Prinzipien des Gebens, Teilens und Nehmens die Grundlage deines Glaubens bilden, so kann dich dein Vertrauen durch alle Schwierigkeiten hindurch zu der Erfüllung tragen, nach der du dich sehnst. Wenn es bei deinem Glauben jedoch nur um dein kleines Selbst geht, wenn er von weltlichen Wünschen erzeugt, auf leeren Phrasen und den Vorgaben anderer beruht, dann kann kein Vertrauen der Welt dein Leben vervollständigen. Solchem Glauben fehlt dann jede Beständigkeit und Lebenskraft. Daran ändert auch kein Vertrauen etwas. Um in deinem Leben Erfüllung zu finden, brauchst du also ein erweitertes Verständnis von Glauben. Wenn du besser verstehst, woran du glaubst, und diese Erkenntnisse weise anwendest, wird dein Vertrauen auf Fels gebaut sein.«

Mich überkam eine Welle der Verunsicherung und das plötzliche Bedürfnis, mich zurückzuziehen und mir anzuschauen, woran ich eigentlich glaubte. Doch Jeschua sprach weiter, bevor ich verschwinden konnte.

»Alles in deinem Leben beruht auf irgendeiner Art von Glauben. Deiner Seele mangelt es nicht an Glauben. Wenn du wissen willst, woran du glaubst, brauchst du dir nur dein Leben zu betrachten. Es mangelt dir jedoch an der Fähigkeit, mit Hilfe dessen, woran du glaubst, auf größere Erfüllung zuzusteuern. Du bist dir dessen, woran du glaubst, zum größten Teil nicht bewusst. Es liegt unter deinen oberflächlichen Träumen, Wünschen und Bitten an Gott oder deine Mitmenschen verborgen.«

Er hatte Recht. Ich hatte mich um die Früchte des Glaubens nie gekümmert und mich statt dessen auf das konzentriert, wonach alle streben und was meiner Meinung nach mit der Zustimmung und Hilfe anderer zum Erfolg führen konnte. Ich erkannte in diesem Augenblick, dass mir der Bereich des »Glaubens« von allen spirituellen Themen am Unklarsten war. Ich hatte einerseits an alles Mögliche geglaubt, so wie man Münzen in einen Brunnen wirft und sich dabei etwas wünscht, und gleichzeitig war das, was ich wirklich sicher wusste, nur von leidenschaftsloser Logik gestützt. Da ich jetzt anfing mir dessen bewusst zu werden, sehnte ich mich nach einem tieferen Verständnis dessen, was ich vielleicht vergessen oder nie ganz begriffen hatte. Mit flehendem Blick fragte ich Jeschua: »Könnten wir vielleicht ganz von vorne anfangen, an dem Punkt, als ich noch nichts wusste, und ein neues Fundament für meinen Glauben erschaffen?« Er schien einen Augenblick lang zu prüfen, ob ich wirklich bereit sei, bevor er antwortete: *»Als erstes müssen wir uns von der Idee verabschieden, dass die Macht des Glaubens irgendetwas mit dem Wünschen, Hoffen, Projizieren oder mit der Bestätigung von etwas zu tun hat, was dem Wesen deines Seins nicht entspricht. Jedes Wesen ist auf seine eigene Art einzig und dieses Einzigartig-Sein wächst in der Beziehung zu Gott und den anderen durch die Überzeugungen, die man über das Leben hat.*

Die zweite Idee, von der wir uns verabschieden müssen, begreift Glauben als etwas, was das Leben gegen Zweifel und Ungewissheit verteidigt. Dein Glaube besteht jedoch aus deiner Gewissheit. Ungewissheit erzeugt keinen Glauben, auch wenn das, oberflächlich betrachtet, bei vielen Menschen der Fall zu sein scheint. Doch es ist einfach nicht möglich. Kein Mensch kann ohne Glauben existieren. Allerdings ist nicht jeder Glaube positiv oder edel. In einem Leben, das äußerlich von Ungewissheit geprägt zu sein scheint, finden sich auf einer tieferen Bewusstseinsebene häufig Gewissheiten, die einfach nicht positiv genug sind, um dem Leben Fülle und Erfüllung zu geben. Die Seele klammert sich aber vielleicht trotzdem daran. Ein Fortschritt ist hier nur durch Aufrichtigkeit gegenüber sich selbst und Vergebung gegen-

über anderen möglich. Nur so können negative Glaubensmuster verwandelt werden.

Die dritte Idee, die es loszulassen gilt, schreibt dem Glauben die magische Kraft zu, etwas zu erschaffen, was noch nicht existiert. Gott ist der Schöpfer aller Dinge und alles existiert bereits – zumindest in Samenform. Für euch existiert etwas jedoch erst, wenn ihr es erhalten habt. Manchmal wird das geradezu dramatisch deutlich, wenn ihr zum Beispiel etwas nicht annehmt, was einfach unsichtbar ist, und dabei Stein und Bein schwört, dass es nicht existiert und überhaupt unmöglich ist. Doch wenn ihr wirklich bereit seid es anzunehmen, erscheint es ›auf geheimnisvolle Weise‹. Das ist die Anatomie des Wunders: Das spontane Auftauchen von etwas, was bereits gegeben wurde, doch erst erreichbar wird, wenn ihr bereit seid es anzunehmen. Oft müssen dabei erst Zweifel oder negative Überzeugungen ausgeräumt werden, bevor ihr etwas annehmen könnt.

Glaube gehört zum Wesen der Existenz, deswegen werdet ihr immer irgendetwas glauben. In den Bereichen eures Bewusstseins und eurer Erfahrungen, in denen ihr schon negative Glaubensmuster gebildet habt, bringt ein neuer, positiver Glaube oft nur einen Ausgleich, ohne positive Veränderungen hervorzurufen. Daraus ergibt sich das Hin und Her des Zweifelns. Dies ist ein unglücklicher Kreislauf, der entmutigend wirkt und einen zögern lässt, sich die Kraft des Glaubens anzueignen. Die Frustration des Zweifelns lässt sich nur auf zwei Arten überwinden: Entweder man deckt so viele negative Glaubensmuster auf wie möglich und lässt sie los. Das muss man einfach mutig und entschlossen angehen. Oder man erschafft eine echte und dauerhafte Grundlage, indem man sein Verständnis dessen, was Glaube ist, gründlich erneuert. Diese Erneuerung beginnt mit der Gewissheit der ewigen Gegenwart und Fülle des Schöpfers, schreitet dann fort zum Erkennen des Selbst und des eigenen Platzes im Leben und entwickelt sich schließlich zur Meisterung dessen, was ihr empfangen könnt und werdet.

Im Schöpfer ruht ein grenzenloser und ewiger Vorrat für euch. Gott hat keine Beschränkungen und keinen Mangel bei dem natürlichen

Aufbau der Existenz vorgesehen. Nur die Menschen und andere Elemente des Lebens suchten nach Definition, indem sie Grenzen und Eigentumsstrukturen errichteten. Am Anfang war ›alles‹, doch es war bar jeglicher Strukturen, Formen oder Ziele. Der ursprüngliche Zustand der Existenz ist mit einem Büffet vergleichbar, so voll, dass keiner Platz hat, sich hinzusetzen und zu speisen. Die Explosion dieses unendlichen Materials in die Unendlichkeit hinein ermöglichte Formen, Muster, Ziele und Individualität, woraus sich die unendliche Vielfalt des Lebens ergab. Euer unendlicher Vorrat ist immer noch unendlich! Die Hindernisse und der Mangel, denen ihr in eurem Leben begegnet, kommen nicht von Gott. Sie stammen aus der ersten Säule eures Glaubens, die auf euren persönlichen Beschränkungen und auf den Beschränkungen, die ihr anderen auferlegt, beruht. Ihr könnt euch zum Beispiel einmal fragen, auf welchen realen und konstruktiven Grundlagen basieren meine Überzeugungen bezüglich Freiheit und Begrenzung?

Das bringt uns zu der zweiten Säule des Glaubens. Hier geht es um Selbsterkenntnis, vor allem um die Erkenntnis des eigenen Herzens und um die Erkenntnis der Art eurer Liebe. Wenn ihr euch selbst genauso gut kennen würdet, wie der Schöpfer euch kennt, so würden sich alle Unterschiede zwischen dem, woran ihr glaubt und dem Willen Gottes einfach auflösen. Euer einziges Bedürfnis ist, euch auf eine größere Erfüllung eurer Seele hinzubewegen. Der größte Teil dessen, was ihr denkt, dass ihr braucht, stammt jedoch aus eurer Vorstellung der Getrenntheit von Gott, eurer Unkenntnis eurer selbst oder aus einem unglücklichen Umgang mit Ursache und Wirkung. Niemandem als Gott unterstellt, seid ihr euer eigener konstanter Ewigkeitsfaktor. Wenn ihr euch selbst erkennt, steht ihr in Kontakt mit dem Sinn eures Seins.

Die dritte Säule des Glaubens besteht aus den Gesetzen des Gebens und Nehmens. Wie ihr gebt, so wird euch gegeben. Diese machtvolle Wahrheit hat eine tiefe Wirkung auf jedermanns Fähigkeit an Gott, an sich selbst oder an sonst irgendetwas zu glauben. Wenn du das nicht selbst annehmen möchtest, was du gegeben hast, oder wenn du dich zum Richter über jemand anderes erhebst, schließt du die Tür und kannst nicht mehr empfangen. Das bedeutet nicht, dass du anderen genau das geben sollst, was du selbst gerne hättest. Das würde ja jeden Austausch sinnlos machen. Einen exakten Austausch zu erwarten wäre in manchen Fällen auch respektlos. Jeder Mensch hat andere Bedürfnisse und Wünsche. Sinnvoll ist vielmehr, dass ihr frei, großzügig und wohltätig genug gebt, um eure Anhaftung an das Ergebnis loslassen zu können. Überlasst es Gott und der natürlichen Ordnung des Lebens, das Passende zu bewirken.

Um gut empfangen zu können, ist es notwendig, miteinander zu teilen und andere zu berücksichtigen. Obwohl die Dinge der Welt solide erscheinen, finden doch Bewegung, Ortsveränderung und jegliche Beteiligung am Leben nur durch die Zirkulation von Energie statt. Alles IST Energie. Dieses Verständnis wird dir helfen, das, woran du glaubst, mehr mit der Realität in Einklang zu bringen. Das Zirkulieren von Energie ist der Weg des Lebens. Es mag paradox erscheinen, doch Wasser wird nicht klarer, wenn es steht. Im Gegenteil, stehende Gewässer werden schnell trüb.

Um zu empfangen, sind Offenheit und die Zirkulation von Energie notwendig, und das muss bei dir selbst anfangen. Das Ausmaß deiner Freigiebigkeit und Nächstenliebe ist ein Zeichen dafür, woran du glaubst. Nächstenliebe ist wichtiger als Vertrauen und Hoffnung, weil sie Ausdruck und Bestätigung dessen ist, woran du glaubst.

Das emotionale Äquivalent zum Empfangen ist die Dankbarkeit. Dankbarkeit ist ein derart machtvolles Gefühl, dass du all das, woran du glaubst, verwirklichen kannst, indem du deine Segnungen preist, noch bevor sie bei dir angekommen sind. Wahrer Glaube hält seine Dankbarkeit nicht zurück, bis alle Ungewissheit ausgeräumt und jeglicher Widerstand überwunden ist. Das tut nur der Unglauben. Wahrer Glaube erkennt das Geschenk in dem gleichen Augenblick, in dem er anfängt, daran zu glauben. Daraus entsteht unendliche Dankbarkeit. Ich will dir ein Beispiel dafür geben, wie Dankbarkeit in dem Augenblick der Erwartung explodiert. Erinnere dich an einen Zeitpunkt, an dem du völlig ausgedörrt und durstig warst. Schon beim Anblick eines Glases Wasser fühltest du dich besser. Die Dankbarkeit wuchs beim Trinken. Als es leer war und du deinen Durst gestillt hattest, standest du dem Wasser wieder gleichgültig gegenüber. Zu diesem Zeitpunkt hältst du vielleicht noch das Konzept der Dankbarkeit und Wertschätzung aufrecht, doch du fühlst sie nicht mehr.

Das Geschenk wurde bereits gegeben. Die Frage ist nur, ob oder wie du es annimmst. Ihr ahnt zumeist nicht, dass sich das, woran ihr glaubt, als direkte, wenn auch meist unbewusste Antwort auf bereits existierende Möglichkeiten bildet. Wenn ihr auf diese Möglichkeiten mit Ungewissheit, Widerstand und Minderwertigkeitsgefühlen reagiert, dann erntet ihr ihre Früchte in Form von Chaos und eure schlimmsten Ängste können sich materialisieren. Wenn ihr mit freudiger Erwartung und Dankbarkeit reagiert, verbindet ihr euch mit der Wirklichkeit Gottes.

Es gab in der Welt viel Streit über den ›besten‹ Glauben. Den besten Glauben hat jedoch derjenige, der weiß, woran er glaubt, und sich der Gegenwart Gottes, der Wahrheit seines eigenen Seins und den Prinzipien des Gebens und Nehmens bewusst ist. Oberflächlicher Glaube ist nicht der Mühe wert. Tiefer, auf Gewissheit beruhender Glaube wird sich jedoch verwirklichen, unabhängig davon, was es ist, woran geglaubt wird.

Gewissheit ist die Seele des Glaubens.«

»Worauf kann unsere Gewissheit denn beruhen«, fragte ich.

»Die häufigste Grundlage für Gewissheit ist Erfahrung. Doch wenn das die einzige oder die stärkste Quelle für Gewissheit wäre, könnte kaum jemand hoffen, der Tretmühle des Chaos und der sterblichen Existenz zu entkommen. Glücklicherweise gibt es jedoch Kräfte, die größer sind als Erfahrungen, und indem du dir dieser Kräfte immer sicherer wirst, bildest du Glaubensmuster, die dir Erfüllung bringen können und die positive Erfahrungen in dein Leben ziehen.

In deinem Herzen findest du Einheit, Liebe, Leben, Respekt, Aufrichtigkeit, Gerechtigkeit und Güte. Gott hat euch all diese Kräfte verliehen. Sie sind eure immerwährende Verbindung mit dem Schöpfer. Die Art jedoch, wie ihr diese Kräfte annehmt und verwendet, ist für jeden Menschen einzigartig. Auch jene, die keine Ahnung von

ihrer Beziehung zum Schöpfer haben, und selbst jene, die sie schlichtweg leugnen, werden von diesen Kräften geführt und schöpfen ihre Gewissheit daraus.
Die göttliche Ordnung schlägt einen vollkommenen Kreis. Ohne eine Kenntnis dieser Kräfte des Herzens kannst du dich selbst nicht über deinen menschlichen, historischen und sterblichen Bezug hinaus erkennen. Und du kannst diese Kräfte des Herzens nur erkennen, wenn du Gott erkennst. In diesem Erkennen Gottes liegen die völlige Gewissheit und die Überwindung aller Doktrinen sowie der Konflikte zwischen den Doktrinen. Nur ***Konzepte*** *von Gott können miteinander in Konflikt geraten, und wenn ein Mensch behauptet nicht an Gott zu glauben, hat er zumeist nur einem Konzept abgeschworen. Der Mensch ist dazu programmiert, Gott zu erkennen, und die Verbindung zwischen Mensch und Schöpfer ist derart unauslöschlich, dass euer einziges Entkommen darin besteht, die Stimme des Herzens bis auf ein Flüstern zu dämpfen. Und selbst dann ist der Schöpfer noch gegenwärtig. Euer Bewusstsein mag sich abwenden, Gott jedoch IST, egal mit welchen Konzepten ihr das Göttliche zu beschreiben versucht.«*

Entsprechende Passagen aus der Bibel

Psalm 145,16:
»Du tust deine Hand auf und sättigst alles, was lebt, nach deinem Wohlgefallen.«

Markus 11,24:
»Darum sage ich euch: Alles, was ihr bittet in eurem Gebet, glaubt nur, dass ihr's empfangt, so wird's euch zuteil werden.«

Markus 9,24:
»Ich glaube; Herr, hilf meinem Unglauben!«

Schlüssel zum Leben

Glaube ist der Schlüssel zur Existenz. Daher werden wir immer irgendetwas glauben. Um Klarheit über unsere Glaubenssätze zu gewinnen, können wir uns zwei Fragen stellen:

1. Woran glaube ich?
2. Was ist die Grundlage meiner Gewissheit?

Interessanterweise bestätigt die moderne Wissenschaft die Tatsache, dass ein mit großer Gewissheit vertretener Glaube stärker ist als die gewöhnliche Realität. Das ist es natürlich, was ein Wunder ausmacht. Dr. Herbert Benson, Gründer des Mind/Body Medical Institute in Harvard, hat gemeinsam mit anderen anerkannten Wissenschaftlern zahlreiche Fälle dokumentiert, in denen ein merkwürdiger Faktor namens »Glaube« erheblich zu der Genesung von Patienten beigetragen hat. Die Macht des Glaubens kann auch auf unliebsame Weise zum Ausdruck kommen. Wissenschaftler der Princeton Universität haben achtzehn Jahre lang die Beziehung zwischen Glaubensmustern und der Kontrolle von Maschinen untersucht und festgestellt, dass sowohl Erfolge als auch Misserfolge von Glaubenssätzen abhängen, und zwar in einem deutlich stärkeren Maße, als man es erwartet hatte.

Andere Quellen der Weisheit

John Addington Symonds (1840-1893):
»Kein Same soll vergehen, den die Seele säte.«

Oliver Wendell Holmes (1809-1894):
»Gott! Du bist Liebe! Darauf gründe ich meinen Glauben.«

James Russel Lowell (1819-1891):
»Der einzige Glaube, der sich gut trägt und seine Farbe behält, ist aus Überzeugung gewebt und von der scharfen Klinge der Erfahrung zugeschnitten.«

Äschylos (525-456 v. Chr.):
»Nicht das Wort macht den Mann, sondern der Mann das Wort.«

Kahlil Gibran, *Der Prophet:*
»Und ein Mann sagte: Sprich uns von der Selbsterkenntnis.
Und er antwortete und sagte:
Eure Herzen kennen im Stillen die Geheimnisse
der Tage und Nächte.
Aber eure Ohren dürsten nach den Klängen
des Wissens in eurem Herzen.
Ihr wollt in Worten wissen, was ihr in Gedanken
schon immer gewusst habt.
Ihr wollt mit den Händen den nackten Körper
eurer Träume berühren.
Und das ist gut so. Die verborgene Quelle eurer Seele muss
unbedingt emporsteigen und murmelnd zum Meer fließen;
Und der Schatz eurer unendlichen Tiefen
möchte euren Augen offenbar werden.«

Anwendung

Da sie Liebe ist, die nach Erfüllung strebt, entspricht es der natürlichen Tendenz der Seele, sich auf eine stärkere und sinnvollere Beziehung zu ihrem Schöpfer hin zu entwickeln und stärker mit anderen teilen zu wollen. Negative Glaubensmuster können sie jedoch dabei stören, eine positive Richtung beizubehalten. Es ist sinnvoll, negative Glaubensmuster so gut wie möglich aufzuspüren und loszulassen. Doch häufig sind es zu viele und sie sind zu tief im Verborgenen, als dass man sie alle auf einmal loslassen könnte. Da mag es für Sie leichter und direkter sein, sich einfach auf die Glaubensmuster zu konzentrieren, von denen Sie wissen, dass Sie sie momentan haben, und sie auf vier Punkte hin zu überprüfen:

1. Wie stärkt dieser Glaubensatz meine Beziehung zu meinem Schöpfer?
2. Wie bringt dieser Glaubenssatz mein eigentliches Wesen zum Vorschein?
3. Passt dieser Glaubenssatz dazu, wer ich wirklich bin?
4. Wie verbessert dieser Glaubenssatz meinen Austausch mit anderen?

Die Beantwortung dieser vier Fragen wird Sie in Ihrem Umgang mit der Macht des Glaubens stärken und allmählich Ihre negativen Glaubenssätze, die ohnehin keine wahre Grundlage haben, schwächen. Alle positiven Glaubenssätze werden jedoch durch diesen Prozess gestärkt, weil sie auf diesen Punkten der Stärke beruhen.

Meditation

Ich möchte Sie für einen Augenblick in einen heiligen Raum und eine heilige Zeit einladen, in eine Art erweitertes Sehen. Schauen Sie auf Ihren heutigen Tag, vom morgendlichen Aufstehen bis zum abendlichen Schlafengehen. Betrachten Sie ihn als eine einzige, heilige Zeremonie, die aus vielen kleinen, vertrauten Ritualen besteht. Ihr Herz ist dabei der Altar.

Jetzt dehnen Sie Ihren Blick aus und schauen Sie auf Ihr Leben als Teil der Zyklen von Licht und Dunkelheit, von Ihrer Geburt bis zu Ihrer Todesstunde, als eine einzige, heilige Zeremonie. Sie ist von vielen Ritualen erfüllt, manche davon vertraut, andere unbekannt und einige schwierig. Ihr Heim, Ihre Beziehungen und Ihre Betätigung sind der Altar.

Und jetzt erweitern Sie Ihren Blick wiederum, über dieses Kommen und Gehen der Jahreszeiten und Zyklen hinaus, und betrachten Ihr Leben als einen Teil einer viel größeren Zeremonie, die sich über sieben vergangene und sieben zukünftige Generationen hinweg erstreckt. Viele Geburten, viele Tode und unzählige Schöpfungen gehören dazu. Die wunderbare, kreisende Erde ist der Altar und Sie sind ein Teil ihrer Gezeiten.

Jetzt können Sie sich vorstellen, dass auch dies nur ein Teil einer viel größeren Zeremonie ist, die so umfassend und so herrlich ist, dass wir es kaum begreifen können. Dieser riesige, vielfältige, heilige Kreis summt und schwingt vor Abermillionen von tanzenden Lichtern. Sie sind eines dieser glitzernden Lichter, eine Kerze im Himmel. Dies ist der Altar des Universums. Seine Zeit ist die Ewigkeit und die gesamte Existenz ist das Sakrament.
Atmen Sie den süßen Duft dieser uralten Liebe, dieser knospenden Unschuld des noch ungeborenen Frühlings. Dies ist der Moment wahren Glaubens, in dem in ehrfürchtiger Hingabe alles vergeben und alles wiedergeboren wird.

Gebet

Fordere uns, Gott,
Wenn wir zu leicht mit uns selbst zufrieden sind.
Wenn unsere Träume nur in Erfüllung gegangen sind,
Weil wir zu klein geträumt haben,
Wenn wir nur sicher gelandet sind,
Weil wir uns zu eng am Ufer gehalten haben.
Fordere uns, Gott,
Wenn wir über der Fülle dessen, was uns gehört,
Unser Verlangen nach dem Wasser des Lebens verloren haben;
Wenn wir uns in das Leben verlieben,
Und aufhören, von der Ewigkeit zu träumen;
Wenn in unserem Bemühen eine neue Welt zu errichten,
Unsere Vision eines neuen Himmels verblasst.
Fordere uns, Gott,
Uns mehr zuzutrauen, uns weiter aufs Meer hinaus zu wagen,
Wo wir uns an den Stürmen messen können;
Wo wir das Land aus den Augen verlieren
Und dabei die Sterne finden können.
Wir bitten dich, erweitere unser Verständnis dessen,
woran wir glauben
Und dränge unser Leben hin zu mehr Kraft, Mut,
Hoffnung und Liebe.

Amen

10

Gedanken und Kreativität

Die Botschaft

Das Denken ist ein faszinierendes Thema mit vielen Facetten. Wir verwenden es, um Erinnerungen wachzurufen, um nach neuen Möglichkeiten zu suchen, und ab und zu sind wir mit einem Geistesblitz gesegnet, der wie eine Sternschnuppe aus dem Nichts zu kommen scheint. Denken kann als die Seele der Inspiration, die Analyse von Fakten oder die Reflektion einer Erfahrung auftreten. Es ist eine mächtige, anpassungsfähige und flüchtige Kraft, in der unsere Entscheidungen anfangen, manifest zu werden. Wenn wir Vorurteile, negative Werte, Bosheit oder Betrügerisches in unser Denken einlassen, kann es sogar zerstörerische Kräfte entfalten. Gedanken können Engel oder Monster sein, je nachdem, wie wir sie anwenden.

Ich fragte mich, in welcher Beziehung das Denken zur Schöpfung steht: »Was sind Gedanken? Sind sie schöpferisch... oder nur Ausführende?« Jeschua's Antwort reichte weit über meine Frage hinaus.

»Gedanken sind deine innere Reaktion auf unausweichliche Kräfte. Mit ›unausweichlich‹ meine ich nicht, dass sie unveränderlich sind, sondern dass diese Lebenskräfte durch Absichten und Taten schon vor dem eigentlichen Gedanken in Bewegung gesetzt wurden. Im Denken kommt Gottes Geschenk der Vernunft zum Ausdruck, das euch gegeben wurde, damit ihr die Konsequenzen eures Handelns abschätzen, euch Änderungen überlegen und überhaupt eurem Handeln Richtung geben könnt. Doch Gedanken sind nicht der Same des Lebens, der Früchte hervorbringt. Wahre Schöpfungskraft, wahre Kreativität kommt aus der Gegenwart Gottes im Inneren, die auf die Chan-

cen des Lebens antwortet. Dies ist die Kraft, die aus einer gedanklich nicht nachvollziehbaren Tiefe das Tun veranlasst.
Gedanken tragen einen kreativen Aspekt in sich, weil ihr mit ihrer Hilfe die Muster eures Lebens neu arrangieren könnt. Ihr könnt sie verändern oder gutheißen. Das Denken ist ein Aspekt des freien Willens und der Entscheidungsfreiheit. Ohne Denken wäre eine Seele in endlosen reaktiven Mustern gefangen. Das schöpferische Ergebnis des Denkens ist das Bewusstsein. Gedanken entwickeln und aktivieren Bewusstsein, was es euch wiederum ermöglicht, aktive Verbindungen zwischen erlernten Erfahrungen, einer erweiterten Wahrnehmung und sich entwickelnden Möglichkeiten herzustellen. Das Denken ist eure Verbindung zwischen der Welt der endlichen, materiellen Existenz und der unendlichen Welt der schöpferischen Ausdehnung. Die Kenntnis vom rechten Denken und die Erinnerung daran, zu DENKEN, sind wesentliche Bestandteile eines positiven Lebens und der Entwicklung höheren Bewusstseins.
Der Schlüssel zum Verständnis der Kreativität liegt in dem Unterschied zwischen Denken und Wollen. Denken erzeugt Verbindungen – Wollen treibt euch dazu, nach Verbindungen zu suchen. Das Wollen ist eine energetische Vorstufe des Denkens, die euer Leben vorwärtstreibt. Es ist eigentlich eine hochfrequente Klangwelle, die gleichzeitig Leben, Absicht und Schöpfungskraft enthält. Sie entspringt dem Kern deines Seins, jenseits aller Definition oder Beschreibbarkeit. Das Wollen zeigt sich zuerst als ein feiner Impuls zum Tun oder auf eine Erfahrung hin, der so subtil ist, dass er oft unbemerkt bleibt. Erst das Denken bringt das Wollen ins Blickfeld. Wollen ist die reine, unbearbeitete Schöpfungskraft, deren Impulse dann vom Denken überprüft und entweder weiterentwickelt oder beendet werden. Der Schlüssel zur Kreativität liegt darin, das Denken zu verwenden, um den Willen zu erhöhen.
Du kannst deine Lebensqualität verbessern, indem du mit dem Denken den Willen lenkst und verfeinerst. Es ist auch wichtig, die direkte Verbindung zwischen dem Willen und deiner göttlichen Quelle zu würdigen. Halte sie heilig. Kreativität ist die Sehnsucht des Lebens danach,

seinem Schöpfer ähnlich zu sein. Das ist das Unausweichliche. Das Denken erforscht diese Kraft und lenkt sie in Richtung auf Erfüllung.«

Entsprechende Passagen aus der Bibel

Jesaja 14,24:
»Der Herr Zebaoth hat geschworen: Was gilt's? Es soll gehen, wie ich denke, und soll zustande kommen, wie ich's im Sinn habe.«

Amos 4,13:
»Denn siehe, er ist's, der die Berge macht und den Wind schafft; er zeigt dem Menschen, was er im Sinne hat. Er macht die Morgenröte und die Finsternis, er tritt einher auf den Höhen der Erde – er heißt ›Herr, Gott Zebaoth‹.«

Matthäus 6,34:
»Darum sorgt nicht für morgen, denn der morgige Tag wird für das Seine sorgen.«

Matthäus 10,19:
»Wenn sie euch nun überantworten werden, so sorgt nicht, wie oder was ihr reden sollt; denn es soll euch zu der Stunde gegeben werden, was ihr reden sollt.«

Schlüssel zum Leben

Der Schlüssel zur Kreativität liegt in der Macht der Gedanken und der Besonnenheit. Es ist von größter Bedeutung, im menschlichen Verhalten zwischen proaktivem und reaktivem Leben zu unterscheiden. Proaktives Verhalten entsteht, wenn wir besonnen auf ein positives Lebensziel hinsteuern. Reaktives Verhalten ist ein Mechanismus, der auf bestimmte Reize reagiert, die unser Überleben zu bedrohen oder zu fördern scheinen. Jeschua verwendete natürlich nicht diese modernen, psychologischen Begriffe, doch

seine Ausführungen zum Thema Erfolg in »Unendliche Liebe – Jesus spricht« beschreiben genau dieses Prinzip.
Wenn all unsere Absichten um den Quell der Liebe kreisen, die wir sind, wenn wir dem Leben und dem Lebendigen folgen, wenn wir danach streben, recht zu handeln und beständig zu vergeben, dann fehlt zu einem erfüllten, proaktiven Leben nur noch ein einziges Element: Besonnenheit. Das, was den entscheidenden Ausschlag gibt zwischen Glück und Enttäuschung, ist oft der Augenblick, in dem wir innehalten und unser Tun überdenken, bevor wir handeln. Wenn die Besonnenheit jedoch abhanden kommt, kann das in einer Situation leicht zu reaktivem Verhalten führen. Ausgelöst wird das meist von einem Verhalten, das zur Verteidigung des Egos dient und letztendlich zu Konkurrenz, Intoleranz und Vernichtung führt. Die Konsequenzen können katastrophal sein. Gedanken ermöglichen es uns, die sinnvolle Verbindung zu erkennen, die zwischen unseren Handlungen und dem Zusammenhang, aus dem heraus sie entstehen, existiert. Außerdem suchen unsere Gedanken einen Kontext nach seinem schöpferischen Potential ab und überprüfen, was wir davon manifestieren wollen. In der gesamten Existenz scheint es einen Dialog zwischen Inhalt und Kontext zu geben. Der Inhalt des Schöpferischen bleibt uns bis zu dem Augenblick verborgen, in dem er sich uns offenbart. Das einzig Berechenbare am schöpferischen Prozess ist die schöpferische Kraft der unvoreingenommenen Wahrnehmung. Diese Art der Wahrnehmung ermöglicht es uns, in unserem Leben neu auftauchende Möglichkeiten als solche zu erkennen.
Das wahrhaft Originelle ist Gott zu eigen, nicht dem Menschen. Im Bereich des Menschlichen entpuppt sich das Schöpferische bei näherem Hinsehen als eine Neuordnung, Entdeckung oder Offenbarung dessen, was bereits existiert. Wir wählen aus endlosen Strömen der Möglichkeiten, die in Sekundenbruchteilen durch unser Bewusstsein fließen. Wir entscheiden uns, eine bestimmte Auswahl in unsere Wahrnehmung treten zu lassen und was wir damit anfangen wollen. Unsere Entscheidungsfreiheit ist wahr-

scheinlich der Kern der menschlichen Kreativität. Als Malerin und Autorin weiß ich, dass während der Entstehung eines Artikels oder Bildes Tausende von mehr oder weniger bewussten Entscheidungen fallen. Unser Wille kommt in dem Erkennen und Auswählen von Möglichkeiten aus einem unendlichen Universum zum Ausdruck. Letztendlich dreht es sich dabei um Verantwortung. Ver-antwort-ung ist Ausdruck der uns innewohnenden Freiheit, zu antworten, auszuwählen und unserem Leben Richtung zu geben. Gedanken antworten, sortieren und geben Richtung. Der Wille ist die Energie hinter dem Gedanken und ermöglicht uns ein schöpferisches Leben.
Inhaltlich präsentiert sich die Schöpfungskraft bei jedem Menschen anders. Doch der Kontext, in dem sie zum Ausdruck kommt, ist sich überall ähnlich. So wie ein Same im Pflanzenreich furchtbaren Boden, Wasser und Sonnenlicht benötigt um zu keimen, so gibt es auch bestimmte Umweltbedingungen, die den schöpferischen Prozess begünstigen. Das beginnt mit einem besonnenen, proaktiven Leben. Oft wird den Bedingungen, in die wir die Saat unserer Unternehmungen pflanzen, nicht genügend Aufmerksamkeit gewidmet. Jeschua sagte seinerzeit: »Wie ihr sät, so werdet ihr ernten.« Er betonte mir gegenüber, dass diese Regel vor allem für den Kontext gilt. Häufig scheint es, als ob die Ursache-Wirkung-Beziehung in konkreten Situationen keinen Sinn ergeben würde, wenn wir es nur unter dem Aspekt von Handlung und Inhalt betrachten. So müssen wir zum Beispiel, wenn wir jemandem etwas geschenkt haben, nicht unbedingt ein Gegengeschenk erhalten, doch wenn wir unser Geschenk wirklich im Geist der Liebe gegeben haben, werden uns andere Umstände darin unterstützen, in dieser liebevollen Energie zu bleiben. Die Antwort mag dann aus anderen Quellen zu uns kommen. Im Gegensatz dazu mag eine destruktive Tat vielleicht unbemerkt geblieben sein, doch die Haltung, aus der heraus sie entstand, wird nicht ohne Konsequenzen bleiben. Jeschua sagt sogar, dass die Anziehungskraft von positiven und negativen Kontexten viel größer ist als die von

positiven und negativen Ereignissen. Dahinter steckt ein universelles Prinzip, das alle Prozesse von Ursache und Wirkung reguliert. Das Geheimnis liegt in der Art, wie positives Handeln sich auf natürliche Weise zu positiven Kontexten hingezogen fühlt und negatives Handeln zu negativen.

»Vergeltung entsteht nicht durch Verurteilung – schon gar nicht durch Gott. Vergeltung ist ein natürlicher Effekt aufgrund der Tatsache, dass negative beziehungsweise reaktive Handlungen zu Chaos führen und Chaos immer zum schwächsten Punkt seines Anstifters strebt. Ein Mann, der sich zum Beispiel in seinen geschäftlichen Angelegenheiten destruktiv verhält, erfährt vielleicht keine Vergeltung in seinem Berufsleben, doch das von ihm in Gang gesetzte Chaos wird mit größter Zielsicherheit den schwächsten Bereich seines Lebens aufspüren, der vielleicht in seiner Ehe oder in seiner Gesundheit liegt. Das Gute ist jedoch, dass sich die Liebe genauso verhält, nur dass sie sich auf den Bereich größter positiver Energie zu bewegt. Als ich sagte, dass ein Mann, der seine Talente anwendet, sie vermehren wird, bezog ich mich auf dieses Prinzip. Wenn ihr euch nur auf die Inhalte eines Ereignisses bezieht, werden euch die Konsequenzen unbegreiflich erscheinen. Ihr werdet weder eine Logik des Ausgleichs noch ein schöpferisches Element entdecken können. Das gilt für die Teilchenphysik genauso wie für menschliche Gemeinschaften, eure Karriere oder eure Gesundheit. Der Kontext ist das, was ihr vorhersagen und beeinflussen könnt. Kontext ist der Teil der Realität, den ihr wählen und selbst erschaffen könnt. Deswegen spielt das Denken für ein positives Leben solch eine wichtige Rolle. Die Kraft der Gedanken erhellt, klärt und steuert die Art der Verbindungen und der Kontexte.«

Andere Quellen der Weisheit

Alfred Tennyson (1809-1892):
»Ein Gott, ein Gesetz, ein Element,
Und ein fernes göttliches Ereignis
Auf das sich die gesamte Schöpfung hinbewegt.«

Die Upanishaden (600-300 v. Chr.):
»Das Innerste von Allem,
Wie eine kleine Flamme im Herzen verborgen,
Kann nur vom stillen Geist erkannt werden,
Und wer es erkennt, der wird unsterblich.«

Christopher Pearse Cranch (1813-1892):
»Denken ist tiefer als alles Reden,
Fühlen tiefer als alles Denken;
Eine Seele kann einer anderen nicht vermitteln,
Was sie selbst einst gelernt.«

Kahlil Gibran (1883-1931):
»Eure Kinder sind nicht wirklich eure Kinder.
Sie sind die Söhne und Töchter der Sehnsucht des Lebens nach sich selbst.«

Henry David Thoreau (1817-1862):
»Ich weiß nichts Ermutigenderes als die zweifellos vorhandene Fähigkeit des Menschen, sein Leben durch bewusstes Streben zu erhöhen.«

Anwendung

Wir alle verfolgen Ziele in unserem Leben und sei es nur das kleine, praktische Ziel den heutigen Tag hinter uns zu bringen. Manche unserer Ziele führen uns auch über weite Strecken wie ein Leitstern und formen unser Schicksal. Doch um dieses Kapitel zu verdeutlichen und seine Botschaft in uns aufzunehmen, lassen Sie uns alle Ziele, große wie kleine, einmal beiseite legen und die tiefere Antriebskraft betrachten: das Leben selbst. Betrachten Sie den Kontext Ihres eigenen Lebens und die Samen des Verlangens, die Sie darin pflanzen.

1. Was ist Ihr stärkster Antrieb hinter all Ihrem Tun?
   Ist er reaktiv oder pro-aktiv?
2. Was ist Ihr tiefstes Verlangen, Ihre tiefste Sehnsucht?
   Ist sie reaktiv oder pro-aktiv?
3. Was bereitet Ihnen die größte Freude?
   Ist es zwanghaft oder freie Wahl?
4. Wovor haben Sie am meisten Angst?
   Ist es eine Reaktion auf das Unbekannte oder ein Anstoß, mehr Verantwortung zu übernehmen?
5. Was gibt Ihnen den tiefsten Frieden?
   Entsteht das durch einen Rückzug aus dem Leben oder durch das Finden Ihres Platzes im Leben?

Es gibt viele Bereiche, in denen sich unser Leben entfaltet, vom kosmischen bis zum weltlichen. Doch es gibt zwölf Lebensbereiche, die sich besonders für die menschliche Entwicklung eignen. Indem Sie Ihre Bemühungen auf angemessene Weise auf diese Bereiche richten, geben Sie Ihren Hoffnungen und Anstrengungen eine größere Chance auf Erfüllung. Schauen Sie sich die folgenden Bereiche in Ihrem Leben an:

1. Selbsterkenntnis
2. Das Verhältnis zur Natur
3. Kommunikation und Lernen
4. Gemeinschaft
5. Kreativer Ausdruck
6. Pflicht und Verantwortung
7. Partnerschaften
8. Werte
9. Entdeckung und Erleuchtung
10. Führung
11. Dienst am Nächsten
12. Kontemplative und spirituelle Übungen

Am Wichtigsten ist in all dem, dass Sie den Schöpfer einladen, das Gefäß Ihres Lebens in all seinen Bereichen mit Glück und Erfüllung zu füllen.

Meditation

Es gibt keine Schöpfung, die nicht ihren Schöpfer preist. Es gibt keinen Gedanken, der sich nicht mit dem allwissenden Bewusstsein verbindet. Es gibt keinen Ausdruck des Selbst, der nicht nach Einheit zwischen Himmel und Erde strebt. Lassen Sie uns daher mit dem ernsthaften Verlangen in diese Meditation gehen, uns in die Höhe und die Tiefe unseres Seins hinein auszudehnen, über unser Bewusstsein hinaus und tiefer als unser Unterbewusstsein, auf dass wir unser wahres Selbst entdecken:

Oh Gott und Schöpfer, lass mich das Selbst erfahren, welches Du mir gabst, das göttliche Ebenbild, nach dem ich erschaffen wurde und in das ich hineinwachse, jenen Zustand, in dem Dein Geist mit mir verbunden ist, den Quell,
aus dem alles Leben hervorgeht.
In diesem Zustand will ich mich unserer Einheit erfreuen,
die Träume träumen, die zu meinem Leben werden und die Gedanken denken, die mein Handeln bestimmen.
Lass mich in allem, was ich tue, die Freude unserer Vereinigung feiern, denn ich erkenne Dich überall, ohne Anfang, Mitte oder Ende.
Du bist der Herr der Schöpfung, der Kosmos ist Dein Körper.
Dein Strahlen ist blendend und unermesslich.
Ich sehe Dich, der Du so schwer zu erfassen bist,
wie eine feurige Sonne in alle Richtungen lodern.
Du bist die höchste, unveränderliche Wirklichkeit,
das einzig Erkennbare.
Du bist die Zuflucht der ganzen Schöpfung, der unsterbliche Geist, der ewige Hüter des Seins.

Du berührst alles mit Deiner unendlichen Macht.
Die Sonne und der Mond sind Deine Augen, Dein Mund ist Feuer, Deine Ausstrahlung wärmt den Kosmos.
Durch Dein eigenes Verlangen wurdest Du aus dem Nichts geboren.
Auf ewig will ich die Herrlichkeit meines Schöpfers preisen, dessen Augen überall sind, in den Augen eines Kindes oder eines alten Mannes, im Regenbogen oder in einer Blume.
Oh wunderbarer Schöpfer,
Deine Gegenwart erfüllt Himmel und Erde
und erstreckt sich in alle Richtungen.
Du bist die Quelle aller Schöpfung und auch der EINE,
der die Schöpfung auflöst.
Du bist das Tätige hinter allem,
ohne das kein Blatt vom Baum fällt,
keine Katze ihre Pfoten leckt
und keine Frau mit den Augen blinzelt.
Du bist auch das Untätige, ewig unverändert in Dir selbst ruhend. Du bist das Unfehlbare, das Allmächtige,
die Seele des Universums.
Du bist jenseits aller materiellen Eigenschaften,
das Unbegreifliche,
und doch bekränzen die Wiesenblumen Dein Haupt.
Du bist die Essenz aller Gebete, das Lied aller Seelen.
Alle Herzen verehren Dich
und Deine Arme sind in einer ständigen Umarmung.
Lass mich in diesem wundervollen Zustand
unserer Vereinigung erkennen, was Dich erfreut,
auf dass ich es in den Schöpfungen meines Lebens
zum Ausdruck bringe.
Lass mich erkennen, wonach Du verlangst,
auf dass ich es mit den Gedanken meines Herzens erfasse.

Gebet

Oh vollkommener Meister,
Wir danken heute für die sich ständig vermehrende
Großartigkeit der Schöpfung,
Voll bekannter und unbekannter Welten,
Galaxien über Galaxien,
Die uns mit Ehrfurcht erfüllen
und unsere Vorstellungskraft übersteigen.
Wir danken auch für diesen zarten Planeten Erde
Mit seinen Gezeiten und seinen Sonnenuntergängen.
Überall erfahren wir Deine Schöpfung,
Die Kraft Deiner zahllosen Arme,
Den Blick Deiner wachsamen Augen,
Die Worte aus Deinen unzählbaren Mündern,
Das Feuer des Lebens in Deinem unendlichen Körper.
Nirgendwo erkennen wir den Anfang,
die Mitte oder das Ende von Dir,
Allmächtiger Gott,
Du große Unendlichkeit.

Du scheinst auf alle Dinge und Menschen,
Wie schimmerndes Mondlicht auf tausend Wassern
gleichzeitig glitzert.

Für die Freude des menschlichen Lebens,
Mit all seinen Wundern und Überraschungen,
Seinen Hoffnungen und seinen Errungenschaften;
Für hochfliegende Träume und ehrenwerte Anliegen,
Für Glauben ohne Fanatismus,
Für alle, die viel auf sich genommen haben,
um einer gerechteren Welt willen,

Die ihr Leben dafür einsetzten, dass andere in Würde
und Freiheit leben können;
Für alle, die sich der Schöpfung erfreuen,
Sagen wir heute Dank.

Amen

11

Wille und Verantwortung

Die Botschaft

Seine Lehre über den Willen begann mit einer Frage, die ich über das »Sein« stellte. Ich wollte wissen, ob wir das Sein als eine sich selbst definierende Wirklichkeit akzeptieren müssen, weil es zu grundlegend ist, als dass es durch etwas anderes definiert werden könnte, oder ob es damit zusammenhängende Bedeutungen gibt, die uns helfen, es besser zu begreifen.

»Das Sein ist naturgemäß selbstdefinierend, doch du kannst dein Verständnis davon erweitern, wenn du eine fundamentale Eigenschaft allen Seins erkennst. Ich habe dir mehrfach erzählt, dass die Schöpfung aus der Leere heraus begann, und zwar mit dem SEIN und nicht mit Substanz. Jetzt will ich dir mehr dazu sagen. SEIN IST, einfach weil es sagt, dass ES IST. Das ist alles, was den Anfang betrifft. Doch die erste Handlung des Seins und der zweite Akt der Schöpfung war die Erzeugung von Raum. Energie und Materie sind einfach Erweiterungen, Veränderungen und Gruppierungen innerhalb des Raums. Jedes Wesen ist an dem Raum zu erkennen, den es erzeugt und aufrecht erhält. Das gilt für die Heilige Quelle allen Seins genauso wie für das winzigste Insekt.

Die in der physischen Realität lebende Seele hält Raum für etwas Selbstverständliches. Die sich wiederholenden Muster und vorhersehbaren Phänomene können so hypnotisch wirken, dass ein Wesen anfängt, den Raum für ein Element zu halten, so wie das Meer, in das man sich im Laufe des Lebens hinein- und wieder hinausbewegen kann. Die Wahrheit sieht jedoch ganz anders aus. Dein Raum existiert nur, weil du ihn verursachst. Du nimmst keinen Raum ein, sondern du

erzeugst ihn! Ohne SEIN gäbe es keinen Raum. Der gesamte vorhandene Raum wird von denen geteilt, die ihn erzeugen. Deswegen sind alle Wesen für die Existenz von höchster Bedeutung.
In der Dichte der physischen Erfahrung konzentriert sich eine Seele oft auf die Beschränkungen der Energie und der Materie und hält das dann für Raum. Tatsächlich geht der Raum dieser Wahrnehmung jedoch voraus. Raum ist die Ausdehnung eines Wesens. Dort, wo die Ausdehnung eines Wesens in Beziehung tritt mit der Ausdehnung eines anderen Wesens, entsteht Energie. Wenn dann eine Übereinstimmung über die Verwendung dieser Energie erzielt wird, entsteht Materie. Diese Beziehungen und Vereinbarungen sind meist unbewusst und entwickeln sich als natürliche Konsequenz je nach Art der beteiligten Wesen. Wenn diese Beziehungen nicht harmonisch verlaufen, streben die Wesen danach, sich umzuorientieren. Sie suchen nach anderen Orten und Arten des Seins und fangen dabei an, Raum für etwas zu halten, was außerhalb von ihnen ist. Das ist der Anfang der Getrenntheit und der Notwendigkeit von Verantwortung.
Das Höchste Wesen, der Vater allen Seins, gibt jedem Teilchen des Seins die Autonomie seines eigenen Raums, damit es sein kann, wo und was es will. Deine einzige Verantwortung ist, das zu sein, was du wirklich bist und die Liebe zu erfüllen, die du bist. Du brauchst nicht überall alles zu sein, um deinen Lebenssinn zu erfüllen. Du brauchst nur die Liebe zu sein, die du bist. Neben deinem Schöpfer bist du die Einzige, die weiß, was das bedeutet. Daher wurde dir die Verantwortung verliehen, selbst zu erkennen und zu entscheiden. Und dir wurde der Wille gegeben, das zu tun.«
Ich bat um eine Pause. Ich musste nachdenken. Er hatte meine Frage über das Sein beantwortet, doch jetzt waren die Themen des Willens und der Verantwortung in mein Blickfeld gerückt. Er hatte es so dargestellt, als ob Verantwortung ein Privileg wäre, eine Chance, auf den Verlauf unseres Lebens Einfluss zu nehmen. In unserer Welt wird Verantwortung jedoch in der Regel als eine sich aus unserem Tun entwickelnde Verpflichtung betrachtet. Häufig wird der Begriff der Verantwortung auch im Zusam-

menhang mit Anschuldigungen vorgebracht. Für Jeschua war sie jedoch das Steuer für persönliche Autonomie und Freiheit. Wir nehmen wahr, antworten und ändern gegebenenfalls unseren Kurs auf größere Erfüllung hin. Nachdem er mich darauf aufmerksam gemacht hatte, konnte ich es in mir spüren. Vor allem begann ich zu ahnen, dass der Wille jener innere Trieb war, der uns antworten ließ! Das war mir neu. Wie die meisten Menschen hatte ich den Willen immer für jene Extraportion Schubkraft gehalten, die uns angesichts von Hindernissen, Widerstand oder Konkurrenz zusätzliche Kraft verleiht. Nach einer Weile bat ich ihn, mehr dazu zu sagen.

»Wille ist die Lebenskraft eines Wesens. In eurer individuellen Evolution manifestierte sich der Geist zuerst als Wille und dann manifestierte sich der Wille als Körper. Es gibt eine natürliche Reihenfolge, in der die Elemente kondensieren, so wie aus Nebel Tau und aus Tau Wasser für die Pflanzen wird. Jeder neu geborene Geist erhält eine neue Chance zur Erzeugung seiner Wirklichkeit entsprechend seinem eigenen Herzenswunsch. Wille ist die Kraft, mit welcher der Geist die Chance in physisches Sein umsetzt.«

»Dann hatte ich also Recht. Der Wille antwortet dem Leben und darin liegt Verantwortung. Das ist etwas ganz anderes als die verbreitete Vorstellung über den Willen. Viele fürchten den Willen, haben Angst davor, von ihm auf unverantwortliche Weise getrieben zu werden.«

»Es gibt viele negative Assoziationen in Bezug auf Willen und Eigenwillen, weil er oft von den äußeren Umständen und nicht hinterfragten Zwängen antrieben wird statt von Liebe und dem Geist. Doch Wille ist nur unverantwortlich, wenn er seine Verbindung zu seinem Schöpfungsgeist und der ihn bewegenden Liebe verloren hat! ***Wille ist einfach die Zukunftsform von Sein!*** *In seiner reinsten Form ist Wille also einfach Liebe und Geist in der Bewegung in die Zukunft. Dabei erzeugt er Raum und verhandelt mit anderen über das Teilen und gemeinsam Erschaffen von Energie und Materie. Was immer ihr seid, tut und habt ist das Ergebnis von Willen. Ein Wesen ist lebendig,*

wenn sein Wille in der Lage ist, ihm eine Beständigkeit zu erzeugen. Wenn ich über den freien Willen spreche, meine ich nicht den freien Willen über andere. Ich spreche über freien Willen in Bezug auf die Entfaltung eures eigenen Lebens. Ihr habt kein Recht, andere mit eurem Willen zu manipulieren oder mit seiner Hilfe die Wünsche anderer euren eigenen Beschränkungen anzupassen. Jeder darf das für sich entscheiden, mit Gefühl und mit Hilfe von Gedanken, Intuition und entschiedenem Handeln. Jeder Mensch entdeckt seine Grenzen, indem er Schmerz wahrnimmt, wenn er sie überschreitet. Mit Hilfe deiner Gefühle wirst du erkennen, wo es für dich lang geht. Wenn es schmerzhaft wird, wirst du wissen, dass du zu weit gegangen bist. Viele Seelen glaubten, dass sie alles erfahren und akzeptieren müssten, um wahrhaft entwickelt zu sein. Andere dachten, dass die Unterwerfung unter Regeln und Strukturen der Weg zu optimaler Ko-Existenz sei. All dies sind Bemühungen, im Außen zu akzeptieren oder zu erzwingen, was innerlich nicht anerkannt werden kann. Keines dieser Extreme bringt Glück. Eine Seele muss etwas bedingungslos erfahren wollen, dann ist es die richtige Erfahrung für sie. Ihr braucht nur das zu tun, was die Liebe euch ins Herz pflanzt. Freiheit bedeutet nicht, alles zu tun. Freiheit heißt, eure Liebe zu erfüllen.

Vor allem müsst ihr euch selbst vollkommen akzeptieren und nicht jede Art von Erfahrung. Der Geist ist der Ursprung des Willens, doch in einer physischen Realität wirken sie zusammen wie ein binärer Kode, um euer Leben als Ganzes zu steuern und zu vereinen. Wille und Geist sind die sich ausdehnenden Grenzen eines verbundenen Ganzen. Sie sind sich entwickelnde Erweiterungen derselben Sache. Der Schlüssel zur Vereinigung von Willen und Geist ist die umfassende Akzeptanz dessen, was du bist, und der Liebe, die dich dazu gemacht hat. Wie willst du je einen anderen Menschen akzeptieren, wenn du dich selbst nicht akzeptiert hast?

Hier auf Erden trennen die meisten Menschen Willen und Geist. Sie halten ihren Willen für inakzeptabel und glauben, dass sie ihre eigenen Gefühle und Meinungen loswerden müssten, um so zu lieben, wie Gott liebt, und um den Willen Gottes zu erfüllen. Der Wille Gottes bildet keinen Gegensatz zu dem Willen des Individuums, außer wenn ihr ihn dazu macht. Durch die Kondensation des Geistes wird der Wille zur physischen Form. Ihr könnt euch daher auf die Instinkte eurer physischen Form verlassen, solange sie sich nicht von dem Geist trennt, der sie erschuf.

Die Einheit des Willens mit dem Geist wird durch Sensibilität und Besonnenheit am Leben erhalten. Ihr erfahrt euren individuellen Willen durch eure Gefühle. Wenn diese Gefühle echt und lebendig sind, entsprechen sie den Bedürfnissen des Augenblicks, statt auf in der Vergangenheit entwickelten Gewohnheiten zu basieren. Alle Gewohnheiten bedürfen der Überprüfung. Viele müssen losgelassen werden. Unter jeder Gewohnheit sind Gefühle verborgen, manche positiv, manche negativ. Hinter gewohnten Reaktionen stecken oft verdrängte Gefühle, wobei die Gewohnheit der Ersatz für die eigentliche, angemessene Antwort auf die Situation ist. Es gibt auch die Gewohnheit, Gefühle zu vermeiden. Gewohnheiten sind für den Körper das Gleiche, was Verurteilungen für das Bewusstsein sind. Beide werden ohne weiteres Nachdenken eingesetzt und beide behindern eine sensible Wahrnehmung und besonnene Antwort auf die Wahrheit des Augenblicks. Beide lassen keine Veränderung zu. In einem gesunden Leben geht immer eine Veränderung vor sich, auf die mit sensibler Wahrnehmung und Bedachtsamkeit reagiert wird. Wenn Wille und Geist im Gleichgewicht sind, entsteht ein instinktives Bedürfnis das Richtige zu tun und das Richtige ist natürlich das, wonach du dich am meisten sehnst.

Die Unterminierung des freien Willens geht oft mit einer anderen Gewohnheit einher: dem Suchen nach Antworten im Außen. Oft verleugnet ihr euren eigenen Willen zugunsten der Vorstellungen anderer, was das Beste für euch sei. Ihr erwidert den ›Gefallen‹ dann, indem ihr für andere das Gleiche tut. Das ist das Ungleichgewicht zwischen Willen und Geist. Die Achtung vor anderen und vor gemeinsam getroffenen Vereinbarungen ist natürlich notwendig, doch das kann zu einer weiteren Gewohnheit werden, die nicht hinterfragt wurde und die die sensible Wahrnehmung zunichte macht. Die Lösung kann nicht in weiteren Regeln liegen. Die Antwort ist die Wiedervereinigung von Willen und Geist.

Die Würdigung des Willens ist hier auf Erden in der Tat ein großes Problem, doch wie bei allem anderen beginnt auch hier der Prozess bei dir selbst. Stell nur Forderungen auf, denen du selbst gerecht werden kannst. Und dann erfülle sie. Du wirst überrascht sein, wie gut das funktioniert, vor allem, wenn du dich daran erinnerst, dass in allen aktuellen und potentiellen Konflikten die Macht der Liebe alle Probleme löst.

Es ist ein erstaunliches Phänomen: Wenn dir der Wille eines anderen nicht gefällt, du aber sein grundsätzliches Recht auf seinen freien Willen anerkennst, so werden die Auswirkungen ohne Schaden anzurichten durch dich hindurch fließen. Doch vergiss darüber nicht deinen eigenen Willen: Du hast das Recht bei allem, was dein Leben betrifft, Nein zu sagen.

Wenn es dir schwer fällt, die Botschaften deines Körpers zu empfangen und zu verstehen, wenn du nicht instinktiv das Richtige tust, dann klafft eine Lücke zwischen Geist und Willen. Wenn die beiden in Harmonie sind, wenn dein Leben von Freude durchdrungen ist, tust du immer das, was du tun solltest, einfach weil es sich gut anfühlt. Der Geist sieht alle Möglichkeiten. Der Wille sucht sich davon diejenige aus, die dem jeweiligen Augenblick entspricht. Die Verbindung von Willen und Geist erzeugt einen Zustand echter sensitiver Wahrnehmung.

Nimm deine Gefühle bedingungslos an, auch wenn etwas veränderungs- oder verbesserungswürdig ist. Alles Erfahrene ist in dem Augenblick seines Geschehens aus irgendeinem Grund gültig. Effektives Lernen, Wachstum und Einklang entstehen, wenn du deine Gefühle so siehst, wie sie sind, und dich dann erst entscheidest, wie du damit umgehen willst. Das ist Verantwortung.

Diese Vereinigung geschieht im Herzen und ihr Gleichgewicht erzeugt eine Wirklichkeit, die deinen Bedürfnissen entspricht und gleichzeitig alle anderen berücksichtigt. Leider wurde der Wille hier auf Erden so schrecklich diszipliniert, dass er sich in seiner Verwirrung wie ein misshandeltes Kind verhält, das seinem Schmerz durch zerstörerisches Verhalten Ausdruck verleiht. Die Lösung liegt nicht in weiterer Unterdrückung, sondern in Vertrauen und der Wiederherstellung des instinktiven Verlangens des Willens nach Leben und Lebendigkeit. Nicht nur im Tun, sondern auch im Verstehen und Empfangen ist Entwicklung notwendig. Die Verleugnung von Gefühlen erzeugt ein Ungleichgewicht im Herzen. Die Verleugnung des Willens wird häufig durch etwas kompensiert, was eigentlich ein unechter Wille ist. Dieser besteht aus unechten Gefühlen, von denen sich die Person überzeugt, dass sie sie empfindet. Dahinter stecken Verletzung und Verwirrung, verursacht durch viele vorausgegangene Verleugnungen des Willens durch einen selbst und andere.

Hab Geduld mit dir selbst und mit anderen. Dein Verständnis des Willens wird in dem Maße wachsen, wie du deine Sensitivität und dein Verständnis des Lebens entwickelst. Zunächst sieht jeder den Willen als das Betreiben und Bemühen des Egos, seine Umwelt und seine Mitmenschen seinen Vorstellungen anzupassen. Dabei verbindest du den Willen mit der Persönlichkeit und den Ideen, die du vom Leben hast. Das ist unechter Wille und er wird deine Erfüllung nicht unterstützen, ja, er wird nicht einmal dein Überleben sichern, denn er hat eine Vorliebe für Konflikte. Unechter Wille führt zu Raubbau und Entleerung. Er erzeugt das Gefühl, dass dir etwas fehlt, dass du keinen inneren Halt oder kein Durchhaltevermögen hast. Im Verlauf des Lebens wird der wahre Wille jedoch deutlicher werden, denn das ist die Kraft, die dich in Wahrheit unterstützt und sie hat dich schließlich bis an diesen Punkt gebracht. Diese Kraft hat dir erlaubt, zu überleben und unter allen Umständen zu gedeihen.

Im Gegensatz zu dem unechten Willen fühlt sich der wahre Wille unterstützend an. Er verleiht dir Selbstvertrauen und geistige Führung. Am besten kann ich diesen essentiellen Willen als das Gefühl beschreiben, mit dem Fluss des eigenen SEINS zu gehen.«

Entsprechende Passagen aus der Bibel

Matthäus 6,10:
»Dein Reich komme. Dein Wille geschehe, wie im Himmel so auf Erden.«

Psalmen 40,9:
»Deinen Willen, mein Gott, tue ich gern, und dein Gesetz hab ich in meinem Herzen.«

Römer 12,2:
»Und stellt euch nicht dieser Welt gleich, sondern ändert euch durch Erneuerung eures Sinnes, damit ihr prüfen könnt, was Gottes Wille ist, nämlich das Gute und Wohlgefällige und Vollkommene.«

Matthäus 7,7-8:
»Bittet, so wird euch gegeben; suchet, so werdet ihr finden; klopfet an, so wird euch aufgetan. Denn wer da bittet, der empfängt; und wer da sucht, der findet; und wer da anklopft, dem wird aufgetan.«

Schlüssel zum Leben

Es gibt kaum etwas Beschwingenderes, als mit vollen Segeln dem Horizont unserer Träume entgegenzugleiten. Der Wind, der uns dabei vorwärts treibt, ist nichts anderes als die koordinierte Kraft von Gottes Willen, unserem eigenen Willen und dem Willen anderer. Man sollte meinen, dass uns dabei der Wille Gottes als das größte Mysterium im Leben erscheint, doch es ist erstaunlicherweise unser eigener Wille, der uns am meisten verwirrt, und dann der Wille anderer. Wir haben unser Leben so mühevoll vorangetrieben und so viel Ärger mit den Gegenbemühungen der anderen gehabt, dass wir »Wille« mit »Herausforderung« verwechselt haben. Wir haben den Kontakt zu der wunderbaren Sensitivität, die unserem Wesen zu Eigen ist, verloren.

In meiner Arbeit mit Jeschua's Lehren und ihrer Anwendung auf mein Leben habe ich viele Symptome für diese Verwirrung gefunden, doch eigentlich nur drei Ursachen.

1. Wir wissen nicht, dass Wille und Anstrengung zwei verschiedene Dinge sind, und begreifen daher nicht, dass der Wille Gottes die, dem Leben und allem Lebendigen innewohnende Harmonie ist.
2. Wir haben unsere eigenen Instinkte und inneren Stimmen zugunsten der Konformität und dem »wie es sein sollte« geopfert.
3. Wir haben nicht gelernt, ein »Nein« zu akzeptieren.

Vor ein paar Jahren erlebte ich etwas in meinem Garten, was all diese drei Ursachen veranschaulichte. Ich lebe auf einer Hochebene mit steppenähnlichem Klima, es gibt dort mehr Tiere als Pflanzen. Es ist also nicht leicht für einen Menschen, hier etwas aus dem Garten zu ernten. Mit Geschick und guten Zäunen halte ich die Kaninchen weitgehend fern, doch den Himmel kann ich nicht einzäunen. Die Saatzeit ist daher immer ein Wettstreit mit den Vögeln. Während ich die Samen in den Boden lege, habe ich das unheimliche Gefühl, dass mich Tausende von Augen aus den umliegenden Bäumen beobachten. Die kleinen »Samengeier« sind auch gar nicht schüchtern. Sowie ich mich umdrehe, sitzen mehr als zwanzig von ihnen hinter mir und laben sich an der Saat, bevor sie auch nur keimen kann.
In meinem ersten Jahr hier war ich zu passiv, was den Garten betraf. Am Ende der Saison blieben nur eine Agave und zwei Kakteen übrig – und die waren schon vor mir da gewesen. Doch ich gab nicht auf. Voller Erwartung auf einen Erfolg startete ich aufs Neue. Gerade als ich die letzten Samen in die Erde tat, flatterte ein dreister Vogel direkt vor mir auf den Boden und begann die Erde aufzukratzen. Verblüfft von seiner Frechheit stampfte ich mit dem Fuß auf und verscheuchte ihn. Er kehrte immer wieder

zurück und ich protestierte mit immer heftigerem Gestikulieren. Da ich nicht bis zum Keimen der Pflänzchen im Garten leben wollte, musste ich mir etwas einfallen lassen. Ich hatte gelernt, die Macht des Willens zu achten, also fragte ich mich zuerst, wie sehr ich diesen Garten wollte. »Sehr!«, war meine nachdrückliche Antwort. Sobald ich mir das bewusst gemacht hatte, veränderte sich mein Bewusstseinszustand. Es war erstaunlich, wie deutlich ich plötzlich wusste, was zu tun war. Mein Wille hatte die Lösung zutage gefördert. Ich setzte meinen Kater Gunnar in den Garten, um die Vögel zu verscheuchen, während ich noch einmal in die Gärtnerei fuhr. Ich erstand eine Rolle Gartengaze, um die Saat zu schützen, und eine Tüte Vogelfutter als Trostpreis für meine Konkurrenten. Ich »gewann« durch meinen Willen und eine gewisse Berücksichtigung des Willens der anderen. Ich war zufrieden, die Vögel waren zufrieden und der Wille Gottes entwickelte sich weiter. Ich hatte jedoch nicht damit gerechnet, dass der eine Vogel, mit dem ich als Erstes »gekämpft« hatte, so beharrlich sein würde. Seine Versuche, durch die Gaze hindurch an die Samen zu kommen, ließen nicht nach. Er würde es nicht schaffen, also ließ ich ihn allein. Ich beobachtete ihn vom Fenster aus, wie er sich länger als eine halbe Stunde an diesem Hindernis abmühte. Währenddessen hatten die anderen Vögel natürlich das ganze Futter aufgepickt. Seine Besessenheit hatte ihn nur Kraft gekostet und jetzt hatte er noch nicht einmal etwas zu fressen bekommen. Da er in der einen Richtung kein Nein akzeptieren konnte, war ihm auch die Chance entgangen, sein Verlangen in einer anderen Richtung zu befriedigen. Das arme Tier hatte sich dermaßen auf den Widerstand konzentriert, dass er den Kontakt mit seinem Willen zur Futtersuche verloren hatte.

Wir leben gemeinsam in einer Umwelt, in der unser Wille nicht das einzig Wirksame ist. Wenn unser Verlangen auch den Willen anderer betrifft, können wir manchmal auf ein Nein treffen, doch wenn unser Wille klar, echt und konzentriert ist, so tut sich irgendwo anders ein Ja auf. Wenn wir das Wesen des essentiellen

Willens jenseits von Konkurrenz, Anstrengung und Entmutigung begreifen, können wir uns frei in alle Richtungen bewegen.
Dieser Vogel zahlte den Preis für das, was Jeschua den unechten Willen nannte. Unechter Wille entsteht, wenn wir uns als ein getrenntes Selbst fühlen, ohne Unterstützung vom Universum, getrieben vom Ego und ganz auf unsere eigenen Bemühungen angewiesen. Sich durchzusetzen ist für das Ego sehr wichtig. Die Vorstellung, sich dem Willen eines anderen unterzuordnen, fühlt sich wie eine Niederlage an. Doch wenn wir versuchen der Wirklichkeit unseren Willen aufzuzwingen und uns gegen die Strömung des Universums stemmen, ernten wir nur Frustration, bis wir irgendwann aufgeben müssen. Die Missachtung der Wirklichkeit (der eigenen oder der der anderen) ist ein Kennzeichen des unechten Willens. Der essentielle Wille dagegen ist eine mühelose, zügige Durchführung dessen, was uns zum Ziel bringt. Seine Kraft stammt aus einem inneren Gefühl der Unterstützung und des Vertrauens darauf, in Harmonie mit dem Universum zu leben. In diesem Zustand sind wir frei für neue Möglichkeiten und offen dafür, unseren Willen auf neue Art einzubringen.
Hingabe bedeutet nicht Niederlage, sie ist vielmehr der Beginn von Harmonie. In ihr lassen wir unser getrenntes Selbst los und vereinen unseren Willen wieder mit der Wirklichkeit. So wie sich das Universum im Großen in neuen Sternen, Supernovae, Klimaveränderungen und Jahreszeiten entfaltet, so wird sich auch unser eigenes Universum in uns entfalten, wenn wir uns unserem inneren Prozess hingeben.
Für jeden von uns gibt es einen Weg, doch wir finden ihn nicht, indem wir nach dem suchen, was zu unserer Persönlichkeit am besten passt oder indem wir etwas gegen den Willen anderer erzwingen. Wer sich selbst gegenüber unter allen Umständen treu und ehrlich bleibt, wird schließlich erkennen, dass der eigene Weg darin besteht, sich seiner inneren Wahrheit hinzugeben.
Der »Weg«, den Jeschua lehrte, besteht aus dem Loslassen des unechten Willens und der Rückkehr zu der Kraft und Verantwortung

des essentiellen Willens. Der Faden unserer Erfahrung führt uns. Der Schlüssel zum Verständnis des essentiellen Willens liegt darin, zu sein, wer Sie wirklich sind und dementsprechend zu handeln.

Andere Quellen der Weisheit

Thomas Jefferson (1743-1826):
»Der Gott, der uns das Leben gab, gab uns gleichzeitig auch die Freiheit.«

Kalil Gibran (1883-1931) Der Prophet:
»Eure Seele ist oft ein Schlachtfeld, auf dem eure Vernunft und euer Verstand Krieg gegen eure Leidenschaft und eure Gelüste führen. Könnte ich der Friedensstifter in eurer Seele sein und den Missklang und die Zwietracht eurer Wesen in Einklang und Harmonie verwandeln!
Aber wie kann ich das, wenn ihr nicht selber auch Friedensstifter seid, nein, mehr noch, euer ganzes Wesen liebt? Eure Vernunft und eure Leidenschaft sind das Ruder und die Segel eurer seefahrenden Seele. Wenn eure Segel oder Ruder brechen, könnt ihr nur noch schlingern und treiben oder auf hoher See festgehalten werden. Denn die Vernunft ist, wenn sie alleine waltet, eine einengende Kraft; und unbewacht ist die Leidenschaft eine Flamme, die bis zur Selbstzerstörung brennt. Daher lasst die Seele eure Vernunft auf den Gipfel der Leidenschaft heben, damit sie singt; und lasst sie eure Leidenschaft mit Vernunft lenken, damit eure Leidenschaft ihre tägliche Auferstehung erlebt und sich wie der Phönix aus der Asche erhebt.«

Alexander Pope (1688-1744):
»Alles ist nur Teil eines fantastischen Ganzen. Der Körper dieses Ganzen ist die Natur und Gott seine Seele.«

Anwendung

Jeschua hat gesagt, dass der Geist zum Willen wird und dass der Wille zur Substanz wird. Dieser Gedanke hat gewaltige Konsequenzen, wenn wir ihn auf das Schicksal der Erde beziehen. Guter Wille würde zu einer Fülle von Segnungen führen und ungesunder, irregeleiteter oder uneiniger Wille würde endlose Schwierigkeiten produzieren. Wörtlich genommen bezieht sich seine Aussage auf alle Bereiche der Existenz, von der physischen Substanz bis zur Natur, zu menschlichen Plänen, Gemeinschaften und persönlicher Erfüllung.

Der japanische Forscher, Dr. Masaru Emoto, hat ein neues Konzept für die magnetische Resonanzanalyse bei der Untersuchung von Wasserkristallen entwickelt. Seine Studien offenbarten, dass die molekularen Gruppierungen des Wassers durch verschiedene Faktoren beeinflusst werden können, zum Beispiel durch Schwingungen und Bewusstsein. Auf seinen Fotografien werden Variationen der Kristallformationen sichtbar, die durch Musik, Gedanken, Gebete, chaotischen Lärm und verschiedene, emotional geladene Begriffe im Wasser entstehen. Er zeigte uns hiermit nicht nur, dass Wasser lebendig ist, sondern dass es auch ein Bewusstsein hat, das auf äußere Einflüsse durch eine Veränderung seiner Kristallisationseigenschaften reagiert. In wiederholbaren Experimenten demonstrierte Dr. Emoto, dass menschliche Gedanken und Gefühle die molekularen Gruppierungen des Wassers beeinflussen. Dies ist der erste anschauliche Beweis dafür, dass unsere Gedanken unsere Innen- und Außenwelt verändern können.

Mit Liebe, Dankbarkeit und Anerkennung aufgeladenes Wasser bildete Kristalle von komplexer Schönheit. Mit negativen Absichten misshandeltes Wasser verlor seine innere Ordnung und nahm manchmal groteske Formen an. Nach vielen Experimenten fand Dr. Emoto heraus, dass die größte Transformationskraft in der Kombination von Liebe und Dankbarkeit liegt. Das ist doch ein tröstlicher Gedanke auf einem Planeten, dessen Oberfläche zum größten Teil von Wasser bedeckt ist. Doch wenn negative Gedanken die Überhand gewinnen, könnte es schreckliche Folgen haben. Eine weitere Entdeckung der jüngsten Zeit betrifft das Verhalten von Molekülen in Wasser und könnte einen Beweis dafür liefern, dass homöopathische Medikamente tatsächlich eine Wirkung haben (Newscientist.com). In Südkorea hat ein Team von Wissenschaftlern in einer der einfachsten chemischen Reaktionen etwas völlig Neues entdeckt. Was geschieht, wenn wir eine Substanz in Wasser auflösen und dann mehr Wasser hinzufügen? Normalerweise würden wir sagen, dass die gelösten Moleküle sich verteilen und immer weiter voneinander entfernen, je mehr die Lösung verdünnt wird. Doch man hat herausgefunden, dass bei manchen Stoffen das Gegenteil der Fall ist: Sie halten zusammen, zunächst als Molekülgruppen, später als größere Aggregate. Mit zunehmender Verdünnung entfernen sie sich nicht voneinander, sondern rücken enger zusammen.

Der deutsche Chemiker Kurt Geckeler und sein Kollege Shashadhar Samal stolperten über diese Tatsache, als sie sich in ihrem Labor am Kwangju Institut in Südkorea mit Fulleren-Molekülen (eine Kohlenstoff-Verbindung) befassten. Sie stellten fest, dass die länglichen Moleküle dazu neigten, in Lösung ungeordnete Aggregate zu bilden. Die Wissenschaftler wollten das verhindern und entdeckten dabei ein bisher unbekanntes Phänomen. Als sie die Lösung weiter verdünnten, vergrößerten sich die Molekülgruppierungen. Weitere Untersuchungen zeigten, dass das kein Versehen war. Es gibt zahlreiche weitere Moleküle, inklusive DNS und Kochsalz, die sich genauso verhalten. Ein interessanter Aspekt dabei ist, dass es nur in polaren Lösungsmitteln wie Wasser funktioniert, bei denen das eine Ende des Lösungsmoleküls positiv geladen ist und das andere negativ.

Dies könnte der Anfang eines Beweises für die Hochpotenz-Homöopathie sein, die auf der Annahme beruht, dass Wasser über besondere Eigenschaften verfügt. In der Homöopathie werden Lösungen wiederholt verdünnt und man geht davon aus, dass die

Wirksamkeit mit höherer Verdünnung zunimmt. Manche dieser Verdünnungen enthalten kein Molekül der Ausgangssubstanz mehr. Man nimmt an, dass das Wasser eine Art Gedächtnis hat, einen Abdruck des Wirkstoffes als Information speichert und dass diese Erinnerung wirksamer ist als der Stoff selbst.
Das erinnert auch an die umstrittenen Studien des französischen Immunologen Jaques Benveniste. 1988 schrieb er in einer Veröffentlichung, dass eine Lösung, die einmal Antikörper enthalten hatte, immer noch weiße Blutkörperchen aktivieren könne. Benveniste nahm an, dass die Lösung wirkte, weil in der Wasserstruktur gewisse geistige »Abdrücke« der Antikörper enthalten waren.
Neben der Tatsache, dass dies alles sehr interessant ist, will ich hier vor allem deutlich machen, dass WILLE MANIFESTIERT.
Auf dieser Grundlage können wir uns dann anschauen, wie sich in unserem Umfeld Wille manifestiert. Die Dinge sind nicht zufällig so, wie sie sind. Viele Zeichen bestätigen dieses zeitlose Prinzip, manche davon sind deutlicher als andere, weil der Zusammenhang zwischen Willen und Manifestation manchmal deutlicher hervortritt. Wir müssen uns bewusst werden, in welcher Weise wir uns vom Fluss des Lebens trennen und unsere wahren Gefühle verleugnen. Die Trennung vom Fluss des Lebens bedeutet Trennung vom Willen Gottes. Wer eine Situation verurteilt, billigt ihr nicht zu, dass sie sich verändern kann. Eine Verleugnung der Gefühle erzeugt eine Leere im Herzen. Verleugnung ist einfach Verurteilung und Trennung in uns selbst.
Überprüfen Sie ihr Leben, um diese Dinge zu untersuchen und ihr Leben zu verbessern. Machen Sie sich klar, welche Bereiche Ihres Lebens

- am meisten im Fluss sind
- Sie am bedingungslosesten akzeptieren können
- am meisten so sind, wie Sie es sich wünschen

Danken Sie für diese Bereiche Ihres Lebens, in denen es so gut läuft. Danken Sie Gott und den anderen, die Sie mit ihrem Willen unterstützen. Genießen Sie die Früchte Ihrer Arbeit und eines gut gelebten Lebens.

Und dann wollen wir zu den anderen Aspekten Ihres Lebens übergehen, bei denen Sie mehr Schwierigkeiten haben. Machen Sie sich klar, in welchen Bereichen Ihres Lebens

- Sie feststecken
- Sie am meisten Urteile habe
- Sie am meisten Ihre Gefühle verleugnen

Das Rezept zur Verbesserung dieser Bereiche ist einfach, wenn Sie es gewissenhaft anwenden. Fangen Sie damit an zu überprüfen, wo Ihre Absichten unklar sind. Was wollen Sie wirklich? Prüfen Sie sich auf Verleugnung. Welche Gefühle oder Wünsche wollen Sie vor sich selbst nicht zugeben? Haben Sie anderen (inklusive Gott) die Gelegenheit verwehrt, Sie zu unterstützen, indem Sie Ihre Absichten unklar oder ohne Nachdruck äußerten? Geben Sie ehrlich zu, in welcher Weise Sie sich selbst und andere in Bezug auf diese Bereiche verurteilt haben. Alles, was festgefahren ist, enthält Urteile. Schauen Sie genau hin. Sie können unter scheinbar positiven Gedanken versteckt sein. Haben Sie zum Beispiel Probleme mit Geld, können Sie vielleicht ganz gut solche Ideen wie »Geld macht unglücklich« identifizieren, doch auch scheinbar unbefangene Behauptungen wie »mit Geld ist das Leben leichter« sind Urteile. Jede Behauptung, bei der Sie nicht wirklich über die Hintergrundinformationen oder die entsprechenden Erfahrungen verfügen, ist ein Urteil. Solche Behauptungen und Einstellungen verfestigen sich dann zu dauerhaften Missverständnissen über ein Thema, weil Sie nicht bewusst genug sind, um in positiver Weise damit umzugehen. Diese Art des Richtens ist ein Mechanismus, der der Person zu der Erfahrung verhilft, die sie braucht, um ihr Vertrauen und ihr Bewusstsein wieder herzustellen. Viel einfacher ist es jedoch, alle Urteile dieser Art loszulassen und sich vom Fluss des Lebens Erfahrungen zutragen zu lassen, die unser Wachstum fördern. Halten Sie nach Möglichkeiten Ausschau, in diesen Lebensbereichen mehr Akzeptanz und Offenheit zu entwickeln. Es gibt bei uns ein Kinderlied, das sich gut dazu singen oder summen lässt, falls Sie es kennen: »Row, row, row your boat gently down the stream. Merrily, merrily, merrily, merrily; life is but a dream.« In dieser Haltung werden Sie auch das Letzte spüren und begreifen, das noch nötig ist, um mehr Licht, Liebe und Wachstum in diese Bereiche zu bringen: Vergeben Sie sich selbst und anderen, vergeben Sie ohne Ende!

Meditation

Um sich mit dem Willen Gottes zu verbinden, muss man zuerst die Macht der Einheit angenommen haben. Wir wollen mit Gedanken über das Beten beginnen. In mehreren alten Sprachen hat das Wort »Gebet« die Bedeutung »Wunschpfad«. Ursprünglich war das Gebet ein Weg der Läuterung und der Ausrichtung des Herzens und des Verstandes auf die Einheit mit Gott. Das Beten dient der Inspiration, indem es das dem Herzen eigene Verlangen nach dem Guten erweckt. Dieses Ziel wird durch entsprechende Vorbereitung, Vereinigung und Lobpreisungen angestrebt.
Auf der höchsten Ebene unseres menschlichen Seins sind wir im Willen Gottes. Auch wenn Sie scheinbar untätig sind, tun Sie doch etwas, wenn Sie Ihr wahres Wesen verkörpern, denn dann sind Sie Sie selbst und bringen das anderen gegenüber zum Ausdruck. Ihre Augen drücken es aus, Ihre Stimme drückt es aus, Ihr Gesamtzustand drückt es aus. Das Wichtigste ist, Ihr wahres Sein so einfach wie möglich zum Ausdruck zu bringen und seine Wirkung auf den winzigsten Teil des Lebens anzuerkennen. Im Willen Gottes zu sein heißt, in einem Zustand natürlicher Güte zu sein und sich an der natürlichen Güte um sich herum zu erfreuen.
Wenn wir unsere Herzen für diese Einheit öffnen, fangen wir an,

loszulassen. Im leeren Raum sehnt sich unsere Seele nach der Wiedervereinigung mit dem, was sie hervorbrachte. Gott ist sowohl das Unendliche wie auch das innere Selbst von allem. Genauso wie eine kleine, verborgene Flamme im Herzen kann auch Gott nur von einem ruhigen Geist erkannt werden. Wer dieses Einssein erfährt, wird unsterblich.
Verwenden Sie folgende Affirmation:
»Ich will alle Gier und Anhaftung hinter mir lassen und mich auf einen neuen, ursprünglichen Bewusstseinszustand einlassen, der mein Leben erweitert. In diesem Zustand wird der essentielle Wille wiedergeboren. Wenn ich von meinem sich getrennt fühlenden Selbst befreit bin, bin ich nicht mehr mit dem Messen des Lebens beschäftigt, sondern mit dem Leben des Lebens. Dann sind meine Gebete ohne Ablenkung und meine Stille ist voller Gebet. Mein ganzes Leben wird dann zum Gebet. Im Zentrum des Universums schlägt ein liebendes Herz in Harmonie mit allem und will das Beste für mich.«

Während Ihr Herz sich solcherart in die Einheit begibt, lobpreisen Sie weiter den Schöpfer.

»Du hast mich erschaffen. Du hast mich gerufen. Du hast mich gelehrt. Du hast mich genährt. Du hast mich geliebt. Durch mich erschaffst Du. Du verbreitest Deinen Willen und Dein Wissen. Du sorgst für mich. Du liebst mich. Ich bin Dein.«

Und dann setzen Sie sich in der Stille mit dem Willen Ihres Lebens in Verbindung, der Sehnsucht Ihres Herzens. Lösen Sie sich von den Erinnerungen an all jene Situationen, wo Sie den Willen Ihres Lebens im Stich gelassen haben. Lösen Sie sich auch von all den Momenten, in denen Sie ihn leugneten oder in denen Sie behauptet haben, der Wille Ihres Lebens gehöre jemand anderem. Lösen Sie sich von all den Augenblicken, in denen Sie den Willen eines anderen als Ihren eigenen angenommen haben. Würdigen Sie die

Gegenwart Gottes als Ihren wahren Willen, in dem Wissen, dass dies genügt.

Gebet

Oh Gott, Du bist mein Sein.
Du bist die Erfüllung meines Verlangens.
Ich umfange Dich in meinen innersten Gedanken.
Überall schaue ich Deine Unendlichkeit,
die Macht Deiner gewaltigen Gegenwart.
Nirgends erkenne ich einen Anfang, eine Mitte
oder ein Ende von Dir,
Gott von Allen, Große Unendlichkeit.

In Deiner Reinheit läuterst du mich.
In Deiner Ganzheit machst Du mich heil.
Hilf mir, in den Zustand zu kommen,
in dem Dein Geist sich mit meinem vereint.
Das ist der Quell allen Lebens.
Steuere das Schiff meines Lebens in Deinen ruhigen Hafen,
Wo ich vor den Stürmen des Lebens sicher bin.
Zeige mir den Kurs, den ich einschlagen soll.
Erneuere die Gabe der Unterscheidungsfähigkeit in mir.
Gib mir Kraft und Mut, um den richtigen Kurs zu wählen,
Selbst wenn der Sturm tobt.
Hilf mir, das höchste Bewusstsein zu entwickeln,
Mit Deinem Willen als meinem Leuchtfeuer,
Auf dass Deine Seele und meine Seele
wie zwei Kerzen strahlen,
Die ein einziges Licht verströmen.

Amen

12

Wahrheit und Wirklichkeit

Die Botschaft

»Die Wirklichkeit ist so vielfältig wie unsere Wahrnehmung von ihr, wie können wir da in der Realität die Wahrheit entdecken? Du sagst, dass Gott mit der Wirklichkeit eins ist, doch die Wirklichkeit kann manchmal rau und verwirrend sein. Wie können wir in ihr im Gleichgewicht sein und die Gegenwart Gottes spüren?«
»Gott ist eins mit der Wirklichkeit, doch Gott entspricht nicht unbedingt dem, was ihr als Wirklichkeit ***wahrnehmt.*** *Es gibt viele Dimensionen der Wirklichkeit, von persönlichen Überzeugungen und Erfahrungen bis hin zu den mehr berechenbaren, natürlichen Ordnungsmustern. All diese Dimensionen gehören zu eurer Lebenserfahrung dazu. In all dem ist Gott. In jedem Bild gibt es Wahrheit und Wirklichkeit. Ihr seht das, wonach ihr sucht. Die knappste Erklärung, die ich dir geben kann, ist, dass Wahrheit die Essenz einer Sache ist und Wirklichkeit ihre Manifestation.*
Um die Wahrheit zu verstehen, musst du zunächst begreifen, dass die persönliche Wirklichkeit, die physische Wirklichkeit und die essentielle Wahrheit nicht voneinander getrennt sind. Sie sind auch nicht dasselbe, so wie die verschiedenen Teile eines Rades nicht dasselbe sind, sondern Teile eines größeren Ganzen. Wenn du die Welt nur durch deine physischen Sinne wahrnimmst, siehst du nur Teilchen, Elemente und Objekte. Füge dem noch deine Emotionen, Ansichten, Gefühle und Überzeugungen hinzu und du siehst die Wirklichkeit, die du dir erschaffen hast. Wenn keine Überzeugungen, Glaubensmuster oder Urteile deiner inneren Sensitivität im Wege stehen, wirst du auch die alles vereinenden Elemente Liebe und Bewusstsein entdecken. Auf

dieser Wahrnehmungsebene sieht das Universum schon ganz anders aus. Auf der höchsten Bewusstseinsebene gibt es nur ein homogenes Medium, welches die gesamte Existenz durchdringt.
Sicher gibt es Differenzierung, so wie es Wellen auf dem Meer gibt, doch es gibt letztendlich keine Trennungen. Wirklichkeit und Wahrheit repräsentieren das Miteinander verschiedener Teile und Sichtweisen und die Einheit im größeren Ganzen.
Die eigentliche Herausforderung im Umgang mit der Wahrheit liegt daher weniger darin, sie von der Wirklichkeit abzusondern –, denn das ist unmöglich – sondern zu wissen, wie man sie in *der Wirklichkeit erkennen kann. Zahllose falsche Konzepte haben die Menschheit von einem wirksamen Verständnis der Beziehung zwischen Wahrheit und Wirklichkeit entfremdet. Dazu gehört auch die Überzeugung, dass die Wahrheit eine Art archetypischer Entwurf sei, der durch sein Ausagieren in dynamischen Formen verzerrt und verfälscht wurde. Das würde bedeuten, dass die Beziehung zwischen Wirklichkeit und Wahrheit nur linear ist und sich auf einen entropischen Zustand hin entwickelt. Wenn dem so wäre, wie könntet ihr dann irgendein Problem bewältigen, ohne gleichzeitig neue zu erzeugen? Gäbe es dann überhaupt eine Grundlage für echte Lösungen? Das Wissen darum, wie ihr in der Wirklichkeit Wahrheit finden könnt, wird euch von dem Chaos befreien und von den Konflikten, die in eurer Erfahrung der Wirklichkeit auftauchen können. Wahrheit erlöst euch von enttäuschenden Wirklichkeiten, die schief gelaufen sind. Wäre die Wahrheit nicht in allen Situationen gegenwärtig, gäbe es keine Zuflucht für euch.«*
Während ich über die Allgegenwart der Wahrheit und die Anwesenheit Gottes in der Wirklichkeit nachsann, erschienen sie mir wie ineinander gefaltete Hände, deren verschränkte Finger zwei unterschiedliche, doch einander unterstützende Dimensionen der Existenz miteinander verbinden. So viel Liebe – so viele Wunder!
»Die eine Kraft, die sowohl Wahrheit als auch Wirklichkeit in Gang hält und verbindet, ist die Liebe. Deswegen ist es so wichtig, dass ihr wisst, dass ihr Liebe seid. Wenn Liebe nur etwas wäre, was ihr tut oder

beabsichtigt, würdet ihr es nur als Teil der Wirklichkeit sehen und an der Wahrheit der Liebe vorübergehen. Ihr könnt nicht den gesamten Kontext eures Lebens erkennen, doch ihr könnt durchaus erkennen, dass euer Liebe-Sein die grundlegende Motivation in eurem Leben ausmacht und einschließt. Es wird euch an diese gleiche Wahrheit in anderen erinnern und euch die Stärke verleihen zu vergeben, wenn sich Konflikte ergeben.

Die Quelle allen Lebens liegt jenseits des objektiven Universums und ruht gleichzeitig Leben spendend und erhaltend in allen Formen der Schöpfung. Die Wahrheit Gottes ist so großartig, dass sie euch unerreichbar wäre, wenn sie nicht auch in euch selbst läge. Das sind Geheimnis und Mysterium der Unendlichkeit. Unendlichkeit ist nicht das, was jenseits eines eingrenzbaren Universums läge. Unendlichkeit ist das, was dieses Universum durchdringt und das objektive mit dem subjektiven Bewusstsein zu einem einzigen, grenzenlosen Potential verbindet. Unendlichkeit ist eine qualitative Dimension der Existenz, die objektive und subjektive Erfahrung miteinander integriert. Ihr könnt Wahrheit und Wirklichkeit erst effektiv vereinen, wenn ihr dies erkannt habt. Die Wissenschaften werden sich erst damit anfreunden können, wenn sie die Subjektivität als einen Teil der angewandten Wissenschaften anerkennen. Wo das Objektive und das Subjektive einander begegnen, gibt es einen Ruhe-Punkt vollkommenen Gleichgewichts, in dem sich mehr als die Summe des Messbaren offenbart. So wie die Mathematik keine komplexen Variablen ohne die funktionelle Einheit ›0‹ darstellen könnte, so kann sich auch dynamische Veränderung nur auf der Grundlage vollkommener Neutralität entfalten. Die Entdeckung dieser ›0‹, der reinen Homöostase, wird das menschliche Verständnis sehr bereichern, denn dann kann die Unendlichkeit als eine graduelle Skala von Möglichkeiten betrachtet werden, die von einem neutralen Mittelpunkt ausgehen.

Die Wahrheit hat keine Maßeinheiten, daher wird jeder Teil von ihr die Wirklichkeit stabilisieren, indem sie ihr einen Ruhepunkt bietet, von dem aus Beobachtungen verglichen und eingeschätzt werden können. Die Wirklichkeit nähert oder entfernt sich von der Wahrheit, je nach-

dem, wie ähnlich sie der Wahrheit ist. Die Wahrheit misst sich nicht in Datenmengen, ihr braucht also keine riesigen Mengen davon, um euer Leben produktiver und sinnvoller zu machen. Was ihr braucht ist ein besseres Verständnis davon, wie und wo ihr Wahrheit finden könnt. Dann werdet ihr in der Lage sein, eure Erfahrungen anhand einer axialen Kraft einzuschätzen, statt sie durch ihre Grenzen zu definieren. Die wahre Definition eines Kontextes beruht auf seinem Zentrum und nicht auf seinen Grenzen. In diesem Wissen liegt Freiheit. Anders ausgedrückt: Wahrheit ist die Antwort, nach der eure Seele sucht. Diese Antwort liegt nicht in Daten, Überzeugungen oder einem Verändern der Grenzen eurer Realität. Die Antwort liegt im Zentrum eures Seins.

Das Streben nach Wahrheit zwingt euch, euch über solche Aspekte des physischen Lebens wie Polarität, Widerstand und Erschöpfung hinaus zu bewegen. Wenn ihr über dieses Problem hinauswachst, dann nicht, weil alle Extreme aus eurem Leben verschwunden sind, sondern weil ihr aus der Erkenntnis heraus lebt, dass alle Extreme ihre Kraft aus einem gemeinsamen Zentrum beziehen. Jedes Zentrum gibt der Wirklichkeit, die von ihm ausgeht, Kraft. Ereignisse werden von einem vollkommenen Equilibrium kontrolliert und nicht von den Widerständen, die sie zu definieren scheinen. Es gibt keine Gegensätze oder Konflikte, die nicht zu einem friedvollen Ganzen integriert werden können, sobald man ihren Mittelpunkt findet.

Aus deiner eigenen Mitte heraus kannst du die konzentrischen Kreise der Wirklichkeit erkennen, die bei deiner persönlichen Realität beginnen und sich ausbreiten, um die Wirklichkeiten anderer und letztlich das ganze physische Universum mit einzuschließen. Dieses Zentrum ist in der Stille zu finden. Hier wird die Wahrheit offenbar. Dieses Prinzip ist von subjektiver, objektiver und kollektiver Gültigkeit, denn es entspricht dem Wesen der Wahrheit durch Einheit Klarheit zu bringen. Polarität ist eine Illusion. Solange du an ihre Wirklichkeit glaubst, wirst du auch alle anderen Illusionen glauben und die Wahrheit der Existenz verpassen.«

»Du sprichst offensichtlich über etwas Absolutes, das in sich selbst existiert, über eine höhere Kraft jenseits der physischen Dimension. Wie können wir das innerhalb unserer relativen Wahrheit, unserer so genannten ›normalen‹ Wirklichkeit erkennen?«

»*Die Wahrheit besitzt keine Masse und keine räumliche Begrenzung, doch sie ist weit davon entfernt, ›Nichts‹ zu sein. Wahrheit ist eine große, neutrale, erschaffende Kraft. Sie beginnt mit Gott und erweitert sich als Liebe, um dem universellen Leben als gemeinsame, ungeteilte Matrix zu dienen. Die Macht der Wahrheit wird durch die Liebe jenseits der Grenzen von Raum und Zeit getragen. Die Wahrheit verstreut die Liebe wie zahllose Sterne als Seins-Partikel mit einem liebenden Kern und einer Wahrnehmung der Unendlichkeit. Dies sind die lebendigen Seelen, die das Werk des Schöpfers durch die jeweilige Realität, die sie erzeugen, fördern. Deine Erfahrung der Wirklichkeit ist ein direktes Ergebnis dessen, was du erschaffen hast, deiner Beziehungen zu denen, mit denen du mit-schöpferisch tätig bist und letztlich deiner Beziehung zu Gott. Deine Erfahrung der Wahrheit entsteht durch die Hingabe an das universelle Gesetz und die Macht der Liebe. Liebe ist die Kraft, die Wahrheit und Wirklichkeit integriert und beiden gemeinsam ist.*

Unabhängig von eurer eigenen Realität behält jede Seele einen ›Ruhe-Punkt‹ in sich, von dem aus die Unendlichkeit wahrgenommen werden kann. Dieser Punkt befindet sich im Heiligen Herzen. Dort könnt ihr mit wahrem Frieden, Sinn und Bedeutung in Kontakt kommen. In dieser Stille, als wahre Liebe, wurdet ihr nach dem Bilde Gottes erschaffen. Ihr könnt in dieses vollkommene Equilibrium eintreten und es zur Grundlage eures Verständnisses machen, wann immer ihr wollt. Es ist tatsächlich so, dass die großen Wahrheiten nicht von einem Standpunkt aus erkannt werden können, der außerhalb von ihnen liegt.

Zwischen der Stille und der Bewegung, zwischen Schöpfer und Geschöpfen, zwischen Wahrheit und Wirklichkeit gibt es einen ewigen Dialog. Wenn ihr die Wirklichkeit begreifen wollt, müsst ihr euch die Beweise vorurteilsfrei anschauen und die Gesetze von Ursache und Wirkung anwenden. Wenn ihr euch selbst kennen lernen wollt, müsst ihr euren subjektiven Antworten trauen. Wenn ihr Gott erkennen wollt, müsst ihr nach der inneren Stille streben, wo das Subjektive und das Objektive einander begegnen und mehr offenbaren als die Summe des Wahrgenommenen. Nur die zwischenräumliche Stille, die den ganzen dynamischen Austausch aufrechterhält, bewahrt das Universum davor, sich selbst aufzuzehren. Veränderung ist das grundlegende Stimulanz für eure Wahrnehmung der Wirklichkeit. Doch in der Stille hinter aller Veränderung liegt die Wahrheit. ›Sei still und wisse, Ich bin Gott‹. Das ist der Weg zur Wahrheit.

Es mag ironisch erscheinen, doch um einen Zustand zu verändern, müsst ihr zunächst seine Verbindung zu dem, ›was sich nicht verändert‹ genau anschauen. Als ich den Sturm zur Ruhe brachte, wandte ich mich nicht an sein Tun, sondern ich ging zunächst in Kontakt mit der Stille in ihm. Dann befahl ich ihm – mit Liebe. Eine spannende Eigenschaft der Wirklichkeit ist, dass jede ihrer Facetten bestehen bleibt, auch wenn die Liebe, die diese Wirklichkeit erschuf, längst vergessen oder verraten wurde und sie bleibt so lange bestehen, bis sie wieder ***in Liebe erkannt*** *wird. Dann steht es euch frei, sie entweder zu entlassen oder aufs Neue in Liebe anzunehmen.*

Ihr müsst euch zuerst mit der allem innewohnenden Liebe ***verbinden*** *bevor ihr irgendetwas verändern könnt. Wenn es sich dabei um eine physische Situation handelt, dann sucht zunächst nach der ›Unveränderlichen‹, der Konstanten, aus der sie ihre Kraft bezieht. Der Glaube einer lebendigen Seele ist ihr Schlüssel zur Verbindung mit diesem Ruhe-Punkt. Glaube ist das Vertrauen in Gott und die ewige Wahrheit, die alle Illusionen durchdringt. Wer sich in Liebe mit seinem eigenen Glauben verbindet oder mit dem eines anderen, der hat Zugang zu einer Macht, die Heilung und vollständige Wiederherstellung ermöglicht.*

Der Glaube einer Seele ist ihre ureigenste Wahrheit. Das ist die praktischste Erklärung, die ich dir für all die Qualen und Misserfolge geben kann und die zugleich den Schlüssel zum Heilen bietet. Mit einer unerwünschten Situation zu kämpfen verschlimmert sie nur, denn das leugnet die darin enthaltene Liebe. Genauso vergeblich ist

es, wohltätige Empfindungen, Gedanken oder Taten auf eine Situation zu projizieren, die du eigentlich verurteilst.
Der Heilige Geist ist die reine Essenz der Wahrheit. Er ist euer ewiger Ratgeber. Die Wirklichkeit ist veränderlich und vieles von ihr habt ihr selbst erzeugt. Die Wahrheit ist eine unveränderliche Konstante, die sich weder von Erfahrungen noch von Perspektiven beeinflussen lässt. Sie überdauert ›zwischen den Zeilen‹ von Raum und Zeit, ohne von ihnen verändert zu werden. Die Wahrheit versteckt sich nicht, wenn wir ihr direkt in die Augen schauen, und sie verschwindet nicht, wenn wir uns abwenden. Die Wahrheit bedarf keiner Daseinsbestätigung durch unser Tun oder unsere Gefühle. Im Gegenteil: Die Wahrheit autorisiert unser Leben.«

Entsprechende Passagen aus der Bibel

Markus 4,39:
»Und er stand auf und bedrohte den Wind und sprach zu dem Meer: Schweig und verstumme! Und der Wind legte sich, und es entstand eine große Stille.«

Johannes 8,32:
»...und (ihr) werdet die Wahrheit erkennen, und die Wahrheit wird euch frei machen.«

Johannes 14,16-17:
»... den Geist der Wahrheit, den die Welt nicht empfangen kann, denn sie sieht ihn nicht und kennt ihn nicht. Ihr kennt ihn, denn er bleibt bei euch und wird in euch sein.«

Johannes 16,13:
»Wenn aber jener, der Geist der Wahrheit, kommen wird, wird er euch in alle Wahrheit leiten. Denn er wird nicht aus sich selber reden; sondern was er hören wird, das wird er reden, und was zukünftig ist, wird er euch verkündigen.«

Schlüssel zum Leben

Jeschua sprach nie mit mir über gestern oder morgen, er sprach nur über heute, jetzt. Dieser gegenwärtige Moment ist der Zeitpunkt für Erkenntnis und Erfüllung. Dies ist der Tag, an dem wir alles gewinnen können, wonach unser Herz sich sehnt. JETZT ist der Schlüssel zur Wahrheit.

In einem meiner Gespräche mit Jeschua fragte ich ihn nach der Seele. Was ist die Seele, und wo sitzt sie? Er erklärte, die Seele sei ein von Gott erschaffenes Gefäß für die Liebe, die wir SIND. Man könnte also sagen, dass sie eine Art spiritueller Körper ist, der es dem zeitlosen Wesen, das Sie sind, erlaubt für eine Weile eine physische Form anzunehmen, um dann mit einem Selbst-Gefühl seine Reise über dieses Leben hinaus durch die Ewigkeit fortzusetzen. Er erklärte weiterhin, dass die Seele sich im Augenblick der Empfängnis mit der zukünftigen Mutter in Verbindung setzt und die embryonale Entwicklung des Kindes begleitet. Bei der Geburt geht die Seele dann DURCH DAS HERZ in den Körper ein. Der erste Atemzug repräsentiert damit die vollzogene Vereinigung von Körper, Geist und Liebe. Der Eintrittspunkt der Seele bleibt unser Leben lang als unsere Verbindung zu höheren Daseinsformen und zum Heiligen Geist erhalten.

Das Herz ist unsere Verbindung zur Ewigkeit, zur Unendlichkeit und zur Unsterblichkeit. Von diesem göttlichen Zentrum aus können die Macht und die Kraft der unendlichen Intelligenz die ganze Herrlichkeit des Raums durchstrahlen oder alles was ist kann in seine Gegenwart gerufen werden. Unendliche Intelligenz ist nicht auf das Raum-Zeit-Kontinuum beschränkt. In unserem menschlichen Bestreben dieses Konzept zu begreifen, stellen wir uns oft die Ewigkeit als eine endlose Ausdehnung der Zeit vor und die Unendlichkeit als eine endlose Ausdehnung des Raums. Doch eigentlich bedeutet Ewigkeit keine Vergangenheit, keine Zukunft – nur das beständige Jetzt, das beständige Hier, die Mitte, von der aus alles erkannt wird.

Es ist für die Evolution unseres Bewusstseins ausgesprochen wichtig, dass wir nach diesem besonderen Ort heiligen Friedens wieder in uns suchen. Er muss mit Hilfe des Glaubens wieder entdeckt werden. Wahrer Glaube hat nichts mit Glaubenssätzen zu tun oder mit dem Versuch sich selbst einzureden, dass bestimmte Dinge wahr seien. Wirklich stärkender Glaube weiß und ist sich gewiss, dass die Wahrheit unser wahres Wesen ist und dass sie uns JETZT zur Verfügung steht. Wahrer Glaube ist die Erkenntnis, dass unsere eigene, wahre Essenz wirklich ist und nicht verloren gehen kann. Wir existieren wirklich! Die Wirklichkeit unterstützt uns und wir sind ein Teil von ihr. Wir müssen uns keine Unterstützung erarbeiten, denn sie ist bereits vorhanden und wird genauso wenig verschwinden, wie der Himmel verschwindet, nur weil wir die Augen schließen. Mit Hilfe des Glaubens wird unsere Essenz zu einer fühlbaren, ursprünglichen Erfahrung.

So kann uns der Glaube das unerschütterliche Vertrauen geben, dass das Leben und das Universum ihrem Wesen nach gut sind. Selbst wenn die Dinge aus der Sicht des Egos völlig verkehrt zu laufen scheinen, erkennen wir, dass wir unterstützt werden und dass unser wahres Sein davon nicht berührt wird. Der Glaube verleiht uns die innere Freiheit, spontan und unbeschränkt von Konditionierungen und Zweifeln auf all das zu antworten, was im jeweiligen Moment gerade auftaucht. So führt er uns in jedem Augenblick zum bestmöglichen Handeln.

Andere Quellen der Weisheit

George Macdonald (1824-1905):
»Wie müde Wellen folgen Gedanken auf Gedanken, doch die unbewegte Tiefe darunter ist Dein allein.«

William Wordsworth (1770-1850):
»Weisheit und Geist des Universums! Du Ewigkeit des

Gedankens! Du, der Du Formen und Bildern Atem einhauchst und ewige Bewegung!«

Blaise Pascal (1623-1662):
»Wir erkennen die Wahrheit nicht nur mit der Vernunft, sondern auch mit dem Herzen.«

Daniel Webster (1782-1852):
»Nichts ist so mächtig wie die Wahrheit – und oft ist nichts so seltsam.«

Francis Bacon (1561-1626):
»Auf dem Standpunkt der Wahrheit zu stehen ist ein Vergnügen, dem nichts gleich kommt.«

Anwendung

Es gibt in unserem Herzen einen geheimen Ort, an dem wir mit Gott und miteinander eins werden können. Es gibt viele Möglichkeiten wie Gebete, Meditation, Dankesbezeugungen, Vergebung und Hingabe, die uns helfen, unsere alltäglichen Sorgen loszulassen und uns in seine erfrischende, heitere Gelassenheit zu versetzen. Eine der ältesten und machtvollsten Arten ist die Konzentration auf den Atem. Vielleicht liegt das an der Verbindung, die wir zwischen dem Atem und dem Geistigen sehen, vielleicht aber auch daran, dass der Atem die engste Verbindung zwischen unseren inneren und unseren äußeren Welten ist. In dem Bereich zwischen den Atemzügen besteht die Möglichkeit, ein vollkommenes Equilibrium zu erfahren. Wer die Atmung meistert, der nimmt verstärkt die Führung der ewigen Lebenskraft in seinem Leben wahr. Auf der praktischen Ebene belebt die folgende Übung den Körper und energetisiert unser Tun wie nichts sonst. Während wir unsere Weisheit entwickeln, müssen wir in der Lage sein, uns ungehindert und bewusst durch die Schleier zwischen Wahrheit

und Wirklichkeit zu bewegen. Damit erfüllen wir dann Jeschua's Verheißung, IN dieser Welt zu sein, doch nicht VON dieser Welt. Ich empfehle Ihnen, sich diese Übung in einer stillen, meditativen Atmosphäre anzueignen. Wenn Sie damit vertraut sind, können Sie sie dann jederzeit und überall praktizieren.
ATEMÜBUNG: Atmen Sie sieben Herzschläge lang ein. Halten Sie zwei Herzschläge lang die Luft an. Dann atmen Sie sieben Herzschläge lang aus. Warten sie zwei Herzschläge lang, bevor Sie wieder einatmen. Atmen Sie sieben Mal auf diese Weise. Es ist eine einfache Übung, doch der Gewinn liegt darin, sich klar zu machen, was man dabei wirklich tut. Wenn Sie mit dieser Art des Atmens vertraut sind, können Sie mehr als Luft in Ihre Wahrnehmung des Atems einbeziehen. Spüren Sie, wie alle Ihre Zellen Energie, Lebenskraft, Äther und Licht ein- und ausatmen. Konzentrieren Sie sich auch auf die Klarheit zwischen den Atemzügen.

Meditation

Kaum etwas vereinfacht unsere Wirklichkeit und beschleunigt unsere Entwicklung zur Wahrheit mehr als Vergebung und das Loslassen von Verurteilungen. Die Wirklichkeit hält manch raue Überraschung für uns bereit, doch in der Allmacht der Wahrheit können alle Wunden heilen und wir können wieder ganz und »heil« werden. Die folgende Meditation ist die effektivste Übung zur Durchführung dieses Prozesses, die ich kenne:

Lassen Sie sich von Ruhe einhüllen und begeben Sie sich in die Stille Ihres Herzens. An diesem Ort des Friedens stellen Sie sich eine Person vor, der Sie zu vergeben oder die Sie loszulassen haben. Auch wenn es schmerzhaft ist: Schauen Sie diesen Menschen innerlich direkt an, bis Sie in seinem Herzen die Gegenwart Christi erblicken. Dann nehmen Sie wahr, wie sich der Christus in Ihrem Herzen vor der Gegenwart Christi in dem Herzen ihres Gegenübers anerkennend verneigt.

Der Christus in Ihnen sagt zu dem Christus in dem Herzen Ihres Gegenübers:

- Ich gehorche nur dem Willen Gottes.
- Ich erkenne meine Existenz nur durch die Gnade Gottes an.
- Meine vergangenen Konditionierungen und Urteile sind im Sterben.
- Ich bin eins mit Gott, vollkommen in Gedanken, Worten und Taten, für immer.
- Hiermit akzeptiere ich die Konsequenzen unseres Miteinanders als den Willen Gottes.
- Unsere Konflikte und Uneinigkeiten sterben und unsere Einheit in Liebe wird wiedergeboren.
- Wir sind eins im Geiste und existieren gemeinsam in Liebe.

Als die Liebe, die Sie sind, spricht der Christus in Ihnen weiter zu der Gegenwart Christi in Ihrem Gegenüber:

- Hiermit bist du frei, das Leben so zu erfahren, wie du willst.
- Ich vergebe dir und entlasse dich jetzt in den Willen Gottes, in Frieden, Liebe und Harmonie.
- Ich segne dich, auf dass du immer in der Liebe ruhen mögest.

Der Christus in der anderen Person antwortet dem Christus in Ihnen:

- Ich vergebe dir ganz und gar und entlasse dich in die Lebenserfahrung, die du dir wählst.
- Hiermit anerkenne und ehre ich die Gegenwart Christi in dir.
- Hiermit lasse ich dich jetzt los, in Frieden, Liebe und Harmonie.
- Ich segne dich, auf dass du immer in der Liebe ruhen mögest.

Beobachten Sie, wie die andere Person in Licht und Liebe verschwindet, bis Sie nur noch Licht sehen.
Ein letztes Wort zum Thema Vergebung: Seien Sie ehrlich! Lassen Sie nur ihre Vorbehalte gegenüber jenen Situationen und Personen los, denen Sie wirklich vergeben können. Tun Sie nicht so, als hätten Sie jemandem vergeben, wenn Sie ihn immer noch nicht ausstehen können. Vergebung ist eine Rückkehr zu Gott. Diese Rückkehr fängt nicht damit an, dass man zum Heiligen wird, sondern Sie endet damit. Wiedergutmachung beginnt mit einer authentischen Erfahrung der Hingabe an die Liebe und ihre Kraft die Wunden des gebrochenen Glaubens zu heilen. Durch das fortgesetzte Üben bewussten Vergebens wird die Heilung und Stärkung dann vervollständigt.

Gebet

Ich bete, dass ich sicher durch alle Dunkelheit
zu dem jenseitigen Licht gelangen möge.
Im Glauben an das, was ich nicht sehen
und nicht wissen kann,
bete ich um Erkenntnis dessen, was das Sehen
und das Wissen transzendiert.
Ich bete, dass ich Deine Wahrheit
als meine höchste Wirklichkeit betrachten möge.

Sei all meine Liebe, all meine Hoffnung
und mein ganzes Bestreben.
Lass meine Gedanken und Worte aus Dir hervorgehen,
und lass mich mein tägliches Leben in Dir leben.
Lass jeden meiner Atemzüge voller Liebe zu Dir sein.

Amen

13

Proaktives und reaktives Leben

Die Botschaft

Die Wissenschaftler behaupten, dass es zu jeder Reaktion eine Gegenreaktion gibt. Das scheint bei allen physischen Dingen zuzutreffen und wir können über die Gültigkeit dieser Regel in den nichtphysischen Bereichen nur spekulieren. In Bezug auf das menschliche Verhalten scheint es eine klare Entscheidungsmöglichkeit zu geben. Manchmal reagieren wir ohne zu Zögern einfach auf die Umstände, wie ein Ball von einer Wand abprallt, und manchmal fangen wir uns mitten im Flug ab und korrigieren unseren Kurs, um die Konsequenzen zu verbessern. Jenseits von allem »Richtig« oder »Falsch« (was ohnehin meist von Meinungen und Gebräuchen geprägt ist) gibt es eine grundsätzliche Entscheidung im Leben: Wollen wir mit dem Leben reaktiv oder proaktiv umgehen? Wenn wir reagieren, erwidern wir Kräfte, die außerhalb unserer selbst in Bewegung gesetzt wurden. Dabei verlieren wir jedes Mal ein bisschen mehr die Herrschaft über unser Schicksal. Wenn wir dagegen proagieren, beziehen wir die Konsequenzen unseres Tuns mit ein, bevor wir handeln und bekräftigen dadurch unsere Entscheidungsfreiheit und unser Recht höhere Ideale anzustreben. Die Tatsache, dass wir diese Wahlmöglichkeit überhaupt haben, ist in meinen Augen der Beweis dafür, dass wir spirituelle Wesen sind. Wenn wir diese Entscheidung immer wieder bewusst treffen, bewegen wir uns mit Riesenschritten auf die Erfüllung unserer Beziehung zu Gott und dem Leben zu.
Jeschua sagte dazu:

»Im Herzen wird die grundlegende Entscheidung getroffen, das Leben als die Liebe zu leben, die du bist, oder anderen Kräften die Verantwortung für dein Leben zu überlassen. Letzteres äußert sich oft in Schuldzuweisungen, Abhängigkeiten oder zwanghaftem Verhalten. Ob ein Verhalten positiv oder negativ aussieht ist kein Kriterium, das euch bei der Unterscheidung zwischen proaktivem und reaktivem Verhalten weiter hilft. Viele scheinbar positive Reaktionen sind einfach automatische Erwiderungen auf einen positiven Impuls. Dabei kann es sich durchaus um ein automatisches Abwehrverhalten handeln, das auf eine positive Reaktion von anderen abzielt, doch ohne dass eine klare, verantwortungsvolle Absicht dahinter steht. Auf der anderen Seite ist manches hart oder zerstörerisch erscheinende Verhalten sorgfältig erwogen und bewusst auf eine Korrektur ausgerichtet, so wie man eine Brandschneise anlegt, um einem größeren Waldbrand Einhalt zu gebieten. Lass dich nicht täuschen. Der Unterschied zwischen reaktivem und proaktivem Verhalten liegt in dem Bewusstsein, welches zu dem Verhalten führt. Dem Menschen wurde ein höheres Bewusstsein verliehen, um seine Lebensentscheidungen aus einer höheren Perspektive treffen und für seine Integrität Verantwortung übernehmen zu können. Dieses Bewusstsein findest du im Heiligen Herzen. Durch euer Herz habt ihr Zugang zu den höheren Mächten der Einheit, Liebe, Lebendigkeit, Aufrichtigkeit, Respekt, Gerechtigkeit und Güte. Indem ihr diese Prinzipien in eurem Leben anwendet, werdet ihr zu allem, wofür ihr erschaffen wurdet und tragt in positiver Weise zu dem Leben der anderen bei.

Der Unterschied zwischen proaktivem und reaktivem Leben zeigt sich darin, ob ein Mensch sich als verbunden und vollständig oder als getrennt und ungenügend wahrnimmt. Denk nur an das große Wunder all der Systeme im Universum, wenn du dieses Verständnis in dir stärken willst, an all die Galaxien, Planeten und Lebenssysteme, die gleichzeitig in vollkommener Harmonie funktionieren. Die gesamte Schöpfung ist von Ganzheit, von Heil durchdrungen und doch gibt es eine Entscheidungsmöglichkeit: daran teilzuhaben oder nicht.

Reaktives Verhalten stammt aus dem Glauben an Getrenntheit und aus der Gewohnheit, sich auf einzelne, beschränkte Teile des Lebens zu konzentrieren. Die Vorstellung, dass einzelne Teile der Existenz über eine eigene, isolierte Macht verfügen, führt zu dem zwanghaften Verhalten, sie in Besitz zu nehmen oder zu bekämpfen. Reaktives Verhalten wurzelt in der Angst und der Minderwertigkeit, die ein Mensch empfindet, der nach äußerer Macht strebt. Proaktives Leben beginnt dagegen im Herzen mit all seinen Wahrnehmungen der Einheit und Ganzheit. Dem Menschen wurde nur eine einzige wahre Macht verliehen: das höhere Bewusstsein der Weisheit des Herzens. Alle andere Macht ist vom Universum geborgt oder vorgetäuscht. Ein Mensch, der versucht sein Leben auf erworbener Kraft aufzubauen, wird nie genug haben. Er wird sich nie vollständig fühlen, egal wie viel er erwirbt oder leistet. Dieses Gefühl, nicht zu genügen, wird nur einen größeren Hunger nach Äußerlichkeiten hervorrufen, begleitet von der Angst, von diesen Dingen dominiert zu werden. Eine Seele verstrickt sich dann durch diesen Hunger nach Dingen, die nicht das sind, wer sie ist, in den Mechanismen der physischen Existenz und reagiert auf das Leben statt es zu umarmen.

Die Antwort liegt immer im Herzen. Erinnere dich daran, dass deine Verbindung zu Gott und der Einheit der gesamten Schöpfung in deinem Herzen liegt. Aus dieser umfassenden Perspektive heraus kannst du Entscheidungen treffen, die dein Leben wahrhaft erfüllen und erhalten.«

Entsprechende Passagen aus der Bibel

Psalmen 46,11:
»Seid stille und erkennet, dass ich Gott bin!«

1. Petrus 3,4:
»...sondern der verborgene Mensch des Herzens im unvergänglichen Schmuck des sanften und stillen Geistes: das ist köstlich vor Gott.«

Hiob 31,6:
»(Er) möge mich wiegen auf rechter Waage, so wird er erkennen meine Unschuld!«
Matthäus 5,48:
»Darum sollt ihr vollkommen sein, wie euer Vater im Himmel vollkommen ist.«

Schlüssel zum Leben

Unsere Welt ist voller Möglichkeiten und alles ist im Überfluss vorhanden und doch werden wir immer wieder mit Konflikten und Verwirrung konfrontiert. Jeden Tag stehen wir vor neuen Entscheidungen, wie wir unsere Chancen vermehren und unangenehme Begegnungen auf ein Mindestmaß beschränken können. Wir achten darauf, immer wieder unsere Wertmaßstäbe zu überprüfen und bemühen uns dabei, nicht zu richten, damit wir weiter in Richtung Einheit und Freiheit fortschreiten können. Wir haben immer die Wahl zwischen reaktivem und proaktivem Verhalten. Der Schlüssel zum proaktiven Verhalten liegt in dem Wissen, dass innerhalb der Gesamtheit der Existenz bewusste Wahlmöglichkeit und das Potential für Wunder ebenfalls Teil von Ursache und Wirkung sind.
Meistens nimmt unsere Tendenz zu reaktivem Verhalten in dem Maße zu, wie unser Verständnis nachlässt. Wenn wir wirklich begreifen, setzt sich unser guter Kern in der Regel durch und wir entscheiden uns vom Herzen aus. Leider halten wir unsere Vermutungen oft solange für Verständnis, bis es zur Krise kommt. Wir gehen davon aus, dass unsere Haltung richtig ist, bis sie erschüttert wird. Die Stärkung des Herzens durch tägliche Übungen kann daher eine große Hilfe sein. Sind Sie sich zum Beispiel genau darüber im Klaren, was Ihnen zu tun, zu haben oder zu sein frei steht oder zögern Sie und stellen Bedingungen? Letzteres mindert unser Leben selbst in besten Zeiten und in schlimmen Zeiten kann es das Leben unerträglich machen. Wenn Sie diese Klarheit haben,

leben Sie jedoch immer in besten Zeiten, unabhängig von allen äußeren Bedingungen!
Aufgrund der Wunder, die mit meiner Begegnung mit Jeschua verbunden waren, befürchtete ich eine Zeitlang, dass andere mich als etwas Besonderes ansehen könnten. Zu meiner Erleichterung fand das jedoch nicht statt. Im Gegenteil, ich habe jetzt mehr freundschaftliche Beziehungen als früher. Historisch betrachtet bin ich nur eine von vielen, denen er erschienen ist. Jeschua verlor nach seiner Auferstehung keine Zeit. Noch am gleichen Nachmittag erschien er zwei Männern auf dem Weg nach Emmaus. Er kehrte bei ihnen zum Abendessen ein und sprach über Wahrheit und Liebe zu ihnen. Dann löste er sich scheinbar wieder in Luft auf. Seitdem hat er nie aufgehört, uns die allgegenwärtige Möglichkeit des Wunders mitten im täglichen Leben vor Augen zu führen.
Was das tägliche Leben angeht, ist es natürlich und logisch, dass wir nach Erklärungen suchen, nach Ursachen und Wirkungen. Und es ist ebenso natürlich für ein Kind Gottes, Wunder zu erwarten. Darin liegt die Herausforderung im Umgang mit der »normalen« Realität und vielleicht der Kern von Jeschua's herrlicher und revolutionärer Botschaft. Er lehrte uns, mit diesen komplementären Sichtweisen auf die Wirklichkeit gleichzeitig zu leben und sie in eine Ganzheit zu integrieren. Nur mit diesem vollständigen Bild können wir kontinuierlich eine proaktive Haltung einnehmen. Nur mit diesem höheren Verständnis können wir unerwünschtes Verhalten korrigieren oder vermeiden und gleichzeitig im wachen Gewahrsein der Liebe bleiben.
Wenn unser Glaube oder unser Bewusstsein uns nicht nach der Ganzheit streben lassen, werden wir leicht von einzelnen, lohnenderen oder uns stärker beanspruchenden »Teilen« des Lebens absorbiert. Manchmal sind wir auch einfach blind für das Potential vollständiger Einheit oder wir fühlen uns, als würden wir in einem parallelen Universum feststecken. Während der ganzen Zeit liegt jedoch unsere größte Chance darin, die Wunder im täglichen Leben zu erkennen. Das Leben fordert uns heraus, uns in

»erleuchteter Koordination« zu üben. Nur wenn uns bewusst ist, dass unser Leben Teil eines größeren Ganzen ist, und nur, wenn wir uns bemühen, dieses Ganze von unserem innersten Wesenskern her zu betrachten, können wir sehen, dass sich alle Teile in dem gleichen Ganzen befinden. Jeschua's grundlegende Botschaft an mich war: Du bist Liebe. Darin sind wir eins mit unserem Schöpfer, der vollkommene Liebe ist. Aus diesem Ur-Fokus heraus entstehen dann all unsere anderen Verbindungen als Teil des Einen Geistes. Es gibt zu jedem Thema viele Perspektiven, die durch Austausch und Kommunikation deutlich werden. Das Leben ist ein unendlicher Dialog, der sich manchmal im großen Maßstab wie Sterblichkeit und Unsterblichkeit zeigt und manchmal in subtilen Änderungen des Blickwinkels hervortritt, die zu neuen, vielleicht sogar lustigen Erkenntnissen über altbekannte Dinge führen können.

In diesem Dialog des Lebens gibt es immer Entscheidungen. Dabei geht es häufig nicht so sehr um Äußerlichkeiten, sondern mehr um Möglichkeiten, die Qualität unseres Lebens zu bestimmen. Um dies zu verstehen, müssen wir die Richtung unseres Denkens umdrehen, was die Abfolge von Ursache und Wirkung betrifft. Wenn wir Konsequenzen als etwas Äußerliches betrachten, haben wir nicht verstanden, worum es eigentlich geht. Wir müssen sie als eine Reflexion unserer Beziehung zum Leben sehen.

Im Bereich der Wissenschaften und des Intellekts, gilt Logik als das vergleichende Studium von Werten und Wirkungen. Es ist das Studium von Ableitungen: Wie wurde etwas zu dem, was es ist. Bei einer solchen Betrachtungsweise wird alles im Leben zur Wirkung, die wieder etwas bewirkt, es ist eine Kette, die sich ständig von ihrem Ursprung entfernt. In komplexen Ableitungsprozessen tauchen oft Polaritäten auf und Abstufungen verschwinden. Wir vereinfachen durch Gegensätze und verlieren damit den Blick für das Subtile. Wir verwenden Begriffe wie gut und schlecht, um zwischen bevorzugten und unerwünschten Erfahrungen zu unterscheiden.

Jeschua erklärte mir, dass am Anfang nur Gutes war. Das Übel entstand, als sich das Leben von seiner ursprünglichen Quelle wegbewegte. Das Übel verfügt über keine primäre Kraft, sondern ist eine Bedrohung, die in unserer Erfahrung und Realität aus dem Spiel der Gegensätze entsteht. Das Gleiche gilt für reaktives Verhalten. Wenn wir, um die Kontrolle zu erhalten, von Angst oder Ärger getrieben handeln, entscheiden wir uns für die Energie, die mit einem abgeleiteten Potential verbunden ist. Wenn wir uns in den Polaritäten des Lebens verfangen haben, reagieren wir in der Regel. Und dann fragen wir uns mitten in all unseren Schwierigkeiten, »Wo ist Gott?« und können nicht begreifen, dass die gesamte Schöpfung ursprünglich gut gewesen sein soll.

Entscheiden wir uns jedoch für eine größere Perspektive, die alle Aspekte der Erfahrung umfasst, öffnen wir uns für ein erfüllteres Leben.

Jeschua erklärte mir dies, indem er die Logik (also abgeleitete Erklärungen des Lebens) mit der ursprünglichen Vollkommenheit verknüpfte. Das Wort für diese ursprüngliche Vollkommenheit ist LOGOS – der Ursprung aller Logik. Der Begriff Logos ist oft im Zusammenhang mit der Quelle, dem Ursprung von Allem gebracht worden, also mit der Wahrheit. Logik ist dagegen ein Denksystem, mit dem wir Ursache und Wirkung erklären. Logik ist die Sprache der Wissenschaft und der Vernunft. Sie ist vergleichend und progressiv in dem Sinne, dass Weiß sich zu Schwarz hin entwickelt (oder umgekehrt) und dabei verschiedene Grautöne durchläuft. Wenn diese Übergänge ausgelassen werden, entsteht zwischen Weiß und Schwarz ein starker Kontrast. In unserem Bewusstsein kann bereits die Wahrnehmung von Weiß Gedanken an Grautöne oder sogar an das gegenteilige Extrem, nämlich Schwarz, hervorrufen. Diese Gegenreaktion erfolgt automatisch und unbewusst, solange wir nicht auf einer höheren Ebene einen Ausgleich schaffen. Logos ist das absolute, unbewegliche Equilibrium, welches die Konstante ist oder den Rahmen bietet, in dem sich Logik entfalten kann. Aus der Verknüpfung dieser beiden Ordnungssysteme ergibt sich eine neue Logik, die eine Vielzahl

gleichzeitig integrierter Perspektiven enthält. Wenn wir uns auf diese neue Logik einlassen, haben wir einen der größten Wege zur Weisheit betreten.
Wir haben bislang die wunderbare Verbindung zwischen diesen beiden Ordnungssystemen nicht erkannt, weil wir den Logos aus der Logik ableiten wollen. Wir versuchen, eine ausgeglichene Mitte zu finden, indem wir die Extreme definieren. Anders ausgedrückt, wir versuchen bei einer Geraden die Mitte zu finden, indem wir zuerst ihre Endpunkte bestimmen. Was aber wäre, wenn es gar keine Endpunkte gäbe? Unbewusst fühlen wir uns getrieben, Extreme miteinander zu vergleichen, und erhoffen uns daraus auf magische Weise eine Antwort. Reaktives Verhalten kann uns keine Antworten bringen, doch wir stürzen uns in treuem Glauben immer wieder hinein.
Auch Albert Einstein stand bei seinen Forschungen über das Licht vor diesem Dilemma. Er erkannte die Beschränkungen der Newton'schen Physik und dieser Denkstrukturen. Er ahnte, dass das Licht bei der physischen Integration eine Schlüsselrolle spielt, doch er konnte es aus den polaren Extremen der vergleichenden Beobachtung nicht ableiten. Also entwickelte er die These, dass Energie eine Konstante hätte, die keine Masse enthält. Aus dieser Perspektive konnten alle Abweichungen vorhergesagt werden. Als sich seine These bestätigte, gründete er eine neue Logik, die die Unendlichkeit mit einbezieht und die wir heute Relativitätstheorie nennen. Zum ersten Mal waren Logos und Logik in den Wissenschaften miteinander verknüpft worden.
Jeschua's Erklärung des Lebens war damals so radikal wie heute. Er lieferte die Beweise für ein von Wundern erfülltes Universum, dass vollständig mit den Gesetzen von Ursache und Wirkung vereinbar ist. Er lehrte, dass abgeleitete Konsequenzen und ursprüngliche Tugenden absolut gleichzeitig existieren und dass die Menschheit ein Teil dieses mystischen Paradoxes ist. Jeschua sagte, dass niemand ohne Sünde sei, und bei einer anderen Gelegenheit, dass wir alle so vollkommen sind wie unser Vater im Himmel. Das scheint

zunächst unvereinbar und in der Geschichte der Christenheit gab es viel Streit über die Bedeutung dieser Aussagen, weil das dahinter stehende Bewusstsein seiner Zeit so weit voraus war, dass diese Worte fast nur durch Glauben begreifbar waren. Jeschua wusste, dass die Menschheit untrennbar mit diesem Paradox verbunden war. Wir wurden nach dem Bilde Gottes erschaffen. Wir kommen aus der Liebe, nicht aus der Geschichte. Und gleichzeitig haben wir eine Geschichte, wir haben Konditionierungen und Überlebensängste. Beide Aspekte sind also präsent – und beide geben uns die Möglichkeit, Erfahrungen zu machen und uns zu fokussieren. Ein dauerhaftes Equilibrium erhält die Muster von Ursache und Wirkung. Wir leben in einem erstaunlichen Universum! Wenn wir unsere Aufmerksamkeit von der vergleichenden Logik zur herzzentrierten Wahrnehmung der Einheit verschieben, können wir unsere Erfahrungen aus ganz neuen Perspektiven sehen. Aus dieser Sicht können alle möglichen neuen Erkenntnisse auftauchen, praktische, wissenschaftliche und spirituelle.
Vielleicht liegt die Wurzel all unserer Beschränkungen im Leben in unserer beschränkten Vorstellungen über das Leben selbst. Wir rufen zu Gott, doch wir scheinen keine Antwort zu erhalten – vielleicht weil wir Gott aus unseren beschränkenden Konzepten heraus definierten, statt Gott mit machtvoller Stärke uns definieren zu lassen! Wenn wir Gott nur als die Lösung unserer selbsterzeugten Probleme definieren, erkennen wir nicht die ganze Herrlichkeit des Ursprungs allen Lebens und berauben uns selbst seiner Wunder. Die Gewohnheit beschränkter Vorstellungen führt dann zu einem Verhalten wie bei dem Mann, der einst auf einem Baum abrutschte. Er konnte sich noch an einem Ast auffangen und hing dort eine ganze Weile. Als seine Kräfte nachließen, fing er an, Gott um Hilfe anzuflehen. Plötzlich teilten sich die Wolken und eine Stimme ertönte: »Lass los!« Der Mann hielt inne und schaute zum Himmel. Schließlich schrie er voller Verzweiflung: »Ist da oben noch jemand?«
Jeschua's Leben war eine einzige Reihe von Wundern, doch er

verwendete sie nicht, um das Vertrauen seiner Anhänger zu stärken. Sie dienten ihm dazu, eine grundlegende Wahrheit über die Existenz und die Entscheidungsmöglichkeit, die wir in jedem Augenblick haben, zu demonstrieren. »All dies werdet ihr auch tun, und mehr«, bekräftigte er. Wenn wir der Liebe erlauben, der Ursprung all unseres Tuns zu sein, ist alles möglich. Wenn wir aufhören, uns durch unsere Umstände zu definieren, erkennen wir die wahre Freiheit der Liebe. Dann begreifen wir die wahre Bedeutung der Worte des Meisters: »Ich bin in dieser Welt, aber nicht von dieser Welt.«

Andere Quellen der Weisheit

Lal Ded (14. Jh.) :
»Die Schwierigkeiten auf dem Weg zu Gott fühlen sich an, als würde man durch die Mühle gedreht.
Als würde am Mittag die Nacht hereinbrechen, oder wie ein Blitz, der durch die Wolken schlägt.
Doch sorge dich nicht!
Was kommen muss, wird kommen.
Tritt allem mit Liebe gegenüber, während dein Verstand in Gott aufgeht.«

Bruder Ramon (1935-2000)
»Herr der Elemente und der Jahreszeiten,
Halte mich in Deiner hohlen Hand geborgen,
Wenn widrige Winde und Böen des Übels und der Missverständnisse mich hin und her stoßen.
Beruhige mein rasendes Herz und meinen gequälten Geist.«

Teresa von Avila (1515-1582):
»Nichts soll dich ängstigen,
nichts erschrecken,
alles vergeht,

Gott bleibt derselbe.
Geduld erlangt alles.
Wer Gott hat,
dem fehlt nichts.
Gott erst genügt.«

Anwendung

Diese Lektion anzuwenden ist einfach, doch es kann unser Leben verändern.

1. Bemerken Sie, wenn Sie versucht sind, in einer Situation gedankenlos zu reagieren, und entscheiden Sie sich für ein proaktives Verhalten. Das kann sich zum Beispiel in mehr Toleranz, mehr Rücksichtnahme, mehr Aufrichtigkeit oder mehr Respekt ausdrücken. Achten Sie darauf, wie sich das Ergebnis der Situation dadurch verändert.

2. Vergegenwärtigen Sie sich die sieben Aspekte der Intelligenz des Herzens: Einheit, Liebe, Leben, Respekt, Aufrichtigkeit, Gerechtigkeit und Güte. Dann finden Sie Beispiele dafür, wie jedes dieser Prinzipien eine gute Alternative zu dem Verhalten ist, mit dem Sie in der Vergangenheit auf verschiedene Situationen reagiert haben. Üben Sie dies in der Gegenwart.

Meditation

In dieser Meditation entspannen wir uns in die Einheit allen Lebens und lassen unseren Geist sich weiten. Der beste Ort für diese Meditation ist draußen auf einer Wiese, unter dem Sternenhimmel oder neben natürlichen Gewässern. Wenn das nicht möglich ist, können Sie diese Weitläufigkeit auch vor Ihrem inneren Auge entstehen lassen. Ziel dieser Meditation ist es Offenheit, Toleranz, Akzeptanz und ein Gefühl für die Einheit aller Dinge zu üben.

Kultivieren Sie Ihre Gelassenheit und Losgelöstheit. Halten Sie nichts fest und halten Sie nichts zurück.
Beginnen Sie mit Ihren Zehen und anerkennen Sie von dort aus bis zu Ihrem Kopf jeden Teil Ihres Körpers als gleichermaßen wertvoll für die Gesamtheit Ihrer physischen Form. Beachten Sie, wo es vielleicht Blockaden oder Widerstände gibt, und erklären Sie diese Bereiche für weder mehr noch weniger wichtig als irgendeinen anderen Teil Ihres Seins.
Jetzt schürzen Sie die Lippen und pusten. Richten Sie dabei Ihre Aufmerksamkeit und Absicht auf diese angespannten oder blockierten Bereiche. Stellen Sie sich solange vor, dass ein starker Wind durch diesen Teil Ihres Körpers bläst, bis sich alles in den Fluss des Lebens entspannt.
Anerkennen Sie alle Gedanken, die Ihnen durch den Sinn gehen. Akzeptieren Sie sie, ohne eine Meinung dazu zu haben oder Erwartungen daran zu heften.
Betrachten Sie Ihr Leben. Gibt es Ziele, Empfindungen oder Gefühle, nach denen Sie gierig streben? Klammern Sie sich an einen Liebsten oder eine Liebste? Klammern Sie sich an Sicherheiten? Wenn Sie sich in dieser Weise an etwas klammern oder an etwas haften, beschränken Sie einen Aspekt Ihres Lebens und haben die Ganzheit aus dem Blick verloren.
Jetzt schürzen Sie wieder die Lippen und pusten Sie. Diesmal richten Sie Ihre Aufmerksamkeit und Absicht auf diese Beschränkungen und Anhaftungen. Stellen Sie sich vor, wie ein starker Wind durch all die Einschränkungen bläst, bis alle Bereiche Ihres Lebens sich dem Fluss des Lebens hingeben können.
Achten Sie auf das Wohlgefühl eines nicht-anhaftenden Bewusstseins, während Ihr ganzes Sein sich auf diese Weise in den Fluss des Lebens entspannt, und fangen Sie dann an, folgende Worte zu wiederholen:
Möge ich die Dinge so annehmen, wie sie sind.
Möge ich offen, ausgeglichen und Anteil nehmend sein

Jetzt wünschen Sie dies einer neutralen Person, danach jemandem, der Ihnen nahe steht, und schließlich jemandem, den Sie nicht mögen. Stellen Sie sich vor, dass jede dieser Personen diese Worte dreimal wiederholt und es Ihnen wünscht.
Öffnen Sie Ihre Augen und atmen Sie tief. Bemerken Sie alles um sich herum. Können Sie ganz dabei sein, vollständig Anteil nehmend, ohne nach etwas zu greifen oder etwas abzulehnen?

Gebet

Oh ewiges Licht, leuchte in unsere Herzen.
Hilf uns, geduldig zu sein mit allem Unerlösten,
Und danach zu streben, den Prozess des Lebens zu lieben.
Steuere unseren Kurs dorthin,
wo unser Geist frei von Angst ist
Und wir das Haupt hoch erheben können,
Wo alles Wissen verfügbar ist,
Und die Welt nicht durch Mauern in Stücke zerteilt wurde,
Wo Worte aus der Tiefe der Wahrheit entstehen,
Wo der klare Strom der Vernunft sich nicht verirrt,
Wo das Herz von sich stetig erweiternden
Kreisen der Liebe geführt wird.
Ewige Weisheit, zerstreue unsere Unwissenheit,
Auf dass wir in jedem Augenblick die Wahrheit erkennen
Und unseren Weg zur Erfüllung leben.

Amen

14

Die Freiheit der Vergebung

Die Botschaft

»Du hast gesagt, dass das Richten der Ursprung aller Sünde sei. Wie können wir uns unsere Unterscheidungsfähigkeit bewahren und das Leben weiter entwickeln, ohne dabei eine Möglichkeit der anderen vorzuziehen?«

»Auf welche Weise suchst du eine Verbesserung zu erreichen, darin liegt die Antwort auf deine Frage. Manche sagen, dass man Flöhe töten muss, um einen gesunden Hund zu haben. Andere wissen, dass ein gesunder Hund keine Flöhe anzieht. In dem ewigen Streben nach persönlichen Leistungen und Idealen ist es leicht, einengende Glaubenssätze zu entwickeln, die auf den gerade gängigen Vorstellungen beruhen, oder sich auf solche Kategorien wie »Helden« und »Halunken« einzuschießen. Es ist leicht zu glauben, dass solche Symbole für Erfolg oder Versagen das Richtige und das Falsche der menschlichen Rasse repräsentieren. Warum nicht den Horizont etwas erweitern? Es gibt jetzt über fünf Milliarden Seelen in der menschlichen Familie. Warum findet ihr nicht einfach euren angemessenen Platz und tragt dazu bei, dass das Ganze gesünder wird? In Wahrheit wirken nämlich Kräfte in eurem Leben, die weit über all die Konflikte hinausgehen, die eure Aufmerksamkeit auf euch ziehen. Ihr könnt euch auf diese Kräfte jedoch nur einlassen, wenn ihr klar, frei und bereit seid, euch in jedem Augenblick zu entscheiden. Ihr lebt in einem lebendigen, dynamischen Umfeld. In einer positiven Seinshaltung könnt ihr mitfließen. Wenn ihr jedoch eure Aufmerksamkeit auf negative Themen konzentriert, wird euer Leben zu einem Hindernis, das es aus dem Weg zu räumen gilt.

Ich bin nicht gekommen, um zu euch richten, sondern um euch von euren Verurteilungen zu befreien. Ihr seid eine Familie, in der sich viele verloren, verletzt und einsam fühlen. Die eigentliche Ursache für diese Entfremdung liegt im Richten und Verurteilen. Wie könnt ihr da annehmen, dass weiteres Verurteilen zu einer Besserung führen würde? Ich fordere euch auf, einander zu vergeben, und zwar von ganzem Herzen. Aufrufe zur Vergebung oder Entscheidungen, die nur im Verstand begründet sind, sind eventuell nur eine andere Art des Verurteilens. Manche sprechen leere Worte der Vergebung und öffnen doch ihr Herz nicht mehr. Doch auch dafür richte ich euch nicht. Wenn ich bemerke, dass ihr verurteilt, so sehe ich es als Schwäche, nicht als Fehler. Ein Mensch, der verurteilt, hat keine Kraft mehr, in die Richtung seines Widerstandes weiter zu gehen. Er hat seine Fähigkeit, in diesem Bereich weiter nach Verständnis, Bereicherung und Gemeinschaft zu streben, verloren. Er fürchtet, in einer Situation zu unterliegen, in der er lieber triumphieren würde. Doch die Morgendämmerung kommt nicht schneller, wenn man sich erschöpft, verzweifelt und schmerzerfüllt durch eine Nacht voller Konflikte kämpft. Da ist es besser, sich auf die Weisheit eines Kindes zurückzuziehen und sich einzukuscheln, wenn es dunkel wird. Der Geist eines neuen Morgens bringt Hoffnung und eine neue Sichtweise.

Nur durch den Geist eines neuen Morgens könnt ihr den Segen der Vergebung begreifen und die Gefahren des Richtens erkennen. Die Macht der Vergebung besteht darin, dass sie eurem Leben Transparenz verleihen und euren Geist befreien kann. Wenn ihr dagegen verurteilt, nehmt ihr eine feste Haltung gegenüber etwas ein, was ihr nicht versteht. Jedes Mal wenn ihr das tut, behindert ihr euer Wachstum und vergrößert den Abstand zwischen euch und dem Schöpfer.

Viele unterliegen dem Irrtum, dass Vergebung bedeute, aufzugeben oder nachzugeben, obwohl man sich im Recht glaubt, oder eine Schuld zu erlassen, die man für gerechtfertigt hält. Ich sage nicht, dass ihr destruktives Handeln unterstützen sollt. Ihr dient euch selbst und anderen, wenn ihr Situationen, Haltungen oder Bedingungen verändert, die zu schädlichem Verhalten führen. Vergebung bedeutet, eine leid-

volle Situation zu erlösen. Das ist nichts für schwache Herzen. Nichts stärkt euch mehr als Vergebung, die wirklich um der Erlösung willen praktiziert wird. Wenn ihr vergebt, achtet darauf, dass ihr es nicht tut, um den Täter freundlich zu stimmen und damit eure eigene Angst vor weiteren Verletzungen zu beschwichtigen. Das bringt keine Erlösung. Für den, der dies versucht, hat die Kette von Situationen, die ihm aufgezwungen sind oder gegen den Strich gehen, nie ein Ende.

Auch wenn Vergebung im Herzen beginnt, erfordert sie normalerweise aktiven Einsatz. Das fängt mit einer Veränderung der Sichtweise an. Es bedeutet, über die Urteile und geheimen Kriegsschauplätze, die den Konflikt ständig am Laufen halten, hinauszuwachsen. Das, was durch den Konflikt in Bewegung gesetzt wurde, muss dann losgelassen werden. Ansonsten beschränkt ihr euer Leben auf diese Realität. Möchtet ihr dem, was euch verletzt hat, so viel Macht einräumen? Wenn ihr erlaubt, dass irgendetwas anderes als Gott die Ursache für euer Leben ist, verliert ihr alle Transparenz und Freiheit. All eure Beziehungen und all eure Unternehmungen werden darunter leiden.

Es gibt keinen feststehenden Ablauf und keine Formeln für Vergebung. Vergebung erkennt ihr an ihrem **Ergebnis!** *Der beste Anfang dafür ist das Gebet und Liebe ist die Kraft, die sie durchführt. Manchmal genügt es, einfach loszulassen – und sei es ganz simpel durch herzhaftes Lachen. Sicher müsst ihr manchmal etwas unternehmen, um zu verhindern, dass sich der Angriff wiederholt oder verschlimmert. Manchmal müsst ihr vielleicht Umstände ändern, die im Zerfall begriffen sind, oder jemandem mitteilen, wie sehr euch sein Handeln verletzt hat. Manchmal ist es hilfreich, seine Gefühle zum Ausdruck zu bringen. Doch ihr könnt sicher sein, dass das Problem sich nicht lösen wird, wenn ihr mit mehr Destruktion reagiert. Rache stellt keinen Frieden her.*

Indem ihr jemandem anderes vergebt, stellt ihr die Wahrheit eures eigenen Wesens wieder her. Das Ziel der Vergebung ist Freiheit, Transparenz und die Wiederherstellung des Lebens. Jeder Prozess, der zu Verständnis führt, kann dies bewirken. Wenn euer Leben transparent ist, seid ihr frei, weise und ihr dient allem. Euer Leben ist ein wesent-

licher Anteil des Bewusstseinspotentials der Menschheit. Ihr wurdet nicht dazu erschaffen, ein festes, vergängliches Ding zu sein, sondern auf ewig in der Gegenwart des Schöpfers, in der Liebe Gottes zu sein. Die Täuschung eurer Sterblichkeit existiert nur so weit, wie ihr als Seele eure Transparenz verloren habt und anfangt, euch mit eurem sterblichen Behälter in dieser Welt zu identifizieren. Damit beginnen die ganzen Schwierigkeiten.

Du kannst es dir gar nicht leisten, nicht zu vergeben. Nichts wird dein Leben sicherer zerstören, denn im Nicht-Verzeihen liegen tiefer Kummer und Schmerz verborgen. Dein Herz ist so belastet durch das, was du nicht vergeben hast, dass du die Angriffe von anderen so empfindest und trägst, als wären sie deine eigenen. Die Seelen strafen sich selbst für das, was sie nicht verzeihen können. Wenn du also dir selbst verzeihst, verzeihst du auch anderen die alten Verletzungen. Aus menschlicher Sicht bedeutet Verzeihen ganz einfach Loslassen. Die Strickmuster, die eine Seele in Kummer und Schuld gefangen halten, sind häufig äußerst komplex, das Ergebnis des Vergebens jedoch ist einfach: Du bist frei!

Die vollkommene Freisprechung von allen Irrtümern und Fehlern liegt nicht in der Macht der Menschen. Diese Macht ist reserviert alleine für den Einen, der alles erschaffen hat. Doch du kannst diese Freisprechung nicht verhindern, indem du deine Vergebung verweigerst oder indem du weiter verurteilst. Du kannst sie auch nicht erzwingen, indem du dich selbst oder andere bestrafst. Doch eines gibt es, was in deiner Macht steht: Du kannst bestimmen, wie sich dein Leben und dein Charakter durch das, was du erlebst, formen. Wenn du frei sein möchtest, wenn du wieder ganz ›heil‹ sein möchtest und unsterblich – vergib!«

Entsprechende Passagen aus der Bibel

Matthäus 18,21-22

»Da trat Petrus zu ihm und fragte: Herr, wie oft muss ich denn meinem Bruder, der an mir sündigt, vergeben? Genügt es sieben-

mal? Jesus sprach zu ihm: Ich sage dir: nicht siebenmal, sondern siebzigmal siebenmal.«
Johannes 8,7
»Wer unter euch ohne Sünde ist, der werfe den ersten Stein auf sie.«

Matthäus 7,1-2:
»Richtet nicht, damit ihr nicht gerichtet werdet. Denn nach welchem Recht ihr richtet, werdet ihr gerichtet werden; und mit welchem Maß ihr messt, wird euch zugemessen werden.«

Schlüssel zum Leben

Als Kind hatte ich so wenig zu vergeben, dass mir das Konzept ziemlich fremd blieb. Während ich heranwuchs, gab es zwar ab und zu Enttäuschungen, Verletzungen oder kleine Ungerechtigkeiten, aber das erstaunte mich mehr, als dass es mir Kummer bereitete. Ich wunderte mich, wie es mir in meinem ansonsten angenehmen Leben passieren konnte, dass ich plötzlich von Unwohlsein und Leiden belästigt wurde. Ich hatte keine Ahnung, dass ich von einer der großen Fähigkeiten des menschlichen Herzens völlig unberührt war. Glücklicherweise war dieser Zustand nicht von Dauer. Während meiner College-Zeit saß ich eines Tages bei meiner Mutter am Küchentisch vor meinen Büchern, während sie Geschirr abtrocknete. In einem stillen Augenblick sah ich zu ihr hinüber, wie sie sorgfältig mit jedem der einfachen Gläser und unserem zusammengestückelten Essgeschirr umging. Ihre Hände hatten den fürsorglich-sanften Griff einer Frau, die nicht mehr verurteilt. Ihr Charakter war durch Lebenserfahrungen geformt, vor denen ich mich nur respektvoll verneigen konnte. Plötzlich übermannte mich der Kummer und ich brach schluchzend auf dem Tisch zusammen. Meine Mutter eilte zu mir und fragte, was denn los sei. Als ich endlich wieder sprechen konnte, schaute ich in ihre tröstenden Augen und sagte: »Du hast in einer Weise gelitten, die ich nie begreifen werde. So viele Menschen leiden, warum bin ich davon ausgenommen?« Ihre Antwort ist mir unvergesslich geblieben. »Gott gibt uns das, was wir für unser Wachstum brauchen. Dein Leiden wird vielleicht eher innerlicher Art sein. Keine Sorge, es wird nicht an dir vorübergehen. Jeder von uns ringt auf seine Weise mit dem Leben. Wichtig ist, was du daraus machst.« Bis zu diesem Augenblick hatte ich die Nöte anderer bestenfalls mitleidig betrachtet, oder mich davor gefürchtet, selbst einmal in diese Lage zu kommen. Das scheint im Nachhinein etwas arrogant, doch ich war einfach naiv. Niemand ist vom menschlichen Dasein ausgenommen. So lange es Streit zwischen uns gibt, gibt es auch inneren Hader. Jeder von uns hat einen eigenen Weg des Wachstums und jeder hat seine eigenen Herausforderungen. Ich begriff in diesem Augenblick, dass mein inneres Ringen bereits stattfand und im Laufe der Zeit meinen Charakter formen würde. Ich fühlte mich wie ein Schmetterling, der endlich stark genug war, aus seinem Kokon zu schlüpfen und zu überleben.

Der siegreiche Schmetterling war ein bedeutungsvolles Bild für mich, weil ich erlebt hatte, wie ein Schmetterling sein Schlüpfen nicht überlebte. In meiner Kindheit hatte ein Mitschüler einen Kokon am Wegesrand gefunden. Das feine Gespinst war unbeschädigt und hing immer noch an dem abgebrochenen Zweig. Nachdem die ganze Klasse ihn betrachtet hatte, legte die Lehrerin den Kokon in ein Glas mit durchlöchertem Deckel. Sie stellte ihn auf ihr Pult, so dass wir alle das Wunder beobachten konnten, das hier bald stattfinden würde. Nach einigen Tagen schien der Kokon sich endlich ein wenig zu bewegen. Bald zitterte er vor innerer Aktivität und schließlich schüttelte er sich so sehr, dass wir fürchteten, der Schmetterling würde es nicht überleben. Unsere Lehrerin fing auch an, sich zu sorgen, und öffnete den Deckel des Glases. Sie nahm ein scharfes Messer und machte einen kleinen Schnitt in die Seite des Kokons. Sofort erschien ein Flügel, gleich darauf der andere. Der Schmetterling war frei! Er schien seine Freiheit zu genießen und spazierte aus dem Glas und an der Pultkante entlang. Doch er flog nicht los. Zuerst dachten wir, die

Flügel müssten noch etwas trocknen, doch die Zeit verging und er flog immer noch nicht.

Schließlich trieb uns die Sorge zu unserem Biologielehrer. Wir erzählten, was geschehen war. Mit einem bedauernden Seufzer erklärte er, dass der Schmetterling wahrscheinlich nie fliegen würde, weil er nicht stark genug sei. »Der Kampf, sich aus dem Kokon zu befreien, gibt dem Schmetterling die Kraft zum Fliegen. In der Natur schlüpft ein Schmetterling eben erst aus dem Kokon, wenn seine Flügel stark genug zum Überleben sind.«

»Warum gibt es Leiden?« Diese Frage haben wir alle schon gestellt. Sicher, manche scheinen eine schwerere Last zu tragen als andere. Vielleicht haben wir da Möglichkeiten, Ungleichgewichte auszugleichen. Mit Sicherheit wächst unsere Menschlichkeit nur durch Fürsorge, Miteinander, Mitgefühl und Nächstenliebe. Doch es ist wichtig, in unser Mitgefühl keine Überheblichkeit einfließen zu lassen. Nur zu oft projizieren wir unsere Ängste in die Schwierigkeiten, die andere durchmachen, wie die ängstlichen Schüler, die die Bemühungen des Schmetterlings vorzeitig beenden wollten. Vielleicht ist das Leiden selbst die größte Herausforderung zum Thema Urteilen. Ich hatte einmal die Ehre, ein leukämiekrankes Mädchen in seinen letzten Tagen zu begleiten. Ihre Eltern waren von Kummer und Auflehnung gegen diese Ungerechtigkeit zerrissen und fragten mich immer wieder: »Warum muss unsere Tochter leiden?« Das Mädchen war jedoch voller Liebe und tröstete sie jeden Tag. Als ich sie fragte, wie sie sich fühlte, sagte sie: »Ich leide nicht. Aber meine Eltern haben es so schwer. Könntest du ihnen nicht helfen, damit sie sich besser fühlen?«

Wie können wir die Not lindern, die wir in unserer geplagten Welt überall um uns herum wahrnehmen? Wie können wir vergeben? Vielleicht fängt es damit an, dass wir unsere eigenen Sorgen und Verurteilungen loslassen. Natürlich gibt es zerstörerische Elemente und Prozesse, denen mit irgendeiner Form von Rechtsprechung, Eindämmung oder Berichtigung begegnet werden muss, zumindest bis die Energie sich in konstruktiverer Form zeigen kann. Doch am Ende geht es vielleicht viel mehr darum, dass wir uns und anderen vor allem dafür vergeben müssen, dass wir die Gegenwart Gottes nicht in ihrem ganzen Reichtum in unserem Leben erkannt haben oder dass wir die Macht Gottes nicht stärker durch uns wirken ließen. Wir können nicht das Leben eines anderen leben oder für ihn Entscheidungen treffen. Doch indem wir unser Leben in seiner ganzen Fülle leben, können wir Gott erkennen. Damit leisten wir einen Beitrag. Angesichts der Tatsache, dass der Tod unausweichlich ist und eine gewisse Portion Leid zum Leben dazugehört, liegt eine der größten Tragödien der Menschheit vielleicht darin, Schwierigkeiten als Strafe und Leiden als ein Übel zu betrachten. Vielleicht ist dieses Leben ja der große Kokon, aus dem sich der Schmetterling nur durch den Tod seiner alten Hülle entfalten kann.

Andere Quellen der Weisheit

Sophokles (496-406 v. Chr.):
»Das Gebet eines reinen Herzens hat meines Erachtens die Macht, vieles gut zu machen.«

Marc Aurel (121-180):
»Es liegt in eurer eigenen Macht, wann immer ihr es wünscht, euch in euch selbst zurückzuziehen: und nirgends gibt es einen ruhigeren und politikfreieren Ort für einen Menschen als in seiner eigenen Seele.«

Martin Luther (1483-1546) (über den Umgang mit sorgenvollen Gedanken):
»Wir können nicht verhindern, dass die Vögel über unser Haupt fliegen. Aber dass sie in unseren Haaren Nester bauen, das können wir verhindern.«

Francis Bacon (1561-1626):
»Wir lesen, dass wir unseren Feinden vergeben sollten, doch es steht nichts davon geschreiben, unseren Freunden zu vergeben.«

Anwendung

Jedes Mal, wenn wir über einen anderen urteilen, rufen wir eine negative Möglichkeit in unser Leben. Es ist seit langem bekannt, dass negative Überzeugungen unser Leben genauso beeinflussen können wie positive. Die Konzentration auf das Positive nennen wir Placebo-Effekt und auf das negative Nocebo-Effekt. Menschen, die immer vom Schlimmsten ausgehen, erfahren meist genau das. Der Begriff »Nocebo« kommt aus dem Lateinischen und bedeutet: »Ich werde schaden«. Jeder hartnäckig aufrechterhaltene Gedanke wird sich irgendwann physisch manifestieren. Vor einigen Jahren machten Wissenschaftler eine erstaunliche Entdeckung. Frauen, die meinten, sie seien anfällig für Herzkrankheiten, starben vier Mal so häufig an Herzversagen wie Frauen mit den gleichen Risikofaktoren, aber ohne diese fatalistische Überzeugung. Die höhere Todesrate hing also nicht von solchen Dingen ab wie Blutdruck, Cholesterin oder Übergewicht, sondern von der Geisteshaltung. Diese Studie ist zu einem klassischen Beispiel des Nocebo-Effekts geworden, dem dunklen Zwilling des Placebo-Effekts.
In einem anderen Beispiel nahmen 34 Studenten an einem Versuch teil, bei dem ihnen elektrischer Strom durch den Kopf geleitet wurde. Die Wissenschaftler warnten die Studenten, dass der Prozess möglicherweise Kopfschmerzen erzeugen könne. Tatsächlich klagten zwei Drittel der Studenten anschließend über Kopfschmerzen, obwohl kein einziges Volt Strom durch ihre Köpfe geflossen war! Die Wissenschaftler beginnen langsam, die Zusammenhänge zwischen Geist und Körper zu durchschauen. Neurologen können inzwischen Bilder von Gehirnaktivitäten erstellen. In einer Studie wurde Parkinson-Patienten ein Medikament verabreicht, das angeblich die Dopamin-Ausschüttung im

Gehirn anregt, in Wirklichkeit erhielten sie ein Placebo. In den meisten Fällen reagierte das Gehirn genauso, als wäre das eigentliche Medikament verabreicht worden. Die Ausschüttung von chemischen Stoffen im Gehirn hat offensichtlich eine Menge damit zu tun, was der Verstand erwartet. In anderen Fällen wurde bei depressiven Patienten, die Angst vor den Nebenwirkungen eines Medikaments hatten, der positive Effekt der tatsächlich verabreichten Medizin sogar ganz unterdrückt. Diese Patienten entwickelten nur negative Symptome.
Das sind höchst reale Effekte. Was auch immer wir denken, wir konzentrieren uns so lange darauf, dass es geschehen wird, bis es sich tatsächlich ereignet. Das trifft besonders zu, wenn erhebliche emotionale Energie dahinter steckt. Ängste loszulassen, sich des Urteilens zu enthalten und Vergebung zu üben, sind für ein sinnvolles Leben von größter Bedeutung, nicht weil das heilig wäre, sondern weil es vernünftig ist. Das Leben ist zu kurz und zu kostbar, um es mit den Konsequenzen negativer Projektionen zu vergeuden.

Jetzt wollen wir uns Ihrem Leben zuwenden:

1. Erstellen Sie eine Liste der schwierigen Situationen in ihrem Leben, die Sie als notwendig, konstruktiv oder sogar positiv betrachteten – und die sich dann auch als solches entpuppten.
2. Erstellen Sie eine Liste der schwierigen Situationen in Ihrem Leben, die Sie als negativ ansahen und die sich verschlimmerten.
3. Schreiben Sie auf, wann Sie einer Verletzung mit einer konstruktiven Korrektur begegneten statt mit Vergeltung und die Verletzung dadurch heilte.
4. Schreiben Sie auf, wann Sie einer Verletzung oder Angst auf derselben Ebene begegneten und sie sich verschlimmerte.
5. Schreiben Sie auf, wann Sie in einer destruktiven Situation nach der höheren Perspektive suchten und darin Trost fanden.

6. Schreiben Sie auf, wann Sie der Wahrheit mehr Raum gegeben haben als der Wirklichkeit und negative Verbindungen dadurch ihren Halt verloren.
7. Bedenken Sie die unglaublich positiven Verbindungen, die Sie in Ihrem Leben haben könnten, und wie viel wertvoller diese sein könnten als die negativen Verbindungen, an denen Sie aus Furcht, Verlustangst oder Groll festhalten.
8. Schreiben Sie all die Male auf, in denen Sie Vergebung übten und die Situation erlöst wurde.
9. Schreiben Sie all die Male auf, in denen Sie Vergebung annahmen und die Situation dadurch erlöst wurde.
10. Bedenken Sie die Wohltat der Vergebung – sie ist der Reichtum der Freiheit.

Meditation

In dieser Meditation spricht Gott zu Ihnen. Lesen Sie diese Zeilen, bis Sie sich ihre Essenz auch mit geschlossenen Augen vergegenwärtigen können. Spüren Sie in diesem Zustand der Stille die Gegenwart Gottes, bis Sie den Segen dieser Verheißung spüren und ihre Wahrheit in Ihrem Herzen erkennen.

»Ich bin immer bei dir,
selbst wenn du Meine Gegenwart nicht spürst.
Ich liebe dich immer, selbst wenn du dich selbst nicht liebst.
Ich hülle dich in eine Fülle von
lebensspendenden Möglichkeiten,
selbst wenn du dich oft auf Niederlagen konzentrierst.
Ich bin Mir jedes deiner Bedürfnisse bewusst, auch wenn Meine Wahrnehmung deiner Bedürfnisse sich sehr von deiner unterscheiden mag.
Ich höre auf deine Probleme und biete dir Lösungen an, auch wenn diese Lösungen in Form von neuen Perspektiven kommen mögen, die du ablehnst.

Ich höre auf deine Gebete und beantworte sie
Deinem tiefsten Herzenswunsche entsprechend.
Ich bin das Licht in den Gedanken deines Verstandes,
Ich bin das Sehen in deinen Augen,
Ich bin das Leben in deinem Körper,
Ich bin das Gefühl in deinem Herzen.
Ich wirke ständig in deinem Leben zu deinem Besten.
Ich verleihe dir die Gelassenheit,
Die Dinge anzunehmen, die du nicht ändern kannst
Und den Mut, die Dinge zu verändern,
die du verändern kannst
Und die Weisheit, das eine vom anderen zu unterscheiden.
Schließlich wirst du die Beispiele von Liebe erkennen,
die ich dir durch andere zukommen lasse.
Sie dienen dazu, dich Mir näher zu bringen.
Ich hoffe immer, dass du weiter wachsen wirst,
In Meiner Wahrheit und in deiner,
dass du Meinen Willen in jedem Augenblick entdecken kannst.
Du wirst das Geheimnis entdecken,
Wie du dein Herz für meine Liebe öffnen kannst,
Wenn du integer, demütig, mutig
und voller Vertrauen in Mich denkst und handelst.
Je stärker dein Glaube an Mich ist,
Desto mehr werde Ich dein Herz
mit Meiner Liebe füllen können.
Nur Ich liebe dich bedingungslos.
Ich bin eine nie versiegende Quelle der Liebe,
des Friedens und der Freude.
Ich werde dich nie enttäuschen. Ich werde immer bei dir sein.
Ich werde dein Leiden in Mitgefühl verwandeln,
Und deine Enttäuschung in Hoffnung, Mut und Ausdauer.
Wenn du von anderen Schaden erleidest,
werde Ich dich Vergebung lehren.
Wenn du die Fehler in deinem eigenen Verhalten erkennst

und das Leid, das du anderen verursacht hast,
aufrichtig bereust, werde Ich dir vergeben
und dich das Geschenk der Gnade lehren.
Du bist mein kostbares Kind.
Sei weise und Anteil nehmend.«

Oh Heiliger Gott,

Mögen Deine Gnade und Reinheit mit uns sein.
Mögen wir die Einheit in der gesamten Schöpfung erkennen.
Möge Toleranz auf Erden sein.
Mögen die Quellen der Erde uns allen Wasser spenden.
Möge die Liebe uns nähren.
Möge Dein Wille uns in Harmonie versetzen
Und die Sorgen von gestern vergeben lassen.
Mach uns zu Kindern in unseren eigenen Herzen
Und zu Erben Deines Friedens.

Amen

15

Magnetische Energie und der Null-Punkt

Die Botschaft

Vor einigen Jahren erfuhr ich eine machtvolle, spirituelle Transformation, die in ihrer Intensität nur meiner ersten Begegnung mit Jeschua nachstand. Ohne diese zweite Epiphanie wäre ich niemals in der Lage gewesen, über meine Gespräche mit ihm zu sprechen oder zu schreiben, weil mir bis dahin dieser innere Ort unbekannt war, an dem seine Wahrheit zu meiner wurde. Es war meine erste und einzige Erfahrung der wahren Leere.
Es geschah eines Abends im April 1996. Ich schlenderte durch einen Buchladen und mein Blick blieb an einem bekannten, spirituellen Buch hängen, das ich mich interessierte. Ich griff danach, doch mitten in der Bewegung hielt ich inne. Mein Herz rief mir ein stilles, aber nachdrückliches »Nein« zu. Es war nicht so sehr eine Ablehnung oder irgendein negatives Gefühl in Bezug auf das Buch, sondern mehr ein Aufruf, die mir anvertraute Weisheit zu ehren, bevor ich mir neue aneignete. In dem Augenblick, als mein Arm stehen blieb, schien mein ganzes Sein in eine Art bewegungslosen Zustand zu versinken. Irgendwo zwischen der stabilen, physischen Realität und der subjektiven Welt der inneren Gedanken geriet ich in einen Bereich endloser Ausdehnung. Mein Bewusstsein erweiterte sich, während ich durch lange Gänge und eine Vielzahl von Toren zu gleiten schien. Jedes Tor eröffnete mir größere Weiten, bis ich endlich an der Schwelle zur Unendlichkeit stand. Vor mir spielte sich ein unglaubliches Leuchtfeuer ab, untermalt von Sphärenklängen. Eine sanfte Berührung, wie durch einen kleinen Windstoß, stupste mich vorwärts und ich fiel in die

Unendlichkeit des Weltraums. Überraschenderweise war ich dort bekannt und wurde empfangen, als hätte man mich erwartet. Ich war eins mit der Absolutheit des Lebens und des Bewusstseins und um mich herum war nur Frieden. Ich sah und erfuhr, wie sich die gesamte Schöpfung selbst hervorbringt. Es gab weder Anfang noch Ende. Irgendwie hatte ich die Schwelle zum Anfang aller Zeiten überschritten, befand mich vor dem ersten Wort, vor dem Erzittern der ersten Schwingung. Ich war in der Leere, einem Zustand, der weniger als nichts und mehr als alles ist. Ich sah und spürte die Präsenz des ewigen Lebens und das Licht strömte. In meiner irdischen Existenz war mir so eine Dimension unbekannt. Statt der normalen, sich fortentwickelnden Bedingungen von Raum und Substanz trennten hier nur Zeit-intervalle eine Erfahrung von der nächsten. Das Erscheinen und Verschwinden von allem wird hier von der Liebe bestimmt. Es war wahrhaft »Null«: Chaos formte gleichzeitig alle Möglichkeiten und reduzierte sie im selben Augenblick zu größter Einfachheit.

»Wo bin ich?«, fragte ich mich. Dieser Ort war älter als meine Seele und doch war sein ungeträumtes Potential unberührt. Durch nachfolgende Gespräche mit Jeschua lernte ich, dass diese Leere innerhalb und außerhalb von allem ist. Sie und ich und alles, was ist, existieren gleichzeitig innerhalb und außerhalb der Leere. Sie ist ein Vakuum des Nichts zwischen allen physischen Teilchen und selbst zwischen den inneren Welten der subjektiven Wahrnehmung und der äußeren Welt der objektiven Realität. Die Leere ist das Allerheiligste der Schöpfung, wo Jetzt und Immer von gleicher Dauer sind.

»Alle Dinge haben eine innere und eine äußere Welt«, erklärte Jeschua *»Das trifft auf den Kosmos genauso zu wie auf seine kleinsten Teilchen. Es gilt für eine Rose genauso wie für die menschliche Seele. Die inneren und die äußeren Welten zeigen sich in unterschiedlichen Wahrnehmungen und unterschiedlichen Begegnungen. Zwischen diesen beiden leicht wahrnehmbaren Realitäten gibt es jedoch noch eine tiefere innere Welt, die für euch unsichtbar ist. Diese unsichtbare Welt*

wartet darauf, entdeckt zu werden, sie bettelt darum, sich zeigen zu dürfen. Sie übersteigt den Horizont eurer kühnsten Träume. In ihr liegt eure wahre magnetische Energie. Die unsichtbare innere Welt ist sowohl majestätisch als auch bescheiden, sie ist sowohl scheu und flüchtig als auch mächtig wie ein Ozean. Manchmal erhascht ihr eine Ahnung davon in euren Träumen, in euren Phantasien, in Augenblicken der Ekstase oder des Mitgefühls. Doch der stärkste Zugang zu dieser Wirklichkeit liegt im hingebungsvollen Gebet. Das Beten geschieht im Herzen, doch es wird durch jede Aktivität unterstützt, die eure eigene, wahre Präsenz in die Gegenwart Gottes ruft. Dies findet in diesem geheimnisvollen, unsichtbaren Bereich statt. Jedes Wesen und jedes Ding ist in seiner wahren Präsenz innigst mit dem Göttlichen verbunden. Das natürliche Equilibrium dieses Zustands verleiht dem Leben mehr Ganzheit, unabhängig davon, ob ihr das begreift oder auch nur wahrnehmt.

Beschränke deine Erfahrung dieser Welt nicht auf das, was du mit deinen Sinnen erfahren oder mit deinen Gedanken erfassen kannst. Diese drei Dimensionen der Wirklichkeit, die äußere, die innere und die unsichtbare, werden auf unterschiedliche Weise erkannt. Die äußere Welt wird im Wesentlichen durch das Aufspüren von Widerstandsmustern erfasst. Gedanken, Gefühle, Absichten und Ansichten beschreiben die innere Welt. Die tiefe innere Welt erkennt ihr nur durch die Demut, die ihr angesichts der Mächte spürt, die euch zum Leben erwecken, die euch durch das Leben führen und darüber hinaus. Die äußere Welt eines Elefanten zum Beispiel wird durch den Wald, das Grasland, die Flüsse und den nächtlichen Sternenhimmel geprägt. Seine subjektive Welt besteht aus den Gefühlen und Gedanken, die er in Bezug auf diese Dinge hat, aus seiner Lebensqualität, seinen Erinnerungen, seinen sozialen Bezügen, seiner Zugehörigkeit zur Herde und zu den Ahnen seiner Herde. Darüber hinaus gibt es dann noch die tiefe innere Welt, die selbst für den Elefanten unsichtbar ist. Das ist die Macht seines Platzes im Tierreich. Durch ein Gefühl für seine Präsenz in diesem Reich und für die Präsenz der Natur und der Elemente, wird sich der Elefant auf geheimnisvolle Weise dorthin gezogen fühlen, wo es geregnet hat. Vielleicht treibt es ihn fort von den Wegen der Jäger und irgendwann zieht es ihn jenseits des Lebens dorthin, wo das Wesen des Elefanten in all seiner Herrlichkeit der Ewigkeit dienen oder aufs Neue in Erscheinung treten kann. Auf der Suche nach ihrer Erhabenheit bringt die Seele in der ehrfurchtsvollen Verbindung mit diesen tiefen, inneren Reichen demütig ihren Glauben in das große Unbekannte zum Ausdruck. Die innere Welt ist eine Leere, nach technischem Verständnis ein Vakuum, denn dort gibt es weder Zeit noch Raum. Sie ist viel älter als die subjektive Welt der Gedanken oder die objektive Welt der Manifestationen. Im Herzen der inneren Welt liegt der Samen aller Anfänge – immer bereit, aus seinem zeitlosen Potential neu zu beginnen. Hier wird die Liebe als reines Sein vervielfältigt und weitergetragen, um in der Welt der Gedanken und Manifestationen aufzutauchen.«

Entsprechende Passagen aus der Bibel

Genesis 1,2:
»Und die Erde war wüst und leer, und es war finster auf der Tiefe; und der Geist Gottes schwebte auf dem Wasser.«

Offenbarung 10,6:
»...und schwor bei dem, der da lebt von Ewigkeit zu Ewigkeit, der den Himmel geschaffen hat und was darin ist, und die Erde und was darin ist, und das Meer und was darin ist: Es soll hinfort keine Zeit mehr sein, ...«

Schlüssel zum Leben

Nullpunkt-Energie hat keineswegs null Effekt. Sie ist im Gegenteil die wahre Energiequelle des Universums. Während wir mehr über diese magnetische Energieform herausfinden, wird deutlich, dass sie sich eher auf der zeitlichen Ebene abspielt als auf der räumlichen. Es gibt einen eigenen Bereich der Physik, der sich mit diesem Phänomen beschäftigt. In unserem subjektiven Wachstum können wir die Macht des »Jetzt« erfahren, die höchste Kompression der Zeit auf einen einzigen Punkt. In unserer Erfahrungswelt äußert sich das als Synchronizität, bei der Ereignisse gehäuft gleichzeitig auftreten. Überall wird die Anziehungskraft erforscht. In unserer egoistischen Vergangenheit nahmen wir Menschen an, dass nur Seelen oder bestimmte Lebensformen ein »Innenleben« haben. Der größere Teil der Existenz entging uns, weil wir nicht erkannten, dass die gesamte Schöpfung durch ein großes, kollektives Innenleben zusammengehalten wird. Durch die in diesem Innenleben wirkende Anziehungskraft erhalten wir alles, was wir brauchen. Der Schlüssel zur Vereinigung mit dieser inneren Welt und ihrem magnetischen Potential liegt im Loslassen aller Ideen und Verhaltensweisen, die auf Mangel, Widerstand, Konkurrenz und Mühsal basieren.

Am 26. März 2002 erhielt eine Gruppe von Erfindern ein Patent der Vereinigten Staaten für einen »Unbewegten magnetischen Generator« (Motionless Magnetic Generator = MEG). Einer der Erfinder, Jean Louis Naudin, gab bekannt, dass ein Betrieb mit dem Namen »Magnetic Energy Limited« gegründet wurde, um das Gerät ab Frühjahr 2003 zu produzieren. Ich habe es noch nicht selbst gesehen, aber um ein Patent zu bekommen, muss man die Funktionsfähigkeit eines Geräts beweisen. Diese Bekanntmachung ist deswegen bemerkenswert, weil sie der Vorbote einer neuen Ära ist. Es scheint so, als hätten wir Zugang zu einem unsichtbaren Energievorrat gefunden, der weit größer ist als die Energiequellen, um die wir zurzeit konkurrieren und kämpfen.

Der MEG besteht aus starken Magneten, Spulen und einer Kontrolleinheit mit elektrischem Stromkreis. Er enthält keine beweglichen Teile und erzeugt angeblich solange freie Elektrizität, wie das Material seiner Teile besteht. Das Patentamt der USA ist besonders skeptisch bei Produkten, die Etwas für Nichts versprechen. Doch den neuesten Erkenntnissen des skalaren Elektromagnetismus entsprechend steht der MEG durchaus mit den Energieerhaltungs-

sätzen in Einklang. Er bezieht seine Energie nur aus der vierten Dimension statt aus der dritten, aus der Zeit statt aus dem Raum. Der MEG erzeugt elektrische Energie, indem er die elektromagnetischen Longitudinalwellen anzapft, die in fast unendlicher Fülle im Vakuum vorkommen. Dieser Ozean von Energie, der alles durchdringt, wird manchmal auch »Nullpunkt-Energie« genannt, weil diese Energie selbst bei dem absoluten Temperatur-Nullpunkt (Null Grad Kelvin = minus 273°C) noch erhalten bleibt. Tom Bearden, einer der Ingenieure, erklärt, dass der MEG genauso aussieht wie ein Transformator, aber völlig anders funktioniert. Auf ihrer Website www.Cheniere.org erklären die Erfinder ausführlich, dass es bei Dipolen (Batterien, Magneten, Generatoren) im lokalen Vakuum immer einen unsichtbaren Fluss von längs gerichteten elektromagnetischen Wellen gibt. Das Problem bestand bislang darin, diese Energie anzuzapfen und in Elektrizität zu verwandeln. Anscheinend war das Problem bei allen elektrischen Stromkreisen der Vergangenheit, dass sie aus zwei Drähten aufgebaut waren. Dadurch entstand ein Kreislauf, in dem die Hälfte der Energie zurückfließt, um den Dipol zu zerstören. Im MEG gibt es keinen derartigen Kreislauf, daher wird der Dipol nicht zerstört.
Besonders interessant ist die Erklärung von Bearden und seinen Kollegen, dass die Zeit selbst komprimierte Energie sei und dass diese freie Energie aus dem Reich der Zeit, dem Ozean der längsgerichteten elektromagnetischen Wellen stammt, der das Raum-Zeit-Vakuum erfüllt. Sie behaupten, dass die Kompression der Energie in der Zeit nach dem gleichen Faktor erfolgt wie die Kompression der Energie in der Materie: Lichtgeschwindigkeit im Quadrat! Einsteins berühmte Gleichung $E = mc^2$ hat also einen Gefährten bekommen: $E =$ Zeitveränderung c^2.

Die Erfinder des MEG behaupten, dass uns überall eine Fülle von Energie zur Verfügung steht, ohne dass wir eine entsprechende Menge an Energie aufwenden müssen, um sie zu erhalten. Die Theorie sagt, dass diese freie Energie ewig fließt, ohne oder mit sehr wenig Aufwand oder Wartung. Die ersten MEG Einheiten, die hergestellt wurden, sollen kontinuierlich 2,5 Kilowatt liefern. Man kann sie zusammenschließen, um zum Beispiel aus vier dieser Einheiten 10 Kilowatt zu gewinnen. Man hofft, dass es Einheiten geben wird, die jeweils 10 Kilowatt erzeugen, so dass zum Beispiel die meisten Einfamilienhäuser mit zwei dieser Einheiten vom öffentlichen Netz unabhängig wären. Dann wäre selbst an den entlegensten Orten Elektrizität möglich. MEG-Geräte könnten elektrische Motoren in Automobilen antreiben, die dann wirklich treibstofffrei wären. Die Konsequenzen von freier Energie sind weitreichend. Ob dieses konkrete Gerät sich als brauchbar erweist oder nicht, das ist sekundär gegenüber der Tatsache, dass wir jetzt wissen, wo wir nach Antworten suchen müssen. Jeschua hatte zu mir gesagt, dass wir niemals echte und dauerhafte Demokratien haben werden, solange die Energiequellen unter der Kontrolle einiger weniger Machthaber sind.

Mit treibstofffreien Fahrzeugen und Industrien kann die Luftverschmutzung fast völlig reduziert werden. Wartungs- und treibstofffreie Energieeinheiten können Entwicklungsländern Möglichkeiten bieten, von denen sie zurzeit nur träumen können.

Der Schlüssel liegt darin, die Quelle unendlicher Energie in uns selbst zu finden. Dann können wir von ganzem Herzen nach praktikablen Wegen suchen, sie im Außen zu entwickeln. Erlauben Sie Ihrem Herzen den Funken in Ihre Vorstellungskraft überspringen zu lassen und erforschen Sie das Ende des Regenbogens. Erinnern Sie sich immer, dass die Energie des Universums frei und endlos ist.

Andere Quellen der Weisheit

Kahlil Gibran (1883-1931):

»Denn was ist das Gebet anderes als die Entfaltung eurer selbst in den lebendigen Äther hinein? Und wenn es zu eurem Trost ist, das Finstere in euch in den Raum zu ergießen, ist es auch zu eurer Freude, die Morgenröte des Herzens darin zu verströmen.«

Der Heilige Gregor vom Sinai (1290-1346):
»Das Gebet des Herzens ist die Quelle alles Guten. Es erfrischt die Seele wie ein Garten.«
Mahatma Gandhi (1869-1948):
»Ihr müsst die Veränderung sein, die ihr in der Welt sehen wollt.«

Anwendung

Die Gedanken und Gefühle unserer inneren Welt haben großen Einfluss auf unsere äußere Welt, sogar auf die anderer Menschen und Lebewesen.
Stress, Depression und Krankheiten sind heutzutage sehr verbreitet, obwohl wir die fortschrittlichste Medizin unserer Geschichte haben. Viele Studien, bei denen die Beziehungen zwischen menschlichem Verhalten und Krankheiten untersucht wurden, haben über neunzig Prozent aller Gesundheitsprobleme auf traumatische Ereignisse zurückführen können, die etwa sechs bis zwölf Monate zuvor stattgefunden haben. Das betrifft akute Krankheiten und chronische wie Arthritis, Magengeschwüre, Krebs, Diabetes und Bluthochdruck, aber nicht nur körperliche Probleme, sondern auch psychische, berufliche und familiäre Schwierigkeiten.
Wenn Sie zurzeit an irgendeiner Krankheit leiden, können Sie sich folgende Fragen stellen:

1. Wie lange leide ich schon unter diesem Problem?
2. Was geschah in meinem Leben, etwa sechs Monate bis zwei Jahre bevor das Problem begann?
3. Inwiefern sah meine innere Welt vor diesem Trauma anders aus?
4. Wie sieht meine innere Welt jetzt aus?

Beantworten Sie diese Fragen ehrlich und in Stille.

Einige der wichtigsten Dinge im Leben muss man selbst tun und für sich selbst. Niemand kann für uns reden, gehen, essen oder denken. Sicher können wir uns unterstützen lassen und uns an Gemeinschaft erfreuen. Doch nur wir selbst können das Drehbuch unserer inneren Welt entwickeln und ausagieren.
Wenn unsere Gedanken über schöpferische Kräfte verfügen, so erschaffen wir vielleicht wirklich unsere eigene Welt! Hätten Sie gerne einen Beweis dafür, dass die innere Welt Einfluss hat auf die äußere? Dann können Sie folgendes Experiment durchführen. Es ist ganz einfach, doch es wird Ihnen auf deutliche Art die Macht Ihrer Gedanken demonstrieren.

Besorgen Sie sich sechs bis acht Karotten (mit Grün) und schneiden sie den oberen Teil mit dem Blattansatz ab.
Legen Sie diese Teile in zwei Schüsseln mit ein wenig Wasser.
Beschriften Sie eine Schüssel mit einem »-« (negativ) und die andere mit einem »+« (positiv).
Stellen Sie die Schüsseln auf ein Fensterbrett, damit sie Sonnenlicht bekommen.
Nehmen Sie jeden Tag nacheinander die Schüsseln in die Hand und sprechen Sie zu den Möhrenenden. Ermutigen Sie die Möhren in der Schüssel mit dem »+« ordentlich zu wachsen, schicken Sie ihnen Liebe und sehen Sie sie als stark, gesund und schön. Weisen Sie die Möhren in der Schüssel mit dem »-« an, nicht zu wachsen. Wünschen Sie ihnen Schwierigkeiten und Mangel. Lehnen Sie sie ab. Wenn Ihnen das moralische Probleme bereitet, denken Sie daran, dass Sie diesen Teil der Möhren ohnehin in der Regel fortwerfen. Bitten Sie die Pflanzen und den Schöpfer um Erlaubnis, dieses Experiment durchführen zu dürfen, damit Sie in Zukunft in Ihrer Unterstützung des Lebens bestärkt sind. Sie können auch die Pflanze bitten, für Sie Stellvertreter für all das zu sein, das Sie frustriert, verletzt oder enttäuscht hat. Wenn Sie auch das nicht fertig bringen, dann ignorieren Sie die Möhren in dieser Schüssel wenigstens. Trennen Sie sie von den anderen und stellen Sie sie

auf ein Fensterbrett, wo Sie nie hinschauen. Entziehen Sie ihnen Ihre Liebe.

Nach ein paar Tagen werden Sie einen Unterschied bemerken, weil Ihre Gedanken Macht haben! Ja, es gibt tatsächlich einen Bezug zwischen der inneren Welt und den äußeren Manifestationen. Dann können Sie sich fragen: »Da ich etwas außerhalb von mir beeinflusst habe, wie steht es da mit meinem Inneren. Was geschieht jedes Mal, wenn ich negativ denke oder Hass aussende? Was tue ich da mit meinem Körper?«

Bei manchen Menschen entwickeln sich die Möhren genau umgekehrt. Die in der negativen Schüssel wachsen und die in der positiven Schüssel sterben ab, wahrscheinlich weil diese Menschen Mitleid mit den einen haben und sich schuldig fühlen, wenn sie den anderen Gutes zukommen lassen. Bei manchen Menschen sterben beide Kulturen, vielleicht durch Zweifel oder innere Widerstände. Sollte das bei Ihnen der Fall sein, probieren Sie es noch einmal, bis es klappt.

Meditation

Setzen Sie sich bequem hin und schließen Sie Ihre Augen. Lassen Sie Ihre Aufmerksamkeit von Ihren Zehenspitzen bis zu Ihrem Schädeldach wandern und entspannen Sie dabei Ihren ganzen Körper. Wenn Sie das Bedürfnis haben, den Kopf ein wenig hin und her zu drehen oder die Schultern und Arme auszuschütteln, tun Sie das. Sobald Sie sich ganz locker fühlen, lassen Sie auch Ihren Verstand sich entspannen. Sammeln Sie Ihre Aufmerksamkeit im Bereich Ihres Herzens und lassen Sie Ihren Atem tiefer werden. Lassen Sie beim Einatmen Ihren Bauch sich füllen und halten Sie so lange Sie können die Luft an. Atmen Sie dann langsam aus und lassen Sie los. Spüren Sie die nahtlose Einheit von Ihren inneren und Ihren äußeren Welten. Finden Sie in dieser Einheit den Mittelpunkt, der das Herz Ihres Seins ist.

Atmen Sie und konzentrieren Sie sich auf diesen Mittelpunkt, bis

Sie einen Lichtpunkt wahrnehmen. Fachen Sie diesen Funken mit Ihrem Atem weiter an und lassen Sie ihn wachsen. Sehen Sie, wie er Ihr ganzes physisches Herz erleuchtet und anfängt, in das Blut überzugehen. Folgen Sie mit Ihrer Aufmerksamkeit dem Licht durch die Adern, wie es in Ihre Arme und Beine, in alle Organe und in jede Zelle fließt und von dort wieder zurück ins Herz. Jetzt lassen Sie das Licht all dieser Zellen zu einem gemeinsamen Licht um Ihren Körper herum werden. Beachten Sie, wie es Licht in den Raum oder die Landschaft bringt, in der Sie sitzen. Lassen Sie es sich ausdehnen, bis es die Wände oder den Horizont erreicht. Dann schicken Sie dieses Licht durch die Flüsse dieser Erde, so wie Sie es zuvor durch Ihre Adern fließen ließen. Lassen Sie es sich in die Meere ergießen, bis alle Ozeane damit erfüllt sind. Sehen Sie, wie das Licht der Flüsse und Meere zu einem Licht wird, das die ganze Erde umfasst. Jetzt lassen Sie dieses Licht das Licht der Sonne berühren und sich weiter ausdehnen, bis die beiden Lichter zu einem großen, gemeinsamen Licht werden, das das ganze Sonnensystem durchstrahlt. Während dies geschieht, sehen Sie unser Sonnensystem als einen Lichtpunkt im Universum. Fachen Sie ihn mit Ihrem Atem weiter an, genauso wie Sie es zuvor mit dem Funken in Ihrem Herzen getan haben, bis er sich mit dem Licht der anderen Sterne verbindet. Die ganze Galaxie ist jetzt ein Licht, das sich mit dem Licht anderer Galaxien verbindet. Wo immer Sie einen Rand des Lichts wahrnehmen, lassen Sie das Licht sich weiter ausdehnen, bis es das jeweils nächste Element mit einschließt, bis es keine Trennung mehr gibt. Wenn Ihnen dabei dunkle Löcher auffallen, lassen Sie das Licht sich wie ein Wasserfall dort hinein ergießen. Erweitern Sie diese Wahrnehmung, bis das ganze Universum von Licht durchdrungen ist.

Verweilen Sie in dieser herrlichen Präsenz endlosen Lichts, vollkommenen Potentials und vollkommener Liebe. Und erinnern Sie sich: Dies ist Ihre innere Welt! Gott hat sie Ihnen als ein Spiegelbild der äußeren Welt gegeben, damit Sie an der Erfahrung der Schöpfung mit all Ihrer Vorstellungskraft, Entscheidungsfähigkeit,

Freiheit, Liebe und Ihrem reinem Sein teilhaben können. Sehen Sie Ihr Leben, so wie es war, in diesem Licht. Und dann sehen Sie Ihr Leben, so wie es sein könnte.
Lassen Sie Ihre Augen weiterhin geschlossen und stellen Sie Verbindungen zwischen der inneren und der äußeren Welt her. Achten Sie zuerst auf das Gefühl Ihres Atems und die Temperatur Ihrer Umgebung. Dann spüren Sie die Schwerkraft. Berühren Sie etwas mit Ihrer Hand und fangen Sie dann langsam an, Ihre übrigen Gliedmaßen zu bewegen. Öffnen Sie schließlich langsam Ihre Augen. Das Erste, was Ihnen auffallen wird, ist Licht. Nehmen Sie es mit Liebe wahr und erinnern Sie sich Ihrer heiligen Verbundenheit im Herzen.

Gebet

Göttlicher Schöpfer aller Wesen, aller Welten und aller Zeiten,
Feuer des Geistes und Lebens in uns:

Wir beten, dass Dein Licht
in den Geist der Menschen strömen
und hier auf Erden niederkommen möge.

Wir beten, dass Deine Liebe
in die Herzen der Menschen strömen
und hier auf Erden niederkommen möge.

Wir beten, dass Deine Gnade
in das Leben der Menschen strömen
und hier auf Erden niederkommen möge.

Wir erfreuen uns dieser Gaben und bieten Lob und Preis,
unsere Liebe und unseren Glauben dar.

Amen

16

Fülle und Produktivität

Die Botschaft

Die ganze lange Entwicklung, die zu unserer industriellen Wirtschaftsform geführt hat, brachte uns dazu zu glauben, dass Fülle ein direktes Ergebnis von Produktivität ist, und dass ohne Produktion Mangel herrscht. Wir haben unser instinktives Verständnis für die wahre symbiotische Beziehung zwischen Fülle und Produktivität verloren. Es gibt eine kausale Beziehung zwischen den beiden, doch in dem Sinne, dass effektive und sinnvolle Fülle nur möglich ist, wenn man Fülle wahrnimmt oder daran glaubt – nicht umgekehrt!

Unsere gesellschaftliche Arbeitsmoral lehrt uns, unseren Wohlstand zu produzieren oder ohne auszukommen. Natürlich erscheint es ungerecht, wenn die nicht so Fleißigen sich durch die Mühsal der hart Arbeitenden bereichern. Doch es scheint mir eine recht düstere Perspektive zu sein, wenn wir in unserem Denken menschlichen Wohlstand auf den Bereich unserer Geschäftigkeit beschränken. Im Buch Genesis wird uns erzählt, dass Gott die Erde mit Fülle und Fruchtbarkeit segnete. In dieser ursprünglichen Umgebung strebten die ersten Menschen danach, Hüter der natürlichen Fülle zu sein. Sie kamen überhaupt nicht auf die Idee, sich als deren Quelle zu betrachten! Der Schlüssel für eine dauerhafte, positive Einstellung liegt in dem Unterschied zwischen einer behütenden Kraft und einer ursächlichen Macht. Sicher verursachen wir manches, wie zum Beispiel unsere Einstellungen zu den Dingen, unsere Konditionierungen und unsere persönliche Realität. Doch für die meisten Dinge sind wir lediglich Hüter. Eine beharrliche Ausrichtung auf das, was wirklich möglich ist, erzeugt Wohlstand und echte Befriedigung.

Meine Gespräche mit Jeschua über dieses Thema begannen eher unabsichtlich, als ich neugierig nach dem verbotenen Baum im Garten Eden fragte. »Was war die vergiftete Frucht unseres Sündenfalls?«, wollte ich wissen. Er segnete mich nicht nur mit einer Antwort auf dieses uralte Mysterium, sondern auch mit dem Schlüssel für endlose Fülle.

»Es spielt keine Rolle, was für ein Baum das war, denn an den Früchten selbst war nichts Besonderes. Es ging auch nicht um Gehorsam, wenn auch Ungehorsam ein Teil der Übertretung war. Doch das kann nur im Zusammenhang mit dem verstanden werden, um was es in der Geschichte eigentlich ging. Die Bedeutung dieser Geschichte ging in den Tausenden von Jahren im Übergang von der agrarischen zur industriellen Gesellschaft verloren. Doch die Wahrheit in dieser Geschichte ist ewig gültig. Für diejenigen, die diese Lehre damals lebten, war deren Bedeutung so tief in ihrem Leben verankert, dass sie sich gar nicht vorstellen konnten, dass spätere Generationen ausführlichere Erläuterungen benötigen würden.

In der alten Welt war es üblich, ein Zehntel von aller Ernte Gott zu weihen. Die Sitte des Zehnten war ein Ausdruck des Lobes und der Dankbarkeit! In den anderen Kapiteln des Buches Genesis, in anderen alten hebräischen Büchern und vielen Aufzeichnungen aus der vorindustriellen Welt kannst du zahlreiche Hinweise und Erläuterungen dazu finden. Selbst der Fruchtwechsel wurde als eine Art Zehnt betrachtet. Auf jedem Feld gab es einen Streifen Korn, der nicht gemäht wurde, damit Gott ihn wieder frei in der Natur verteilen könne. In jedem Obstgarten gab es einen Baum, der nie abgeerntet wurde, er war ein natürlicher Altar zu Ehren von Gottes Fülle. Dieser Altar war auch Ausdruck des Glaubens an Seine ewige Fürsorge. Die Sitte des Zehnten durchzog das gesamte Leben und betraf nicht nur die Abgaben an den Tempel oder Almosen. Gott wurde als die Quelle aller Fülle anerkannt und verehrt. Der Mensch wurde als

Empfänger betrachtet, als Hüter, Verarbeiter, Entwickler und Verteiler dieser Fülle, doch gewiss nicht als ihre Quelle.

Der Baum in der Mitte vom Garten Eden war ein Zehntbaum. Er war ein Symbol der Gemeinschaft, der Fürsorge, der Dankbarkeit und des Glaubens. Seine großzügige, unberührte Fülle vereinte die Gemeinschaft in ihrer Ehrfurcht vor dem Leben und versicherte sie des endlosen, göttlichen Vorrats. Das Buch Genesis erzählt von Evas Übergriff in einen heiligen Bereich offener Zuwendung, dessen Frucht sie zu ihrer persönlichen Befriedigung verspeiste. In eure heutige Zeit übersetzt, käme das dem Bau einer Ölraffinerie in einem Naturschutzgebiet gleich oder dem Kauf einer Segelyacht aus der betrieblichen Rentenkasse. Der ›Baum des Lebens‹ bezeichnete einen besonderen Bereich, der die über alle Erwartungen hinaus gehende Fülle symbolisierte. Nur durch solche Ehrerbietung und Achtung kann die Menschheit hoffen, sich mit den höchsten Ebenen der Schöpfungskraft und wahrer Wiederherstellung zu verbinden.

Das Verfügbare jeden Tages genügt seinen Bedürfnissen. Der einzige Grund, weshalb ein Mensch ›Bedürfnisse‹ hat, die über das ihm zur Verfügung Stehende hinausgehen, besteht darin, dass sein Glaube an den Mangel ihm so zur Gewohnheit wurde, dass er sich manifestierte. Die Idee des Mangels ist eine interessante, doch völlig künstliche Erfindung des Verstands. Denk doch einmal nach: Wenn es mehr gibt als du je berühren, sehen, spüren, hören oder tun kannst, wie solltest du je auf die Idee des Mangels kommen? Eigentlich ist der Mangel der unlogischste Schluss, den man angesichts der Beweislage ziehen kann. Das Verführerische an der Idee des Mangels ist, dass er die Dinge besonders vorhersehbar und manipulierbar und andere Menschen kontrollierbarer macht. Doch diese Überzeugung betrügt euch um die wahre Fülle. Selbst ein materiell wohlhabender Mensch, der sich aber auf den Mangel konzentriert, wird in seinem Herzen Furcht vor Verlusten statt Freude am Besitz empfinden.

Der Glaube an den Mangel ist ein wesentlicher Bestandteil künstlicher Ökonomien, denn er erzeugt eine starke Motivation für Konkurrenz, politische Auseinandersetzungen und aufgezwungene Dominanzen.

In der natürlichen Ordnung hat er keine Grundlage. Alle Ideen des Mangels wurzeln in der Wahrnehmung des Menschen von dem, was er kontrollieren und für sich selbst produzieren kann. Dadurch sieht der Mensch sein Leben durch seine Produktionsinstrumente und beschränkt seine Wahrnehmung der Fülle auf das, was er mit seinen Mitteln kontrollieren oder erfinden kann.

Versteh mich nicht falsch: Produzieren ist eine ehrenwerte Tätigkeit. Wahrhaft produktive Menschen eifern ihrem Schöpfer nach. Doch Produktivität ist nicht die Ursache für Wohlstand. Die absolute Sicherheit, dass Wohlstand möglich ist, ist die Ursache für Wohlstand! Sichtbare, offene Nächstenliebe und das wohltätige Teilen mit anderen sind die Quelle dieser Sicherheit!

Wohltätigkeit bedeutet nicht nur das Abgeben weltlicher Dinge. Wohltätigkeit und Nächstenliebe bedeuten ein offenes Herz zu haben, einen dankbaren Geist, eine verzeihende Seele, ein mutiges Leben, eine weitgreifende Vision, einen neugierigen Verstand, liebevolle Hände, beharrliche Hingabe und kreative Ideen. Wohltätigkeit und Nächstenliebe sind die sichtbaren Zeichen spirituellen Wohlstands. In dem Maße, wie du deinen spirituellen Wohlstand zum Ausdruck bringst, wird der materielle Wohlstand folgen.

Spiritueller Wohlstand hat auch andere erkennbare Qualitäten. Das dazugehörige ***Gefühl*** *ist Dankbarkeit. Der* ***innere Weg*** *ist die Harmonie mit deinem wahren Sein und mit Gott, so dass du keine Lebensenergie damit vergeudest, nach grüneren Weiden zu suchen, sondern das, was dir anvertraut wurde, pflegst und vermehrst. Die* ***innere Haltung*** *ist Demut. Selbst mit magerem weltlichem Besitz kannst du große Fülle und Wohlstand erleben. Dein Wohlstand ist unbegrenzt, wenn du erkennst, dass die Fülle des göttlichen Vorrats größer ist als du selbst. Wenn du dies von ganzem Herzen weißt, werden die materiellen Besitztümer, seien sie groß oder klein, deinem Leben dienen und in dir kein Gefühl des Mangels aufkommen lassen.*

Die mit spirituellem Wohlstand verbundene ***Aktivität*** *ist das kreative Erfinden. Die größten Hindernisse zu einem Leben in der Fülle sind Vorbehalte, Selbstmitleid, Angst, Schuldzuweisungen, Geiz und*

der Wunsch, etwas zu sein, was du nicht bist. Selbst die sehr Wohlhabenden verhalten sich so und erfreuen sich nicht ihrer Güter. Und es gibt viele, die bescheiden ohne all diese Eigenschaften leben und sich ihres mageren Wohlstands erfreuen wie Könige.
Doch vor allem sind ***Wohltätigkeit und Nächstenliebe*** *die Bestätigung des spirituellen Wohlstands. Wenn du wahren Wohlstand erfahren möchtest, so stell den Baum des Lebens wieder in deinen Garten. Das kann tatsächlich ein kleines Naturheiligtum werden oder es kann in Form von Zeit geschehen, die du den Obdachlosen widmest oder den Kindern. Tu dies in dem Bewusstsein, dass du diese Tätigkeit weihst, also enthalte dich aller persönlichen Bestrebungen nach Anerkennung, Gewinn oder Steuervergünstigungen. Tu es nicht aus sozialer Verpflichtung oder um der Sitte des Zehnten zu genügen. Tu es mit Aufrichtigkeit, Würde, Diskretion, vielleicht sogar im Verborgenen, wenn das angemessen ist. Tu es zum Lob der göttlichen Fülle und deines Glaubens an die ewige Fürsorge. Dann wird sich deine ganze Einstellung zum Wohlstand ändern.«*

Entsprechende Passagen aus der Bibel

Johannes 10,10:
»Ein Dieb kommt nur, um zu stehlen, zu schlachten und umzubringen. Ich bin gekommen, damit sie das Leben und volle Genüge haben sollen.«

Sacharja 8,12:
»...sondern sie sollen in Frieden säen. Der Weinstock soll seine Frucht geben und das Land sein Gewächs, und der Himmel soll seinen Tau geben. Und ich will denen, die übrig geblieben sind von diesem Volk, das alles zum Besitz geben.«

Genesis 1,12:
»Und die Erde ließ aufgehen Gras und Kraut, das Samen bringt, ein jedes nach seiner Art, und Bäume, die da Früchte tragen, in

denen ihr Same ist, ein jeder nach seiner Art. Und Gott sah, dass es gut war.«

Leviticus 27,30:
»Alle Zehnten im Lande, vom Ertrag des Landes und von den Früchten der Bäume, gehören dem Herrn und sollen dem Herrn heilig sein.«

1. Korinther 13,3:
»Und wenn ich alle meine Habe den Armen gäbe und ließe meinen Leib verbrennen, und hätte die Liebe nicht, so wäre mir's nichts nütze.«

Schlüssel zum Leben

Der Schlüssel zur Fülle liegt in einem freigiebigen, wohltätigen Herzen. Jedem von uns wurde eine Fülle gegeben, die für andere unsichtbar ist. Möglicherweise rührt unser Glaube an den Mangel daher, dass wir uns in hohem Maße auf die Wahrnehmungen anderer verlassen, die nicht erkennen können, was uns gegeben wurde. Meiner Ansicht nach ist es das Vergleichen der »Gaben«, wovor uns das Gebot »Du sollst nicht begehren« schützen will. Im Begehren zerstören wir unseren inneren Blick auf die Fülle dessen, was uns persönlich gegeben wurde. Die Entwicklung unserer persönlichen »Begabungen« und die Unterstützung anderer bei der Entwicklung der ihrigen sind in unserer Gesellschaft von viel Verunsicherung, Neid und Ärger begleitet. Jeder von uns hat seine eigene, gleichwertige und gleichwichtige Beziehung zu Gott, doch wir Menschen sind uns dieser Wahrheit so unsicher, dass wir durch den Vergleich der oberflächlichen Vor- und Nachteile nach Bestätigung suchen und die Gaben der anderen verächtlich machen, wenn sie uns die Unterstützung versagen. Derartiges Verhalten ist einfach kindisch. Während meiner Zeit als Universitätsdozentin widmete ich einen Tag die Woche dem Kunst-Unterricht von Viert- und Fünftkläss-

lern an einer öffentlichen Schule. In dieser Zeit beobachtete ich ein wunderbares Beispiel dafür, wie wir das Vergleichen benutzen, um gegenseitige Beschränkungen aufzubauen, statt um vielfältige Möglichkeiten zu nützen. In meiner Klasse war ein Mädchen, dessen Auge-Hand-Koordination hoch entwickelt war. Die Kleine war in ihrer Fähigkeit zur realistischen Darstellung ihrem Alter weit voraus. Doch sie war so auf die Linienführung konzentriert, dass sie keinen emotionalen Ausdruck hineinbringen konnte. Ich ermutigte sie, über die äußeren Begrenzungen eines Gegenstands hinaus zu sehen und ihrer Hand mehr Bewegungsfreiheit zu lassen. In ihrer Nähe saß ein kleiner Junge, dessen Zeichnungen wild und expressiv waren, der jedoch nichts bildhaft darzustellen vermochte. Ich schlug ihm vor, einfach ein paar Bilder abzumalen, um seine Auge-Hand-Koordination zu verbessern. Das ging auch alles wunderbar, bis ein drittes Kind sich meldete und sagte: »Sie haben Sandy gesagt, sie soll sich nicht so an die Linien halten und Tommy soll sie genau abmalen. Das ist ungerecht! Warum können wir nicht alle das Gleiche tun?« Die ganze Stimmung in der Klasse schlug von Kreativität zu Konformität um und das Vertrauen in die persönlichen Eigenarten ging zunächst verloren. Nur indem ich das Selbstvertrauen jedes einzelnen Kindes wieder aufbaute, konnte die anfängliche Freiheit zurückgewonnen werden.
In seinem ersten Brief an die Korinther ermutigte Paulus die Gemeinde, immer darauf zu achten, dass jedem die Offenbarung des Geistes zum allgemeinen Nutzen verliehen wird. »Dem einen wird durch den Geist Weisheitsrede gegeben, einem anderen dagegen Erkenntnisrede nach demselben Geist, einem anderen der Glaube in dem nämlichen Geist, einem anderen wieder Heilungsgaben in ein und demselben Geist, wieder einem anderen die Gabe, Wunder zu bewirken, einem anderen die Prophetengabe, einem anderen Unterscheidung der Geister, einem anderen die Auslegung der Zungenreden. All das aber bewirkt der eine und selbe Geist, indem er jedem nach seiner Eigenart zuteilt, wie er will.« Wenn Sie Ihre Gaben mit Dankbarkeit annehmen können, dann wissen Sie,

dass Ihnen im Verhältnis zu Ihren Fähigkeiten viel zuteil wurde. Gott verleiht Talente. Es liegt an jedem von uns, ihren Reichtum zu entdecken, zu entwickeln und zu ernten. Häufig gibt es mehr zu entdecken, als wir zu träumen gewagt hätten.

Bei unserem Streben nach Fülle liegt einer unserer größten Fehler in der Vorstellung, dass unser Reichtum durch das beschränkt ist, was wir produzieren können und dass Wohlstand aus dem Ansammeln aller Reichtümer entsteht, die wir uns zu Eigen machen können. Doch wahrer Wohlstand entsteht aus dem Geist des schöpferischen Glaubens gepaart mit Geschick und Erfindungsgabe. Jeschua äußerte sich über das Thema des Reichtums in einer Geschichte, die im Matthäus-Evangelium (25,15-25) berichtet wird. Ein Mann ging auf eine Reise und vertraute seinen Reichtum seinen Dienern an, in unterschiedlichen Proportionen, je nach seiner Einschätzung ihrer Fähigkeit. Der eine erhielt fünf Talente, der andere zwei und der Letzte eines. Als er abgereist war, machte sich der Mann mit den fünf Talenten auf und investierte das Geld so, dass er weitere fünf Talente gewann. Auch der Mann mit den zwei Talenten gewann zwei weitere hinzu. Nur der Mann mit dem einen Talent nahm es und versteckte es in einem Erdloch. Als der Herr zurückkam, präsentierten ihm die ersten zwei Diener ihren durch Glauben und Geschick erzeugten Gewinn. Der Herr war zufrieden damit, dass sie ein Weniges treu verwaltet hatten und setzte sie über viele Dinge ein. Doch der Mann, der das Geld vergraben hatte, wurde für sein Horten, seine Faulheit und seinen Mangel an schöpferischem Vertrauen in die Gesetze der Fülle bestraft. Sein Talent wurde ihm weggenommen und dem Mann gegeben, der aus dem Geld seines Herrn am meisten gemacht hatte.

Die Kinder Gottes haben die Aufgabe die Schöpfung zu vermehren! Diejenigen, die das Geheimnis ihres eigenen Seins entschlüsseln können, sind von Fülle umgeben. Das ist die erste Voraussetzung für Erfolg und niemand kann Ihnen diese Aufgabe abnehmen. Sicher gibt es Risiken, doch auf der anderen Seite wartet die größte Erfüllung, die hier auf Erden möglich ist.

Als Alexander Graham Bell 1876 das Telefon erfand, klingelte es nicht ständig, weil ihn so viele Menschen unterstützen wollten. Nachdem er sein Gerät Präsident Rutherford Hayes vorgeführt hatte, bemerkte dieser: »Das ist eine beeindruckende Erfindung, aber wer sollte so etwas je benutzen wollen?«
Um die Glühbirne zu erfinden musste Thomas Edison mehr als zweitausend Experimente durchführen. Ein Journalist fragte ihn, wie er sich angesichts all dieser Fehlschläge fühle. Er antwortete, er habe keinen einzigen Fehlschlag erlitten. Er habe die Glühbirne erfunden. Es sei eben ein Prozess in zweitausend Schritten gewesen.
In den vierziger Jahren lief sich ein junger Ingenieur bei mehr als zwanzig Firmen die Hacken ab, um seine Erfindung an den Mann zu bringen. Nachdem er sieben Jahre lang nur abgewiesen worden war, kaufte ihm schließlich eine winzige Firma in Rochester, New York, die Rechte an seinem elektrostatischen Papierkopierprozess ab. Aus dieser Firma wurde dann der Xerox-Konzern.
1944 teilte Emmeline Snively von der Blue Moon Modeling Agentur einem hoffnungsvollen, jungen Model namens Norma Jean Baker mit, sie solle besser heiraten oder Sekretärin werden. Die junge Frau machte jedoch weiter und wurde später als Marilyn Monroe bekannt.
Jimmy Denny, der Manager des Grand Ole Opry, feuerte 1954 einen Sänger nach seiner ersten Vorstellung mit den Worten: »Du taugst nichts als Sänger. Geh lieber wieder zu deinen Lkws zurück.« Auch dieser junge Mann machte weiter und wurde der bekannteste Sänger der Welt: Elvis Presley.
Bei ihrem ersten Vorspiel 1962 bekam eine Gruppe junger Musiker zu hören, dass ihr Sound unpopulär wäre und Gitarrengruppen ohnehin auf dem Rückmarsch seien. Die Gruppe nannte sich »The Beatles«.
Wilma Rudolph kam als das zwanzigste von zweiundzwanzig Kindern auf die Welt. Sie war eine Frühgeburt und es war unklar, ob sie überleben würde. Im Alter von vier Jahren erkrankte sie an doppelseitiger Lungenentzündung und Scharlach. Als Folge davon

blieb eines ihrer Beine gelähmt. Im Alter von neun Jahren nahm sie die Stützschienen ab, die sie bis dahin getragen hatte, und begann, ohne sie zu laufen. Mit dreizehn hatte sie einen regelmäßigen Gang entwickelt, was in den Augen der Ärzte ein Wunder war. Im gleichen Jahr entschloss sie sich, Läuferin zu werden. Sie meldete sich zu einem Wettrennen an und lief als Letzte ins Ziel. Im Laufe der nächsten Jahre war sie bei jedem Rennen, an dem sie teilnahm, die Letzte. Jeder riet ihr, damit aufzuhören, doch sie machte immer weiter. Eines Tages gewann sie tatsächlich ein Rennen... und dann noch eines. Danach gewann sie jeden Wettlauf, an dem sie teilnahm. Dieses Mädchen, dem gesagt worden war, dass sie nie würde normal laufen können, gewann schließlich drei olympische Goldmedaillen!

Wir alle machen immer wieder den Fehler, uns bei unserem Streben nach Glück und Wohlstand auf unsere beschränkte Wahrnehmung der Realität zu beziehen und außer Acht zu lassen, was für Möglichkeiten sich aus dem Zusammenwirken des größeren Bildes ergeben. Wegen unserer kurzsichtigen Investitionen entgehen uns oft neue Aspekte des Lebens und der Schöpfungskraft, die sich gerade entwickeln. Was hilft da? Mut, Dankbarkeit, erfinderisch sein, Glaube und Beharrlichkeit, ganz zu schweigen von Wohltätigkeit und Nächstenliebe! Der amerikanische Erzieher John W. Gardner schrieb: »Wir zahlen einen hohen Preis für unsere Versagensangst. Sie ist ein mächtiges Hindernis für unser Wachstum. Sie verengt unsere Persönlichkeit und verhindert Forschergeist und Experimente. Lernen geht nicht ohne Schwierigkeiten und Ausprobieren. Wer weiter lernen will, muss das Risiko eingehen zu versagen – das ganze Leben lang.«

Und wer seinen Ursprung kennt und seine Identität, der weiß, dass wir nie in Gefahr sind zu versagen.

Andere Quellen der Weisheit

Kahlil Gibran (1883-1931), *Der Prophet:*
»Alles, was ihr habt, wird eines Tages gegeben werden; Daher gebt jetzt, dass die Zeit des Gebens eure ist und nicht die eurer Erben. Ihr sagt oft: Ich würde geben, aber nur dem, der es verdient. Die Bäume in eurem Obstgarten reden nicht so, und auch nicht die Herden auf euren Weiden. Sie geben, damit sie leben dürfen, denn zurückhalten heißt, zugrunde gehen.
...Denn in Wahrheit ist es das Leben, das dem Leben gibt – während ihr, die ihr euch als Gebende fühlt, nichts anderes seid als Zeugen.«

Marc Aurel (121-180):
»Alles, was für dich, oh Universum, harmonisch ist, ist auch für mich harmonisch. Nichts, was für dich zur rechten Zeit kommt, ist zu früh oder zu spät für mich. Alles, was du hervorbringst, ist mir Frucht.«

Henry Wadsworth Longfellow (1807–1882), *Evangeline:*
»Ihre Türen hatten keine Riegel und ihre Fenster keine Läden – ihre Behausungen waren offen wie die Herzen ihrer Bewohner. Die Reichsten waren arm und die Ärmsten lebten in Fülle.«

Anwendung

Im letzten Abschnitt von Jeschua's Botschaft wird die Anwendung dieser Lehre bereits beschrieben. Schauen Sie sich Ihr Leben daraufhin an, wo Sie einen oder mehrere »Bäume des Lebens« pflanzen können, um Ihre Dankbarkeit für die Fülle des Lebens zu stärken und auszudrücken. Wo und wie Sie diese Bäume pflanzen ist Ihre eigene Entscheidung, ich möchte Ihnen nur raten, es vom Herzen aus zu entscheiden und innerhalb eines Bezugsrahmens, der bereits für Sie von Bedeutung ist. Vielleicht setzen Sie etwas Großes in

Bewegung, vielleicht pflanzen Sie auch viele kleine Bäumchen. Ich sammle zum Beispiel in einem Teil meines Kleiderschranks Sachen, die ich weggeben möchte. Wenn mir niemand Konkretes dafür einfällt, gebe ich sie nach einer Weile an die Wohlfahrt. Ich habe auch in meiner Küche ein Regal eingerichtet, auf dem ich einen Teil meiner Einkäufe sammle. Wenn genug beisammen ist, gebe ich es jemandem, der es brauchen kann. Es gibt zahllose Möglichkeiten, wohltätig aktiv zu werden. Wichtig ist dabei, dass dahinter Liebe steht und dass es zum Lob der Fülle geschieht.

Meditation

Diese Meditation widmet sich der unbestreitbaren Wahrheit, dass wir uns von der göttlichen Fülle abgeschnitten haben, indem wir den Glauben an die Getrenntheit erzeugt haben und ständig praktizieren. Wir haben uns von Gott, von anderen und von uns selbst getrennt. Am meisten schadet uns die Getrenntheit, die wir zwischen den verschiedenen Aspekten unseres eigenen Wesens erzeugt haben – zwischen unserem Herzen, Verstand und Körper, unserem sozialem Selbst, unserem professionellen Selbst, unserem alltäglichen Selbst und unserem Traumselbst. Diese persönliche Aufsplitterung zerstört den inneren Frieden und lässt kein Gefühl der Befriedigung zu, wie groß unser Wohlstand auch immer sein mag. Jeder von uns weiß, dass er als eine Person geschaffen wurde, mit einem Gesicht und einem Namen, doch wir schaffen es oft nicht diese Einheit zu akzeptieren und uns an ihr zu erfreuen. Die schrecklichen Zeugnisse der Geschichte zeigen uns, dass sich die meisten Menschen an ihren inneren Widersachern abarbeiten, von gegensätzlichen Kräften innerlich zerrissen sind und sich ständig selbst den Krieg erklären.

Ein Mensch, der nach Einheit strebt, kann dies jedoch vermeiden. Beginnen Sie damit, dass Sie alle Ihre Vorurteile über Ihre verschiedenen Anteile zur Seite legen, unabhängig davon, ob sie diese Teile mögen oder ablehnen. In der Natur gibt es auch keinen

Widerstreit zwischen den verschiedenen Aspekten eines Mikroklimas. Es braucht seine Komplexität nicht zu verstehen, zu erklären oder zu rechtfertigen. Ein natürliches Biotop funktioniert einfach, solange es nicht von außen beschädigt wird.
Lassen Sie uns die Meditation mit einer Affirmation beginnen:

»Gott hat mich dazu erschaffen, mit mir selbst in vollkommener Harmonie zu leben, im Einklang mit allen Aspekten meines bewussten und meines unbewussten Selbst. Ich bin wahrlich und grundsätzlich EINS. Ich war Einheit vor der Schöpfung und ich bin Einheit in meinem aktuellen Leben. Einheit ist letztendlich meine Bestimmung. Etwas Größeres als ich verknüpft die Fäden meines Lebens und erhebt mich zum Selbst-Zusammensein. Wann immer ich mich für mein Eins-Sein entscheide, kann ich sicher sein, dass die ›Macht des Zusammenseins‹ sich auch für mich entscheidet.«

Wenden wir uns der Einheit der Zeit zu. Sie selbst verknüpfen die Zeiten Ihres Lebens miteinander. Beginnen Sie damit, sich an einen klaren Frühlingstag zu erinnern. Erinnern Sie sich an den blauen Himmel, spüren Sie die laue Luft und riechen Sie die Düfte. Erinnern Sie sich dann daran, wie ihr Lieblingshaustier sich über alle Maßen freut. Dann erinnern Sie sich an einen lieben Freund, den Sie schon lange nicht mehr gesehen haben, an bemerkenswerte Worte eines Fremden, an das Lieblingsessen aus Ihrer Kindheit, das Ihnen immer noch das Wasser im Mund zusammenlaufen lässt. Erinnern Sie sich an eine besondere Auszeichnung oder eine herausragende Leistung, die Sie vollbracht haben. Sind all diese Dinge nicht mehr ein Teil von Ihnen, nur weil Sie in der Vergangenheit geschahen? Und bedenken Sie dann all das, was noch nicht geschehen ist. Denken Sie an eine Reise oder einen Besuch, den Sie schon geplant haben. Stellen Sie sich zukünftige Ereignisse vor, die aller Voraussicht nach Ihnen oder Ihren Angehörigen widerfahren werden. Genießen Sie die Vorfreude auf ein Lieblingsessen, das Sie bald wieder zu sich nehmen werden. Sind diese Dinge kein Teil von Ihnen, nur weil sie noch nicht geschehen sind?

Zeit, Raum, Substanz, Ideen, Menschen und Erfahrungen können sehr unterschiedlich sein, doch es ist der Weber, der all diese Fäden zu einem gemeinsamen Gewebe verknüpft. WIR sind die Weber unseres Lebens! Wenn wir uns dessen bewusst sind, streben wir demütig danach, uns mit dem größeren Gewebe des Lebens zu verbinden, das von der Liebe Gottes gewebt wird.

Wir schauen nach Norden, Osten, Süden und Westen und erkennen, dass alle Richtungen sich um eine gemeinsame Achse drehen.

Bis in die Unendlichkeit hinein reicht der Geist des Nordens wie ein frischer, kühler Wind in einem grenzenlosen Himmel. Mögen wir uns mit diesem Geist vereinen, auf dass er durch das gesamte Leben atmet und fließt. Hilf uns, großer Geist des Nordens, die inneren Stimmen zu hören, die uns Visionen zuflüstern. Nimm mit deinen Winden unsere alten, nicht mehr brauchbaren Muster weg. Du bist die getanzte Ekstase unserer Harmonie, ein Ort größerer Erkenntnis.

Bis in die Unendlichkeit zeigt uns der große Geist des Westens die unermesslichen Wasser der Erde – vom Regen über die Quellen, Flüsse und Seen bis zu unserer grenzenlosen Mutter Ozean. Aus ihrem Leib gebar sie alles Leben dieses Planeten. In ihrer tiefen, seligen Dunkelheit trägt sie die Kraft, Grenzen aufzuheben, Anhaftungen zu lösen, zu spüren und zu fühlen, zu klären und zu heilen. Wir wollen uns mit dieser Harmonie zum Wohle unseres Planeten und all seiner Lebewesen verbinden.

Bis in die Unendlichkeit reicht das Strahlen des großen Geistes des Ostens wie die aufgehende Sonne, der Neuanfang. Oh schöpferisches Feuer, Lebensfunke, läutere unsere Sinne und schenke uns die Kraft und den Mut, zum Wohle des Ganzen weit zu sehen. Wir streben nach Harmonie mit dir, auf dass deine Kräfte durch uns hindurch fließen und durch uns zum Ausdruck kommen mögen, zum Wohle der Erde und allen Lebens auf ihr.

Bis in die Unendlichkeit reicht der große Geist des Südens mit seinen fruchtbaren Auen, prangend von allem Grünen und Wachsenden, herrlichen Bäumen und wogendem Gras. Oh Mutter Erde, Essenz der Natur, große empfängliche, nährende und ausdauernde Macht! Von dir erhalten wir die Kraft zu wachsen, zu blühen und zu gedeihen. Wir streben nach Harmonie mit dir, um des Segens willen, den wir mit anderen teilen wollen.

Wenn wir mit den Elementen der Schöpfung in Harmonie gehen, erkennen wir, dass es noch nicht einmal zwischen den einander gegenüberstehenden Richtungen von Wind und Lebenskraft Unstimmigkeit oder Getrenntheit gibt. Das soll uns trösten und zeigen, dass all die Richtungen und Gezeiten unseres eigenen Lebens einen Sinn haben, der sich entfalten wird. Nur der Glaube an die Getrenntheit hat unseren Zugang zur wahren Fülle versperrt. Wenn wir das erkennen, kann der Glaube an die Getrenntheit durch eine Wahrnehmung der lebendigen und dynamischen Einheit ersetzt werden, die nicht verstanden werden muss, um mit Begeisterung angenommen, geliebt und umarmt zu werden.

Gebet

Dieses traditionelle jüdische Gebet wurzelt stilistisch in den großartigen Lobgesängen der Könige David und Salomon, des Hiob und der Propheten Jeremiah und Jesajah. Ich kann mir gut vorstellen, dass auch Jeschua oft in dieser Weise betete.

Wie wunderbar ist das Werk Deiner Hände, oh Herr!
Die Himmel rühmen deine Herrlichkeit,
Der Himmelsbogen zeigt deine Künste.
In deiner Güte hast du uns die Kraft gegeben,
Die Schönheit Deiner Welt zu schauen,
In all ihrer Herrlichkeit.
Die Sonne, die Sterne, die Hügel und Täler,
Die Flüsse und Seen offenbaren Deine Gegenwart.
Die tosende Brandung singt von Deiner ehrfurchtgebietenden Macht,
Die Tiere auf dem Felde und die Vögel in der Luft
Verkünden Deinen wunderbaren Willen.
In Deiner Güte gabst du uns Ohren
Für die Musik der Welt.
Die Stimmen all derer, die uns lieb sind,
Lassen uns erkennen, dass Du mitten unter uns bist.
Göttlicher Klang durchtönt die ganze Schöpfung.

Amen

17

Gemeinschaft – Der menschliche Bezug

Die Botschaft

Unter dem Begriff »Gemeinschaft« kann man sehr viel verstehen, von Lebensgemeinschaften über Kameradschaften bis zu internationalen Verbänden. In vieler Hinsicht ist die Idee der Gemeinschaft das kollektive Äquivalent zur Liebe und lässt sich daher auf alles Mögliche anwenden. Jeschua bezog sich in seiner Lehre offensichtlich auf die universellere Bedeutung dieser Idee. Seine Botschaft beruhte auf zwei einfachen Regeln: »Liebe Gott, deinen Herrn, von ganzem Herzen, mit ganzer Seele und mit all deinen Gedanken... Liebe deinen Nächsten wie dich selbst.« Er forderte also dazu auf, Liebe als eine Erweiterung unserer selbst zu sehen, horizontal zu unserem Nächsten hin und aufwärts zum Göttlichen. Praktisch bedeutet das: Entwickelt, erhaltet und ehrt die Gemeinschaft.

Meine Gespräche mit Jeschua drehten sich sehr oft um Gemeinschaft in ihren verschiedenen Aspekten. Besonders klar wurden seine Gedanken zu diesem Thema bei einer Unterhaltung, die bei den Anfängen der gemeinschaftlichen Bindungen ansetzte:

»Alle Bereiche und Unterbereiche des Lebens definieren sich über natürliche Unterstützungssysteme, die aus lebendigen Gemeinschaften bestehen. Die Wissenschaft der Ökologie hat diese Netzwerke ausführlich beschrieben. Ein Ökosystem ist eine natürliche Lebensgemeinschaft. Diese Netzwerke überlappen einander und bilden so größere, integrierte Gemeinschaften.

Vor sehr langer Zeit waren die menschlichen Gemeinschaften durch die biologischen Familien und die sie erhaltenden Ökosysteme eng mit dem Land verbunden. Das war zunächst die einzige Grundlage für Einheit. Doch das göttliche Bewusstsein sah vor, dass der Mensch auch Gemeinschaften des Denkens, der Spiritualität, der Produktion und der Fürsorge bilden sollte. Die Entwicklung gemeinsamer Wertesysteme war ein großer Sprung für die Menschheit. Die Antriebskraft dafür stammte aus der Entdeckung des Feuers als einer kontrollierbaren Energieform. Feuer wärmte die Menschen im Winter, brachte Licht in die Dunkelheit und half, Nahrung für viele Menschen zu bekommen. Später wurde es dann als Brennstoff eingesetzt, um die ersten industriellen Maschinen anzutreiben. Es war der Mittelpunkt jedes Lagers und jedes Dorfes. Vor allem lernten die Menschen durch das Feuer jedoch eine wichtige Lektion, die zu der Entwicklung größerer, komplexerer ökonomischer Netzwerke führte. ***Das Teilen dieses wertvollen Gutes und das Weitergeben an andere minderte nicht das eigene Feuer.*** *Im Gegenteil, weitergegebenes Feuer vermehrte das Feuer! Indem sie das Feuer an einander weitergaben, konnten sich jede Familie und jeder Stamm sicherer sein, dass diese lebenswichtige Ressource nicht verschwinden würde.*

In einer Gemeinschaft wird die Lebensqualität von allen durch das Überleben des Einzelnen und die Lebensqualität des Einzelnen durch das Überleben des Ganzen gesichert. Das unterscheidet Gemeinschaften vom einfachen Zusammenleben. Diese erste Lektion der Gemeinschaft lernten die Menschen vom Feuer. Als sie dies begriffen hatten, wandten sie es bald auch auf andere Lebensbereiche an, wie zum Beispiel Saatgut, Arbeit, Fertigkeiten und Überzeugungen. So schritt die Entwicklung über Jahrtausende fort, bis die Idee der Knappheit entstand und als eine hoch entwickelte ›Erkenntnis‹ präsentiert wurde. Sie verbreitete sich schnell, so dass bald Nachbarn sich zerstritten und Dörfer gegen Dörfer antraten, bis jede Generation in diesen Kampf verwickelt war. Für die mittlere Perspektive und Intelligenz war die Entdeckung der Knappheit ein wichtiger Schritt, doch die Anwendung dieser Erkenntnis auf die menschliche Gesellschaft war ein tragischer Irrtum. Das Prinzip der Knappheit hat in mechanischen Funktionen seine Bedeutung. In festen, bereits bestehenden Einheiten lässt sich damit die Beziehung zwischen Ursache und Wirkung beschreiben. Überall, wo die verwendete Energie bereits in entropischem Zustand vorliegt, hat diese Idee ihre Berechtigung. Doch das betrifft nur den kleinsten Teil des Universums und hat vor allem nichts mit den größeren Prinzipien des menschlichen Herzens und der Gemeinschaften zu tun.

Genauso wie sich das Feuer nicht durch weitergeben mindert, so verringert sich auch Kommunikation nicht, wenn sie stattfindet und Wahrheiten werden nicht weniger gültig, indem man sie einander mitteilt. All die großen Prinzipien des menschlichen Bewusstseins erweitern sich durch das Miteinander-Teilen. Dazu gehören auch Freiheit, Würde und das Recht jedes Menschen, seine eigene natürliche Art des Gebens und Nehmens zu finden. Wer in einer unterstützenden Welt leben will, muss die wahren und liebevollen Gesetze der Gemeinschaft lernen. Die Rechte und Privilegien der menschlichen Seele wirken sich auf die Entscheidungen aus, die wir über unsere Ernährungsmuster treffen. Es gibt nichts Wichtigeres, als die Liebe, die wir sind, zu nähren und andere dabei zu unterstützen, das Gleiche zu tun. Dabei wird die Liebe, die wir sind, wachsen und zu einem Wert werden, der die Liebe anderer fördert. Das ist die Grundlage von Gemeinschaft.

Das entscheidende Merkmal jeder Gemeinschaft ist ihr Ernährungsmuster. Wenn du dich darauf konzentrierst, wie du Nährendes gibst und empfängst, kannst du ganz einfach deine wahre Gemeinschaft erkennen. Im menschlichen Kontext besteht Nahrung neben der Befriedigung der biologischen und ökonomischen Bedürfnisse auch aus Gedanken, Gefühlen, Spielen, Arbeiten, Feiern und Andacht. Fortgeschrittene Formen sozialer Infrastrukturen sind auch Nahrung in diesem Sinne. Um ein gesundes und sich weiter entwickelndes Leben zu führen, musst du angemessene Muster der Ernährung finden und anwenden.

Studiere die Nahrungsketten und die Strukturen, die daraus entstehen. Lass dabei alle Überlegungen, die auf Ähnlichkeiten aufbauen, wie Rassenzugehörigkeit, Nationalität, Geschlecht oder Gesellschaftsschicht, außer acht. Nicht alle sozialen Strukturen sind auf dem wahren und natürlichen Wesen der Gemeinschaften aufgebaut. Konformität schützt euch nur vor eurer eigenen Unwissenheit – bis jemand mit einem größeren Verständnis sie in Frage stellt. Willst du die Ernte von Gottes Reichtum einfahren und in deinem eigenen Leben zum Erblühen bringen, so musst du darauf achten, wie dein eigenes Leben andere nährt und wie andere dich nähren. Das betrifft all deine Beziehungen, deinen Platz in deinen Gemeinschaften und in deiner Arbeitswelt. Achte darauf, wie deine Aktivitäten, deine Einstellung und deine Ressourcen das Leben anderer bereichern. Befasse dich mit den Nahrungsketten und Unterstützungskreisläufen der Natur und der Menschheit und trage dann deinen Werten entsprechend dazu bei. Was du nährst, wird sich vermehren. Doch aufgepasst: Es vermehrt sich seinem eigenen Wesen entsprechend. Ein Stein wird nicht zu einem Baum, wenn du ihm Kompost gibst.

In den Schriften steht, dass ich gesagt habe, ihr sollt keine Perlen vor die Säue werfen. Das wirkt für sich allein gelesen so, als hätte ich gelehrt, dem Wertlosen nicht Wertvolles zu geben. Doch es ist nicht meine Art, derartige Urteile zu fällen. Zu vielen anderen, nicht berichteten Gelegenheiten sagte ich Dinge wie: ›Werft keinen Samen in das Meer‹ oder ›Fischt nicht auf den Feldern‹, ›Füttert Pferde nicht mit Fleisch und Hunde nicht mit Hafer‹. Die Realität jedes Lebensumfeldes wird durch seine Nahrungskette bestimmt. Der angemessene und logische Umgang damit wird zu deiner Gesundheit, zu deinem Wohlstand und zu deiner Weisheit viel beitragen. Es gibt jene, die bereit sind, das zu empfangen, was du zu geben hast, und andere sind es nicht. Wenn du die nährst, die bereit sind zu empfangen, wird daraus ein Reichtum entstehen, den die anderen dann in ihr Leben weiter tragen. Sorge dich nicht um das, was du nicht tun kannst. Kümmere dich lieber darum, das getan zu haben, was du tun kannst – für dich und für andere, im Kontext deines Lebens. Deine Energie ist vergeudet, wenn du versuchst, in unlogische Richtungen Einfluss zu nehmen. Die Ignoranz der menschlichen Gesellschaft gegenüber diesen Regeln der Gemeinschaft hat schreckliche Konsequenzen gehabt. Viele haben Unterstützung angenommen, ohne in der Lage zu sein, etwas damit

anzufangen oder sie zu erwidern. Andere haben ihre Ressourcen dafür verwendet, die Empfänger zu willfährigen Söldnern zu machen. Dieser ungleichgewichtige Austausch kann unmittelbare Bedürfnisse befriedigen und vergängliche Allianzen herstellen, doch er führt nicht zu wahrer Gemeinschaft oder Freundschaft.
Jenseits des menschlichen Kontextes erstreckt Gemeinschaft sich unendlich durch Raum und Zeit. Die Schöpfung entfaltet sich als ein endloses Netzwerk gegenseitiger Unterstützung. Was du nährst, daraus entwickeln sich deine Zukunft, deine Gemeinschaft und dein Rückweg zu Sättigung und Erfüllung. Dieser erweiterten Sichtweise kannst du die vielen ›Gemeinschaften‹ in dir selbst hinzufügen. Jeder Mensch integriert in sich selbst viele Mikrokosmen. Wie nährst du deinen physischen Körper, dein Herz, deinen Verstand, deine Gefühle? Entdecke die Muster in dir und stärke oder ändere sie. Jede Entscheidung, die du triffst, hat auf einer gewissen Ebene etwas mit Gemeinschaft zu tun und die Art, wie du sie unterstützt, bildet die Grundlage für alles, was du je haben oder erschaffen wirst. Entscheide dich weise.«

Entsprechende Passagen aus der Bibel

Römer 13,8:
»Seid niemandem etwas schuldig, außer, dass ihr euch untereinander liebt; denn wer den andern liebt, der hat das Gesetz erfüllt.«

Matthäus 5,43-45:
»Ihr habt gehört, dass gesagt ist: Du sollst deinen Nächsten lieben und deinen Feind hassen. Ich aber sage euch: Liebt eure Feinde und bittet für die, die euch verfolgen, damit ihr Kinder seid eures Vaters im Himmel. Denn er lässt seine Sonne aufgehen über Böse und Gute und lässt regnen über Gerechte und Ungerechte.«

Johannes 15,12:
»Das ist mein Gebot, dass ihr euch untereinander liebt, wie ich euch liebe.«

1. Petrus 3,8-9:
»Endlich aber seid allesamt gleichgesinnt, mitleidig, brüderlich, barmherzig, demütig. Vergeltet nicht Böses mit Bösem oder Scheltwort mit Scheltwort, sondern segnet vielmehr, weil ihr dazu berufen seid, dass ihr den Segen ererbt.«

Schlüssel zum Leben

Der Schlüssel zu Jeschua's Lehre der wahren Gemeinschaft liegt in dem Geben und Empfangen von Nährendem. Auf die eine oder andere Art teilen wir alle das Leben miteinander. Wir geben und empfangen alles, von materieller Unterstützung bis zu spiritueller Erfüllung im Gebet. Gott ist der höchste Zustand unseres harmonisch zusammenwirkenden kollektiven Potentials. Im Gebet können wir uns darin versenken. Danach zu streben entspricht unserem natürlichen, guten Kern. Es weiterzugeben ist die Grundlage für Wachstum, Heilung und ein erfülltes Leben. Jeder von uns hat Anteil an Gott, wann immer wir unsere Herzen und Hände aufhalten.
Eine der aufregendsten Entwicklungen des ausgehenden zwanzigsten Jahrhunderts war die Erforschung des Bewusstseins als einer zusammenhängenden Energie, die alle Lebenssysteme einschließt. Es gab allgemeine und spezifische Untersuchungen in allen möglichen wissenschaftlichen Disziplinen. Auch wenn die Wissenschaft vom Bewusstsein noch in den Kinderschuhen steckt, hat sie doch schon ein paar beeindruckende Bestätigungen für Zusammenhänge erbracht, die seit langem vermutet wurden. Es scheint, dass es eine direkte kommunikative Verbindung zwischen uns gibt und dass unsere Absicht sich in der Welt, trotz physischer Barrieren und räumlicher Distanz, auswirken kann. Auch wenn wir es bislang nicht erklären können, weisen Statistiken doch deutlich darauf hin, dass das Bewusstsein manchmal ein resonantes Feld konvergierender Wirkungen erzeugen kann, das weit über den lokalen Einflussbereich von Ursache und Wirkung hinausgeht. Die

Princeton Universität hat ein so genanntes Global Consciousness Project (Projekt Globales Bewusstsein) gestartet, in dem Daten gesammelt werden, um an Hand von messbaren Reaktionen der Umwelt größere Bewusstseinsmuster zu erforschen, ähnlich wie ein EKG die Herzfunktionen aufzeichnet. Das Projekt begann im August 1998 und sammelt inzwischen an mehr als 50 Stationen weltweit Daten. Die zugrunde liegende Hypothese ist, dass Felder, die von individuellem Bewusstsein erzeugt werden, zusammenwirken und somit eine globale Präsenz bekommen können. Als Individuen sind wir ständig mit zufälligen Aktivitäten beschäftigt, die auf einer globalen Skala keine ablesbaren Muster bewirken. Doch wenn weltweite Ereignisse viele von uns zu einer ungewöhnlichen Übereinstimmung von Denken und Fühlen bewegen, werden Muster sichtbar, sowohl bei friedvollen Versammlungen als auch bei Katastrophen. Beispiele dafür waren die erste Stunde der Bombardierung Jugoslawiens durch die Nato, der Papstbesuch in Israel, etliche weltweite Meditationen, große Erdbeben, der 11. September 2001, aber auch das alljährliche Silvester.
Viele sind davon überzeugt, dass diese Untersuchungen bestätigen werden was in spirituellen Kreisen seit langem proklamiert wird: Dass es ein Gruppenbewusstsein gibt und dass es die ganze Welt umspannen kann. Wenn die Messungen tatsächlich dieses Gruppenbewusstsein beweisen und diese Ergebnisse allgemein anerkannt werden, könnten Gruppen in viel größerem Umfang als bisher damit beginnen, ihre Gedanken, Gefühle und Energien bewusst auf ein gemeinsames Ziel auszurichten.
Zu der gleichen Zeit, als diese wissenschaftlichen Erkenntnisse auftauchten, fingen viele Seelen an, die gemeinsame Wahrheit in den heiligen Lehren der Welt zu entdecken. Die streng bewachten Grenzen zwischen den religiösen Traditionen begannen sich aufzulösen und auf dem großen Webstuhl des vergleichenden Denkens begann sich das Gewebe eines vereinten Bewusstseins zu entwickeln. Unsere Seelen sind bewusste Wesen, die unbeschränkte Partnerschaften mit unseren Körpern, unserem Verstand und unserer

Gemeinschaft eingegangen sind. Wir erschaffen, was wir denken. Das Gewebe des Lebens erstreckt sich vom Mikrokosmos bis zum Makrokosmos. Es gibt keine seelenlose Manifestation des Lebens. Konsequent zu Ende gedacht, führt dieser Gedanke zu einer wichtigen politischen Weisheit: Auch jede Nation auf diesem Planeten ist Teil eines einzigen Körpers und die Gesundheit dieses Körpers hängt davon ab, dass für jeden seiner Teile gleichermaßen gesorgt wird. Auch Nationen müssen die Gesetze der wahren Gemeinschaft lernen.

Soziale und politische Strukturen so zu entwickeln, dass sie wahrer Gemeinschaften fähig sind, ist eine anspruchsvolle Aufgabe. Doch jeder Mensch ist ein Mikrokosmos im Makrokosmos des Lebens, und wenn es möglich ist, dass jeder unserer Gedanken, jede Handlung und Entscheidung Auswirkungen hat, die unser Umfeld und das Leben insgesamt betreffen, dann ist das Bewusstsein vielleicht das Medium und der Kontext, in dem sich Gemeinschaften entwickeln. Aus der entspannten Perspektive der aufrichtigen und bescheidenen Achtung vor jeder Verbindung, die wir knüpfen, kann diese Erkenntnis der einfachsten Handlung großes Gewicht verleihen. Ein neugieriger Journalist fragte einmal Mutter Theresa, wie sie mit der unglaublichen Not und Bedürftigkeit in ihrem Land umgehen könne. Die kleine albanische Nonne lächelte und sagte: »Indem ich jeweils dem Menschen vor mir helfe.«

Andere Quellen der Weisheit

George Appleton (1902-1993), Daily Prayer and Praise:

»Oh Schöpfer Gott, lass mich das Sein aller Dinge und Menschen spüren, ohne Widerstand, ohne das Verlangen, ihnen meine Muster aufzudrücken oder sie für selbstsüchtige Zwecke auszunutzen. Lass mich sie willkommen heißen, mich an ihnen freuen, sie schätzen und lieben, für das, was sie sind und für das, was sie durch Deine schöpferische Liebe werden.«

Anwendung

Es mag paradox erscheinen, doch um individuelle Freiheit und Wohlbefinden zu erfahren, müssen wir uns mit dem kollektiven Bewusstsein der Menschheit verbinden. Selbst wenn wir uns nur auf der intellektuellen Ebene klarmachen, dass wir alle Eins sind, können wir nicht mehr darüber hinwegsehen, dass viele unter Entbehrungen leiden, während ein paar wenige es sich gut gehen lassen. Das Ziel von Gemeinschaft ist die Verbindung aller Teile zu einem Ganzen. Das betrifft auch die Gemeinschaft in uns selbst. Diese Verbindung führt zu einem Gefühl großer Befriedigung in allen Lebensbereichen. Dazu gehört die Verbindung mit anderen in echter Hilfsbereitschaft, im Feiern und im lebendigen Miteinander. Es bedeutet auch, dass wir uns auf eine innere Reise begeben müssen, um herauszufinden, wer wir sind. Vielleicht müssen wir unsere Wertmaßstäbe überprüfen und uns überlegen, was uns wirklich Frieden bringt und glücklich macht. Und dann brauchen wir den Mut, das umzusetzen.
Die folgenden elf Schritte können Ihnen helfen, eine erfüllendere Erfahrung von Gemeinschaft und persönlicher Bereicherung zu entwickeln.

1. Schritt: Definieren Sie Ihre Werte.
   Machen Sie eine Liste dessen, was Ihnen wichtig ist und beschreiben Sie, wie Sie sich Ihr Leben wünschen.
2. Schritt: Schauen Sie sich Ihr Leben gut an.
   Achten Sie auf die Energie, die Sie erzeugen, die Menschen, mit denen Sie in Kontakt stehen, den Zustand Ihres Zuhauses, Ihre Ernährung, wie Sie sich fühlen, etc. Überprüfen Sie auch, ob Sie in Übereinstimmung mit Ihren Werten leben. Wenn nicht, was hält Sie davon ab?
3. Schritt: Entscheiden Sie sich für Veränderung.
   Wenn Sie nicht das Leben leben, das Sie sich wünschen, müssen Sie sich verbindlich dafür entscheiden, Ihre Gedanken, Über-

zeugungen, Emotionen und den physischen Ausdruck Ihres Bewusstseins zu verändern.

4. Schritt: Betonen Sie das Positive.
   Die Entscheidungen, die wir treffen, machen das Ergebnis absehbar. Wenn Sie mit dem Schlimmsten rechnen, wird es wahrscheinlich auch so kommen, so sehr Sie sich auch um ein positives Ergebnis bemühen. Sie können auch davon ausgehen, dass das Leben Ihnen wohl gesinnt ist und dass Sie ein erfülltes und befriedigendes Leben haben können. Wenn Sie Ihre Erfahrungen aus einem positiven Blickwinkel heraus betrachten, entsteht eine innere Haltung der Dankbarkeit. Anstatt das Gefühl zu haben, nicht genug zu bekommen, sind Sie dankbar für das, was Sie haben.
5. Schritt: Behandeln Sie sich selbst wie jemanden, den Sie lieben.
   Entlassen Sie die kritische Stimme in Ihrem Kopf, die behauptet, Sie wären, so wie Sie sind, nicht vollkommen. Gehen Sie mit liebevoller Güte mit sich selbst um und sagen Sie Ihrem Spiegelbild mindestens einmal täglich: »Ich liebe und achte dich, genauso wie du bist.« Behandeln Sie Ihre Nächsten wie sich selbst.
6. Schritt: Teilen Sie Ihre Zeit, Energie und Ressourcen mit anderen.
   Das Leben mit anderen zu teilen fühlt sich gut an und trägt zu Ihrer zukünftigen Bereicherung bei. Seien Sie großzügig mit Ihrer Zeit oder Ihren Ressourcen, um anderen Ihre Wertschätzung zu zeigen. Wenn Sie sich mehr Unterstützung wünschen, so unterstützen Sie andere. Wenn Ihr Leben von Mangel bestimmt ist, müssen Sie sich vielleicht stärker bemühen, eine tiefere Beziehung zu mehr Menschen zu entwickeln. Gehen Sie zu interessanten Versammlungen, gemeinschaftlichen Unternehmungen etc.
7. Schritt: Seien Sie dankbar.
   Dankbarkeit ist der Schlüssel zur Fülle des Lebens. Sie macht aus dem, was Sie haben, genug. Sie verwandelt Verdrängung

in Akzeptanz, Chaos in Ordnung und Verwirrung in Klarheit. Dankbarkeit kann aus einem normalen Essen ein Festmahl machen, aus einem Haus ein Heim, aus einem Fremden einen Freund. Dankbarkeit zeigt uns, dass die Vergangenheit sinnvoll war, bringt Frieden in die Gegenwart und erzeugt Visionen für die Zukunft.

8. Schritt: Lassen Sie die Vergangenheit los.
Vergebung und das Loslassen von Schmerzen der Vergangenheit braucht seine Zeit, doch es öffnet die Tür für positive Energien. Sie können mit dem Loslassen beginnen, indem Sie sich von Dingen verabschieden, die Sie nicht mehr brauchen – Dinge, die Sie an unangenehme Zeiten in Ihrem Leben erinnern.

9. Schritt: Verbringen Sie Zeit mit sich selbst.
Ziehen Sie sich eine Weile in die Einsamkeit zurück, um herauszufinden, wer Sie sind. Ich empfehle Meditationen oder Gebete. Nehmen Sie sich auch Zeit, um in Ruhe etwas zu tun, was Ihnen gut tut. Begeben Sie sich so oft wie möglich in die Natur. Es hilft schon, sich einfach auf ein Fleckchen Rasen zu setzen und die Erde unter sich zu spüren. Achten Sie auf die Bäume, die Vögel und die Blumen.

10. Schritt: Übernehmen Sie Verantwortung für Ihr Leben.
Solange Sie andere für das verantwortlich machen, was Ihnen widerfährt, befinden Sie sich in der Opferrolle und fördern die Getrenntheit statt der Verbundenheit. Glückliche Menschen wissen, dass ihre Reaktion auf das Leben den Kurs ihres Lebens bestimmt. Wenn sich negative Dramen in ihrem Leben abspielen, seien Sie bereit, sich Ihren Beitrag zu deren Entstehung anzuschauen. Es geht darum, das Leben durch uns geschehen zu lassen, statt dass es uns widerfährt.

11. Schritt: Tun Sie jeden Tag mindestens etwas Neues, das die Gemeinschaft fördert.
Damit sich Ihr Leben verändert, müssen Sie bewusst etwas verändern. Das erfordert Bemühen und Entschiedenheit. Deswegen haben diejenigen so wenig Erfolg, die sich einfach wün-

schen, dass etwas anders sein sollte und dann erwarten, dass unsichtbare Kräfte schon dafür sorgen werden. Beginnen Sie damit, die Qualität Ihrer Gedanken zu verbessern oder sich in den verschiedensten Situationen Ihrer Gefühle bewusst zu werden. Nichts verbindet schneller als ein Lächeln. Versuchen Sie einmal jemandem zuzulächeln, den Sie bislang gemieden haben. Seien sie freigiebig – und wenn Sie nur Ihren Kollegen eine Schachtel Kekse zukommen lassen. Tragen Sie immer ein wenig Geld in der Tasche, um es denen zu geben, die gerade keines haben. Machen Sie jeden Tag einen kleinen Schritt und Sie werden sich daran gewöhnen, sich immer mehr auf Gemeinschaft hin zu bewegen. Egal wo Sie losgehen – es kommt auf die Richtung an.

Meditation

Beginnen Sie diese Meditation mit weit geöffneten Augen an einem ruhigen Ort, der es Ihnen leicht macht, inneren Frieden zu spüren und der gleichzeitig interessant genug ist, um ihn sich anzusehen. Ein Platz in der Natur oder ein Zimmer mit Aussicht wären ideal. Sitzen Sie ruhig und andächtig da. Werden Sie sich Ihrer Verbindung mit allem um Sie herum gewahr. Vielleicht denken Sie mehr als in anderen Meditationen, weil Sie die Augen geöffnet haben. Wenn dem so ist, versuchen Sie nicht die Gedanken abzuschalten, sondern beobachten Sie sie einfach. Stellen Sie sich vor, Sie sitzen am Ufer eines Flusses und Ihre Gedanken fließen wie der Fluss an Ihnen vorüber. Versuchen Sie nicht den Fluss aufzuhalten, sondern schauen Sie einfach zu. Nach ein paar Minuten werden Sie bemerken, dass der Fluss langsamer wird. Wenn Sie dabei ungeduldig, gelangweilt oder ärgerlich werden, ist das auch in Ordnung. Schauen Sie einfach dem Fluss der Gedanken zu.
Beachten Sie, wie alles von allem unterstützt wird und Unterstützung gibt. Wenn Sie in der Natur sind, achten Sie auf die summende und knisternde Geschäftigkeit um Sie herum. Dann wenden Sie

Ihre Aufmerksamkeit nach innen. Achten Sie auf Ihren Körper. Das ganze menschliche System beruht auf Geben. Das Herz nimmt das Blut nicht auf, um es zu horten. Es fließt durch ein Gefäß hinein und durch ein anderes hinaus. Blut zirkuliert normalerweise, es stagniert nur selten. In einem gesunden Körper sind alle Flüssigkeiten in ständigem Austausch. Zellen, die ihre Sekretion eine Weile zurückhalten, tun dies nur so lange, bis andere Zellen ihrer Sekrete bedürfen. Wenn eine Zelle ihre Sekretion ganz zurückhalten würde, so entstünde Stagnation und bald darauf irgendeine Form von Krankheit. Jedes Organ, das seine Produkte nicht weiterleitet, wird auf die Dauer seine Funktionsfähigkeit verlieren. Bei den größeren Körperteilen ist es dasselbe. Das Auge kann nicht zum Fuß sagen, ich brauche dich nicht mehr und werde dich deshalb nicht mehr führen. Wenn das Auge seine Pflicht vernachlässigt, stolpert der ganze Körper und fällt. Wenn einzelne Mitglieder ihren Beitrag zum Ganzen verweigern, wird der Körper zusammenbrechen und letztendlich sterben. Die Natur zeigt es uns: Wir müssen geben, um zu empfangen. Um zu sammeln, müssen wir zerstreuen, um glücklich zu werden, müssen wir andere glücklich machen und um das Gute in uns zu stärken und spirituell zu wachsen, müssen wir anderen Gutes tun und das Gute in ihnen erkennen.

Sie werden die Welt genießen, wenn das Meer durch Ihre Adern strömt, wenn die Himmel Sie einhüllen und die Sterne Sie krönen. Sehen Sie sich als den alleinigen Erben der Welt. Und dann sehen Sie auch andere als alleinige Erben der Schöpfung. Wenn Sie in Gott wie ein triumphierender Sieger, wie eine glückliche junge Mutter singen, jubeln und sich freuen können, dann genießen Sie wirklich den Reichtum, der Ihnen vermacht wurde.

In diesem Zustand der Einheit gibt es keine einschränkenden Dimensionen. Nichts ist in Ihren Augen zu klein, um unterstützt zu werden, und nichts zu groß, um einbezogen zu werden. Ihr Herz definiert sich allein über die Art seiner Liebe und die Unbefangenheit seiner Wahrnehmung. Jetzt können Sie die Augen schließen und sich sanft in Ihre innere Welt gleiten lassen. In diesem Zustand der Einheit rezitieren Sie die folgende Affirmation der inneren Wahrheit:

Dies ist der Geist in meinem Herzen, er ist kleiner als ein Senfkorn. Der Geist in meinem Herzen ist größer als Himmel und Erde, größer als alle Welten. Dies ist der Geist in meinem Herzen.
Dies ist das Licht in meinem Herzen, es ist ist kleiner als ein Glühwürmchen in der Nacht. Das Licht in meinem Herzen ist größer als die kosmische Sonne, als die Galaxie, als das Universum. Dies ist das Licht in meinem Herzen.
Dies ist die Liebe in meinem Herzen, sie ist kleiner als ein verängstigter Schmetterling in einem Sturm. Die Liebe in meinem Herzen ist groß genug, um meine Mitmenschen einzuschließen, der Natur zu dienen und sich bis zu den Sternen aufzuschwingen, um das Antlitz Gottes zu berühren.
Mein Geist, mein Licht und meine Liebe werden durch nichts beschränkt. Es gibt nichts, mit dem ich mich nicht durch Mitgefühl und Gemeinschaftlichkeit verbinden könnte. Ich sage dies und wenn ich meine Augen öffne, sehe ich, dass es wahr ist.

Gebet

Oh, mein Gott,
Schöpfer aller Wesen, aller Welten und aller Zeiten,
wir beten, dass wir in der unendlichen Weite
deiner Schöpfung
über die kleinen Unterschiede in einander
hinwegsehen mögen.
Mögen diese Unterschiede für uns so gering
und bedeutungslos werden,
wie sie es für Dich sind.
Mögen wir nicht auf die Unterschiede in unserer Kleidung,
unserer Sprache,
unseren Sitten, unseren unvollkommenen Gesetzen,
unseren unlogischen Meinungen
oder unserem sozialen Rang schauen,
sondern die Fülle der Gemeinschaften genießen,
die Du vor uns ausgebreitet hast.
mögen wir unsere menschliche Vielfalt
als einen Grund zu feiern betrachten
und nicht als einen Anlass für Konflikte und Gegensätze.

Ich bete demütig darum, jedem mitfühlend gegenüberzutreten.
Verleihe mir das Herz und die Weisheit,
jedem zu seinem Besten zu dienen.
Möge ich in wahrer Gemeinschaft leben,
voller Hingabe an ein erleuchtetes Leben.
Möge ich mich auf jede erdenkliche Weise
für eine bessere Welt einsetzen,
zum Wohle zukünftiger Generationen.
Möge ich an der Energie des Universums
als der Quelle von Weisheit und Potential festhalten.

Möge ich,
dank der Macht Deiner Gnade,
in wahrer Gemeinschaftlichkeit
die Weisheit von Leben und Tod teilen.

Amen

18

Erfahrung und Wachstum

Die Botschaft

»Der absolute, reine GEIST ist nicht manifest und kann daher mit der gewöhnlichen Wahrnehmung nicht erfahren oder erkannt werden. Das grundlegende Wesen von allem ist GEIST – letztendlich das Einzige, was existiert! Alles, was ihr wissen, wahrnehmen oder erfahren könnt, ist eine Emanation des GEISTES, der sich auf unendlich viele verschiedene Arten zeigt.
Die Abfolge von Ereignissen im Laufe der Zeit ermöglicht es uns, unsere Erfahrungen zu ordnen und zu bewahren. Im Rückblick zeigen sich bestimmte Muster. In der Jugend eines Menschen und einer Seele ist die Aufmerksamkeit vorwiegend auf äußere Ereignisse gerichtet. Der Mensch wächst, indem er Gelegenheiten und Reize sammelt und studiert. Es ist natürlich, dabei nach Abwechslung, Abenteuer, Genuss und Herausforderungen zu suchen und so verschiedene Lebens- und Seinsmöglichkeiten zu entdecken und zu vergleichen. Doch irgendwann kommt der Augenblick, wie das Aufbrechen einer Rosenknospe, da Erfahrungen nicht mehr durch die Art der äußeren Ereignisse bewertet werden, sondern subjektive, innere Maßstäbe ins Spiel kommen. Das Bewusstsein vertieft sich und es wird interessanter, wie wir mit einer Erfahrung umgehen, wie wir sie wertschätzen oder ob wir sie als unwichtig abtun wollen.
***Was** ihr wahrnehmt wird durch euren Fokus, eure Aufmerksamkeit bestimmt. So wählt ihr eure Erfahrungen und steuert euren Kurs. Die meisten Menschen neigen dazu, sich auf die physische Ebene zu konzentrieren. Ein anderer Fokus eröffnet jedoch viele neue Möglichkeiten. Ihr habt die Wahl, eure Aufmerksamkeit auf andere Dimensi-*

onen der Wirklichkeit zu lenken. Durch das Verschieben eures Fokus steht euch mehr von eurem Potential zur Verfügung, ohne dass ihr dafür etwas im Außen benötigt. So könnt ihr zum Beispiel lernen, in bestimmten Bereichen eures Lebens oder für bestimmte Gefühle offener und neugieriger zu sein. Ihr könnt lernen auf Situationen, die immer wiederkehren, anders zu reagieren als in der Vergangenheit, indem ihr sie genau überprüft. Wenn ihr Angst empfindet, dann könnt ihr euch dafür entscheiden, stehen zu bleiben und die Situation aus einem anderen Blickwinkel zu betrachten. So könnt ihr die Angst verstehen statt einfach vor ihr davon zu laufen.

Die größte Erfahrung von allen ist es, ›das Erfahrende‹ zu sein! Wenn du mit vollem Bewusstsein weißt, dass du diejenige bist, die entscheidet, wie du die Ereignisse deines Lebens erfährst, erzeugst du Wachstumsmuster, die die inneren und die äußeren Welten miteinander verbinden. Du wirst anfangen, deine Erfahrungen mit größerer Sicherheit und Klarheit des Herzens auszuwählen. In dem Maße, wie dieser Reifeprozess sich beschleunigt und deine Wahrnehmung sich verfeinert, wachsen auch die Stille und der Frieden in dir und du wirst unabhängiger von äußeren Reizen. Schließlich wird es dich zu der unvergleichbaren Erfahrung der vollständigen Akzeptanz führen. Dann kannst du das Große wie das Kleine, das Komplexe wie das Schlichte, Freud und Leid, Reichtum und Entbehrung als für die Gesamtheit der Existenz wichtig und bedeutsam akzeptieren. In dem Moment haben all deine Erfahrungen ihren Sinn erfüllt.

Die Liebe schließt den Kreis und kehrt zu ihrer eigenen Einfachheit zurück. Das ist der Weg. Als Liebe wurdet ihr in einem Zustand erschaffen, in dem die Liebe nur sich selbst als EINS kannte. Dann begann die Liebe etwas Erstaunliches und Faszinierendes zu bemerken. Sie sah wunderbare, nicht zu übersehende Beweise dafür, dass es Wechselwirkungen zwischen ihren vielen Aspekte gab. Jede Veränderung oder Fluktuation in einer Seele hinterließ eine Art ›Fußabdruck‹ in dem sich entwickelnden Potential des Lebens. Die Liebe erkannte, dass jede Seele, wo immer sie sich hinbewegte und was immer sie tat, eine Spur ihres eigenen Seins hinterließ. Was für ein merkwürdiges

Phänomen! Die Liebe fragte sich, wie weit sich das wohl führen ließe, und machte sich auf den Weg in ein Abenteuer. Das war gut so, denn so konnte jede Seele ihren eigenen, unersetzbaren Wert in diesem Universum erkennen. Doch das Abenteuer hatte einen Fehler. Die Seelen ***vergaßen****, dass sie vom Wesen her Liebe sind. Sie begannen, sich durch ihre Erinnerungen, Leistungen und Niederlagen zu definieren statt durch ihr grundsätzliches Liebe-Sein. Sie verglichen und bewerteten. Schließlich wurden sie abhängig, sogar süchtig nach Erfahrungen als Weg zur Selbsterkenntnis. Liebe war etwas Verwirrendes, so entfernten sie sich von der Liebe und suchten nach anderen Erklärungen für das Leben. Das war die Dunkelheit der Trennung.*

Unabhängig von euren Erfahrungen ist euer wahres Wesen immer Liebe gewesen. Ihr könnt euch nicht als irgendetwas anderes erkennen. Ihr müsst diese Wahrheit in eurem Leben wieder entdecken und aufhören, davor wegzulaufen. Hierin liegt die eigentliche Bedeutung von Reue – hier ereignet sich Umkehr. Wenn das wieder richtig gestellt ist, werden all eure Erfahrungen sinn- und wertvoll. Schließlich könnt ihr erkennen, dass euer Wille wirklich frei ist und in euren Entscheidungen Kraft liegt. Was du für dein Leben wählst hat Rückwirkungen auf die gesamte Existenz, nicht nur auf dein Leben!

Von Anfang an war dein Wachstum das Ergebnis der Interaktion deines inneren Wesens mit den verschiedenen Einflüssen aus deiner Umgebung. Es gibt keine Unabhängigkeit vom Universum, da du ein Teil davon bist. Du wirkst darauf ein und es wirkt auf dich ein. Zusätzlich dazu, dass du die Erfahrungen wahrnimmst, hat deine Seele auch ihren eigenen Entwicklungsweg. Du BIST ihre Entfaltung. Im Laufe deines Reifungsprozesses beginnst du zu erkennen, dass die Evolution nur durch die Vereinigung der inneren mit den äußeren Welten fortschreitet. So wird die Evolution selbst das Ziel der Erfahrung. Die großartigste aller Erfahrungen, die dich wirklich reif werden lässt, ist das Mitgehen mit den Bewegungen des Geistes in der Gewissheit, dass dies der Atem ist, der dir Leben verleiht. In diesem Zustand brauchst du nichts zu tun als zu entspannen, dich hinzugeben und dem Geist zu erlauben, dich zu bewegen. Das befreit von allen Anhaftungen und Erwartungen. Das ist der Tod des Egos. Dann wird die Wirklichkeit zu einer Abfolge von Momenten, die jeweils als Gegenwart erfahren werden. Wahres Sein erkennt sich nur im jetzigen Augenblick, in der Präsenz. Das wahre Jetzt ist kein Zeitpunkt, sondern mehr ein Medium, eine kontinuierliche und grenzenlose Essenz, in der die gesamte Existenz zu perfekter Synchronizität findet. Jede Erfahrung dieser endlosen Präsenz gibt der Seele Erfüllung.

In der Fülle des Jetzt lässt sich die bedingungslose Wirklichkeit entdecken. Das ist die ›wahre Zeit‹ der Seele, ihr eigentliches Leben. Alle anderen Erfahrungen sind einfach Herausforderungen, Ablenkungen oder Gelegenheiten, um das eigene Wertesystem einer neuen Situation anzupassen. Wenn du das wahre Alter deiner Seele wissen möchtest, frage nicht danach, wie viel Zeit seit deiner Geburt vergangen ist oder wie viele Abenteuer deine Seele durchgestanden hat. Frage lieber, wie vertraut dir die ›wahre Zeit‹ im Vergleich zu den vorübergehenden Ereignissen des Lebens ist. Wie leicht fällt es dir, zu begreifen, dass alles ›Jetzt‹ ist? Wie leicht fällt es dir, mitten im Chaos ›Jetzt‹ zu sein? Das Alter einer Seele berechnet sich nicht nach dem, was man formell schon alles an Spirituellem erledigt hat, sondern an der Fähigkeit, den Geist in allen Dingen zu erkennen. Es bemisst sich nicht an der Vollkommenheit des Betragens, sondern an der Tiefe des Vertrauens in das SEIN, aus dem sich eine heitere Offenheit für Selbstkorrektur oder Berichtigung des eigenen Handelns durch andere ergibt. Vor allem hat sie Sinn für Humor. Eine sehr junge Seele identifiziert sich dagegen so sehr mit ihrem Verhalten, dass sie sich ihm gleichsetzt. Wenn ihr Betragen schlecht ist, ist SIE schlecht. Wenn ihr Betragen gut ist, ist SIE gut. Die geringste Korrektur kann von einer Seele auf dieser Entwicklungsebene als niederschmetternd erlebt werden. Das beiläufigste Kompliment wird hoch bewertet. Diese unflexible Position hat zu vielen rigiden Moralvorstellungen und Wertesystemen geführt. Dies ist ein sehr beengter und anstrengender Zustand für eine Person oder eine Seele. Sie hat kaum Bewegungsspielraum oder Entwicklungsmöglichkeiten, bis schließlich irgendetwas geschieht, das die enge Verknüpfung zwischen Verhalten und Sein lockert.

Die Seele hat ihren eigenen Weg, der sich als eigenständige Erfahrung im Einklang mit der Selbsterkenntnis entfaltet. Genauso wie sich deine Fähigkeit mit äußeren Ereignissen umzugehen durch wiederholtes Üben verbessert, so entwickelt sich auch dein Verständnis deiner selbst als ›die Erfahrende‹ mit dem zunehmenden Vertrauen in das, wer du wirklich bist. Kurz vor der Dämmerung der Erleuchtung sind die Schwierigkeiten oft am größten. Die Seele wurde in Vollkommenheit geboren und Erfahrungen können dieser Wahrheit weder etwas hinzufügen noch nehmen. Daher sind Erfahrungen, wenn gut mit ihnen umgegangen wird, einfach eine Bühne, auf der das Licht deines Lebens hell erstrahlen kann.
Das Wachstum einer Seele hat mit Erfahrungen zu tun, doch seine Erfüllung findet es durch das Verständnis des Wesens der Erfahrung. Das Wachstum der Seele ist zutiefst intelligent und sinnvoll. Es entfaltet sich in einer Weise, wie es dem jeweiligen Menschen und seinem Potential entspricht. Daher wäre es dumm zu denken, dass du durch äußere Pläne oder mit Vorhersagen deiner Erfüllung näher kommen könntest. Du kannst dir nur des gegenwärtigen Augenblicks sicher sein. Wenn du dich ganz auf deine Erfahrung einlässt, wird sich das Nächste auf natürliche Weise entwickeln. Das ist weder verantwortungslos noch passiv. Im Verlauf des Lebens habt ihr immer die Wahl, wie ihr es erlebt. Und du hast jetzt Gelegenheit, in ein noch größeres Mysterium eingeweiht zu werden: Die Erkenntnis, dass du deine Erfüllung nicht darin findest, dein Leben zu lenken, sondern es zu SEIN. Der vollkommene Einklang zwischen eurem Leben und Gottes Willen offenbart sich nur durch das vollständige EINTAUCHEN in die Kraft des GEISTES. Das ist die wahre Einweihung der Taufe.«

Entsprechende Passagen aus der Bibel

Sprüche 3,13-20:
»Wohl dem Menschen, der Weisheit erlangt, und dem Menschen, der Einsicht gewinnt! Denn es ist besser, sie zu erwerben, als Silber, und ihr Ertrag ist besser als Gold. Sie ist edler als Perlen, und alles,

was du wünschen magst, ist ihr nicht zu vergleichen. Langes Leben ist in ihrer rechten Hand, in ihrer Linken ist Reichtum und Ehre. Ihre Wege sind liebliche Wege, und alle ihre Steige sind Frieden. Sie ist ein Baum des Lebens allen, die sie ergreifen, und glücklich sind (diejenigen), die sie festhalten.

Der Herr hat die Erde durch Weisheit gegründet und nach seiner Einsicht die Himmel bereitet. Kraft seiner Erkenntnis quellen die Wasser der Tiefe hervor und triefen die Wolken von Tau.«

Matthäus 16,26:
»Was hülfe es dem Menschen, wenn er die ganze Welt gewönne und nähme doch Schaden an seiner Seele? Oder was kann der Mensch geben, womit er seine Seele auslöse?«

Schlüssel zum Leben

Es gibt eine Geschichte von einer italienischen Bäuerin, die kam an einem alten Mönch vorbei, der am Wegesrand saß. Sie hatte gesehen, wie er sich von ihrem Dorf aus auf den Weg zu dem hoch auf dem Berg gelegenen Kloster gemacht hatte. Da er sich einen Augenblick ausruhte, nutzte sie die Gelegenheit zu einer Frage: »Vater, ich frage mich schon seit langem, was ihr Gottesmänner dort oben auf dem Berg eigentlich tut. Ihr scheint Gott dort so viel näher zu sein. Wie ist so ein Leben in der Heiligkeit?«
Der weise, alte Mann antwortete ihr mit Demut und ein wenig Humor. »Was wir Gottesmänner dort oben auf dem heiligen Berg tun? Ich will es dir sagen, meine Liebe. Wir fallen hin, wir stehen wieder auf. Wir fallen hin, wir stehen wieder auf. Wir fallen hin, wir stehen wieder auf. Das ist der Weg des Wachstums. Es ist nicht wichtig, ob du im Tal oder auf dem Berg lebst. Nur eines ist wichtig zu lernen: wenn du aufstehst und gehst, dann tust du es mit Gott in dir. Wenn du fällst, dann tust du es mit Gott außerhalb von dir.«

Was treibt uns dazu, aufzustehen und loszugehen, nach Größerem zu streben? Was hält uns davon ab, Veränderungen in unserem Leben zu vollziehen, die uns begeistern? Es gibt nur eines, was uns davon abhält, uns aufwärts zu entwickeln: die irrige Überzeugung, dass die gesamte Macht der Liebe und des Lebens **außerhalb** von uns ist.

In »The Message of a Master«schreibt der Autor John MacDonald: »Die Ursache für die Verwirrung in eurem Verstand, die eure Gedanken schwächt, ist die irrige Überzeugung, dass es eine Macht oder Mächte außerhalb von euch gibt, die größer sind als die Macht in euch.« Im Johannesevangelium wird uns ebenfalls nahe gelegt, dass wir bereits über die Macht verfügen, unglaubliche Dinge zu tun: »Wahrlich, wahrlich, ich sage euch: Wer an mich glaubt, der wird die Werke auch tun, die ich tue, und er wird noch größere als diese tun.« In uns ist eine Macht, die größer ist als wir und doch eins ist mit uns. Diese Macht erlaubt uns, den verborgenen Boden zu bestellen, den Samen unseres Seins zu säen und die Umstände unseres Lebens zu meistern.

Vielleicht fühlen wir uns manchmal einsam, doch allein sind wir nie. Wo auch immer wir hingehen, was immer wir tun, wir sind ein Teil der großen Verbindung zwischen dem GEIST und der Gesamtheit des Lebens. Es gibt keinen Augenblick im Leben, an dem wir nicht auf irgendetwas Einfluss nehmen und von etwas anderem beeinflusst werden. Der Austausch von Einflüssen führt zu ständiger Bewegung im Universum. Das große Rad der Erfahrung lehrt uns, dass immer Veränderung stattfindet. Es lehrt uns auch, dass das Rad unseres Lebens sich um eine konstante Mitte dreht, in der die wahre Kraft liegt. Die Felge des Rades bewegt sich knirschend über die Straße des Lebens und die Nabe gibt ihr die Kraft, die die Vorwärtsbewegung ermöglicht. Wenn wir jung sind oder sehr unter den Schlaglöchern gelitten haben, dann neigen wir dazu, unsere Aufmerksamkeit ganz auf die Felge zu lenken und zu glauben, dass sie sich vorwärts bewegt, weil die Straße sie zieht. Doch in einem Augenblick der Erleuchtung erkennen wir, dass die Straße des Lebens uns eher Widerstand leistet als Schubkraft verleiht. Die Kraft, die das Rad dreht, liegt nicht außerhalb von ihm! Die Freuden und Leiden des Lebens erinnern uns immer wieder daran, dass nichts Äußeres ans Ziel führt. Die Idee, dass es da draußen etwas gibt, das uns Erfüllung bringt, ist eine Falle. Der Wert unserer Erfahrungen liegt darin, uns mit unserem Selbst als dem Meister des Lebens bekannt (beziehungsweise wieder bekannt) zu machen. Der Schlüssel zur Erfüllung liegt darin, sich nicht mit der Erfahrung zu identifizieren, sondern als das Erfahrende zu erkennen.

Andere Quellen der Weisheit

Buddha (ca.563-483 v. Chr.):
»Meine Handlungen sind mein einziger Besitz. Ich kann den Folgen meines Tuns nicht entkommen. Meine Handlungen sind der Boden, auf dem ich stehe.«

Immanuel Kant (1724-1804):
»Es ist nicht nur Gottes Wille, dass wir glücklich sind, sondern dass wir unser eigenes Glück erschaffen.«

James Allen (1864-1912):
»Als fortschrittliches und sich entwickelndes Wesen steht der Mensch da, wo er ist, um zu lernen, um zu wachsen, und während er die spirituelle Lektion einer Situation lernt, löst sie sich auch schon auf und macht Raum für die nächste.«

Emmet Fox (1886-1951):
»Es ist ein Gesetz, dass jede Art von Schwierigkeit, die uns irgendwann begegnen kann, genau das ist, was wir in dem Augenblick am dringendsten brauchen, um in ihrer Überwindung den nächsten Schritt nach vorne zu machen. Das einzig wirkliche Unglück, die einzig echte Tragödie entsteht, wenn wir leiden, ohne zu lernen.«

Anwendung

Diese Vorschläge sollen Ihr Verständnis davon erweitern, was es heißt, ein »bewusst Erfahrender« zu sein.

1. Wählen Sie eine Erfahrung oder ein Ereignis aus, in dem Sie mitten drin stecken. Es ist egal, ob es eine angenehme oder eine unangenehme Situation ist. Wichtig ist, dass Sie sie bewusst auswählen und auf die Art Ihrer Erfahrung achten. Dann ändern Sie Ihren Fokus. Bleiben Sie bei dieser Situation, aber finden Sie einen anderen Aspekt, eine andere Sichtweise, einen neuen Schwerpunkt, ein anderes Gefühl auf das Sie nun ihre Aufmerksamkeit lenken. Achten Sie darauf, wie das Ihre Erfahrung verändert.

2. Bemerken Sie mit Hilfe der unschuldigen Wahrnehmung den Einfluss, den Ihre Umgebung auf Sie hat. Bemerken Sie den Einfluss, den Sie auf Ihre Umgebung haben. Gefällt es Ihnen? Wenn ja, wie könnten Sie das anerkennen oder verstärken? Wenn nicht, wie könnten Sie dazu beitragen, es zu verbessern?

3. Achten Sie bewusst darauf, was im Laufe Ihres Tages geschieht. Fragen Sie sich, ob es die Erfahrung ist, die Sie haben möchten. Wenn ja, achten Sie auf das Strahlen, das durch die bewusste Bestätigung und Anerkennung entsteht. War Ihre Antwort »nein«, so achten Sie auf die Kraft des Bewusstseins, die Ihnen andere Alternativen vorschlägt. Wenn Sie sich selbst als den »bewusst Erfahrenden« begreifen, antwortet das Leben dementsprechend. Es werden sich ungeahnte Möglichkeiten auftun.

Meditation

Wenn Sie, durch Stille befreit, nicht mehr mit der Organisation des Lebens beschäftigt sind, sondern mit dem Leben des Lebens, dann werden Sie einen Bewusstseinszustand entdecken, in dem es keine Ablenkung gibt. Das Leben selbst wird dann zum Gebet.

Die Stille ist Gebet und die Welt der Stille, in die Sie eingetaucht sind, ist eine Taufe des Geistes.
Stille bringt Erleuchtung. Erleuchtung bringt Demut. Merkwürdigerweise gibt es in dem herrlichen, strahlenden, liebevollen wahren Selbst kein Gefühl der Wichtigkeit. Nur das imaginäre Selbst muss sich verteidigen und seine Leistungen mit denen der anderen vergleichen. Das ist eine leere Wirklichkeit, als würde ein Schatten mit anderen Schatten um seine Länge konkurrieren. Letztendlich bringt das Nichtexistierende keine Freude. Echte Freude und größte Freiheit liegen in der Demut, denn dabei wird das Herz wiederentdeckt. Das ist die Quelle alles Guten, die die Seele erfrischt wie ein Garten.
Wir wollen uns auf die heilige Freude besinnen, frei vom Kummer des Urteilens und des Nicht-Genug-Seins. Mögen Sie Glück und alle Ursachen von Glück erfahren. Mögen Sie frei sein von Kummer und allen Ursachen von Kummer.

In meiner Kindheit reist' ich weit
In meiner Traumwelt und ihrer Zeit;
Zu alten Reichen, versunkenen Plätzen;
Auf der Suche nach verborgenen Schätzen.

Der Geist kann reisen, so fern, so weit,
Doch wie die Tauben nach einiger Zeit
Und eifrigem Flug kehrt zum Herzen er heim,
Wenn der Abend sich neigt.

Auch ich kehrte heim aus verzauberter Zeit,
Aus meiner kindlichen Seele Wunderland.
Ich fand eine Rose in meiner Hand,
Wie ein Wunder, zum Blühen bereit.

Sie sang Gesänge der Stille
Zum Schmetterlingsflügelschlag.

Sie bat mich: Halt inne und spüre
Was dieser Moment vermag.

Jetzt ist die Stunde, hier ist der Platz,
Und kann nirgends anders sein.
Die Welt war fort, der Unendlichkeit Schatz
Schwingt im Duft der Unsterblichkeit.

Schließen Sie jetzt Ihre Augen und begeben Sie sich in die Stille des endlosen Raums, die göttliche Stille des perfekten Wissens, die göttliche Stille der unsichtbaren Führung, die göttliche Stille Ihres Heiligen Herzens. Sei still und wisse, es gibt nur Gott.

Gebet

Auf all meinen Reisen erhalte mir den Auftrieb der Hoffnung.
Verwandle dunkle Täler
in sonnige Pfade des inneren Friedens.
Lehre mich, allem mit Liebe zu begegnen,
Und meine Sorgen Deiner ewigen Gnade anzuvertrauen.
Lehre mich, in jedem Augenblick so zu leben,
Als wäre Liebe das einzig Wichtige.

Amen

19

Der Seele Sinn

Die Botschaft

»Dein Leben hat einen Sinn. Du wurdest geboren, um diesen Sinn auf eine Weise zu erfüllen, wie es niemand anders vermag. Du trägst Begabungen und Erfahrungen zum Leben bei, wie niemand anders es kann. Jede deiner Erfahrungen ist ein Schlüssel zu deinem Sinn, jede deiner Begabungen ein Instrument zu seiner Verwirklichung, jeder Mensch in deinem Leben hilft dir, diesen Sinn zu entdecken und zu verfeinern. Jedes Leben enthält natürlicherweise einen Sinn seines Daseins. Dieser Sinn ist der euch vollkommen durchdringende, schöpferische Geist des Lebens. Er ist die tiefe, geheimnisvolle Dimension in jeder Seele, die ein grundlegendes, intuitives Gefühl persönlicher Identität in sich trägt.
Der Sinn eurer Seele liegt darin, die Liebe zu sein, die ihr seid! Ihr bewegt euch auf diesen ultimativen Seinszustand zu, indem ihr mit dem Sinn des Lebens so umgeht, wie er sich euch darbietet. Sinn gehört zum Leben und alles Leben trägt in sich den Sinn seines Ursprungs. Wenn du das in anderen erkennen und achten kannst, kannst du es auch in dir selbst finden. Wenn du die Kraft dieses Sinns ehrst, wird diese Kraft auch dich ehren. Sie wird dich zu der höchsten Erkenntnis deines Selbst führen, die dir möglich ist. Denn so funktioniert es… Indem du dem Sinn deines Lebens dienst, entwickelst du Charakter. Und wenn sich dein Charakter Schicht um Schicht aufbaut, zeugt er von dem tiefen, unsichtbaren Potential, das in deinem Sein vorhanden ist. Der Charakter ist die Summe aus der persönlichen Geschichte und den Erfahrungen, gruppiert um den zentralen Sinn, der euch am Anfang verborgen war. Dieser Sinn bleibt unsichtbar,

bis er sich durch das Dienen manifestiert. Euer Sinn definiert euren Beitrag zum Leben.
Viele Menschen suchen nach Sinn und hoffen darauf, dass er ihnen von jemandem gegeben wird. Sie streben nach äußeren Bestärkungen eines angenommenen Sinns. So klammert sich der eine an einen Sinn, der ihm Kraft gibt und der andere akzeptiert nur einen Sinn, mit dem er gut dastehen kann. In eurem Sinn liegt euer Bezug zum Leben und dem, was ihr daraus macht.
Viele Menschen versuchen, einen Sinn als besondere Bereicherung ihres Selbstwertes zu erwerben. Doch es gibt nur einen Sinn, den ihr auf diese Weise ›haben‹ könnt: den Sinn eurer Seele, DIE LIEBE ZU SEIN, DIE IHR SEID. Alles andere sind Produkte eurer Beschäftigung mit irgendetwas. Selbst der Sinn der Seele ist das Ergebnis der Vereinigung mit Gott, doch dieses Geschenk wurde euch auf ewig gegeben, es gehört euch.
Die Kraft der Sinnhaftigkeit gehört zum Leben. Sie existiert in jedem Lebewesen. Dieser Sinn wartet nur darauf durch das Leben aktiviert zu werden, so wie ein Samenkorn in der Erde auf den Regen wartet. Euer Leben hat einen Sinn, weil euch die Macht der Sinnhaftigkeit innewohnt. Ihr erkennt diesen Sinn jedoch erst, wenn er durch irgendeinen Umgang mit dem Leben stimuliert wird. Wer darauf wartet, dass ihm ein Sinn verliehen wird, bevor er mit dem Leben Kontakt aufnimmt, wird ewig warten und sich dann wundern, welchen Sinn sein Leben wohl gehabt haben könnte. Ihr könnt euren Sinn nicht durch Nachdenken erkennen, denn er entstammt nicht eurem Verstand. Vielmehr erwächst er aus den Verbindungen und Kontakten, die ihr knüpft, und aus eurem Wesenskern. Doch ihr habt eine Art Barometer, mit dessen Hilfe ihr erkennen könnt, welchen Sinn eine beliebige Situation haben könnte: euer Herz. Und es gibt eine äußere Richtlinie: den Wert, den euer Tun für andere hat.
Lebensenergie ist in allem, was ist – seien es ›belebte‹ oder ›nichtbelebte‹ Formen. Das Leben ist eine mächtige Kraft, viel mächtiger als Elektrizität. Wenn Verbindungen geknüpft werden, wird Energie freigesetzt und Sinn enthüllt. Viele Menschen suchen und entwickeln

Sinn in ihrem Verstand – in der Hoffnung, dass ein wohlgeformter Sinn eine erwünschte Verbindung herstellen könne. Manchmal funktioniert das auch fast. Doch ist die Verbindung erst einmal hergestellt, entwickelt die ihr innewohnende Energie ein Eigenleben, das nur selten den vorherigen Erwartungen entspricht. Sinn bringt immer Überraschungen mit sich. Der beste Weg, euch ein gutes Ergebnis zu sichern, ist zu lieben und mit all eueren Fähigkeiten, mit Hingabe und Flexibilität zu dienen.

Wer bei der Planung seines Lebenssinnes zu defensiv, kontrollierend oder zögerlich vorgeht oder darauf wartet, dass ihm dieser auf einem Silbertablett serviert wird, der verschwendet viel Zeit, Mühe, Aufwand und Chancen. Besser ist es sich ins Leben zu stürzen, im Vertrauen darauf, dass euer wahrer Sinn des LIEBE-SEINS euch zu wertvollen Erfahrungen und letztendlich in einen sicheren Hafen führen wird. Es ist lohnender, den Sinn sich selbst zu überlassen und euch mehr um die Art der Verbindungen zu kümmern, die ihr knüpft und auf die ihr euch einlasst. Sind sie befriedigend? Dienen sie anderen? Ist es mit ihnen besser als ohne sie? Diese Fragen lassen sich auf Dinge und Aktivitäten genauso gut anwenden wie auf Menschen. Wer sich nach einem neuen Sinn sehnt, der sollte eine Veränderung seiner Verbindungen oder der Art, wie er sie herstellt, in Betracht ziehen.

Der eine Lebenssinn ist nicht wichtiger als der andere, sondern eure Hingabe ist es, die einen Sinn erhabener macht als einen anderen, seine Bedeutung für eure Mitmenschen und die Befriedigung, die er euch bringt.

In der heutigen Welt gibt zwei wesentliche Haltungen, die euch die Erkenntnis eures Sinns erschweren.

Die erste ist der Mangel an Selbstwertgefühl. Das ist ein Zustand, der es euch erschwert, euren Sinn zu entdecken, denn der Sinn verleiht eurem Leben Bedeutung, von innen nach außen. Wenn ihr euch unwürdig fühlt, euren Wert in Bezug auf andere anzuerkennen, blockiert ihr die Manifestation eures Lebenssinns. Nur mit einem guten Selbstwertgefühl könnt ihr dauerhafte und tiefe Befriedigung erfah-

ren. Deswegen ist das Arbeiten, Dienen und einen Beitrag Leisten so eine gute Vorbereitung dafür, euren Sinn zu erkennen.
Das zweite Hindernis ist der Verlust des Heiligen. Das Gefühl der Sinnhaftigkeit entsteht durch das Erkennen des Heiligen in euch selbst. Diese Erkenntnis lässt euch Entscheidungen treffen, die mit der heiligen Präsenz in Harmonie sind. Das kann dann in der Beschäftigung mit der Familie, einer Gemeinschaft, Beziehungen, Arbeit, schöpferischen Tätigkeiten oder im praktizierten Glauben seinen Ausdruck finden. Sinnhaftigkeit gehört zum Leben und das Leben ist heilig. Logos, der göttliche Grund für das Dasein, ist der innerste Sinn jeder Seele – ja, des ganzen Universums. Es gibt verschiedene Wege, wie sich das offenbaren kann. Sinnhaftigkeit ist wie ein Berg, der Himmel und Erde verbindet. Indem er den Berg ersteigt, kann sich der Mensch zum Göttlichen emporschwingen und dadurch, dass sich der Mensch aufrichtig bemüht, kann sich das Göttliche dem Menschen offenbaren. Viele finden diesen ›Weg, den Berg hinauf‹ in der Natur und allem Natürlichen. Andere finden ihn in der Kreativität und in intuitivem Forschen. Manche finden ihn auch in ihrer Arbeit und im Dienst am Nächsten. Oder in spirituellen, ethischen oder intellektuellen Wissenszweigen. In jedem Fall geht es um eine gewisse Portion gläubiges Vertrauen und um die Erforschung des Herzens.
Die Entdeckung des Sinns ist ein kontinuierliches Tun und seine Offenbarung ein unaufhörlicher Prozess. Wir alle leben diesen Prozess jeden Tag, während wir dem Leben lauschen und unser Schicksal gestalten. Mögliche Abkürzungen auf dem Weg zur Erkenntnis eures Lebenssinns sind das Prioritäten setzen, die Hingabe und Zufriedenheit – und vor allem Freude. Wo Freude ist, da ist Sinn. Die glücklichsten Menschen auf dieser Erde sind die, welche einen Ruf vernommen haben, der größer ist als sie selbst; die einen Lebenssinn gefunden haben, der sie bewegt und ihr Leben ständig mit Begeisterung, Lebendigkeit und Wachstum erfüllt. Der wahre Sinn deiner Seele ist es, die Liebe zu sein, die du bist!«

Entsprechende Passagen aus der Bibel

Prediger 3,1:
»Ein jegliches hat seine Zeit, und alles Vorhaben unter dem Himmel hat seine Stunde.«
Römerbrief 8,28:
»Wir wissen aber, dass denen, die Gott lieben, alle Dinge zum Besten dienen, denen, die nach seinem Ratschluss berufen sind.«

Schlüssel zum Leben

Wenn ich über »Sinn« nachdenke, dann fällt mir meine Collegezeit in New Orleans ein. Ich hatte zu jener Zeit zwar unklare Träume von Erfolg, doch das Einzige, was ich mit Sicherheit wusste, war, wer ich war. Ich schöpfte so viel Sicherheit und Kraft aus diesem Verständnis meiner selbst, dass Risiken und Wagnisse einfach der Wind waren, der meine Segel füllte. Keine Ahnung von der Zukunft zu haben, erfüllte mich mit einer neugierigen Anspannung. Meine Sinneswahrnehmungen waren geschärfter denn zu irgendeiner anderen Zeit. Bis zum heutigen Tag erinnere ich mich an den Geruch des Regens in den Magnolienbäumen und an den lauen Wind, der vom Mississippi herüberstrich. Die Welt war frisch und neu für mich und der jeweilige Tag genügte. Das Morgen war unerforschtes Gebiet, zu dem ich mich aus der Tiefe meines Seins irgendwie hingezogen fühlte. Das Besondere an der Jugend ist jenes Wissen ohne Beweis, jenes Verlangen ohne Komplikationen. Ich schwebte in mein Leben wie die Wildgänse ihrer Flugbahn folgen.

Doch während wir unser Leben in dieser Welt gestalten, verlieren wir leider oft diese mutige Leichtigkeit und fangen an, den Grund für unser Seins mit äußeren Zielen, Notwendigkeiten und vielleicht sogar Rechtfertigungen zu verknüpfen. Wie oft machen wir einen Fehler und sagen dann: »Das war nicht der Sinn der Sache.« Das zeigt, dass »Sinn« für uns eine ähnliche Bedeutung annimmt, wie

Absicht oder Beweggrund. Ein absichtsloses Handeln halten wir für sinnlos. Manchmal betrachten wir auch ein fernes Ziel oder Ideal als etwas, das unserer Arbeit Sinn verleiht. Jeschua versteht unter Sinn dagegen jene innere Antriebskraft, die alles Leben verbindet und seine Beziehungen, Prioritäten, Leidenschaften und Begeisterung bestimmt.

Ob Sie nun gerade dabei sind Ihren Sinn zu entdecken oder ob Sie einen, Ihnen bereits bekannten Sinn verfolgen: unserem Sinn zu dienen ist eine Entscheidung, bei der wir Prioritäten setzen müssen, jeden Tag. Ohne Prioritäten ist das Leben bedeutungslos, ohne Richtung und ohne Schwerpunkt. Das meinte Jeschua, als er sagte, ein Mensch könne nicht zwei Herren dienen. Wirksam gesetzt führen Prioritäten dazu, dass wir unsere Begabungen einsetzen und Fähigkeiten entwickeln, denn diese sind für uns selbst die größte Erfüllung und von höchstem Wert für andere. Lassen wir uns wirklich voller Hingabe auf die Verbindungen ein, die wir knüpfen und denen wir dienen, so entsteht leidenschaftliche Begeisterung.

Die meisten Religionen und spirituellen Traditionen sprechen von einer Essenz im Zentrum unseres Wesens. Wer ein Gefühl für seinen Lebenssinn entwickelt hat, kennt den Kern seines Seins. Genauso umgekehrt: Wer den Kern seines Seins kennt, weiß auch um seinen Sinn. Jeschua sagte, dass unser wahrer und essentieller Sinn darin besteht, die Liebe zu sein, die wir sind. Das ist der Schlüssel zur Sinnhaftigkeit und es ist der Anfang aller Weisheit darüber.

Im Verlauf der Zeit und mit zunehmender Erfahrung entwickelt unsere Essenz Charakter und Fähigkeiten. Daraus kann sich dann ein Sinn entwickeln, der für jeden Menschen und jede Situation einzigartig ist. Durch die Aktivitäten unseres Lebens knüpfen wir weitere Verbindungen, die wiederum Sinn enthalten.

Unsere menschlichen Bedürfnisse bringen uns dazu, unsere Aufmerksamkeit auf Aktivitäten zu richten. Manche dieser Aktivitäten, wie zum Beispiel das Verdienen unseres Lebensunterhalts, erscheinen uns so wichtig und nehmen so viel Raum in unserem Leben ein, dass wir sie mit Sinn verwechseln. Dieser Tendenz können wir größtenteils entgegenwirken, indem wir Prioritäten setzen und uns mit Dingen beschäftigen, die unsere ganze Hingabe erfordern. Das Geheimnis liegt darin, den Sinn einer Aktivität nicht mit der Aktivität selbst zu verwechseln. Mit Sinnhaftigkeit geht eine unwiderstehliche Begeisterung einher, die uns bis zur Vollendung der Handlung trägt – und darüber hinaus. Vielleicht liegt die wahre Bedeutung eines Sinns darin, Zeit und Energien um sich herum zu ordnen. Schwerpunkte werden verschoben und Begeisterung wird geweckt. Wir sind bewegt und vieles, was uns vorher wichtig erschien, verblasst daneben. Wir lassen zurück, was uns nicht mehr relevant erscheint. Ein neues Gefühl von Bedeutung taucht auf und die Dinge vereinfachen sich auf natürliche Weise. Dieser Prozess setzt sich ewig fort.

Eine geheimnisvolle Stimme ruft uns zu unseren Begabungen und in die Beziehungen unseres Lebens. In dieser Berufung finden wir unseren Sinn, unsere Essenz, ein klares Gefühl dafür, wer wir sind, woher wir kommen und wohin wir gehen. Dieser Ruf erschallt von innen heraus. Er erklingt bis in unsere tiefste Dimension – in unsere ewige Seele. Wahrer Sinn bekräftigt die Liebe, die wir sind.

Andere Quellen der Weisheit

Benjamin Disraeli (1804-1881):
»Es ist das Geheimnis für Erfolg dem Sinn treu zu bleiben.«

John F. Kennedy (1917-1963):
»Anstrengungen und Mut alleine bewirken wenig ohne Sinn und Richtung.«

Dale Carnegie (1888-1955):
»Langweilt Sie das Leben? Dann werfen Sie sich in irgendeine Tätigkeit, an die Sie von ganzem Herzen glauben, leben Sie dafür,

sterben Sie dafür und Sie werden das Glück finden, von dem Sie meinten, dass es Ihnen versagt sei.«

James Allen (1864-1912):
»Arbeiten Sie voller Freude und Frieden, wissend, dass rechtes Denken und rechtes Bemühen unausweichlich zu rechten Ergebnissen führen.«

Johann Wolfgang von Goethe (1749-1832):
»Was immer Du auch tun kannst, oder erträumst zu können, beginne es. Kühnheit besitzt Genie, Macht und magische Kraft.«

Anwendung

Sinn ist nicht nur eine Idee, die das Leben erklärt und in Bezug setzt zu einem größeren Zusammenhang. Sinn ist eine Lebenskraft. Für uns Menschen entspricht Sinnhaftigkeit einem tiefen emotionalen Bedürfnis und bedeutet einen fortwährenden Prozess der Suche und Entdeckung. Die folgenden Richtlinien können Ihre Suche vereinfachen und sie effektiver und wirkungsvoller gestalten. Zu jeder großen Entdeckung führt eine Vielzahl kleiner Schritte.

Entdecken Sie Ihre Begabungen. Durch sie kann die Lebenskraft Sie mit anderen in Verbindung bringen.

Entdecken Sie, was Sie begeistert. Was bewegt Sie? Lauschen Sie auf den Ruf, niemand kann ihn für Sie hören.

Entdecken Sie die Zurückgezogenheit. Um Ihren Ruf zu vernehmen, müssen Sie regelmäßig auf Ihre innersten Regungen lauschen. Oft lässt sich unser Sinn nur als eine geheimnisvolle Stimme aus unserem tiefsten Inneren vernehmen. Richten Sie sich jeden Tag eine gewisse Zeit für Kontemplation, Meditation oder Gebet ein.

Entdecken Sie Ihren speziellen Weg zum Göttlichen.
Entdecken Sie, was andere brauchen und wünschen.
Organisieren Sie Ihr Leben und setzen Sie Prioritäten.
Würdigen Sie alles, was von größerer Bedeutung ist und Sie zu Größerem führt.
Folgen Sie Ihrem Herzen.

Meditation

Da es beim Sinn um die Essenz des Lebens geht, ist die tiefgründigste Meditation zu seiner Entwicklung die Konzentration auf die Frage: »Wenn ich wüsste, dass dies die letzten Tage meines Lebens sind, wie würde ich sie verbringen? Was wäre das Wichtigste, was ich erfahren oder erreichen wollte?« Der römische Kaiser Marc Aurel sagte: »Stimme jede Tat, jedes Wort und jede Absicht so ab, dass du in diesem Augenblick aus dem Leben scheiden könntest.« Wir sehen das Leben so viel klarer, wenn wir zum Beispiel einen lieben Menschen verloren haben oder selbst gerade mit dem Leben davon gekommen sind. Das Leben ist kostbar. Das Leben ist heilig. Und wir sind seiner Fülle wert. In diesem Wissen wird Sinn offenbar. In dieser Meditation wollen wir die Segnungen des Lebens ehren, indem wir uns der Unausweichlichkeit des Todes hingeben. So wie Jeschua uns lehrte, müssen wir unser Leben verlieren, um es wahrhaft zu finden.
Suchen Sie sich einen ruhigen Ort und machen Sie es sich bequem. Es ist ratsam, dass Sie mit aufrechtem Rücken sitzen oder eine andere Position einnehmen, die Sie nicht ablenken wird. Beginnen Sie tief und rhythmisch zu atmen. Achten Sie auf jeden einzelnen Atemzug in dem Wissen, dass Ihr Leben davon abhängt. Würdigen Sie das Geschenk des Lebens, das Ihnen jeder Atemzug bringt. Spüren Sie, wie Ihr Herzschlag das Blut des Lebens durch Ihre Adern pumpt.
Lenken Sie jetzt Ihre Aufmerksamkeit in die Zukunft, bis Sie am Ende Ihres Lebens ankommen. Suchen Sie nicht nach einer

bestimmten Zeit oder nach bestimmten Umständen, denn das bleibt unbekannt. Bleiben Sie einfach in der Stille und Ruhe dieser unausweichlichen Erfahrung.

Das Leben ist ein Kreislauf. Wir werden geboren und eines Tages sterben wir. Der physische Tod ist uns sicher. Denken Sie darüber nach. Erinnern Sie sich dann an all die Menschen, die Sie kannten und die inzwischen gestorben sind. Bemerken Sie, dass diese Menschen in ganz verschiedenem Alter gestorben sind. Manche starben vielleicht als Kinder, andere als junge Erwachsene und wieder andere nach einem langen Leben. Spüren Sie die Gefühle, die mit diesen Übergängen vom Leben zum Tod verbunden sind. Gott hat uns den wunderbaren Vorzug gegeben, aus verschiedenen Perspektiven wahrnehmen zu können, wie unterschiedlich einzelne Menschen und Familien mit diesem höchsten Sakrament und dem letzten Übergang umgehen.

Achten Sie auf die Vielfalt der Umstände, unter denen das Leben endet. Der Tod ist unausweichlich, doch sein Zeitpunkt und seine Umstände sind nicht vorhersehbar. Daher ist nichts sicherer als das Leben im gegenwärtigen Augenblick. Überlegen Sie, was Ihnen am wichtigsten ist. Was macht Sie glücklich? Was sind Ihre Gaben? Was begeistert Sie? Wonach drängt es Sie am meisten? Was ist Ihnen das Kostbarste? Wie können Sie das Potential einsetzen, das Ihnen vom Leben mitgegeben wurde? Mit wem teilen Sie Ihr Leben? Das alles sind Elemente Ihres Lebenssinns. Spüren Sie mit allen Sinnen, wie Ihnen die Energie des Lebens die Antworten bringt. Hören, fühlen, spüren, riechen und ehren Sie Ihr Leben in diesem Augenblick. Ergreifen Sie die Fülle und das Leben des gegenwärtigen Moments. In diesem Gefühl liegt die Essenz Ihres Lebenssinns. Entspannen Sie sich in dieses Gefühl hinein und atmen Sie tief, während Sie Leben und Tod Ihren Sinn deutlicher hervorbringen lassen. Die Kunst, seinen eigenen Tod zu leben, macht vieles offenbar.

Atmen Sie nun ein paar Mal tief durch. Wenn Sie so weit sind, öffnen Sie Ihre Augen und strecken Sie sich. Laden Sie die Kraft des Lebens dankbar und erwartungsvoll dazu ein, alle Ihre Aktivitäten mit größerer Bedeutung und tieferem Sinn zu erfüllen.

Gebet

Oh göttlicher Schöpfer
offenbare Deine Gegenwart in mir,
auf dass ich den Sinn erkenne,
für den ich erschaffen wurde.
Erfülle mich mit Kreativität,
auf dass ich die Früchte Deines Willens hervorbringe.
Verleihe mir die Weisheit,
das zu erzeugen und auszuteilen, was wirklich dienlich ist.
Halte mich auf dem Pfad zu wahrer Sinnerfüllung.
Hilf mir, den Chancenreichtum jedes einzelnen Augenblicks zu entdecken.
Denn Du bist der Grund meines Daseins
und die Kraft meiner Erfüllung.
Du bist die Freude an meiner Arbeit
und der Friede, der mich nach meinem Tagewerk
zur Ruhe ruft.
In Dir werde ich wieder heil.

Amen

20

Gebet und Meditation

Die Botschaft

Als ich Jeschua bat, mir etwas über das Beten beizubringen, antwortete er: *»Ich will dir etwas über die Wiedervereinigung mit Gott erzählen, das Beten kommt dann von alleine.«* Und als ich ihn bat, mir etwas über Meditation zu erzählen, sagte er: *»Ich werde dich lehren, den Heiligen Geist zu empfangen, das Meditieren geht dann wie von selbst.«* Wie immer ging er die Themen von der höchsten Ebene aus an.

»Gott kennt das Maß des Menschen, doch in seinem eigenen Bewusstsein hat der Mensch dies noch nicht verstanden. In seinem Bewusstsein war der Mensch der verlorene Sohn Gottes, der in ferne, fremde Länder wanderte und dabei seine Kraft oft in sinnlosen Aktivitäten verschwendete und seine Energie zerstreute. Der Mensch ist der Sohn Gottes, ein Ausdruck Seines Bildes und Ihm ähnlich. Wenn ich ›Sohn‹ sage, so ist das nicht geschlechtsspezifisch gemeint, denn das Maß des Menschen ist seine Existenz als spirituelles Wesen und das ist weder männlich noch weiblich.

Die Menschheit ist ein Kind der Liebe, des Lichts und der göttlichen Intelligenz. Viele suchen in dieser Welt nach allgemeingültigen Erkenntnissen, doch ich rate euch, zuerst euch selbst zu erkennen, euer wahres Sein. Ihr seid Liebe, die sich in Form von Geist bewegt. Sie ist weit mehr als euer Verstand und alles, was zu ihm gehört.

Nichts ist unmöglich. Tatsächlich ist alles möglich, wenn ein Mensch sich selbst erkennt. Wenn sich jemand nach innen wendet und sich in die Tiefen und Höhen seines Seins versenkt, beginnt das innere Potential Form anzunehmen. Jedes Gesetz und Prinzip des Universums ist im menschlichen Sein und Bewusstsein enthalten. Jedes Körpergewebe kann außerhalb des Körpers unendlich erhalten und vervielfältigt werden. Innerhalb des Körpers ist dies nur deswegen nicht möglich, weil der Verstand mit seinen falschen Vorstellungen, Urteilen und seiner Getrenntheit vom Göttlichen dies verhindert.

Ihr seid Teil von allem und alles ist ein Teil von euch. Um dies zu erkennen, müsst ihr zunächst eure Verbindung mit der Erde anerkennen und dann zum Himmel aufschauen. In jedem ist die Essenz der Materie, der Liebe und des Geistes – erschaffen, um nach vollkommener Vereinung zu streben und sie zu erreichen. Die Erkenntnis dieser Bestimmung ist schon in der Wurzel des Wortes ›Mensch‹ enthalten, das auch bedeutet: ›der Aufschauende‹.

Wenn ein Mensch die Fähigkeit zum ICH BIN Sagen in ihrer vollen Tragweite wiedergewinnt, weiß er, dass er Geist ist. Er erkennt, dass er weder sein Körper noch sein Verstand ist; dass sein Leben größer, höher und tiefer ist als jede materielle Erscheinung. Bildet er dann Gedanken oder spricht Worte, so nehmen sie Form an. Gedanken enthalten Kraft und Energie, und wenn sie außen zum Ausdruck kommen, zeigen sie sich als Realität. Alles, was du siehst, war zunächst eine Idee! Ihr lebt in einer Welt der Gedanken und Ideen, nicht in einer Welt der Dinge, denn der Mensch ist ein spirituelles Wesen.

Die erste Handlung aus Glauben heraus ist, dass ihr euch die Worte ICH BIN zu Eigen macht. Das ICH BIN ist der Geist Gottes im Menschen. Als zweites könnt ihr die Macht dieser Worte verwenden, um eure Realität zu erwecken. Es ist eurem Schöpfer ein Vergnügen, euch das Reich zu geben. Ihr könnt das ganze Reich haben und alles, was dazu gehört – alle Weisheit, alle Erkenntnis und alle Macht, die das Reich Gottes ausmachen, denn alles ist in euch, im ICH BIN. Wenn ihr euch selbst erkennt, werdet ihr die euch innewohnenden Möglichkeiten entdecken. Und dann werden sie im Außen sichtbar werden.

Der erste und höchste Wert des Gebets besteht darin, dass es die lebendige Verbindung mit eurem Schöpfer herstellen kann, dem Vollkommenen Einen, der euren wahren Namen kennt. Alle anderen Segnungen des Gebets ergeben sich daraus. Das ›Ich bin das Ich bin‹ ist der Lebens-

quell im tiefsten Inneren unseres Selbst. In seiner Gegenwart gibt es keine Verletzung, kein Siechtum, nichts Mangelhaftes, keine Gemeinheit, keinen Hochmut und keine Täuschung. Wer sich selbst als ICH BIN erkannt hat, weiß, dass er vollständig und genügend ist. Damit geht ein unerschütterlicher Glaube einher, der alle Dinge zu euch zieht. Ihr braucht dann nichts mehr zu suchen, sondern alles, was ihr braucht, wird euch finden. In diesem Zustand seid ihr nicht von Dingen abhängig, von Umständen oder Persönlichkeiten. Ihr seid in euch selbst vollständig und ruht in der Macht Gottes.

Wenn ihr so viel Glauben hättet wie ein Senfkorn, könntet ihr die Welt verändern. Denn die ganze Welt hört auf den Ruf des Menschen, auf sein Kommando. Die ganze Natur erwartet diensteifrig sein Wort. Wer gläubigen Herzens seinen Wunsch zum Ausdruck bringt, der wird ihn erfüllt sehen.

Jedes Gebet, das ich je gelehrt habe, enthielt diese Erkenntnis und sollte diese Wahrheit bestärken. Ihr könnt die Macht des Betens nicht begreifen, solange ihr kein richtiges Verständnis von eurem eigenen Maß und eurem Platz in der Schöpfung habt und von der Kraft, die euch mit eurem Bewusstsein gegeben wurde. Jedes Gebet ist ein Schritt zu größerem Erwachen.

Ich lehrte meine Jünger weniger ein Gebet als die Art des Betens. Das große Gebet, das zu meinem Vermächtnis wurde, ist eigentlich ein Modell für alle Gebete. Es ist ein Weg, um in euren Herzen die essentiellen Kraft des Betens zu entwickeln. Der Sinn des Betens liegt in der Verbindung zu Gott. Daher muss in den ersten Worten diese Verbindung hergestellt und die Macht des Namens Gottes, des ›Ich bin das Ich bin‹ anerkannt werden. Aus diesem Namen Gottes stammt euere eigene Kraft, denn ihr wurdet nach dem Bilde Gottes erschaffen. Aus der Macht dieses Namens ist euch alles gegeben und ihr könnt über alles verfügen, indem ihr diesen Namen für euch selbst annehmt, als Erben des Göttlichen.

Man hat übersetzt, dass ich gesagt hätte: ›Dein Wille geschehe im Himmel wie auf Erden.‹ Das kommt meinen Worten zwar nahe, doch von der Bedeutung ging viel verloren. Gemeint war, dass der

Vater sein Kind liebt und alles in seine Hände gelegt hat. Wenn wir in dieser Erkenntnis unserer selbst vereint sind, können wir daher alles empfangen. Wir brauchen um nichts zu bitten, denn alles wurde gegeben. Das Streben nach Vergänglichem ist nur sinnlos und nutzlos. Jeder Satz dieses unsterblichen Gebets ist eine kurze Zusammenfassung eines wichtigen Aspekts der persönlichen Wiedervereinigung mit Gott. Oft ging die umfassendere Lektion in der Kürze verloren oder wurde nicht verstanden, weil das dafür notwendige, erweiterte Bewusstsein fehlte. Zum Beispiel steht geschrieben: ›Und führe mich nicht in Versuchung, sondern erlöse mich von dem Bösen.‹ Das ist ein großes Missverständnis. Ich habe den Begriff des ›Bösen‹ nie verwendet. Das Böse, so wie ihr es heute versteht, existierte weder in meinen Gedanken noch in meinem Vokabular und ich hätte auch richtig und falsch nie als etwas Gegensätzliches wie schwarz und weiß hingestellt. Im Aramäischen, der Sprache meiner Kultur, bedeutet das Wort, das mit ›Böse‹ übersetzt wurde, vielmehr ›Nutzlosigkeit‹. Der Begriff des Teufels, des Herrn der Dämonen, bezog sich auf die Mächte der Nutzlosigkeit, der Ablenkung und der Verschwendung. Diese Kräfte führen direkt zu Siechtum, zu Erschöpfung und zur Verwirrung der Seele. Euer himmlischer Vater würde euch nie in Versuchung führen. Doch es gibt immer die Versuchung, sich von nutzloser Zerstreuung ablenken zu lassen. Für einen Menschen, der nicht in der Gewissheit seiner Beziehung zu Gott ruht, mag es schwer sein, diese Ablenkungen von sinnvollen Tätigkeiten zu unterscheiden. Das führt uns zu der wahren Bedeutung der Worte des Gebets, welches ich euch gab: ›Vater, lass mich Deine wahre Präsenz in meinem Geiste spüren, auf dass ich nicht in weltlichen Zielen danach suche und mich nicht von sinnlosen und nutzlosen Dingen ablenken lasse. In Deiner Gegenwart bin ich auf den wahren Sinn meiner Seele ausgerichtet. Sei immer bei mir und verlass mich nicht, in den Tagen meiner Prüfung.‹ Das ist kein Hilfeschrei, sondern eine selbstsichere Erklärung des Strebens nach höheren Bewusstseinszuständen. Gott ist Liebe und eure Prüfung besteht darin, das spirituelle Wesen zu sein, welches nach Seinem Bilde erschaffen wurde und dem Er Seine Autorität über das Leben verliehen hat.

Eure Beziehung zu Gott unterliegt dem Gesetz der Gnade – und dies ist das Gesetz der Freiheit. Das bedeutet, dass ihr bei allem die Wahl habt, auch darin, wie ihr euch selbst seht. Ihr wurdet im Licht erschaffen und dort begann eure Entscheidungsfreiheit. Eure grundlegende, dauerhafte Entscheidung besteht nicht in der Wahl zwischen Licht und Dunkelheit. Das wäre zu einfach gewesen, denn die Dunkelheit ist ganz und gar Illusion. Wenn ihr das Wesen des Lichts genauer betrachtet, wird die eigentliche Entscheidung offensichtlich. Die Seher der alten Zeiten wussten, was die Wissenschaften heute bestätigen: Licht ist allgegenwärtig. Licht ist eine großartige Energie, doch ohne Richtung zerstreut sie sich und verschwindet. Das Einzige, was nötig ist, um Licht in Schöpfung zu verwandeln, sind Fokus und Richtung. Da Licht allgegenwärtig ist, gibt es kein Gegenteil dazu. Die Dunkelheit begann erst zu existieren, als die Illusion notwendig wurde. Die eigentliche Entscheidung findet daher innerhalb des Lichts statt. Licht kann entweder in chaotischer Form zerstreut oder es kann geordnet und fokussiert in Schöpfung und sinnvolle Manifestationen umgesetzt werden. Die Luzifer-Legende ist die personifizierte Erinnerung an dieses Dilemma: Bei der eigentlichen Entscheidung der Seele geht es nicht um Licht oder eingebildete Dunkelheit, sondern um sinnvolles Licht (Gott) versus zerstreutes Licht (Luzifer), welches die Grundlage aller Nichtigkeit ist. Das Licht strebt danach durch den Menschen freigesetzt zu werden, um sich auf die eine oder andere Weise zu entladen, sei es durch Chaos oder durch gerichtete Schöpfungsmuster. Deine Seele ist eine Linse, durch die das Licht gebündelt wird und so zu größerer Einheit und schöpferischer Anwendung gelangt. Wer sich für diesen Weg entscheidet, bewegt sich auf Erfüllung und Wiedervereinigung mit seinem Schöpfer zu. Zerstreutes Licht ohne Richtung und Sinn macht das Leben verwirrend und leer. Dann beginnen die Schatten, der Wahrnehmung Form und Struktur zu verleihen. Das ist der Anfang eurer Schwierigkeiten, denn wenn euer Licht zerstreut und nutzlos geworden ist, definiert sich euer Leben nur noch durch die Schatten. Dann beginnt ihr, die Dunkelheit zu erforschen und in ihr nach Bedeutung und Kraft zu suchen. Das war der Punkt, an dem ihr anfingt, die Dunkelheit für eine echte Alternative zu halten, als wäre sie von Anfang an gleichberechtigt dem Licht gegenüber gestanden. Eure Prüfung besteht darin, wie lange ihr für die Erkenntnis braucht, dass ihr, wenn ihr die Schatten organisiert, nichts organisiert. Die Dunkelheit ist nur eine erfundene Realität, die aus der Trennung von Gott entstanden ist.

Indem ihr zum Licht zurückkehrt und mit der festen Absicht, den Sinn eurer Seele zu entfalten, in das Licht eingeht, gewinnt ihr Erleuchtung. Wer im Licht wandelt und das Licht liebt, sieht eine Welt voller Schönheit und Herrlichkeit. Er ist frei von den Illusionen der Dunkelheit und erkennt sein wahres Sein. Die ganze Natur verneigt sich und dient dem, der die Wahrheit sieht. Alles kommt auf den zu und handelt für den, der sich der ewigen Unterstützung bewusst ist. Er hält sich nicht länger mit nutzlosem Verhalten auf, das auf dummen Vorstellungen basiert, oder damit, aufgrund der äußeren Erscheinung zu urteilen. Er durchschaut vielmehr alle Erscheinungen und Umstände mit einem Blick, der über alle Sinneswahrnehmung hinausgeht. Wie in der Schlusszeile meines Gebets: ›Denn Dein ist das Reich, und die Kraft und die Herrlichkeit in Ewigkeit.‹ All dies kann durch die Kraft des Betens erreicht werden. Wahrhaftiges Beten ist der Weg zur Wiedervereinigung mit Gott.

Meditation ist eine kraftvolle Ergänzung zum Gebet, denn sie bringt euch in einen Zustand, in dem euer Verstand gereinigt, euer Herz vorbereitet und euer Körper entspannt genug ist, um zuzuhören. Es ist eine stille Übung des Wartens auf Gott. Doch in Wirklichkeit wartet ihr dabei auf den Heiligen Geist. Meditation verbindet euch mit dem Heiligen Geist, so wie das Beten euch mit eurem Schöpfer verbindet. In der Bibel ist kaum von Meditation die Rede, weil vor meiner Zeit nicht viel über den Heiligen Geist als eine erkennbare Kraft im Leben eines Menschen bekannt oder offenbart wurde. Zuvor wurde der Geist als der Atem des Lebens verstanden, die Stimme der Inspiration und die Energie, welche die Sterne bewegt. Das Wirken des Geistes war zwar erkennbar, doch dem menschlichen Bewusstsein nicht ganz zugänglich.

Im Herzen der Menschheit gibt es eine tiefe Sehnsucht, eine Art Heimweh, welches mit nichts weniger als der vollständigen Vereinigung mit der inneren Gegenwart Gottes zufrieden gestellt werden kann. Zu allen Zeiten gab es ernst meinende Männer und Frauen, die diesem höheren Ruf gefolgt sind und die weltlichen Dinge hinter sich gelassen haben. Sie nährten sich durch ein Leben in der Versenkung und vervollkommneten ihr Verständnis durch den Dienst am Nächsten. Sie hatten den geheimen Ort des Höchsten entdeckt. Er ist geheim, weil er im Zentrum deines eigenen Seins liegt, so verborgen, dass kein anderer Mensch dich dorthin bringen kann oder dort eindringen könnte. Niemand kann von außen dort hinein und kein Lehrer kann dich dorthin bringen. Das, was der Heilige Geist zu dir sagt und durch dich bewirkt, ist ein großes Geheimnis, das außer dir niemand je erfahren wird. Das mir anvertraute Geheimnis wird dir verborgen bleiben und deines mir. Jede Seele muss sich selbst für den Rat des Heiligen Geistes öffnen. Es war diese bewusste Erkenntnis des inneren Gottes, auf die Paulus sich in seinem Brief an die Kolosser bezog, als er von dem Geheimnis sprach, das verborgen war seit ewigen Zeiten und Geschlechtern, nun aber offenbar würde. Wenn eine Seele reifer wird, verlieren äußere Belohnungen und Anleitungen zunehmend an Anziehungskraft. Der Mensch hungert dann mehr nach jener höheren Erkenntnis, die nur durch eine innenliegende Kraft erlangt werden kann. Diese Verbindung war immer da und wartete mit ewigem Verlangen und unendlicher Geduld darauf, die Wahrheit zu offenbaren. Solche Offenbarungen sind jenseits des menschlichen Verstandes und müssen daher durch das intuitive Denken erfolgen, in Form einer Manifestation des Geistes an die Seele.

In eurem Eifer und eurer Ungeduld habt ihr jeden Stein und jedes Blatt umgedreht, um das Licht der Wahrheit zu finden, doch ihr habt es nicht verstanden, auf den Geist zu warten. So hatte die innere Stimme keinen Raum, um zu sprechen. Lehrer können hilfreich dabei sein, höhere Prinzipien zu vermitteln. Sie können euch an die Schwelle zur Erleuchtung führen, aber sie können sie nicht für euch überschreiten. Das galt auch für mich als Lehrer. Wäre ich bei meinen Jüngern geblieben, ich weiß nicht, ob sie je über die Anhaftung an meine Worte und die Merkmale meiner Persönlichkeit hinausgewachsen wären. **Keine** *äußere Initiation kann innere Erleuchtung hervorbringen. Jeder Mensch muss selbst auf Gott warten, um echte und dauerhafte Offenbarungen zu erfahren.*

Ihr müsst lernen, still zu sein und dem Geist in euch Raum zu geben, damit er die Kraft des ICH BIN freisetzen kann, die euch in der Tat zu neuen ›Geschöpfen‹ macht. Wenn ihr euch wirklich dem unendlichen Geist hingegeben und euch täglich andächtig der Zurückgezogenheit erfreut habt, so werdet ihr ohne bewusste Mühen großartige Veränderungen in eurem Leben erfahren. Der Heilige Geist wird tief in eurem Bewusstsein Dinge entwurzeln, derer ihr euch kaum bewusst seid. Wenn ihr geduldig wartet und empfangt, wird er an alle dunklen Orte Licht bringen und Fülle dorthin, wo Mangel herrschte. Sorgt euch nicht und habt keine Eile mit der vollen Manifestation. Sie kann in einem Augenblick geschehen oder wie ein Sturm durchbrausen. Sie kann auch so allmählich wachsen wie das Gras. Erinnere dich immer daran, dass deine Sehnsucht, so groß sie auch sein mag, eigentlich Gottes Sehnsucht in dir ist. ›Du hast mich nicht erwählt, sondern ich habe dich erwählt, auf dass du hingehst und Früchte trägst.‹ Es ist Gott eine Freude, euch euer wahres Potential zu enthüllen und das Geheimnis Seiner Präsenz zu offenbaren.

Ihr habt Seine Sehnsucht für eure eigene gehalten und euch dann einsam gefühlt. Aber passt auf: Die Sehnsucht, die ihr spürt, ist ein Zeichen dafür, dass der Heilige Geist bereits durch euch fließt. Das Verlangen, dass in euren Herzen lebt, ist die gleiche, ewige Energie, die die Sterne und Galaxien auf ihren Umlaufbahnen bewegt, die gleiche Energie, die die Erde im Gleichgewicht und die Vögel in der Luft hält. Also braucht ihr euch für die Gegenwart Gottes nicht abzumühen, euch nicht darum zu sorgen oder deswegen zu ängstigen. Das meine ich, wenn ich sage, ihr müsst lernen, auf Gott zu warten. Die innere Offenbarung lässt sich nicht erzwingen. Sie kommt aus eigener Kraft, aus großer Höhe und zu ihrer eigenen Zeit als Heiliger Geist auf euch nieder. Bereitet euch also vor, seid still und rein, lauschend, achtsam und geduldig. Der Geist wird kommen und euch alles lehren. Es gibt viele Arten der Meditation und viele Lehrer, die euch dabei helfen können. Alle Meditationen sind darauf ausgerichtet, bewusst Hingabe zu erfahren. Die wichtige Überlegung ist: ›Wem oder was gebe ich mich hin?‹ Wenn du deinen höchsten Lebenssinn erfüllen möchtest, wirst du dich dem geheimen Ort in dir hingeben, an dem in andächtiger Stille deine Verbindung mit Gott erfahren werden kann. Diese Art der Meditation ist die perfekte Ergänzung zum Gebet. Zusammen führen sie dich letztlich zur vollständigen Wiedervereinigung mit deinem Schöpfer, so dass du wie ich sagen kannst: ›Der Vater und ich sind eins.‹

Entsprechende Passagen aus der Bibel

1. Thessaloniker 5,16-18:
»Seid allezeit fröhlich, betet ohne Unterlass, seid dankbar in allen Dingen.«

Matthäus 6,5-6:
»Und wenn ihr betet, sollt ihr nicht sein wie die Heuchler, die gern in den Synagogen und an den Straßenecken stehen und beten, damit sie von den Leuten gesehen werden. Wahrlich, ich sage euch: Sie haben ihren Lohn schon gehabt. Wenn du aber betest, so geh in dein Kämmerlein und schließ die Tür zu und bete zu deinem Vater, der im Verborgenen ist; und dein Vater, der in das Verborgene sieht, wird dir's vergelten.«

Schlüssel zum Leben

Gebet und Meditation sind die Schlüssel zur höheren Wirklichkeit und Tore zum wahren Selbst. Es gibt eine Welt in jedem von uns, die niemand je zu Gesicht bekommen hat, nicht einmal wir selbst. Sie wartet darauf, entdeckt zu werden, sie bittet geradezu darum, sich offenbaren zu dürfen. Es gibt eine Welt jenseits von

Ihnen, die darauf wartet, betreten zu werden. Es ist eine Welt jenseits der Grenzen Ihrer Träume. Ihre Seele ist älter als Ihr Verstand. Sie erinnert sich mit instinktiver Sicherheit an ihren Ursprung. In Gebet und Meditation können Sie ihre Großartigkeit spüren und sich daran erinnern, dass Ihr Körper in Ihrer Seele ist und nicht Ihre Seele in Ihrem Körper.

Im Gebet sucht unsere Seele demütig nach ihrer Erhabenheit und das Erhabene unseres Geistes bringt im Gebet seine Demut vor dem großen Unbekannten zum Ausdruck. Im Gebet verbinden wir uns mit Gott und der Kostbarkeit unseres Seins. Meditation ist die Hingabe an die Führung des GEISTES.

Das, was Mystiker die »Leere« nennen, ist nicht wirklich leer. Es ist voll mit einer andersartigen Energie, aus der alles hervorgegangen ist. Es gibt eine Macht, die diese Energie erzeugt und ordnet, die das Chaos der Ursuppe in Galaxien, Sterne, organisches Leben und denkende, fühlende, menschliche Wesen verwandelt. Jeschua hat gesagt, dass diese Urenergie aus den Ur-Teilchen, dem »Einen Geist« und aus Liebe besteht, die zusammen die Kraft der Schöpfung und der Einheit bilden. Alles ist Teil dieser Einen Essenz, und da sie keine Begrenzung hat, ist jedes Atom potentiell der Mittelpunkt des Universums. Aus dieser Sicht scheint es fast so, als ob die Schöpfung daraus hervorgegangen wäre, dass Gott sein göttliches Selbst in allen neuartigen Bewegungen, Formen und Erfahrungen erforschte. In jedem Insekt, jeder Blume und jedem Grashalm, in jedem Wassermolekül und jedem Blitzschlag erforscht Gott das Große Selbst. Für Gott gibt es weder Zeit noch Raum, denn die göttliche Perspektive ist allgegenwärtig und allwissend. Oder gibt es Zweifel daran, dass Gott über jeden Flügelschlag eines Sperlings Bescheid wissen kann? Wundert es da noch, dass durch die Macht des Gebets und der Meditation tiefgreifende Offenbarungen möglich sind?

Auch wenn wir eine stärker festgelegte Blickrichtung haben, sind wir doch in der Lage, unsere materiellen Grenzen zu überschreiten. Doch wir messen dieser Fähigkeit wenig Wert zu. Die wundervollen Reisen der Mystiker und Heiligen in transzendente Reiche beschreiben diese Quantenrealität – jenen Übergangsbereich zwischen dem Bekannten und dem Unbekannten. Alles, was wir als materielle Realität erfahren, entstammt einem unsichtbaren Reich jenseits von Zeit und Raum, der jedoch nicht leer ist, sondern der der Mutterleib der Schöpfung ist. So sind wir trotz der Tatsache, dass wir in unserer normalen irdischen Existenz Grenzen ziehen, immer mit dem Jenseitigen verbunden.

Nachgewiesenermaßen haben Gebete eine Wirkung, die zeigen, dass es diesen uns zugänglichen Bereich jenseits der materiellen Wirklichkeit gibt. Seit mehr als zwanzig Jahren haben Wissenschaftler Experimente durchgeführt, um die Wirksamkeit des Betens zu prüfen. Zum Beispiel wurden schwer kranke Patienten einer Klinik in zwei Gruppen aufgeteilt. Für die einen wurde gebetet, für die anderen nicht. Beide Gruppen wurden schulmedizinisch normal versorgt und keiner der Beteiligten wusste über die spirituelle Unterstützung Bescheid. Am Ende der Studie gab es eindeutige Beweise dafür, dass die Gruppe, für die gebetet wurde, sich schneller und nachhaltiger erholte als die Vergleichsgruppe. In einem anderen Beispiel kam ein Forschungsteam der Duke Universität 1998 zu ähnlichen Ergebnissen. Sie beachteten sehr strenge Regeln und alle möglichen Einflüsse wurden in Betracht gezogen. Diesmal bezog sich der Versuch auf 150 Herzpatienten, die schwere Operationen hinter sich hatten und gleichfalls nichts von den Gebeten wussten. Es wurden weltweit sieben unterschiedliche religiöse Gruppen einbezogen, um die möglicherweise durch die Gebete projizierte Glaubenshaltung möglichst breit zu streuen. Es gab keinen persönlichen Kontakt zwischen denen, die beteten und jenen, für die gebetet wurde. Das Ergebnis der Studie war, dass die Patienten sich nach einer Operation um fünfzig bis hundert Prozent besser oder schneller erholten, wenn für sie gebetet wurde. Dies sind beeindruckende Ergebnisse, vor allem für Menschen, die wenig oder gar keinen religiösen Glauben haben! Doch die Skeptiker waren für unser Verständnis dieser Ergebnisse wichtig, denn es mussten neue Metaphern und neue Umschreibungen des Geschehens gefunden werden, bei denen man ohne die traditionellen, religiösen Begriffe auskam. Inzwischen gibt es viel Literatur darüber, wie das Beten eine Reise in das Bewusstsein ist, eine Reise an einen Ort jenseits des gewöhnlichen Denkens, an dem zum Beispiel der Patient nicht von dem ganzen »Selbst« des Universums getrennt und niemandem fremd ist. Der Betende und der Empfangende sind in einer Dimension des Bewusstseins miteinander vereint, in der die körperlichen Grenzen aufgehoben sind. Sie überwinden damit irgendwie die Zeit-Raum-Grenze. Viele der früheren Skeptiker beschreiben inzwischen das Beten als ein Quantenereignis, das in einer Dimension der relativen Verbundenheit stattfindet. Vor ungefähr hundert Jahren durchbrachen Einstein und andere Pioniere die Grenzen der materiellen Wirklichkeit mit der Entdeckung, dass alle Materie und Energie relativ zur Lichtkonstanten sind. Ist es also möglich, dass unsere gesamte mentale, spirituelle und emotionale Wirklichkeit relativ zu unserer Verbindung zu Gott ist und dass wir durch diese Heilige Verbindung in der Lage sind, uns mit allem und jedem Existierenden zu verbinden? Vielleicht ist das Licht in jeglicher Form, vom Licht-Teilchen bis zum göttlichen Licht, die Konstante in unseren Relativitäts-Mustern. Die gleichen Erkenntnisse treffen auch für das Meditieren zu, wenn wir uns dabei mit dem Zentrum unseres Seins verbinden. Durch uns zurückziehen und durch Kontemplation schauen wir unter die Oberfläche unserer Wirklichkeit. Einfache Augenblicke der Stille geben uns oft Einblick in eine erweiterte Perspektive und erneuern unsere Energie aus einem tieferen Quell. Dann wissen wir mit dem Herzen statt mit dem Verstand. Unsere Intuition erkennt die Kraft jenseits des Natürlichen und des Rationalen und lässt das Unbekannte voll gläubigem Vertrauen zu.

Andere Quellen der Weisheit

Samuel Taylor Coleridge (1772-1834):
»Ob Mensch, ob Tier, ob Vogel: Wer zu beten weiß, weiß auch zu lieben.«

Mahatma Gandhi (1869-1914):
»In einer Haltung innerer Stille sieht die Seele ihren Weg in einem helleren Licht, und was flüchtig und trügerisch schien, zeigt sich in kristallener Klarheit.«

James Allen (1864-1912):
»Je ruhiger ein Mann wird, desto größer werden sein Erfolg, sein Einfluss und seine Kraft, Gutes zu bewirken.
Ein ruhiger Geist ist ein Juwel der Weisheit.«

James Montgomery (1771-1854):
»Gebet ist das tiefe Verlangen der Seele,
ob in Worten oder unausgesprochen –
das Tanzen eines verborgenen Feuers,
welches die Brust erzittern lässt.«

Lao-Tse (604 v.Chr.) Tao te King:
Der SINN, der sich aussprechen lässt,
Ist nicht der ewige SINN.
Der Name, der sich nennen lässt,
ist nicht der ewige Name.
»Nichtsein« nenne ich den Anfang von Himmel und Erde.
»Sein« nenne ich die Mutter der Einzelwesen.
Darum führt die Richtung auf das Nichtsein
zum Schauen des wunderbaren Wesens,
die Richtung auf das Sein
zum Schauen der räumlichen Begrenztheiten.

Anwendung

Die Anwendung der Lehre dieses Kapitels liegt in der praktischen Ausübung. Es geht also darum, in Ihrem täglichen Leben eine bewusste Anerkennung des Betens und der Meditation zu entwickeln. Machen Sie es sich zur täglichen Übung, aber nicht zur gedankenlosen Routine. Die Länge der Zeit, die Sie im Gebet oder in Meditation verbringen, ist dabei nicht so wichtig wie die Bedeutung, die Sie diesen Dingen im Ablauf Ihres Tages geben. Durch Gebet und Meditation fördern Sie innere Stärke, wahre Ehrfurcht und Ihre Fähigkeit, dem Unbekannten gegenüber zu treten. Viele schöne Charakterzüge können auf diese Art von Kraft zurückgeführt werden. Man kann sogar sagen, dass die Fähigkeit, dem Unbekannten gegenüber zu treten, ein Maß innerer Größe ist. Während Sie so Kraft sammeln, fangen Sie an, innerhalb der unsichtbaren Welten Ihre Verbindung zu Gott und dem Heiligen Geist zu spüren. Sie werden lernen, dass die innere Haltung des Betens zusammen mit Gegenwärtigkeit alles verändert. Sie werden beginnen zu akzeptieren, dass Ihre Segnungen nicht aus dem kommen, was Sie kontrollieren können, sondern aus dem, was von den größeren Kräften der Liebe um Ihretwillen kontrolliert wird. Achten Sie im Laufe der kommenden Tage darauf, dass Liebe die Kraft hinter allen Segnungen ist. Alle Heilung, alles Nährende und aller Wohlstand sind nur äußere Zeichen der Liebe – des Gebens von Liebe und der Bereitschaft, sie zu empfangen.

Die Worte Ihres Gebets haben keine Macht, außer Ihrem Einverständnis, dass die Liebe Gottes in Ihr Leben fließen darf. Liebe ist ein unsichtbarer Strom lebendiger Fürsorge. Jedes einzelne Leben ist ein Zufluss zu diesem Strom, doch jeder von uns kann über seine Liebe frei verfügen. Ihrer Liebe wird ohne Ihre Zustimmung nie etwas zugefügt oder abgezogen. Im Gebet können wir diese Zustimmung geben. Wenn Sie also um Segnungen für sich selbst und für andere nachsuchen, erinnern Sie sich daran, dass Sie Gott bitten, Ihre Liebe zu empfangen und zu vervielfältigen, indem er

die Segnungen austeilt. Sie bitten darum, dass durch die Liebe Gottes Ihr eigenes Leben geläutert und auf eine höhere Ebene des Wohlbefindens gehoben werden möge.
Legen Sie in Ihrem täglichen Leben auch in die banalste Tätigkeit alles, was Sie sind. Hören Sie auf Ihre Hoffnungen, Sehnsüchte und Verletzlichkeiten. Ehren Sie den Ruf Ihrer Seele. Hören Sie auch auf die Hoffnungen, Sehnsüchte und Bedürfnisse anderer. Würdigen Sie deren Platz in Ihrem Leben. Lieben Sie sich selbst und während Sie dies tun, lieben Sie auch die anderen. Jedes Wort der Liebe ist Gebet. Das Geben von Liebe IST Gebet.

Meditation

Meditation ist weniger ein bestimmter Zustand oder Vorgang, sondern der Prozess des Sich-Einstimmens auf die Gegenwart des Heiligen Geistes und des Geistes der Natur, die beide Ihr Sein erfüllen und erhalten. Meditation ist eine lebenslange Übung, die sich in dem Maße entwickelt, wie Sie ihr Zeit und Energie widmen. Der Prozess beginnt da, wo Sie im Leben gerade stehen und wird von dort aus zu einem Weg der Bewusstseinserweiterung auf vielen Ebenen. Das gilt für jeden Menschen, egal an welchem Punkt der spirituellen Entwicklung er sich befindet, denn der Weg des Geistes ist sowohl relativ als auch endlos. Bei Meditation gibt es immer einen Ausgangspunkt und immer etwas, worauf man sich hinbewegen kann. Die wesentlichen Gaben des Heiligen Geistes – Achtsamkeit, Mitgefühl und direkte Erfahrung – stehen uns immer zur Verfügung, unabhängig von unserer Sprache, unserem Glauben und unserem Begriffsvermögen. Der Rat des Heiligen Geistes transzendiert unsere Begrenzungen und offenbart uns, was uns sonst verborgen bleiben würde.
Das Wichtige an einer Meditation sind das Lauschen, die Verbindung mit dem Geist und das Aufgeben von Anhaftungen des Selbst. Halten Sie Ihre Meditationen schlicht. Ihr Sinn besteht nicht darin, irgendeinen bestimmten Geisteszustand zu induzie-

ren, sondern Klarheit in die Erfahrungen zu bringen, die Sie im Moment durchleben. Erzwingen Sie nichts beim Meditieren. Eine Haltung der Offenheit, des Interesses und der Entdeckerfreude wird Ihnen helfen Ihre Vorurteile, Erwartungen und andere Ablenkungen loszulassen, die Ihrer vollen Aufmerksamkeit im Wege stehen. Sie müssen auch nicht unbedingt alleine meditieren. Ich habe Ihnen geführte Meditationen gegeben, weil Erfahrungen im Kreise Gleichgesinnter viel wert sind. Nirgendwo sind wir mehr verbunden als im Geiste. Jeder von uns kann von Freundschaften profitieren, die uns auf unserer spirituellen Reise ehrlich unterstützen. Wir meditieren, weil wir das Leben tiefer spüren wollen, weil wir uns verbundener fühlen und in unserem Leben mehr Zuhause sein wollen.

Alle Meditationsformen haben vier Elemente gemeinsam:

1. Entspannung
2. Atmung
3. Konzentration
4. Achtsamkeit

Beginnen Sie Ihre Meditation bequem und entspannt, mit aufrechtem Rücken sitzend. Lenken Sie Ihre Aufmerksamkeit in jeden Bereich Ihres Körpers. Falls es Bereiche gibt, die angespannt oder steif sind, strecken Sie sich, schütteln oder massieren Sie diesen Körperteil, bis er sich besser fühlt. Manchmal genügt es schon, die unbehagliche Empfindung anzuerkennen. Fragen Sie Ihren Körper, ob er bereit ist, sich eine Weile der Entspannung hinzugeben und in einen Zustand vollkommener Einheit mit Ihrem Denken, Ihren Gefühlen und Ihrem Geist einzutreten.

Fangen Sie an, auf Ihren Atem zu achten. Dabei ist es weniger wichtig sehr tief oder sonst auf irgendeine Weise besonders zu atmen, als mit ganzer Aufmerksamkeit bei Ihrem Atemrhythmus und der ein- und ausfließenden Luft zu sein. Erzwingen Sie nichts, bleiben Sie ganz natürlich. Es geht weder darum, den Atem zu visualisieren noch ihn zu kontrollieren. Erfahren Sie ihn einfach. Atem ist sowohl eine Realität als auch ein Symbol für Ihren Austausch mit dem Leben. Wenn Sie sich seiner, so wie er ist, in jedem Augenblick ganz bewusst sind, wird Ihre Wahrnehmung des Lebens ähnliche Klarheit annehmen.

Diese Achtsamkeit auf den Atem ist auch der erste Schritt zur Konzentration. Dies ist eine wunderbare Sache. Sobald Sie feststellen, dass Sie sich haben ablenken lassen, bemerken Sie einfach die störenden Gedanken, ohne sich darüber zu ärgern und wenden Ihre Aufmerksamkeit wieder dem Atem zu. Konzentrieren Sie sich auf den Atem, aber bleiben Sie dabei in einer offenen Haltung. Gedanken und Empfindungen können auftauchen, ohne dass Sie sie festhalten, zurückweisen oder Schlüsse aus ihnen ziehen. Lassen Sie sie einfach ziehen. Wenn Ihr Verstand ruhiger wird, können Sie sich stärker auf den Atem konzentrieren. Achten Sie darauf, wie auch die Organe und Zellen Ihres Körpers an der Atmung beteiligt sind. Bedenken Sie, dass jeder Mensch und jedes Tier die gleiche Luft atmen. Spüren Sie diese Verbindung. Die Bäume und Pflanzen sind daran beteiligt, die Luft zu erzeugen, die Sie atmen. Spüren Sie auch diese Verbindung. Richten Sie Ihren ganzen Fokus auf den Atem. Lassen Sie sich davon in völlige Konzentration tragen.

Konzentration ist die dritte Säule der Meditation. In der Stille entwickelt man eine stabile Geisteshaltung. Dadurch wird die Energie, die durch unsere verschiedenen Lebensaktivitäten zerstreut wurde, gesammelt und fokussiert. Erschöpfung wandelt sich zu Harmonie und Vitalität. Dieser Konzentrationszustand ist zugleich wachsam und gelöst, er ist entspannt, offen, nachgiebig und annehmend. Er ist wach, gegenwärtig und tief mit dem verbunden, was gerade vor sich geht, und kann doch alles lassen, wie es ist. Keine Rückschlüsse, Urteile, Geschichten oder Erklärungen können die wahre Konzentration unterbrechen.

Die vierte Säule ist die Achtsamkeit. Das bedeutet, aufmerksam zu sein, ohne einzugreifen. Der Wirklichkeit zu erlauben, so zu sein, wie sie ist. Egal ob Ihre Wahrnehmung erweitert oder reduziert ist, wichtig ist nur, das mit Achtsamkeit wahrzunehmen. Es geht nicht darum, sich eine Erfahrung vorzustellen, sie zu erwünschen oder zu vermeiden. Achtsamkeit ist die Fähigkeit, direkt und genau das zu sehen, was im jeweiligen Augenblick geschieht. Durch Achtsamkeit sind wir in der Lage, den Rat des Heiligen Geistes zu empfangen, mehr über unseren Körper zu erfahren oder uns wieder an Dinge zu erinnern, die uns im Alltag entglitten sind. Achtsamkeit lässt uns die Wahrheit unseres Lebens erkennen. Nur mit Achtsamkeit können wir Anhaftungen, die uns nicht mehr dienlich sind, wirklich loslassen, vollkommen verzeihen und die Segnungen des Lebens wirklich empfangen. Achtsamkeit ist das Annehmen dessen, was ist.

Diesen vier Säulen können Sie Themen oder Richtungen hinzufügen, die für Ihre Erfahrung eine Rolle spielen. Das ist nicht notwendig, kann aber hilfreich sein, um in die Energie einer Situation oder Erfahrung hineinzukommen und sie dann zu höchstem spirituellen Verständnis zu entwickeln.

Die Meditation zu diesem Kapitel besteht darin, Ihren Prozess der Meditation zu beobachten – oder vielleicht ganz neu zu erlernen. Achten Sie dabei besonders auf die vier Säulen. Gehen Sie also achtsam mit Ihrer Meditation um. Entspannen Sie sich, atmen Sie bewusst, konzentrieren Sie Ihre Energie und Aufmerksamkeit, bis Sie ganz in einen Zustand der stillen Einheit eingetreten sind. Seien Sie achtsam und offen gegenüber dem, was in Ihrem Leben gerade vor sich geht. In diesem Zustand können Sie sich folgende Worte ins Bewusstsein rufen: »Wer sein Leben retten will, der wird es verlieren; und wer sein Leben verliert, der wird es erhalten.« Das ist der Atem der Unsterblichkeit.

Gebet

Schöpfer des Lebens, ich gebe Dir mein Herz.

Über alle irdischen Bedenken hinaus
widme ich mein Leben dem Wunder des Geistes.

Du hast Deine ewige Harmonie in mir verankert,
damit ich die Ernte des Lebens
in all ihrer Fülle empfangen kann.
Du gabst mir die Erinnerung an Deine ewige Schöpfung,
damit ich mit dem Wesen der Natur verbunden bin,
damit ich um die Geheimnisse der Wälder weiß,
und um die Wege der Sterne.
Schenke mir Mitgefühl, damit ich weiß, wie andere empfinden.
Wo ich Schaden angerichtet habe,
gib mir die Gelegenheiten, es wiedergutzumachen.
Verhilf mir zu Akzeptanz und Verständnis.
Erwecke in mir die innere Wahrheit meines eigenen Seins.
Vor allem jedoch lass mich eins mit Dir sein.

Amen

21

Das Wunder des Lebens

Die Botschaft

»Gottes Worte hallen durch die Ewigkeit: Ich bin Wahrheit. Ich bin Liebe. Ich bin Leben. Ich habe mich jeder Schöpfung, jeder Form, jeder Kreatur gegeben. Wo Wahrheit, Leben und Liebe sind, da BIN ICH. Wo immer ICH BIN, da ist Zusammenhang.«

Jeschua sprach diese Worte mit majestätischem Klang. Ich war tief beeindruckt, doch es gelang mir, die Gelegenheit beim Schopfe zu packen und die Frage auszusprechen, die ich sonst niemandem stellen konnte: »Was ist Leben?«

»Das Leben existiert auf vielen Ebenen, von der spirituellen bis zur physischen. Es ist die Liebe, die alles Leben erschafft, aus ihrer Sehnsucht nach Erfahrung. Es entspricht dem Wesen der Liebe, anziehend zu wirken, zu kommunizieren und annehmbare Wege des Austauschs zu entwickeln. Es entspricht auch dem Wesen der Liebe, sich selbst ALS Liebe zu erkennen und ihre Integrität in einem Heiligtum zu bewahren, das nur ihr bekannt ist. So gab es diese Attribute der Liebe schon lange bevor es irgendwelche der Aktivitäten gab, die ihr als Leben bezeichnet, und so erschufen sie die Zukunft der Existenz. Die Anziehungskraft der Liebe bewirkt Ansammlung und Zusammenhang. Ihre kommunikative Kraft bewirkt Austausch; und die Erkenntnis der inneren Integrität ist die Grundlage des SEINS.

Lange vor dem organischen Leben gab es bereits Belebtheit. Das war die erste Manifestation des Lebens und viel mehr als nur Bewegung. Ich meine damit die sich wandelnden Muster der ganzheitlichen Integration, die sich ständig ineinander auflösen und neu formieren und doch gleichzeitig ihre ureigenste Essenz bewahren und fortsetzen. Leben ist jedoch mehr als Belebtheit, denn diese kann plötzlich zu Ende sein, während das Leben nie aufhört. Um das wahre Wunder des Lebens zu begreifen, musst du daher über seine physischen Manifestationen hinausschauen. Das Leben, sowohl in seiner physischen Erscheinung als auch in seinem spirituellen Wesen, ist die Gegenwart Gottes. In dieser Gegenwart gibt es bedingungsloses Sein, spontane Erneuerung und das unwillkürliche Übertragen von Liebe.

Drei Kräfte gehen von Gott aus und sie erhalten die gesamte Existenz: Liebe, Geist und masseerzeugende Teilchen. Diese spontan auftretenden Teilchen sind unreduzierbar und unteilbar, weil ihnen nichts vorausgeht. Doch sie sind der Ursprung aller Materie, daher ist »Ur-Teilchen« ein angemessener Name für sie.

Du wunderst dich vielleicht darüber, wie die unendliche Vielfalt dieses Universums aus nur drei Kräften hervorgegangen sein kann, selbst wenn sie multipliziert und potenziert werden. Die Ur-Teilchen sorgen ihrem Wesen nach für die Vielfalt und Komplexität der Existenz. Ihre Spontaneität ist nicht nur ein wesentlicher Bestandteil des Lebens, sondern auch unabdingbar für die Entstehung unterschiedlicher, komplexer Formen und endloser Variationen. Es entspricht ihrem Wesen, vom Allereinfachsten bis hin zur höchsten Komplexität, für Anomalien zu sorgen. Solche Zufälle, immer neu entstehend und sich gegenseitig multiplizierend, erzeugen Vielfältigkeit. Neue Aggregate und Molekülformen bilden Schicht für Schicht alle wundervollen Arrangements dieses Universums. Hinter all dem ist Liebe die lebenserzeugende Ursache und der Geist sorgt für Verbundenheit. Die Ur-Teilchen sind die Substanz und die Funken der Schöpfung!

Das Leben begann mit Kohäsion auf der Ebene der Atome, durch die sich dann kleine Moleküle bildeten, die sich zu immer komplexeren Ansammlungen mit neuen Eigenschaften zusammenfanden – bis das Außerordentliche geschah: das euch bekannte organische Leben!

Dieser Übergang von der Vorstufe des Lebens zum Leben ging mit einem bedeutenden Bewusstseinswandel einher. Bestimmte Moleküle fühlten sich zueinander hingezogen. Sie vereinten sich und entwickelten ein Bedürfnis nach Halt und Selbsterkenntnis. Es entwickelte sich eine schützende semipermeable Membran um sie herum. Jetzt gab es eine Innenwelt und eine Außenwelt, die erste Grundlage für Integrität. Man kann sagen, dass alles Leben im Mutterleib beginnt, denn für die Entstehung von Leben sind immer zwei unterschiedliche Umgebungen notwendig – eine äußere und eine innere. Das trifft auf jede Lebensform zu und wird mit zunehmender Komplexität der Organismen deutlicher.

Die chemische Grundlage für diesen entscheidenden Schritt ins Leben war sehr einfach und gewöhnlich. Es geschah im Wasser. Von Anfang an war das Leben auf der Erde im Wasser. Bakterien bewegten sich im Wasser und es ist das ideale Medium für alle Stoffwechselvorgänge. Zellmembranen sind auf die Polarität des Wassers eingestellt, bestimmte Moleküle sind hydrophil und andere hydrophob, eine dritte Art von Molekülen besteht aus fettigen Substanzen, die ihr Lipide nennt. Die binäre Sprache des Wassers – seine Polarität – erzeugt eine Vielfalt von Strukturen, während es diese Moleküle anzieht, abstößt oder verbindet.

Die Zellmembran ist das Grundelement des organischen Lebens, das Einzige, was jedem Organismus zu Eigen ist. Zellmembranen dienen dazu, Ansammlungen von Protoplasma abzuteilen und vor den Launen der äußeren Umgebung zu schützen. Mit ihrer abschirmenden Wirkung machen sie es der Zelle möglich, ihre biologischen Funktionen und Wahrnehmungen zu kontrollieren. Doch sie sind mehr als nur Behältnisse, auch wenn sie so dünn sind, dass ihr sie nur mit einem Elektronenmikroskop sehen könnt. Eine Zelle empfängt Signale aus ihrer Umgebung und verwandelt diese in Informationen, die dann die Aktivitäten genetisch bedingten Verhaltens und den Austausch mit der Umgebung bestimmen. Das Zusammenspiel aus Rezeptor-Proteinen, die Signale aus der Umgebung aufnehmen, und Effektor-Proteinen, die diese Wahrnehmung in physische Anweisungen umsetzen, steuert das Verhalten der Zelle. Per definitionem bildet diese Rezeptor-Effektor-Einheit den Ursprung aller physischen Wahrnehmung. Als ›Protein-Wahrnehmungs-Einheit‹ ist die Zelle somit die Grundlage biologischen Bewusstseins.

Aus biochemischer Sicht sind Zellmembranen flüssige, kristalline Halbleiter mit Toren und Pfaden. Man könnte sagen, die Zellmembran ist der organische Prototyp des Silikonchips. Zellen ›lesen‹ ihre Umgebung, sortieren die Informationen und wählen dann ein angemessenes Verhaltensmuster, um ihr Überleben zu sichern.

Eine Zelle verfügt zwar über Hunderte von Verhaltensweisen, doch sie alle lassen sich in Wachstums- oder Schutzmuster einteilen. Zellen bewegen sich auf wachstumsförderndes zu oder von lebensbedrohlichem weg. Da sich eine Zelle nicht gleichzeitig vorwärts und rückwärts bewegen kann, kann sie nicht gleichzeitig wachsen und sich schützen. Daher schließen sich diese beiden Verhaltensweisen auf dieser grundlegenden Ebene gegenseitig aus. Das gilt auch für das menschliche Verhalten. Du kannst darin vielleicht das sensible Zusammenspiel aus Gesundheit und Bewusstsein erkennen.

Die Wissenschaften haben das Leben traditionell als ein geschlossenes System betrachtet, das nur unter eng begrenzten Lebensbedingungen möglich ist. Doch selbst organisches Leben ist nicht darauf beschränkt. Wenn sich euer Verständnis des Lebens erweitert, werdet ihr unter extremeren Temperaturen und Umweltbedingungen als ihr je für möglich gehalten habt, Leben entdecken. Ihr werdet dann begreifen, dass die gleiche Definition von Leben, die es erlaubt, Leben unter extremen physischen Bedingungen zu finden, es auch möglich macht, es in körperlosen, elektromagnetischen Felder zu entdecken, die das ganze Universum durchwandern können. Vor allem werdet ihr entdecken, dass diese Extreme ein essentieller Bestandteil des Lebens als ***offenes System*** *sind.*

In geschlossenen Systemen werden Energie und Raum durch Polarität erzeugt und durch die Lichtkonstante vereint. Das ist gut erforscht. Doch über die Energie in offenen Systemen müsst ihr noch viel lernen, denn offene Systeme beruhen auf Rhythmus und nicht auf Polarität. Um ungenutzte Energiereserven zu erschließen, spielt in offenen Systemen die Zeit eine wichtige Rolle. Ihr kommt nur langsam mit diesen Dingen voran, weil an den Rändern von geschlossenen Systemen immer Angst vor Auflösung herrscht – in diesem Fall vor der Auflö-

sung von Zeit und Raum. Ironischerweise steht euch die Zeit jedoch erst in einem offenen System wirklich zur Verfügung – nur in einem offenen System könnt ihr die Unendlichkeit begreifen.

Lebensprozesse sind immer Dialoge. Der einfachste Dialog besteht im Erkennen äußerer und innerer Realitäten. Jede Zelle achtet genau auf ihre Organisation und Vervielfältigung, während sie mit der äußeren Umgebung im Austausch steht. Von den rudimentärsten Einzellern bis zu den komplexesten Lebensformen beruht das Leben auf den alternierenden Funktionen offener und geschlossener Systeme. Das funktioniert folgendermaßen: Ein inneres Equilibrium bildet die Grundlage für Selbstwahrnehmung und Selbstvervielfältigung. Austausch und Beweglichkeit, die immer Ungleichgewichte darstellen, bieten die Grundlage für die Anpassungsfähigkeit an eine größere Wirklichkeit. Aus dieser Perspektive ist ein Ungleichgewicht etwas Gesundes, das zu der beständigen Auseinandersetzung mit der Umgebung dazugehört. Dieser zweiphasige Rhythmus des Lebens ist die Grundlage für eure Wahrnehmung subjektiver und objektiver Realitäten. Das innere Equilibrium sorgt für eine Wahrnehmung von Ganzheit, Wohlbefinden und Frieden. Die Ungleichgewichte der physischen Existenz fordern unablässig Veränderung. Beides ist notwendig. Leben ist die Aktivierung von Liebe in Formen, die im Sein gegenwärtig sind und die sich gleichzeitig ständig den Anforderungen der Wahrheit und der Wirklichkeit entsprechend verändern und verwandeln können.

Ein gutes Beispiel für die Verwendung von offenen und geschlossenen Systemen im Leben ist die Entwicklung des Immunsystems bei Kindern. Zwischen der Geburt und dem Alter von etwa sieben Jahren entwickelt ein Kind die grundlegende biologische Organisation, um seine emotionalen und physischen Bedürfnisse zu erkennen und Einflüsse auszuschalten, die seiner Gesundheit schaden (ein Zeichen für ein geschlossenes System). Gleichzeitig strebt es nach neuen Erfahrungen, Verbindungen und nach Austausch (offenes System). Dieser Rhythmus wird für den Rest seines Lebens in Bezug auf all seine Lebensbereiche von Bedeutung sein, inklusive seinem Gemeinschaftsleben. Auch auf sozialer Ebene ist ein gewisses Gleichgewicht zwischen persönlicher

Integrität und dem Austausch mit anderen zur gegenseitigen Förderung notwendig, um die Herrlichkeiten des Lebens zu empfangen und mit anderen zu teilen.

Das Alternieren zwischen den offenen und geschlossenen Funktionen des Lebens geschieht fließend und ist anpassungsfähig. Sie als Polaritäten zu begreifen wäre ein großes Missverständnis. Polarität ist die grundlegende Kraft und Funktion nicht-lebendiger Formen und Kräfte. Ein wesentlicher Aspekt des Übergangs zu lebendigen Formen und Kräften war die Entwicklung von fließenden Systemen vergleichender Entscheidungen. Daraus können sich Sinn, Fähigkeit und Gedanken entwickeln – und komplexe Organisationsformen.

Wenn ihr dieses Konzept begriffen habt, könnt ihr leicht erkennen, welche Bereiche eures Lebens der Aufmerksamkeit bedürfen. Die meisten Menschen haben mit einer Seite der Gleichung mehr Schwierigkeiten als mit der anderen. Ein Bereich ist stärker ausgebildet als der Rest. Manchmal dient ein offenes System vielen geschlossenen Systemen oder ein geschlossenes bringt den Ausgleich für viele offene. Es ist gefährlich, zu viel in einen einzigen Bereich zu investieren. Wahre Gesundheit entsteht aus einer fließenden Bewegung, bei der die Aspekte der Ganzheit des Lebens nahtlos ineinander übergehen können.

Einer der dramatischsten Gegensätze zwischen offenen und geschlossenen Systemen zeigt sich in der menschlichen Wahrnehmung von Zeit. Der Umgang mit Zeit gehört zu den großen Herausforderungen des Lebens. Wer begriffen hat, wie die Zeit zum Leben gehört, kann leichter damit umgehen. Die subjektive Wahrnehmung ist zeitlos und geht oft mit dem hilflosen Gefühl einher, nie genug Zeit zu haben. Das kommt daher, weil geschlossene Systeme durch ihre Rückkopplungskreise Zeit auflösen. Aus der Sicht eines geschlossenen Systems, auch des physischen Lebens, erscheint Zeit als eine knappe, grausame Illusion. Zeit ist real und hat in offenen Systemen eine wichtige Funktion. Offene Systeme werden durch das Ungleichgewicht der Veränderungen und Austauschbewegungen aufrechterhalten. Sie brauchen daher eine besondere Art der Regulation, die nur die Zeit ermöglicht. Zeit ist der Austausch-Rhythmus, mit dessen Hilfe sich offene Sys-

teme regulieren können, ohne sich verschließen zu müssen. Zeit und Rhythmus bilden hier den Hintergrund für den Austausch und die energetische Kodierung.
Sind offene und geschlossene Systeme harmonisch aufeinander eingestimmt, so entstehen Gesundheit und Wohlbefinden. Sie bilden eine Ganzheit, und darin kann Leben stattfinden. Das Leben ist ein eigenes, göttliches System. Wenn eure Vorstellungskraft groß genug wäre, könntet ihr erkennen, dass die Harmonie zwischen Liebe, Geist und Ur-Teilchen größer ist als die Summe ihrer Teile. Sie ist das Leben selbst! Ihr könnt das Leben nicht begreifen, denn es erfüllt, umgibt und trägt euch. Ihr seht es überall, doch ihr habt keinen Blickwinkel, aus dem heraus ihr es mit einer losgelösten Objektivität betrachten könntet. Doch ihr seid mit Bewusstsein gesegnet und Bewusstsein ist ein perfekter Spiegel des Lebens. Bewusstsein fördert das gesamte Leben, inklusive all seiner nicht-materiellen Varianten. Es ist die höchste Lebensform. Wer Bewusstsein versteht, der versteht das Leben. Ihr könnt also zu einer universellen Definition des Lebens kommen, indem ihr euch mit dem Bewusstsein befasst.
Leben und Bewusstsein definieren sich über die gleichen Qualitäten:

1. *Sein – Selbstdefinierendes Bewusstsein*
2. *Liebe – Anziehung und Unterstützung*
3. *Kommunikation – Austausch mit der äußeren Umgebung*
4. *Wirklichkeit – die Fähigkeit, akzeptable und effektive Wege des leben und lebenlassens zu finden*
5. *Kreativität – will sich selbst fortsetzen durch Wachstum, Regeneration und Selbstwiederholung*
6. *Selbst-Wahrnehmung – Erkennen des Unterschieds zwischen inneren und äußeren Systemen*
7. *Integrität – die Fähigkeit sich anzupassen, um die Einheit mit anderen und der Realität aufrecht zu erhalten, und doch seinem eigenen Wesen treu zu bleiben.*

Wo diese Qualitäten auftreten, da ist Leben. Wo du diese Qualitäten beisteuerst, da unterstützt du das Leben. Dabei ist es egal, ob dein Fokus auf organisches Leben, menschliches Leben, kosmisches Leben oder Bewusstsein gerichtet ist: wo immer Leben ist, findet irgendeine Art von Ernährung statt. Die Netzwerke des Lebens stehen durch alle Dimensionen hindurch miteinander in Verbindung.

Die Macht des Gebets beruht auf unsichtbaren Ausdehnungen des Lebens zum Göttlichen hin und erfolgt über dieses Netzwerk. Habt ihr das verstanden, so wird euch die Wirkung der Gebete verständlich. Auf ähnliche Weise bedient sich auch die Telepathie dieses Mediums. Nur weil ihr ohne Widerstand durch den Weltraum laufen könnt, meint ihr, dass es dort kein Leben und kein Präsenz gäbe. Was ihr für Weltraum haltet ist nur eine andere Art von verbindendem Element, das eben dichteren Objekten keinen Widerstand bietet. Wenn die Menschheit ihr Verständnis von den offenen Systemen erweitert, wird sie bessere Nahrungsmittel, Heilmittel und Energiequellen entdecken und der Überlebenskampf wird nachlassen. Der Konkurrenzdruck steigt immer, wenn sich das ökologische System verkleinert. Wenn es sich dagegen erweitert, lässt der Druck nach. Durch eine Erweiterung der Netzwerke des Lebens und eures Verständnisses davon wird der Wohlstand für alle zunehmen.«

Aus der Tiefe meiner Brust stieg eine weitere Frage auf. »Bringt Gesundheit Leben oder bringt Leben Gesundheit? Durch das, was du gerade gesagt hast, ahne ich, dass du denen, die du geheilt hast, zuerst Leben gegeben hast, und dass Heilung einfach die natürliche Konsequenz daraus war.«

»Du hast Recht und du und andere vermögen das Gleiche in dem Maße, wie ihr das Leben begreift. Wenn du das Leben förderst, verstärkst und vergrößerst, erfolgt Heilung. Leben ist die Quelle der Gesundheit und des Wohlbefindens. Leben ist nicht nur in dir, sondern auch überall um dich herum reichlich vorhanden.

Die wahren Energiereserven werden aufgrund der Einheit erhalten, verstärkt und verteilt, und das Ganze unterstützt alle seine Teile. Jeder Mensch, der sich an seine Einheit mit Gott erinnert, kann heilen.

Ein Heiler ist nur jemand, der mehr Leben und die Gegenwart des Heiligen Geistes zum Vorschein bringt. Dies geschieht durch Liebe und gläubiges Vertrauen, obwohl auch das Bewusstsein eine wesentliche Rolle dabei spielt, weil es die dazu notwendigen Informationen und das entsprechende Verständnis liefert. Ohne das haben alle Prozesse nur vorübergehende Wirkung. Eine gute Behandlung kann eine Krankheit aufhalten und im Körper ein Bewusstsein dafür auslösen, dass jetzt Heilung erforderlich ist und gefördert wird. Alle Heilung entsteht letztendlich aus dem größeren Daseinsgrund.
Das Ganze erinnert sich der gesamten Schöpfung. Das ist das Wunder des Lebens. Die Teile und die Systeme brauchen sich nicht selbst zu erneuern oder zu reparieren. Das Ganze erinnert und liebt. Um irgendeinen Teil des Lebens zu erlösen, brauchst du dich nur des Ganzen zu entsinnen und es zu würdigen. So wird das Ganze sich deiner erinnern und dich würdigen.«

Entsprechende Passagen aus der Bibel

Hiob 33,4:
»Der Geist Gottes hat mich gemacht, und der Odem des Allmächtigen hat mir das Leben gegeben.«

Sprüche 4,23:
»Behüte dein Herz mit allem Fleiß, denn daraus quillt das Leben.«

Sprüche 16,22:
»Klugheit ist ein Brunnen des Lebens dem, der sie hat.«

Johannes 1,4:
»In ihm war das Leben, und das Leben war das Licht der Menschen.«

Römerbrief 8,38-39:
»Denn ich bin gewiss, dass weder Tod noch Leben, weder Engel noch Mächte noch Gewalten, weder Gegenwärtiges noch Zukünf-

tiges, weder Hohes noch Tiefes noch eine andere Kreatur uns scheiden kann von der Liebe Gottes.«

Apostelgeschichte 2,28:
»Du hast mir kundgetan die Wege des Lebens; du wirst mich erfüllen mit Freude vor deinem Angesicht.«

Schlüssel zum Leben

Das Leben ist in sich selbst heilige Essenz und erstreckt sich weit über die Gefäße hinaus, derer wir uns bedienen und die wir für unser Eigentum halten. Der Schlüssel für ein volleres, reichhaltigeres Leben liegt darin, das Leben als die treibende Kraft zu erkennen, die jenseits aller Kontexte wirkt. Nicht Gesundheit bewirkt Leben, sondern das Leben bewirkt Gesundheit. Das Leben ist jenseits aller physischen Formen verfügbar und geht nicht verloren, wenn physische Formen verschwinden.
Nach Jeschua's Worten besteht das Universum aus drei grundlegenden Elementen: Der Liebe, dem Geist und jener Substanz, die kleiner ist als alles und doch wissenschaftlich nachweisbar. Diese einfachsten Teilchen sind winziger als die Atome oder die uns bekannten subatomaren Teilchen. Sie sind die unreduzierbaren Grundbausteine des Universums. Die Teilchenphysik beschäftigt sich zur Zeit stark mit diesen Teilchen und hat schon verschiedene Namen dafür gefunden, unter anderem »Higg's Boson« und »Gott-Teilchen«. Darin liegt insofern eine gewisse Wahrheit, als dass diese Teilchen allen Partikeln mit berechenbarem Verhalten zugrunde liegen und daher schwierig zu untersuchen sind. Anscheinend erzeugen sie Masse, während andere Teilchen das Resultat von Masse und daher berechenbarer sind.
Diese Teilchen repräsentieren einen kontinuierlichen Fluss hochfrequenten Potentials, der sich dann unter dem Kommando der Liebe in unterschiedlichen Formen und Zusammensetzungen manifestiert. Leider dominieren unter uns Menschen die sinnliche

Wahrnehmung und das strukturierbetonte Erfassen derart, dass wir uns dieser großen beweglichen Kraft, dieses allgegenwärtigen und endlosen Flusses des Lebens kaum bewusst sind.
Jeschua nannte sie die »Ur-Teilchen« und uns ihrer bewusst zu sein ist nicht nur für die Teilchenphysik, intergalaktisches Reisen oder ätherische Bereiche von Bedeutung, sondern für unser gesamtes Verständnis des Lebens. Wenn wir uns dieser Lebenskraft bewusst sind, verstehen wir, warum die Pflanze, die wir lieben, reichlich blüht. Der dynamische Austausch zwischen lebendigen Wesen ist der Transfer von Ur-Teilchen unter dem Kommando der Liebe. Als kleinste subatomare Teilchen sind sie die Bausteine für alle komplexen Formen dieses Universums, und weil sie dem Kommando der Liebe unterstehen, bewegen sie sich in organischem Leben besonders fließend. So wird es erklärlich, wie Tiere oder Pflanzen in einer ansonsten sterilen Umgebung sofort eine erstaunliche Verbesserung bewirken können.
Oft ziehen wir uns in die Natur zurück, um mal »aus allem rauszukommen«, aber vielleicht ist unser eigentlicher Beweggrund, »in alles rein zu kommen«. Es scheint für diesen Austausch weniger eine Rolle zu spielen, ob wir uns bewusst oder unbewusst verbinden, sondern wie wir uns in Synchronizität mit unserer Umgebung bringen. Es erstaunt mich immer wieder, wie Angler »spüren«, wo die Fische beißen werden oder wie Waldbewohner ihren Weg finden.
»Der Austausch von Ur-Teilchen ist der Atem des Lebens. In der gesamten Existenz werden diese Teilchen beständig ausgetauscht. Sie machen nicht nur das organische Leben aus, sondern auch den Planeten, den Wind, alles Substanzielle. Alles atmet, solange es dauert. Durch dieses Einatmen und Ausatmen bringen diese Teilchen Ausgleich und Verbindungen ins Leben. Wer darauf eingestimmt ist, kann Krankheiten deutlich an Unregelmäßigkeiten in diesem Atem des Lebens erkennen. Durch Liebe wird der natürliche Ausgleich wieder hergestellt. So kann das Handauflegen genauso eine Gesundung bewirken wie eine heilende Berührung oder eine einfache Umarmung.«

Dieser kontinuierliche Austausch verwebt alles Lebndige miteinander. So sind wir mit allem verbunden. Es gibt keine Unterbrechung in der Kontinuität des Lebens. Wir lernen, unsere Verbindungen zu erkennen und Verantwortung für sie zu übernehmen. Das eröffnet uns dann neue Austausch- und Wachstumsmöglichkeiten. Im Folgenden wird von einigen Ereignissen berichtet, die ich zwar nicht persönlich überprüft habe, die auch nicht als »Beweise« dienen sollen, die jedoch interessante Beispiele für mögliche Wirkungsweisen unseres Bewusstseins liefern.

1. Auf der Titelseite der Hindustan Times vom 29. Juni 2003 wird von einem Mann namens Hira Ratan Manek berichtet, der seit acht Jahren nichts mehr isst. Statt dessen lebt er von Sonnenlicht. Die US-Raumfahrtbehörde NASA hat den 64-jährigen Maschinenbau-Ingenieur im Juni 2002 überprüft. Unter Aufsicht von Wissenschaftlern nahm der Mann 130 Tage lang nur Wasser zu sich. Sie haben diese Art der Lebenserhaltung nach ihm als »HRM (Hira Ratan Manek)-Phänomen« benannt und wollen jetzt von ihm wissen, wie er das tut, um seine Technik für Weltraumreisen zu verwenden.
Hira Ratan Manek begann 1992 eine starke Abneigung gegen feste Nahrung zu entwickeln. Nach einer Reise in den Himalaya im Jahre 1995 hörte er ganz auf zu essen. Er hat nur noch Appetit auf Sonnenenergie. Seine Frau Vimla berichtet, dass er jeden Abend ungefähr eine Stunde lang ohne zu blinzeln in die Sonne schaut. Das sei seine hauptsächliche Nahrung. Ab und zu tränke er noch Tee, Kaffee, Buttermilch oder andere Flüssigkeiten.
Er sagt, dass dieses »Essen mit den Augen« am besten abends geschähe, wenn die ultravioletten Strahlen der Sonne nicht mehr so schädigend sind. Er behauptet, es sei ein rein wissenschaftlich zu erklärender Prozess und kein Wunder. Neben den Nährstoffen beinhalte diese solare Ernährung auch noch anderes. Hira Ratan Manek ist davon überzeugt, dass die meisten Menschen nur 5 Prozent ihrer Intelligenz verwenden und dass die übrigen 95 Prozent durch Sonnenlicht aktiviert werden können.

2. Kaum ein Botaniker oder Zoologe käme auf die Idee, Pflanzen oder Tiere auf Bewusstsein zu testen. Schließlich haben Pflanzen Zellwände aus Zellulose, ohne Gehirn, Nerven oder Sinnesorgane. Der normale Menschenverstand hält es daher für unmöglich, dass Pflanzen menschenähnliche Gefühle oder Wahrnehmungen haben. Das Buch »Das geheime Leben der Pflanzen« enthält jedoch wissenschaftliche Arbeiten aus aller Welt, die sich mit Pflanzen-Intelligenz befassen. Ein Kapitel beschreibt zum Beispiel die Arbeit eines New Yorker Polizisten namens Cleve Backster, der sich auf Polygraphe spezialisiert hat. Nur so zum Spaß hängte er 1962 seine Zimmerpflanzen an den Polygraphen, um ihre Reaktionen auf das Gießen aufzuzeichnen. Als er sich seiner Dracaena mit einem brennenden Streichholz näherte und so tat, als würde er sie anzünden, zeigte der Polygraph einen deutlichen Ausschlag. Und nicht nur diese Pflanze reagierte heftig auf seine Absicht, auch alle anderen in dem Zimmer! Angeregt führte er weitere Experimente durch und entdeckte, dass seine Pflanzen auf seine Gedanken reagierten, selbst wenn er meilenweit von ihnen entfernt war. So sandte er ihnen eines Tages auf dem Heimweg von der Arbeit gedanklich die Botschaft, dass er nun bald nach Hause käme, und stellte auf den Aufzeichnungen des Polygraphen fest, dass die Pflanzen zu genau der Zeit reagiert hatten, zu der er ihnen die Botschaft gesandt hatte.

Cleve Backster hat seitdem Hunderte von Experimenten durchgeführt und gezeigt, dass nicht nur Pflanzen auf unsere Emotionen und Intentionen reagieren, sondern auch Eier, Joghurt, Körperzellen und viele andere lebendige Substanzen. Sie alle reagierten auf seine Gedanken und emotionalen Zustände, selbst aus der Entfernung.

3. Auch Berichte von Patienten mit Organtransplantationen gehören in diese Reihe. Viele verspüren danach Empfindungen oder Neigungen, die sie vorher nicht hatten. Es tauchen neue Fähigkeiten, Abneigungen und sogar Erinnerungen auf, so dass man sich fragt, ob da nicht mehr verpflanzt wurde als nur ein Organ.

Manche Mediziner erklären diese Phänomene mit postoperativem Stress oder Nebenwirkungen der Medikamente, andere halten sie jedoch für Zellerinnerungen und Zellempfindungen.
Die Pharmakologin und Professorin der Georgetown Universität, Dr. Candace Pert ist der Auffassung, dass der Verstand durch chemische Kettenreaktionen und zelluläre Informationspfade den ganzen Körper durchzieht. Ihre Ideen bieten eine Erklärung für die merkwürdigen Transplantationserfahrungen. In ihrem Buch »Moleküle der Gefühle« erklärt sie, wie Verstand und Körper durch bestimmte chemische Substanzen, die »Peptide« genannt werden, miteinander kommunizieren. Peptide kommen im Muskelgewebe, Gehirn, Magen und allen anderen, wichtigen Organen des Körpers vor. Dr. Pert stellt auf überzeugende Weise dar, dass das Gedächtnis durch das Peptid-Rezeptoren-Netzwerk vom ganzen Körper aus angezapft werden kann. Erinnerungen, die mit Zucker zusammenhängen, können so mit der Bauchspeicheldrüse verbunden sein und würden dann bei einer Transplantation auf die andere Person mit übertragen.

All diese Berichte inspirieren Sie hoffentlich, auch außerhalb der gewöhnlichen Parameter nach Leben zu suchen und sich mit offenen Systemen wohler zu fühlen. Manche von Ihnen, die mehr an geschlossene Systeme gewöhnt sind, werden sich vielleicht zunächst mit der Vorstellung von Leben außerhalb des Berechenbaren und Kontrollierbaren unwohl fühlen. Deshalb will ich noch einmal daran erinnern, dass sowohl offene als auch geschlossene Systeme für Lebendigkeit, Gesundheit und Glück erforderlich sind. Ohne eine abgesicherte, heilige persönliche Realität, die wir unser Eigen nennen können, in der wir Frieden, Integrität und Equilibrium finden und in der wir auswählen, was unseren Bedürfnissen entspricht und was nicht, wäre unser Überleben in Gefahr. Andererseits wäre unser persönliches Leben nur auf Sterblichkeit und Beschränkungen ausgerichtet, wenn es keinen offenen, freien Austausch mit dem Leben außerhalb unserer »Container« gäbe. Der reine Fokus auf geschlossene Systeme würde uns irgendwann vor lauter Konkurrenz und mangels Nachschub erschöpft zu Boden sinken lassen. In jedem Bereich unseres Lebens, von Gesundheit über Beziehungen bis zur Karriere muss es zwischen diesen beiden einen Ausgleich geben, damit wir glücklich sind. Diese Art des Gleichgewichts innerhalb der Ganzheit kann auch alle Fehler wieder gutmachen. Die Ganzheit des Lebens heilt. Das ist der Weg der Wunder.

Die Versenkung in die Einheit macht es uns leichter, all die Systeme unseres Lebens in Ausgleich zu bringen. Nur die Gesamtheit des Lebens ermöglicht dem kleinsten Teil des Lebens seine Existenz und der kleinste Teil wirkt auf das Ganze. Das gesamte Leben verbindet durch seine gemeinsamen Elemente und sein erweitertes Grundmuster jeden seiner Aspekte miteinander. Ob wir das organische Leben auf der Erde betrachten oder das Leben im Kosmos: Leben tritt immer im Kontext mit anderem Leben auf, im Zusammenhang mit anderen Lebensformen. Leben ist eine Eigenschaft ganzer Systeme, nicht einzelner Organismen. Das Leben ist gesichert, weil es aus drei ewigen Elementen besteht: Liebe, Geist und Ur-Teilchen, es besteht aus der Essenz der Schöpfung – der Gegenwart des Schöpfers.

Andere Quellen der Weisheit

James Montgomery (1771-1854):
»Jenseits dieses tränenreichen Tales,
Gibt es ein höheres Leben,
Unberührt vom Flug der Jahre;
Und dieses Leben ist ganz Liebe.«

Henry Wadsworth Longfellow (1807-1882):
»Das Leben ist echt! Das Leben ist Ernst!
Und das Grab ist nicht das Ziel;

Asche zu Asche, Staub zu Staub
Sind nicht die Worte der Seele.«

Ralph Waldo Emerson (1803-1882):
»Öffnet eure Herzen dem, was Regenbögen lehren und Sonnenuntergänge zeigen.«
Bhagavad Gita:
»Von den Lichtern bin Ich die Sonne,
Unter den Sternen bin Ich der Mond.
Von den Sinnen bin Ich der Geist
Und in den Lebewesen bin Ich die lebendige Kraft.
Von den Gewässern bin Ich der Ozean;
Von den unbeweglichen Dingen bin Ich der Himalaja;
Von den Waffen bin Ich der Blitz;
Unter den wilden Tieren bin Ich der Löwe.
Von den reinigenden Kräften bin Ich der Wind
Und von den strömenden Flüssen bin Ich die Ganga.
Von allen Schöpfungen bin Ich der Anfang, das Ende und auch die Mitte, oh Arjuna.
Wisse, dass alle schönen, herrlichen und mächtigen Schöpfungen nur einem Funken Meiner Pracht entspringen.
Doch wozu ist all dies detaillierte Wissen nötig, oh Arjuna?
Mit einem einzigen Bruchteil Meines Selbst durchdringe und erhalte Ich das gesamte Universum.«

Anwendung

Jede der folgenden Aktivitäten wird Ihre Anbindung an den großen Vorrat des Lebens neu beleben. Wählen Sie Ihren Neigungen, Möglichkeiten und Fähigkeiten entsprechend:
Schauen Sie sich einen Sonnenaufgang oder -untergang an oder den Vollmond und spüren Sie, wie die Energie Sie nährt und sich mit Ihrem Ganzen verbindet. Gehen Sie spazieren oder schwimmen Sie in einem natürlichen Gewässer, lassen Sie Ihren Körper

im Lebensfluss treiben und sich ganz von ihm einnehmen. Oder setzen Sie sich in einen Garten und achten Sie darauf, wie das Leben Sie erkennt und einbezieht.
Achten Sie während all dieser Erfahrungen darauf, wie die offenen und geschlossenen Systeme harmonisch ineinander greifen und wie das größere Ganze des Lebens sie zusammenwebt. Schauen Sie aus dieser Atmosphäre der Ganzheit heraus auf Ihr Leben und lassen Sie Bereiche der Stärke hervortreten. Was machte sie so erfolgreich? Und dann lassen Sie Bereiche der Schwäche hervortreten und fragen Sie sich:
Was habe ich unterlassen, wo ich andere hätte unterstützen oder mit meiner Umgebung mehr in Kontakt treten können?
Was habe ich unterlassen, um mich selbst zu unterstützen und zu mir selbst zu stehen?
Wie kann ich ersetzen oder ergänzen, was unterlassen wurde?

Meditation

Wenn wir von »Natur« sprechen, denken wir in der Regel an etwas außerhalb von uns – an Wälder, Flüsse, Berge und dergleichen. In unserer Freizeit begeben wir uns in die Natur, doch wir können nur wirklich eins mit ihr werden, wenn wir uns in unsere innere Natur begeben. Nur allzu oft gehen wir im Park spazieren und vergessen darüber, in unsere innere Landschaft zu schauen und ihren Wegen zu folgen. Durch unsere Sichtweise der Getrenntheit entgeht uns, dass unsere Psychologie und unsere Physiologie auch Ausdruck der Naturgesetze sind, dass wir direkte Teilnehmer im großen Spiel des Lebens sind. Wir sind schon so lange mit getrennt sein und urteilen beschäftigt, dass unsere Gesundheit und unser Glück durch unsere Haltungen und Gewohnheiten Schaden nehmen. Wir stehen nicht außerhalb der Natur, sondern mitten drin.
Die Gesetze Gottes dienen der Heilung und dem Wohlbefinden. Wie in der Natur der herrliche Frühling immer wieder auf die

Kargheit des Winters folgt, so bewegen sich auch bei uns Herz, Verstand und Körper in Kreisläufen. Natürliche Regeneration findet einfach statt, wenn sie nicht gestört wird.

In jeder Kultur wird die heilende Kraft der Ganzheit der Natur gewürdigt. Das Verlangen nach Ganzsein, Heilsein ist viel mehr als ein persönliches Bedürfnis. Es ist das Verlangen des Lebens nach vollständigerer Vereinigung mit sich selbst. Dieses Verlangen ist es, was uns am Leben teilnehmen lässt, deshalb wollen wir immer mehr und mehr Leben und gehen davon aus, dass sich dieses Verlangen auch erfüllen lässt. Es gibt kein unwiderstehlicheres Ziel als die ganze Fülle unserer Vollständigkeit und unseres Wohlbefindens zu erfahren, denn daraus regenerieren sich alle anderen Lebensaspekte.

Diese Meditation ist eine Gelegenheit für Sie, sich an Ihr tiefstes und vollständigstes Selbst zu erinnern. Sie können sich dabei mit Ihrem Selbst im Zustand seiner größten Ausdehnung verbinden, in dem alles bereits verbunden ist und sie können das Leben von dem Ort aus erfahren, an dem Sie »ganz« sind. Genießen Sie diesen Zustand der Unzertrennlichkeit Ihrer selbst mit der Natur. Wenn Sie diese Integrität wieder gewinnen, diese Erinnerung an das, wer Sie wirklich sind, Ihre innere Ganzheit, dann wird sich auch Ihr Leben weniger wie Stückwerk, sondern vollständiger anfühlen. Es ist wie ein Nachhause-Kommen. Dieses Vertrauen in die Gesetze der Natur wird Ihre Gesundheit stärken und Sie klarer erkennen lassen, was Sie wirklich brauchen.

Um wirklich mit dem Fluss des Lebens in Verbindung zu bleiben, müssen wir lernen unsere Anhaftung an Lob und Tadel loszulassen. Weder das eine noch das andere kann widerspiegeln, wer wir wirklich sind. Loslassen und Nicht-Anhaften führen zur Selbsterkenntnis, so wie Jeschua sagte: »Ihr müsst eure Verhaftung an euer Selbst loslassen, um euch wahrhaft selbst zu finden.« Auch Gautama Siddharta lehrte, dass Lob und Tadel, Gewinn und Verlust, Freud und Leid kommen und gehen wie der Wind, doch der Geist ist ewig.

Es ist nicht leicht, sich daran zu erinnern, dass alles vergeht, wenn wir uns gerade verurteilt oder kummervoll fühlen. Auch in den Augenblicken, in denen wir zur Höchstform auflaufen, ist uns der Gedanke an die Vergänglichkeit unangenehm. Doch das Klammern an den Augenblick, sei er gut oder schlecht, behindert nur unser Wachstum und unsere Offenheit für das Leben. Dann werden wir wie Bäume, die sich nie richtig in den Himmel strecken. Das Verweilen bei unseren Schwierigkeiten hindert sie am Vergehen und das Klammern an Erfolge stellt alles übrige Leben in ihren Schatten.

Mächtige Bäume überleben die Stürme der Jahrhunderte, indem sie ihnen weder Widerstand leisten noch sich an sie klammern. Seinem Wesen gemäß bewegt sich der Wind weiter und seinem Wesen gemäß hat der Baum nichts, womit er ihn aufhalten könnte. Haben Sie je den Wind gesehen? Wir sehen nur, was er bewegt. Oder die Flüsse: Erinnern Sie sich an die Ufer, wie sie sich von dem strömenden Wasser nicht mitreißen lassen. Wasser und Ufer bleiben sich in ihrem Wesen immer gleich und doch berührt nie wieder das gleiche Wasser das gleiche Ufer. Das Veränderliche und das Unveränderliche stehen in einem ewigen Dialog. Dieser Dialog bildet den Rhythmus unseres wahren Wesens und wer ihn wahrnehmen kann, dem offenbart sich unsere tiefste Verbindung mit dem Leben.

In dieser Meditation werden Sie wie ein Baum stehen, sich wie der Wind bewegen und wie der Fluss fließen.

Stellen Sie sich neben einen großen, alten Baum. Atmen Sie seine Weisheit.

Erheben Sie Ihre Hände zum Himmel und schauen Sie nach oben zu den Zweigen.

Achten Sie darauf, wie der Wind in den Blättern rauscht und wie die Zweige offen sind für die Bewegung.

Stehen Sie fest – wie der Baum und spüren Sie, wie Lob und Tadel durch Sie hindurch wehen wie der Wind durch das Laub. Atmen Sie tief durch und spüren Sie, wie Gewinn und Verlust Sie umkreisen und dann weiter ihres Weges ziehen. Öffnen Sie Ihr Herz. Atmen Sie lang und tief und spüren Sie, wie Freud und Leid sanft durch Ihre Blätter rauschen und verwehen. Stehen Sie still und halten Sie nichts davon auf.

Knien Sie sich neben einen Fluss oder Bach. Wenn Ihnen das nicht möglich ist, stellen Sie sich vor, wie neben Ihrem Baum ein Bach fließt. Halten Sie Ihre Hände ins Wasser und spüren Sie, wie es Sie erfrischt und sich gleichzeitig Ihrem Griff entzieht. Können Sie dasselbe Wasser zweimal berühren? Es verändert sich ständig und doch bleibt etwas daran konstant.

Jetzt schauen Sie still nach innen. Erinnern Sie sich an einen Moment in Ihrer Vergangenheit, als Sie sich rund und wohl gefühlt haben. Erinnern Sie sich an eine Situation, in der Sie sich absolut strahlend fühlten und Ihre innere Energie zum Ausdruck brachten. Beachten Sie, wie Ihre Intelligenz dabei hellwach und lebendig ist, Ihr Denken weit und klar und Ihre Emotionen stabil und leicht vermittelbar. Das ist ein Bild von Gesundheit. Spüren Sie diese Gesundheit in jeder Zelle Ihres Seins. Sie sind eins mit sich selbst und in Übereinstimmung mit allen Aspekten des Lebens. Das ist das Glücksgefühl des Wohlbefindens, bei dem Körper, Geist und Emotionen mühelos zusammenwirken. Solche Erinnerung ist süßeste Medizin, denn sie lehrt den Körper sich daran zu erinnern, wie sich solch strahlende Gesundheit anfühlt. Sie zeigt dem Geist, was natürliche Weisheit ist und lässt das Herz die Herrlichkeit des Seins bejubeln.
Lassen Sie sich auf das Leben ein. In Ihnen ist ein ganzes Universum. Ganzheit bedeutet ein vereintes Leben – innere und äußere Ordnung und Balance. Innere Harmonie als Ausdruck intelligenten Wachstums und eines Ausgleichs zwischen allen Aspekten des Lebens ist vielleicht das wesentlichste Merkmal aller lebendigen Systeme. Die Gesamtheit des Lebens dient dazu, die Intelligenz

der Natur in einer immensen Einheit von Ausgleich und Kohäsion aufrechtzuerhalten und zum Ausdruck zu bringen.
Öffnen Sie sich, wie William Blake sagt:
»Und sieh die Welt in einem Sandkorn,
Den Himmel in einer wilden Blume,
Halte die Unendlichkeit in deiner hohlen Hand
Und die Ewigkeit in einer Stunde.«

Gebet

Lehre mich, Gott,
die majestätischen Lektionen Deiner Jahreszeiten.
Lehre mich, dass alles aus dem Winter
seiner eigenen Zeit
und seinem eigenen Sinn und Zweck gemäß
wieder neu geboren wird.
Lehre mich die Frische und Freude des Frühlings.
Lehre mich die Weite des Sommers,
reif an Dankbarkeit.
Lehre mich die Stille des Herbstes
voller Erfüllung und Zufriedenheit.
Lehre mich die Hingabe des Winters,
die annimmt und vereint.
In diesen Zyklen spüre ich den Rhythmus der Ewigkeit.
Doch mehr als alles andere
will ich für den jetzigen Augenblick danken,
für den Quell des Lebens,
Der mich auch morgen erhalten wird.

Amen

22

Der Wiederaufbau des Tempels

Die Botschaft

Heilungswunder gehören zu dem festen Legendenschatz, der sich um Jeschua's Leben rankt. Seine Absicht bei diesen Heilungen war dabei nicht so sehr, als eine Art Arzt zu wirken oder Segen auszuteilen. Er wollte vielmehr seinen Anhängern und der Menschheit insgesamt ein Thema näher bringen, das ihm sehr am Herzen lag: Dass wir im Grunde alle spirituelle Wesen sind und dass das Himmelreich unser ist. Heilungen waren einfach die beste Art, diese große Botschaft zu verdeutlichen. Immer wieder sagte er: »Das Himmelreich ist in euch«. Auch mit unserem heutigen Intellekt und unserer abstrakteren Ausdrucksweise fällt es uns schwer, diese Idee zu begreifen, wie viel schwieriger muss es für die Menschen seiner Zeit gewesen sein, die eine Lebenserwartung von durchschnittlich 45 mühevollen Jahren hatten, geprägt von Überlebenskampf und Unterdrückung. Die Sterblichkeitsrate war hoch. Was hätte diese Menschen stärker davon überzeugen können, dass ihre Körper und Leben ein Wunder sind als solche Demonstrationen? Die Verheißung der Unsterblichkeit wirkt überzeugend, wenn Tote erweckt und Blinde sehend gemacht werden. Solche Wunder waren unwiderlegbare Beweise für die Überlegenheit der höheren Kräfte über die Materie. Und sie machten deutlich, dass alle Elemente und Naturgesetze sich im Menschen widerspiegeln, dass jeder Mensch tatsächlich ein Tempel der kosmischen Präsenz ist. *»In meines Vaters Haus gibt es viele Wohnungen. Ich bin gekommen, um einen Platz für euch zu vorzubereiten, und dieser Platz ist in eurem eigenen Sein. Jeder Mensch ist ein Tempel der Gegenwart* *des Schöpfers. Als ich auf die Erde kam, waren diese Tempel zusammengebrochen, eingefallen oder aufgrund von falschen Vorstellungen unbewohnbar. Es war aus Liebe, es war aus meiner freien Entscheidung und aus Pflichtgefühl, dass ich in den Tempel der menschlichen Form eingegangen bin und ihn von innen heraus wiederhergestellt habe, damit ihr einen Ort habt, an dem ihr leben könnt, an dem euer Geist sich entfalten und seine Bestimmung erfüllen kann. Durch mein Leben, meinen Tod und meine Auferstehung habe ich den Plan für den Entwurf ›Mensch‹ neu gezeichnet, wie ein Architekt. Der Ort, den ich für euch bereitet habe, ist der wiederhergestellte Tempel in der Blaupause des menschlichen Potentials. Jetzt liegt es bei jeder Seele selbst, diese Wiederherstellung anzunehmen.*

Das Heilige Herz ist für die Menschheit das Tor zu dieser Vollkommenheit. *Strebe zunächst danach und alles andere wird dir in den Schoß fallen. Wenn deine Beziehung zum Heiligen Herzen sensibel und lebendig ist, so ist es ganz natürlich für dich, dort zu sein. In seiner unschätzbaren Weisheit findest du bestimmte Dimensionen der Intelligenz, die dich in deinem Leben immer zum rechten Handeln führen können. Aus der Mitte deines Herzens strahlen sieben Dimensionen der Intelligenz aus: Einheit, Liebe, Leben, Respekt, Aufrichtigkeit, Gerechtigkeit und Güte. Du magst sie anfangs als Lebensprinzipien betrachten, doch wenn du sie meisterst, wirst du erkennen, dass sie Erweiterungen deines SEINS sind. Durch diese Aspekte des Bewusstseins kann das Herz auf unendlich viele verschiedene Arten seine Ganzheit wiederherstellen und damit von unendlich vielen Ausgangspunkten aus unendlich viele verschiedene Ergebnisse erzielen.*

Es ist unbedingt notwendig, dass der Mensch diese höhere Intelligenz seines Herzens anerkennt, denn sein Verstand kann ihm nicht sagen, wer er ist, und die genetische Intelligenz ist in Kombination mit der heutigen Technologie zur tödlichen Waffe geworden. Im Vergleich zum Verstand beruht die Intelligenz des Herzens auf höchster Einfachheit und Synchronizität. Seine Matrix ist ein synergistisches Bewusstseinszentrum, das sich mit allem verbunden fühlt. Nur die Schlichtheit des Herzens kann sowohl Unendlichkeit als auch Form begreifen, nur so können sich Himmel und Erde auf sinnvolle Weise verbinden. Letztendlich gibt es eine einzige, unendliche, verbundene Intelligenz. Du könntest sie als das große kosmische Bewusstsein bezeichnen. Bewusstsein wird durch den Heiligen Geist aktiviert und personifiziert, aus dem alle Personifizierungen des Geistes hervorgehen. Ihr seid durch den Heiligen Geist aus dem Geist in ein unendliches Potential geboren worden. Ihr seid Teil der Unendlichkeit, nicht Teil der daraus hervorgegangenen Formen. Eure Stellung in der Ordnung der Dinge erlaubt es euch, die Unendlichkeit zu schauen und die unermessliche Vielfalt der physischen Schöpfung zu erkennen und gleichzeitig eurem eigenen spirituellen Wesen treu zu bleiben.

Das Heilige Herz ist deine immerwährende Verbindung mit dem Schöpfer. Es ist das ICH BIN – Zentrum deines Seins. Es ist die Nabe deines spirituellen Lebensrades. Nur von dieser Mitte aus kannst du deinen Platz in der Einheit der Schöpfung erkennen und die Liebe als eine Ausdehnung deines Seins begreifen. Einheit und Liebe erzeugen gemeinsam eine Energie, deren Frequenzen der einzigartige Ausdruck des ICH BIN deines Seins sind. Sie bilden unsterbliche und unveränderliche energetische ›Körper‹, welche die Identität deiner Seele bilden. Deine Seele ist nicht eine spirituelle Essenz, die du besitzt, sondern sozusagen dein spiritueller Fingerabdruck, deine Unterschrift in der Sprache der Liebe und der Einheit, die immer bei dir bleibt, ob du sie nun erfüllst oder verleugnest.

Auch die Liebe, die du bist, hat eine Geschichte. Sie begann, als du zuerst bemerktest, dass du handeln und Einfluss nehmen kannst. Es gab einen Moment, da warst du völlig im Glück des SEINS und in diesem Moment begann dein einzigartiger Rhythmus, deine persönliche Melodie. Dein Bewusstsein des Lebens wurde in diesem Augenblick geboren. Leben ist Liebe in Aktion und das Bewusstsein des Lebens gleicht keiner anderen Wahrnehmungsdimension. Das Leben selbst ist euer dritter Bewusstseinskörper.

Das Leben gibt eurem Lebenssinn Kraft. Damit macht ihr euch dann auf, Erfahrungen zu sammeln. Eure ersten Lektionen haben mit Achtung und Respekt zu tun – Respekt vor Gott, vor den universel-

len und natürlichen Gesetzen, vor anderen Wesen. Der Respekt, den ihr so lernt, bildet euren vierten, für jeden Menschen einzigartigen Bewusstseinskörper.

Die Forderung nach Respekt erzeugt entsprechende Lektionen und Barrieren, die nur durch die Anerkennung der Notwendigkeit von Aufrichtigkeit gelöst werden können. So lernt ihr, eure Absichten aufrichtig zum Ausdruck zu bringen und Aufrichtigkeit im Leben und in anderen zu erkennen. Daraus ergeben sich für jeden eine ganze Reihe verschiedener Weisen, die Wahrheit wahrzunehmen. Wahrheit ist ein schwieriges Thema für eine Seele, denn sie ist einerseits universell und wird andererseits von jedem auf einzigartige Weise wahrgenommen. Dieser Bewusstseinskörper strebt danach, aus seinen persönlichen Erfahrungen universelle Konstanten abzuleiten. Deswegen müsst ihr euch entscheiden und seid für eure Überzeugungen und Meinungen über Leben selbst verantwortlich. Du könntest das auch den philosophischen Körper nennen. In ihm werden viele Zustimmungen und viele Ablehnungen gebildet, die dann nicht immer zueinander passen. So werdet ihr euch bewusst, dass Koexistenz zu Stress führen kann und dass ihr eure Überlegungen darüber, was Wahrheit ist, vor dem Hintergrund von Ursache und Wirkung überprüfen müsst. Konflikte tauchen auf und erfordern Anpassung und Gerechtigkeit. Ihr seid von Ursachen und Wirkungen umgeben und durchdrungen. Ihr sammelt viele Daten, Erinnerungen und Empfindungen im Zusammenhang mit diesen Erfahrungen. Das ist euer Körper der Gerechtigkeit, so wie er in den Geschichten eures Lebens zum Ausdruck kommt.

Wenn ihr euch dann auf diese Weise in dem Auf und Ab eures Lebens erfahrt und euch mit den Konsequenzen all eures Tuns – und des Tuns der anderen – auseinandersetzen müsst, entsteht zum ersten Mal in euch das Bedürfnis, eine neue Bewusstseinsdimension zu entwickeln. An dieser Stelle fangt ihr an, den Wert von Güte und Gnade zu begreifen. All diese Bewusstseinsdimensionen sind durch das Heilige Herz erfahrbar und zugänglich. Ich habe dich schon in anderen Zusammenhängen darauf hingewiesen, dass du durch dein Heiliges Herz Zugang zu einer höheren Intelligenz erlangen kannst. Jetzt will ich dieses Ver-

ständnis vertiefen, indem ich dir zeige, dass diese Bewusstseinsdimensionen Teil deines Seins sind, so wie deine Arme und Beine. Sie sind die Wohnungen im Haus deiner Seele, die Säulen deines Tempels.

Es mag sich für dich zunächst unglaublich anhören, aber es ist eine Tatsache, dass ihr eure Existenz nicht als physische Wesen begonnen habt. Ihr habt als göttliche Funken angefangen, als Kinder des »ICH BIN das ICH BIN«. Dann hat jeder von euch eine lange Geschichte als Seele durchlaufen, mit vielen Gedanken, Gefühlen, Erfahrungen und Entscheidungen. In der Schlussphase eurer Erschaffung wurde dann euer Leben einer physischen Form eingehaucht. In den Entwicklungsgeschichten eurer Seelen, die uralt sind und über alle Zeit hinausgehen, gibt es zu viele Erfahrungen und Bewusstsein, als dass ihr ohne Berücksichtung des Kontextes eures ganzen Seins denken und handeln könntet. Ihr könnt euch Erlösung nicht auf dem Weg über das Rad des Lebens oder durch irgendeine Art von weltlichem Prozess erarbeiten. Ihr würdet in der Mühle eurer vergangenen Gedanken, Taten, Hoffnungen, Erfolge, Enttäuschungen, Freuden, Leiden und Irrtümern stecken bleiben. Nur das Gesetz der Gnade erlaubt es euch, den Prozess des Erzeugens von Erfahrungen zu transzendieren. Ansonsten wärt ihr in den Ereignissen eures Lebens gefangen.

Die Gnade gibt euch die Freiheit, den Zustand der Ganzheit zu erkennen und zu ihm zurückzukehren, euch an eure ursprünglichen Absichten und Bestrebungen bei dieser Reise in die Erfahrungswelt zu erinnern. Jede Bewusstseinsdimension wird von einem bestimmten Bestreben angetrieben. Wenn sich euer Herz an sein ureigenstes Bestreben erinnert, seid ihr von euren fehlgeleiteten Vorstellungen befreit und wieder auf dem Weg zur Erfüllung. Dann erhebt sich euer Leben über die Dramen dieser Welt und ihr gewinnt eure Autorität über eure Erfahrungen zurück, auch wenn ihr es wählen solltet, sie fortzusetzen. Dann habt ihr auch die Herzensautorität wieder, mit der ihr wisst, wann ihr fertig seid. Das Leben im Einklang mit diesen heiligen Bestrebungen ist einfach. Sie laufen völlig unkompliziert ab, und egal wie lange es dauern mag, sie werden euch Nachhause bringen.

Das erste Streben gilt der Unschuld. Sie ist der Schlüssel zur Einheit. *Unschuld ist der süße Duft der ewig jungen Seele, die immer in die Präsenz des Heiligen Geistes wiedergeboren wird. Oft gilt es etwas wieder gut zu machen, um dieses Streben wieder herzustellen. Es kann durch die unschuldige Wahrnehmung täglich geübt werden. In einem Zustand der Unschuld gibt es keine Trennung oder Verurteilung. Alles ist Eins.*

Das zweite Streben gilt dem Mitgefühl. Dies ist der Schlüssel zur Liebe. *Wie das Wort schon sagt: Es geht ums Mit-Fühlen. Wer sich in einem Zustand reinen Mitgefühls befindet, fühlt mit dem Leben mit und beteiligt sich mit seiner eigenen energetischen Lebenskraft an derjenigen der anderen, um die Ganzheit wiederherzustellen. Das wirkt sich dann auch auf die eigene Ganzheit aus.*

Das dritte Streben gilt der Fülle. Sie ist der Schlüssel zum Leben. Ihre Grundlage ist die Dankbarkeit. *Im Gegensatz zu dem Ansammeln von materiellen Werten bezieht Dankbarkeit ihre Kraft nicht aus einer Haltung der Habgier, des Hortens oder des Mangels. Der bedingungslose Zustand der Fülle erweitert sich durch Freigiebigkeit, Fürsorge und miteinander Teilen. Das Leben wurde für die Fülle geschaffen und soll sich immer weiter in diese Richtung entfalten. Würden alle Systeme und Überzeugungen, die ihre Macht durch das Erzeugen von Mangel erzielen, entfernt werden, so würden viel Not und Leiden aus dieser Welt verschwinden.*

Das vierte Streben gilt der Weisheit. Sie ist der Schlüssel zum Respekt. *Weisheit lehrt dich, die Gesetze Gottes, die Gesetze des Lebens und die allgemeinen Vereinbarungen über Verhalten zu respektieren. Weisheit bringt dir bei, die anderen und dich selbst zu respektieren. Sie hilft dir, einen Standpunkt zu finden, von dem aus du über die Täuschungen und Enttäuschungen der Koexistenz hinwegsehen kannst. Sie lässt dich deine Erfahrungen in höheres Verständnis umwandeln. Schon König Salomon hat gesagt: ›Ruft nicht die Weisheit und erhebt* *nicht die Klugheit ihre Stimme? Öffentlich am Wege steht sie und an der Kreuzung der Straßen.‹*

Das fünfte Streben gilt dem Frieden. Er ist der Schlüssel zur Aufrichtigkeit. *Aufrichtigkeit kann Chaos auflösen. Du wirst keinen Menschen finden, der gleichzeitig aufrichtig und gewalttätig ist. Genauso wie Wahrheit nicht durch Debatten über die Wirklichkeit gefunden werden kann, bringt das Ordnen der äußeren Umstände auch keinen Frieden in die Welt. Frieden entsteht durch das Ordnen der inneren Welt. Nur dann offenbart sich Wahrheit.*

Das sechste Streben gilt der Vergebung. Sie ist der einzige Schlüssel zur Gerechtigkeit. *Gerechtigkeit verfügt über die Macht, die Gesetze von Ursache und Wirkung in Kraft zu setzen. Ohne das Gesetz der Gnade gäbe es kein Entrinnen aus den Konsequenzen von Kurzsichtigkeit oder mangelndem guten Willen. Das Gesetz der Gnade wird durch das Streben nach Vergebung in Kraft gesetzt. Vergebung bedeutet nicht, schädliches Verhalten zu dulden. Wahre Vergebung entsteht aus einem demütigen Herzen, das sich der Flüchtigkeit der Erfahrungen bewusst ist. Das Herz weiß um Irrtümer und strebt danach, sie zu korrigieren, doch es hängt sich nicht an schmerzhafte oder kummervolle Erfahrungen.*

Das siebte Streben gilt der Freude. Freude ist der Schlüssel zur Güte. *In der Freude feiert die Seele die Liebe, die sie ist – ein Segen für die Welt, doch nicht von der Welt. Freude ist nicht das Ergebnis von besonderen Umständen oder Erwartungen. Freude ist Ausdruck der Begeisterung der Seele über das Leben und unabhängig von allen Umständen. Die Seele strebt danach, ihre Freude und Dankbarkeit für das Leben durch Güte sich selbst und anderen gegenüber zum Ausdruck zu bringen.*
Es ist mir ein Vergnügen und eine Freude, dir diese Schlüssel zum Himmelreich zu geben. Während du sie benützt, um dein Leben und das anderer zu verbessern, erinnere dich daran, dass du ein Kind Gottes

bist. Erinnere dich an die ICH BIN-Gegenwart, die der Urfunke deines Lebens ist. Lass deine Seele sich frei von Einschränkungen oder begrenzenden Strukturen entfalten und lass deinen Körper den Wegen deines Geistes entsprechen.«

Entsprechende Passagen aus der Bibel

Lukas 17,20-21:
»Das Reich Gottes kommt nicht so, dass man's beobachten kann; man wird auch nicht sagen: Siehe, hier ist es! Oder: Da ist es! Denn siehe, das Reich Gottes ist mitten unter euch.«

Johannes 14,2:
»In meines Vaters Hause sind viele Wohnungen. Wenn's nicht so wäre, hätte ich dann zu euch gesagt: Ich gehe hin, euch die Stätte zu bereiten?«

Johannes 2,19-21:
»Jesus antwortete und sprach zu ihnen: Brecht diesen Tempel ab, und in drei Tagen will ich ihn aufrichten. Da sprachen die Juden: Dieser Tempel ist in sechsundvierzig Jahren erbaut worden, und du willst ihn in drei Tagen aufrichten? Er aber redete von dem Tempel seines Leibes.«

Apostelgeschichte 5,20
»Geht hin und tretet im Tempel auf und redet zum Volk alle Worte des Lebens.«

1. Korintherbrief 3,16:
»Wisst ihr nicht, dass ihr Gottes Tempel seid und der Geist Gottes in euch wohnt?«

Schlüssel zum Leben

Wir leben in einem multidimensionalen Universum in einem multidimensionalen Körper, dessen Ausmaße im Wesentlichen aus leerem Raum bestehen. Wenn der Kern jedes Atoms Ihres Körpers beispielsweise so groß wie ein Baseball wäre, dann befänden sich die Atome etwa 3.000 km auseinander. Oder wenn es von San Francisco bis New York eine Stahlstange gäbe, wäre sie ohne all den Raum zwischen ihren Atomen nur noch etwa dreißig Millimeter lang. Die uns bekannte Materie besteht hauptsächlich aus leerem Raum. Sie erscheint uns fest, weil die Energiefelder der subatomaren Teilchen undurchdringbare Barrieren gegen äußere Einflüsse aufbauen.

Die abweisenden Felder lassen die Materie für uns fest erscheinen und wir nehmen an, dass es Festigkeit ist, die die Gesamtheit eines physischen Objekts und seine Grenzen bestimmt. Doch sowohl die moderne Wissenschaft als auch die uralten Weisheiten widerlegen diese einfache Annahme. Genauso wie ein Atom von verschiedenen Energieringen umgeben ist, von denen jeder eine andere Frequenz und andere Widerstände aufweist, so haben auch größere materielle Konfigurationen multidimensionale Abgrenzungen und Abwehrstrategien. Die meisten der Kräfte, die diese Konfigurationen an Ort und Stelle halten, sind unsichtbar. Das offensichtlichste Beispiel dafür ist unser Sonnensystem. Die zentrale Sonne und die sie umkreisenden Planeten haben alle unterschiedliche Dichten, Atmosphären und elektromagnetische Felder. Können wir die, das Ganze zusammenhaltenden Kräfte »sehen«? Und was lässt uns annehmen, dass ein so komplexer Organismus wie der menschliche Körper nicht auch unterschiedliche Energiefelder haben könnte, mit unsichtbaren Kräften, die seine Konfigurationen an Ort und Stelle halten?

Jeschua lehrte uns, hinter die Illusionen der physischen Formen zu schauen. Zu seiner Zeit konnten wir ihm das nur glauben, doch jetzt bestätigen uns die Wissenschaften und die praktischen Erfahrungen vieler Heiler, dass es tatsächlich feinstoffliche Energiekörper innerhalb und um unsere physischen Körper herum gibt. Jeder dieser feinstofflichen Körper dient einem eigenen Zweck, hat eine besondere Art und Frequenz, seiner Funktion entsprechend. Die meisten von ihnen entziehen sich unserer normalen Wahrnehmung. Sie offenbaren sich eher dem Bewusstsein. Man kann das mit der Beziehung zwischen einem Radio und den Rundfunkwellen vergleichen. Die Wellen der verschiedenen Sender sind nicht unterscheidbar, sondern miteinander vermischt, bis ein Empfänger sich auf sie einstellt und sie als unterschiedliche Informationsströme wahrnimmt. Oder Telefongespräche, die alle durch die gleiche Glasfaserleitung verlaufen: Solange sie ihre unterschiedlichen Frequenzen beibehalten, können sie als einzelne Einheiten auf dem gleichen Raum existieren und stehen doch für unterschiedliche Interpretationen zur Verfügung. Mit diesem Modell vor Augen können wir die unterschiedlichen Frequenzen in uns auch als »Bewusstseinskörper« bezeichnen.

Im Laufe der Menschheitsgeschichte haben viele Seher und Heiler versucht, diese »anderen Körper« zu beschreiben, die im Bereich des menschlichen Lebens und der persönlichen Identität mit existieren. Manches davon ist erkenntnisreich und effektiv nutzbar, um die Ungleichgewichte und Beschwerden eines Menschen zu behandeln. Vieles wurde mehr gespürt als gesehen. Über unsere Intuition können wir nämlich mehr davon wahrnehmen als alle Modelle und Beschreibungen erklären können.

Die Spezialisierung unseres Wissens scheint sich schneller entwickelt zu haben als die Wissenschaft vom Bewusstsein. Die Sache verschlimmert sich noch dadurch, dass wie in allen Wissenschaften die ersten Theorien in der Regel egozentrisch sind. So haben die Theoretiker vor Kopernikus die komplexen Bewegungen unseres Sonnensystems damit erklären wollen, dass die Erde die Nabe eines riesigen Rades sei. Oder die Physiker, die vor der Entwicklung der Quantenphysik davon überzeugt waren, dass das Absolute der Existenz innerhalb der Gesetze der von uns direkt erfahrbaren

Materie angesiedelt sei. Jetzt wissen wir, dass die physische Materie lediglich ein Folgeprodukt eines viel größeren Integrationsmusters ist. So haben wir uns auch vorgestellt, dass die Seele dazu dient, den Körper auf der ätherischen Ebene nachzubilden, zu vervollkommnen und fortzusetzen.
Es ist an der Zeit für uns, diese egozentrischen Denkmuster umzukehren und die Beziehung zwischen Körper und Seele aus einer neuen Perspektive zu betrachten, die auch den ältesten Weisheiten entspricht. Jeschua lehrte schon, dass unsere Körper nur die momentanen Diener einer viel größeren Wirklichkeit sind. Die Seele wurde nach dem Bilde Gottes erschaffen und unsere Körper sind Instrumente um Erfahrungen zu sammeln, Bewusstsein zu entwickeln und den Glauben zu trainieren – alles, damit die Seele Erfüllung findet.
Es ist doch bemerkenswert, dass es bei keinem von Jeschua's Heilungswundern in erster Linie um den Körper ging. Vielfach wurde der Körper überhaupt nicht berührt oder es wird zumindest nicht erwähnt. Der Schwerpunkt lag immer auf Glauben und Geist. Oft erwähnte er dabei das Himmelreich. Er lehrte den Glauben an die liebende, göttliche Präsenz in uns, die unsere Leben von einer für uns Menschen unsichtbaren Ebene aus erhält und unterstützt. Aus seiner Sicht ist der menschliche Körper wie ein Sandkorn in einer Auster, aus dem bei angemessener Behandlung eine Perle werden kann. Wenn die Auster stirbt, spielt es keine Rolle mehr, wie das Sandkorn behandelt wird. Wenn die Auster jedoch gesund ist, dann ist das Schicksal des Sandkorns gewiss. Die Auster ist ein Bild für die Seele und die Muschelschale ist das Himmelreich, in dem sie lebt. Diese Analogie ist vielleicht etwas grob vereinfachend, aber sie hilft uns zu erkennen, dass unsere Körper nur ein kleiner Teil in einem größeren Ganzen sind. Dieses größere Ganze hat seine eigenen Dimensionen von Realität und wurde nicht nach dem Bilde des menschlichen Körpers erschaffen, sondern nach dem Bilde Gottes!
In den vergangenen Jahren haben wir aus Berichten von Menschen,

die in Nahtoderfahrungen ihren Körper verließen und dann wieder zurückkehrten, viel über die Dimensionen unseres Seins gelernt. Es waren Menschen unterschiedlicher Kulturen, Religionen und Altersgruppen. Die Geschichten zeigen ein großes Maß an Übereinstimmung. Das Erlebnis beginnt mit einem physischen Trauma, das den Auszug der Seele verursacht. Der Tod wird wahrgenommen, aber auch großer Frieden. Die Seele schwebt außerhalb des Körpers. Häufig bleibt sie in seiner Nähe, aber manchmal fliegt sie auch auf einen Lichttunnel zu, wo sie mit Lichtwesen kommuniziert oder mit nahe stehenden, bereits verstorbenen Menschen. Und dann… kehrt sie auf wunderbare Art und Weise zurück!

Eine holländische Gruppe von Wissenschaftlern hat das am Rijnstate Hospital unter der Leitung des Kardiologen Pim van Lommel ausführlich untersucht. Ihre Ergebnisse wurden im Dezember 2001 in dem Magazin »The Lancet« veröffentlicht. Es wurden 344 Patienten interviewt, die nach einem Herzstillstand wiederbelebt worden waren. Sie alle waren klinisch tot gewesen. Sobald es ihnen gut genug ging, dass sie sich unterhalten konnten, wurden sie nach ihren Erfahrungen befragt. Zwanzig Prozent der Patienten berichteten von typischen Nahtoderlebnissen. Nach zwei und nach acht Jahren wurden die gleichen Menschen wieder interviewt. Von den 62 Patienten blieben 41 genau bei ihrer Geschichte und erzählten, dass es eine tief greifende Erfahrung war, die ihre ganze Einstellung zum Leben verändert hat.

Das Buch »The Invisible Universe« von Harry Oldfield enthält ein paar bemerkenswerte Enthüllungen über die Energiefelder, die den menschlichen Körper und auch alle anderen Lebensformen umgeben. Durch einen speziellen photographischen Prozess gelang es ihm, die sich wandelnden Lichtmuster festzuhalten, die alle Lebewesen ausstrahlen, Menschen, Tiere, Pflanzen und sogar Kristalle. Er sagt von sich selbst, er sei 25 Jahre lang ein »newtonscher« Biologe gewesen, der sich nur für harte Fakten und konkrete Beweise interessiert hat. Er fand diese Art der Photographie beinahe zufällig im Verlauf seiner regulären Untersuchungen, als er sich mit älteren

Techniken von Satellitenaufnahmen befasste. Er studierte daraufhin viele Jahre lang die Kirlianfotographie und entwickelte dann seine eigene Technik, die zwischen vielen verschiedenen Graden oder Qualitäten von Licht unterschieden kann. Die Entwicklung erfolgt dann über ein Computerprogramm, das den verschiedenen Lichtabstufungen Farben zuordnet. Das so entstehende Bild kann auf einem Computerbildschirm sichtbar gemacht werden. Es verändert sich mit den wechselnden Zuständen der Lebensenergie in dem beobachteten Lebewesen.
In seinem Buch zeigt Oldfield viele beeindruckende Bilder von Lebewesen vor und nach der Unterbrechung ihrer Verbindung mit dem Leben. Es gibt sogar ein paar Geisterbilder, auf denen Spuren von Lebewesen zu erkennen sind, die nicht mehr an dieser Stelle existieren. Aus praktischer Sicht am interessantesten sind jedoch seine Abbildungen der Fluktuationen im menschlichen Energiefeld, mit deren Hilfe körperliche oder psychische Krankheiten aufgespürt werden können. Herzkrankheiten zeigen sich beispielsweise in ganz spezifischen Mustern. Oldfields Technologie wird zurzeit an verschiedenen Kliniken Europas ausprobiert. Auch die Muster von Krebs, Schizophrenie und Depression sind deutlich identifizierbar. Krebs zeigt sich zum Beispiel als chaotische, aggressiv anmutende Explosion von Lichtfasern. Das Bild von einem 15-jährigen Kokainsüchtigen hat mich am tiefsten getroffen. Das Licht um seinen Kopf herum war aufgebrochen und schien auszulaufen, während eigenständige Wesenheiten an seinen unteren Extremitäten zu klammern und ihn auszusaugen schienen. Doch es gab auch inspirierende Bilder von spirituellen Heilungen und Handauflegen. Sie zeigten deutlich das Phänomen der empathischen Resonanz, die entsteht, wenn die Lichter von zwei Wesen sich vereinen. Andere Bilder zeigen die strahlenden Eindrücke von im Mutterleib entstehenden Kindern.
Es herrscht oft Verwirrung zwischen den Begriffen »Geist« und »Seele«. Jeschua lehrte uns, dass der Geist die Urquelle und in allen Dingen ist. In diesem Geist hat die ICH BIN-Präsenz jedes

Individuums ihren Platz. In der Unendlichkeit des Geistes können wir uns unsere Wohnung bauen und ewig mit unserem Schöpfer sein. Der dazugehörige Prozess der Vereinigung war und ist jedoch Gegenstand unendlicher Debatten. Vielleicht liegt die Antwort auch noch nicht ganz in der Reichweite unseres Bewusstseins, aber wir können spüren, wie wir uns der Vereinigung nähern, indem wir unser Sein darauf ausrichten, während das Göttliche uns entgegenkommt. Unsere Fortschritte sind uns nicht immer klar erkenntlich, da wir sie als Teil unseres persönlichen Lebens in unsere Identität integrieren. Es sind unzählige theoretische Denkgebäude und mystische Formeln entwickelt worden, um die Entwicklung der Wirklichkeit zwischen dem menschlichen und dem göttlichen Bewusstsein zu erklären und zu fassen. Nichts davon ist ausreichend und vielleicht noch nicht einmal hilfreich, denn es gehört zum Wesen des Göttlichen, uns mit unerwarteten Potentialen zu überraschen.

Doch aus dieser Vereinigung wird die Seele geboren und empfängt die Lebenskraft des Universums. Die Seele vereint sich mit dem Geist, um gemeinsam Leben aufzunehmen. Das göttliche ICH BIN verleiht jedem individuellen Bewusstseinsausdruck die Präsenz, die er braucht, um ein eigenes Leben zu entwickeln. Um diese Mission zu erfüllen, ist die Seele mit großartiger Intelligenz und Anpassungsmechanismen ausgestattet, so dass sie in jede Situation Harmonie und Ausgleich bringen kann.

Jeschua hat die sieben grundlegenden Bewusstseins-Prinzipien beschrieben, die unser persönliches Sein mit der göttlichen Präsenz verbinden. Kurz zusammengefasst sind das:

Das ICH BIN-Zentrum des Seins: Das ist der göttliche Funke in uns. Es ist der Punkt der Ruhe, der Gleichzeitigkeit und der absoluten Stille unseres unendlichen Potentials. Wir können dieses Zentrum als das Heilige Herz erfahren, als den Ort der Synchronizität mit dem Willen unseres Schöpfers in uns. Das ist das ewige Sein.

Einheit ist ein Bewusstseinszustand, der frei von Verurteilungen und linearen Polaritäten ist. In diesem Bewusstsein erkennen wir, dass es nur Einen Geist gibt und brauchen nicht mehr zu urteilen und uns gegenüber Missverständnissen abzugrenzen. Es ist der Körper der Ganzheit, berührt von der Gnade des Heiligen Geistes. Empfangen wird er durch das Streben nach Unschuld.

Liebe ist die höchste Macht im Universum und die Quelle aller Schöpfung. In dieser Bewusstseinsdimension können wir Liebe als die höchste Kraftquelle erfahren und die aus der Polarität sich ergebenden Konflikte aufgeben. Dies ist der Körper der Kreativität, der durch das Streben nach Mitgefühl erreicht wird.
Leben ist Liebe in Aktion. Es ist die vollkommene Harmonie von Einheit und Liebe. Durch diese Vereinigung bringt die Lebenskraft die Schöpfung hervor. Dies ist der Körper der Fülle und er wird vom Streben nach Dankbarkeit erfüllt.

Respekt ist das Bewusstsein, das die Lebenskraft ehrt und zu einer harmonischen und produktiven Verwendung führt. Dies ist der Körper der Sinnhaftigkeit, der von dem Streben nach Weisheit gelenkt wird.

Aufrichtigkeit ist die Fähigkeit, sich selbst als Liebe zu sehen und das Leben als das, was es ist. Aufrichtigkeit lässt uns alle Projektionen und Verurteilungen durchschauen, so dass wir als Kinder Gottes unseren unschuldigen und unbefangenen Blick üben können. Hier hilft das Streben nach Frieden.

Gerechtigkeit ist ein ausgleichendes Bewusstsein. In dieser Haltung gleichen wir das, was wir vom Universum empfangen und das, was wir geben, aus. In einigen Philosophien wird dies als karmischer Körper bezeichnet. Hier finden auch Ursache und Wirkung zu einer Lösung. Die Antwort finden wir durch das Streben nach Vergebung.

Güte ist die mitfühlende Akzeptanz des Lebens. Hier sind wir uns unserer freud- und leidvollen Erfahrungen bewusst und erkennen die Freuden, die durch Güte hervorgerufen werden und das Leid, das durch Unfreundlichkeit verursacht wird. Unser physischer Körper ist der Lehrer, der uns die Illusionen der falschen oder destruktiven Wirklichkeit durchschauen und letztendlich das Gefühl bedingungsloser Freude erfahren lässt.
Jede Bewusstseinsebene ist ein energetischer Körper, der jedoch nicht unbedingt durch Grenzen oder Formen definiert werden kann. Doch jeder besitzt eindeutig unterscheidbare Frequenzen der Energie, des Bewusstseins, der Erinnerungen und Wahrnehmungen sowie Potentiale, die sich entwickeln können im Bereich von Gesundheit und Wachstum. Die wahre Beziehung zwischen Körper und Seele birgt den Schlüssel zum Himmelreich und zum Wiederaufbau des Tempels unseres eigenen Lebens.

Andere Quellen der Weisheit

Thomas Moore (1779-1852):
»Es gibt keinen irdischen Kummer, den der Himmel nicht heilen könnte.«

Orison Swett Marden (1906-1975):
»Weisheit ist Wissen, das zu einem Teil des eigenen Seins geworden ist.«

Kahlil Gibran (1883-1931):
»Euer tägliches Leben ist euer Tempel und eure Religion. Wann immer ihr ihn betretet, nehmt alles mit, was ihr habt. Nehmt den Pflug und den Amboss und den Hammer und die Laute, die Dinge, die ihr aus Notwendigkeit oder zur Freude geschaffen habt. Denn in euren Tagträumen könnt ihr euch nicht über eure Leistungen erheben und auch nicht tiefer fallen als eure Misserfolge.

Und nehmt mit euch alle Menschen: Denn in der Anbetung könnt ihr nicht höher fliegen als ihre Hoffnungen und euch nicht tiefer erniedrigen als ihre Hoffnungslosigkeit.«

James Allen (1864-1912):
»Bevor ein Mensch irgendetwas Dauerhaftes
in der Welt schaffen kann,
muss er zuerst einen gewissen Erfolg
im Umgang mit seinem eigenen Verstand erringen.
Wenn ein Mensch seine inneren Kräfte nicht bezwingen kann,
kann er auch die äußeren Aktivitäten, die sein sichtbares Leben bilden, nicht in den Griff bekommen.«

Unbekannter Autor:
»Frage: Wenn Gott doch überall ist, warum haben wir dann so viele Tempel?
Antwort: Auch Luft ist überall, doch manchmal brauchen wir einen Ventilator, um sie zu spüren.«

Anwendung

Ganzheit besitzt ihre eigene, einzigartige Kraft. Doch es gibt in ihr essentielle Kräfte, die zu dem reichhaltigen Muster unserer Erfahrungen beitragen. Von dem Zentrum unseres Seins – dem wahren ICH BIN – strahlen sieben Bewusstseinsdimensionen aus, in denen die Gesamtheit unserer Erfahrungen, Überzeugungen, Ziele und Fähigkeiten enthalten sind. Sie stehen für die sieben Aspekte unseres spirituellen Körpers, der uns von Gott verliehen und durch unseren Umgang mit dem Leben entwickelt wird. Diese Dimensionen höheren Bewusstseins verbinden sich im Zentrum unseres Seins, an jenem Ort, den Jeschua das Heilige Herz genannt hat. Während wir Erfahrungen sammeln und unsere Entscheidungen treffen, nehmen wir all diese Bewusstseinsdimensionen wahrscheinlich nicht deutlich abgegrenzt wahr. Wir sehen eher, wie eine

Mischung von ihnen in den jeweiligen Situationen am Wirken ist. Es wäre auch ein Fehler, diese Bewusstseinszustände ganz analytisch zu betrachten und sie in verschiedene Schubladen einzusortieren. Jede steht für eine spezielle Interpretation von Erfahrung, doch sie stehen miteinander in Verbindung und bedingen sich gegenseitig. Ganzheit ist ein Rätsel, das sich nur offenbart, wenn wir seine unterschiedlichen Teile akzeptieren und fördern. Wann immer wir jedoch anfangen, an die Getrenntheit der Teile zu glauben, sind wir im Spiel gefangen.

Alle Wesen besitzen eine natürliche, strahlende Ganzheit, die immer erhalten bleibt, auch wenn wir manchmal nur Bruchstücke sehen. Manchmal halten wir die Illusionen der einzelnen Teile der Wirklichkeit für die Wirklichkeit selbst und schauen nicht hinter die Illusion. Wir verleugnen sogar oft die Möglichkeit der Ganzheit, weil wir gelernt haben, das Ganze als eine Summe von Teilen zu betrachten statt als untrennbare Einheit. Wenn die Bruchstücke durcheinander sind, reicht unser Glauben oft nicht aus, den Zusammenhang des Lebens herzustellen. An dieser Stelle ist dann der Heilige Geist unser wahrer Ratgeber und unsere Rettung. Manchmal scheint es keine Fäden zu geben, mit denen unser zerrissenes Leben wieder zusammenzuweben wäre, und doch kann es auf wunderbare Weise heilen, wenn die jenseits der Zerrissenheit vorhandene Ganzheit erkannt und anerkannt wird. Dann entsteht ein Zustand der Neuheit, der nichts mit Zusammengeflicktem zu tun hat.

Die Ganzheit stellt uns vor ein interessantes Dilemma. Lassen wir uns auf sie ein, so verlieren wir das Gefühl für die Teile, konzentrieren wir uns aber auf die Teile, so verlieren wir das Gefühl für das Ganze. Doch es gibt eine Lösung. Sie besteht in dem fühlenden, instinktiven Wesen des Zentrums von allem. Für jeden erschaffenen Teil gibt es in der zentralen, vereinigenden Kraft des Ganzen ein Bestreben.

Unser Zentrum ist das Heilige Herz. Durch die sieben Bestrebungen, welche die sieben Bewusstseinsdimensionen hervorgebracht haben, nähert sich das Heilige Herz seiner Erfüllung. Indem wir unsere Aufmerksamkeit auf diese Bestrebungen des Herzens lenken, können wir viel leichter mit den Bewusstseinsdimensionen in Kontakt treten, ohne sie aus dem Ganzen herauszulösen oder als getrennte Wege zu betrachten. Jeschua's Lehren zeigen uns, mit welchen Prinzipien und auf welchen Wegen wir dies tun können. Jeschua brachte eine neue, revolutionäre Idee in unser Bewusstsein: die Idee von einem Tempel, der nicht zerstört werden kann, wenn er vollständig errichtet wurde. Er ehrte zwar den heiligen Ort des äußeren Tempels, doch der Prototyp jedes Tempels war für ihn das Heilige Herz, jenes Zentrum der immerwährenden Verbindung zu Gott in jeder menschlichen Seele, jedem Geist und Körper. Mit dieser weitreichenden Einladung an die Menschheit zu ihrer ursprünglichen Verbindung mit dem Schöpfer zurückzukehren, wurde ein neuer Bund geschlossen. Dieser neue Bund gilt dem Wiederaufbau des ältesten aller Tempel – des inneren Tempels – des wahren Heiligtums, in dem der Mensch ganz in der Liebe sein kann, mit Gott und seinen Nächsten, wie mit sich selbst. Sie können den Wiederaufbau dieses Tempels jeden Tag Ihres Lebens fördern, indem Sie sich an die sieben Bestrebungen erinnern, durch die sich die Konflikte des Lebens auflösen. Es sind:

Unschuld
Mitgefühl
Fülle
Weisheit
Frieden
Vergebung
Freude

Meditation

Ihr Leben ist Ihr Tempel. Innerhalb dieses großen Tempels gibt es viele spezielle Tempel. Manche davon sind zusammengebrochen. In manchen stehen hohe Säulen, in anderen liegen geborstene oder umgefallene Pfeiler. Manche Durchgänge sind offen, andere sind verschüttet. Manche Tempel sind von Klängen und Liedern erfüllt, in anderen spuken verlorene oder zurückgelassene Träume. Und in manche Tempel trauen Sie sich vielleicht gar nicht hinein, weil Sie nicht vergeben können.

Diese Meditation zielt darauf ab, alle Bereiche Ihres Lebens zu einem vereinigten Ganzen zusammenzuziehen. Es ist in Ordnung und angemessen die Gefühle, die Sie zurzeit mit den verschiedenen Teilen und Abschnitten Ihres Lebens verbinden, einfach so stehen zu lassen. Sie können nicht auf der Grundlage unaufrichtiger Gefühle einen sinnvollen Zusammenhang aufbauen. Manche Bereiche werden voller Glück und Freude sein, andere voller Kummer oder Wut. Andere Teile wollen Sie lieber nicht wiedersehen. Ich versichere Ihnen allerdings, dass sie nicht dadurch verschwinden, dass Sie nicht hinschauen. Es ist immer gut davon auszugehen, wie es jetzt gerade wirklich ist.

Setzen Sie sich also bequem hin, schließen Sie die Augen und lassen Sie Ihren Atem mühelos und ohne besondere Aufmerksamkeit fließen. Entspannen Sie sich und lassen Sie die Anspannung des Tages los. Bringen Sie Ihre Aufmerksamkeit zu den Füßen und bewegen Sie sie hin und her, um alle Spannungen loszulassen. Drehen Sie dann sorgsam Ihre Fußgelenke, um sie zu entspannen. Fahren Sie damit fort, Ihren ganzen Körper auf diese Weise zu entspannen, Ihre Beine entlang, zu den Hüften, Unterleib, Bauch, Brust und so weiter. Nutzen Sie die Gelegenheit, jedem Ihrer Körperteile etwas Aufmerksamkeit zu schenken, ihn als Teil des Ganzen anzuerkennen und ihm für seine Dienste zu danken. Wenn Sie dabei irgendwelchen Schmerzen, Unwohlsein oder Funktionsstörungen begegnen, erkennen Sie sie einfach als einen Teil des Ganzen an, so

wie sie sind. Kein Teil ist allein in seinem Leiden. Fahren Sie mit diesem Prozess fort bis zu Ihrer Kopfhaut. Kneifen Sie ein paar Mal die Augen zusammen und entspannen Sie sie dann, das tut der Kopfhaut und den Gesichtsmuskeln gut.
Jetzt lassen Sie sich in die Entspannung sinken und achten auf Ihren Atem. Es ist der Atem des Lebens.
Stellen Sie sich vor, dass Sie in einer riesigen, durchsichtigen Seifenblase sitzen, und die Innenseite der Seifenblase spiegelt Ihnen die Ereignisse Ihres Lebens. Finden Sie jeden Aspekt Ihres Lebens dort wieder – jede Freude, Hoffnung, Pflicht, Enttäuschung, Langeweile und Anregung. Jedes Hochgefühl, jede Krankheit, jeder Verlust und jedes Glück hat dort seinen Platz.
Holen Sie mit jedem Atemzug eine Ihrer Erinnerungen in Ihr Bewusstsein. Sie brauchen ihnen keine Rangordnung zu geben, denn in der Gesamtheit Ihres Lebens haben sie alle ihren angemessenen Platz. Natürlich werden Ihnen nicht alle Erinnerungen auf einmal zugänglich sein. Diese Meditation können Sie Ihr Leben lang wiederholen. Seien Sie also geduldig, während Sie auf diese Weise Ihren Tempel inspizieren.
Das Wichtigste ist, jede Erinnerung als IHRE Erfahrung zu akzeptieren. Sehen und spüren Sie, was für SIE wirklich geschah. Betrachten Sie jede Empfindung, jede Meinung und jede Schlussfolgerung, die Sie mit dem verbunden haben, was Sie damals durchlebt haben. Dann achten Sie darauf, ob es damals auch Empfindungen, Meinungen und Überzeugungen gab, die NICHT Ihre eigenen waren, die Sie jedoch beeinflussten. Atmen Sie kraftvoll aus und lassen Sie dabei alles los, was nicht Ihres war und ist. Sehen Sie, wie die Energie der anderen sich in Teilchen auflöst, die mit dem Wind verwehen. Dann setzen Sie den Teil des Ereignisses, der wirklich Ihr eigener ist, sorgsam wieder an seine Stelle an der Innenwand der Seifenblase. Dort wird er immer bleiben, doch vielleicht hat er jetzt eine andere Bedeutung für Sie, da er wirklich zu Ihrer eigenen Erfahrung geworden ist.
Wiederholen Sie diesen Prozess so oft, wie Sie es für sich leben-

dig gestalten wollen und können. Wenn sich ein Gefühl der Vollständigkeit einstellt, ist es für diesen Tag genug. Betrachten Sie am Ende noch einmal die Innenwände Ihrer Seifenblase und schauen Sie, ob sich die Ereignisse vielleicht neu geordnet haben. Möglicherweise fühlt es sich insgesamt lichter, funkelnder, weicher und flexibler an. Elemente, die nicht wirklich Ihre eigenen sind, lassen die Wände Ihres Tempels hart und brüchig werden. Eitelkeit, Missverständnisse, Verwirrung oder ein Mangel an Vergebung lassen uns an diesen fremden Elementen festhalten. Während Sie so die Säulen Ihres Tempels wieder aufrichten, spüren Sie die Veränderung vielleicht zunächst in einer größeren Unbefangenheit, mit der Sie Ihre Erfahrungen einfach als das sehen können, was sie sind, ohne Urteile oder Färbungen. Mit zunehmender Akzeptanz wird die Vergebung leichter. Sie werden leichter die Erinnerungen an Menschen und Ereignisse behalten und gleichzeitig die damit verbundenen Verletzungen und Enttäuschungen verzeihen und loslassen können. Das ist der schwierigste Teil des Prozesses. Doch Sie werden durch das Reinigen und Restaurieren der einzelnen Teile immer mehr Frieden finden. Während Sie die Teile neu ordnen und neue Bedeutungen und Integrationsmöglichkeiten für sie finden, wird Ihnen Weisheit zuteil werden. Es wird sich wie ein neues Leben anfühlen. Ihr Herz wird erfüllt sein mit dem erstaunlichen Reichtum all dessen, was Sie erlebt und erfahren haben. Freude durchdringt Ihr ganzes Sein. Wenn Sie aus diesem Zustand der Erfüllung heraus die Welt um sich herum betrachten, wird Mitgefühl eine neue Bedeutung gewinnen. Liebe, Toleranz, echtes Verständnis und Bewunderung für die Christus-Präsenz in Ihrem Leben wird durch Sie hindurch in die Welt und zu anderen strömen. Das sind die Zeichen und Gefühle, denen Sie beim Wiederaufbau des Tempels Ihres Lebens begegnen werden.

Gebet

Oh mein Schöpfer.
Ich lade Dich ein in den Tempel meines Lebens.
Weihe den Altar meines Herzens
Mit Wasser des Lebens aus der heiligen Quelle Deiner Liebe.
Lass mich wach werden für Deine Gegenwart
Und öffne meine Augen für den Himmel Deiner Wahrheit.
Bring mich da hin, wo die Liebe ein nahtloses Ganzes hervorbringt
Und es nichts als Vollkommenheit gibt.

Amen

23

Das Ende der Geschichte – der Anfang des Lebens

Die Botschaft

»Am Anfang war das Leben einfach ein Geschenk an sich. Es existierte lange bevor es eine Geschichte zu erzählen gab und es wird auch das Ende der letzten Geschichte überdauern. Das Leben braucht keine Geschichten zur Bestätigung seiner Authentizität und Autorität. Es strebt jedoch nach Erfahrungen und nach der Erfüllung seines Wesens und dazu verbindet es sich mit Geschichten. Sie sind Behälter für Erfahrungen.
Menschen sind Geschichtenerzähler. Sie haben Freude an Geschichten, lernen von ihnen und erkunden mit ihrer Hilfe die Zukunft. Geschichten bieten einen Kontext für gemeinsames Lernen, egal ob sie erzählt, durchlebt oder nur im Geiste durchgespielt werden. Geschichten sind so alt wie die Sprache und das Geschichtenerzählen ist eines der besonderen Merkmale des menschlichen Empfindungsvermögens. Sie sind ein wunderbares Werkzeug zur Bewusstseinsbildung und Charakterentwicklung, solange man sich daran erinnert, dass es einfach Geschichten sind. Probleme ergeben sich, wenn Geschichten missbraucht oder mit anderen wichtigen Lebensfunktionen und -prinzipien verwechselt werden. So gibt es zum Beispiel Menschen, denen es an einem Sinn in ihrem Leben oder einer Aufgabe mangelt, und die sich an ihre Geschichte oder an die Geschichten anderer halten, um herauszufinden, was sie als nächstes tun sollen. So erhalten diese Geschichten Macht über das eigene Leben und rauben dem Betreffenden seine Autorität. Gesellschaftliche Autoritäten benutzen Geschichten oft, um Gemeinschaften oder Nationen mit Geschichten zu manipulieren, die an die Vergangenheit oder die Sehnsüchte der

Menge anknüpfen. Ihr seid nicht eure Vergangenheit und ihr seid nicht ohnmächtig daran gebunden, sie fortzusetzen. Ihr seid auch nicht eure Geschichte!
Die Zeit ist eine wunderbare Triebkraft unseres Universums, die ihr allerdings noch nicht wirklich begreift. Die Zeit ist eine Triebkraft aus Energie, Koordination und Anziehungskraft und nicht nur Grundlage für Vergangenheit und Zukunft. Die Gier nach Geschichten führt jedoch dazu, dass die Zeit gefürchtet, verteufelt und als eine Quelle von Verwirrungen betrachtet wird. Wenn du Zeit nur als eine Abfolge von physischen oder sozialen Ereignissen betrachtest, dann entsteht ›Geschichte‹. Weil sie es nicht besser wissen, versuchen die Menschen durch ihre Geschichten der Zeit einen Sinn zu verleihen. Daraus entsteht das Bedürfnis, die Zukunft als eine Fortsetzung oder Korrektur der Vergangenheit zu erkennen, als ob nie etwas Neues geschehen würde. Das Ende einer Geschichte ist oft mit Schmerz und Trauer verbunden und das wird dann fälschlicherweise der Zeit angelastet. Dabei entsteht der Schmerz nur, wenn du mehr an die Geschichte glaubst als an das Leben. Er bedeutet, dass du eine Identität aus dieser Geschichte gewonnen hast, an die du mehr glaubst als an dich selbst. Wenn die Geschichte endet, fühlst du dich dann betrogen oder verloren. Als ich vor langer Zeit sagte, dass ein Mensch sein Leben verlieren muss, um es zu finden, bezog ich mich auf die Illusion dieser durch Geschichten erzeugten Identitäten. Willst du wirklich die Fülle des Lebens genießen, musst du deine Aufmerksamkeit von der Identität, die du aus den Geschichten erhältst, auf die Wahrheit dessen, wer du wirklich bist, lenken.
Die Abhängigkeit von Geschichten kann einen Menschen seine persönliche Freiheit kosten und seine Kreativität zerstören. Er wird sich nach der Vergangenheit sehnen und nach dem ›In der Gegenwart sein‹ als etwas Besonderem, dabei gibt es ***nichts als die Gegenwart!*** *Das könnt ihr allerdings nicht begreifen, wenn ihr ganz mit der Fortsetzung eurer Geschichten beschäftigt seid. Ihr sehnt euch eigentlich danach, von euren Geschichten befreit zu sein und gleichzeitig die positiven Verbindungen und Erfahrungen, die daraus hervorgegangen sind, zu*

behalten. Das ist möglich, doch dazu müsst ihr zuerst die beschränkte Natur der Geschichten und die größere Kraft des Lebens begreifen. Geschichten können Ausdruck sein für das Abenteuer des Lebens, doch sie können zu Gefängnissen werden, wenn die Geschichte um den Preis eures Lebens aufrechterhalten wird. Manche Geschichten haben so viele Anhänger, dass sie für Realität gehalten werden. Viele Seelen ertragen ihre Geschichten mit gedankenloser Unterwerfung, andere ahnen die Falle und rebellieren. In den Dramen zwischen Jugendlichen und Erwachsenen kommt das oft stark zum Ausdruck. Der Jugendliche wehrt sich dabei oft einfach gegen eine elterliche Geschichte, da er genug Selbstwahrnehmung entwickelt hat, um sich eine andere Bestimmung vorstellen zu können.

Wenn es uns gut geht, treffen wir jeden Tag Lebensentscheidungen aller Art. Manche haben langfristige Auswirkungen und nehmen große Teile unseres Lebens in Anspruch, doch es gilt immer wieder zu erinnern, dass wir letztendlich uns selbst dafür entschieden haben. Sonst sitzt man schnell in der Falle gewohnheitsmäßiger Erwartungen, die das Bewusstsein mindern. Alles Zwangsverhalten, alle unnatürlichen Gewohnheiten und Abhängigkeiten wurzeln in einer Geschichte, die knapp unter der Oberfläche des Bewusstseins verborgen ist. Es wurden viele wertvolle Therapien entwickelt, um Menschen zu helfen, diese verborgenen Geschichten in das bewusste Blickfeld zu bringen und dadurch ihren dysfunktionalen Inhalt aufzulösen. Solche Heilungen verändern dann häufig die Lebenseinstellung der betroffenen Person und stellen ihren Lebenswillen wieder her. Doch keiner dieser Wege führt letztendlich zu persönlicher Freiheit. Es gibt einfach zu viele Geschichten, die geprüft und aufgelöst werden müssten. Wer sich zuviel mit seiner vergangenen Geschichte befasst, kann die bereits existierende Überzeugung stärken, dass die persönliche Vergangenheit den Schlüssel zur Zukunft enthält. Das sind dann nur eine neue Abhängigkeit und eine neue Geschichte.

Um dich wirklich von deiner vergangenen Geschichte zu befreien, musst du dich als erstes daran erinnern, dass du dazu erschaffen wurdest, über ALLE Geschichten hinaus zu leben. Dein Leben ist an sich etwas Besonderes. Du bist die Schöpferin aller Geschichten und Liebe ist die Erlöserin aller Geschichten. Jede Geschichte ist auf die eine oder andere Art eine potentielle Liebesgeschichte. Es mag allerdings nicht um erfüllte Liebe gehen, sondern vielleicht um ersehnte Liebe, verdrängte Liebe, verlorene Liebe, gebrochene Liebe, unterdrückte Liebe, zärtliche Liebe, raue Liebe, verbotene Liebe (Eifersucht), zurückgewiesene Liebe (Hass), vergessene Liebe, Opfer der Liebe, Liebesdienste oder Mitgefühl. Die Herausforderung liegt darin, die Macht der Liebe in den Geschichten zu finden, die du lebst.

Indem ihr erkennt, wie sich die Gegenwart der Liebe durch alle Geschichten hindurchzieht, auch wenn ihre Anwesenheit noch so unwahrscheinlich erscheint, werdet ihr zu wahrer Erleuchtung und persönlicher Erfüllung geführt. Ein Text, eine Erzählung oder eine gelebte Geschichte werden dadurch genial, dass sie die Liebe in Formen, Ausdrücken oder Orten zeigen, in denen sie bis dahin noch nicht wahrgenommen wurde. Da Liebe die Meisterschöpferin dieses Universums ist, ist sie in jeder authentischen Schöpfung enthalten.

In jeder Geschichte, die ihr lebt oder schreibt, könnt ihr euch entscheiden: Will ich mich auf das Drama darin konzentrieren oder auf die Macht, die ihr Sinn verleiht? Wenn ich darüber spreche, durch die Macht des Heiligen Geistes wiedergeboren zu werden, biete ich euch nicht eine neue Geschichte im Austausch gegen eine alte an. Wenn ich davon spreche, aus der Mühsal des irdischen Lebens in ein erhabeneres Dasein zu gelangen, meine ich kein besseres Drehbuch. Die Alternativen, die ich euch anbiete, haben nichts mit zwei Klassen von Geschichten zu tun. Die eigentliche Entscheidung fällt zwischen dem Leben in seiner wahren, höheren Art... und dem Leben in seinem gefangenen Zustand. Ich kann dir den Unterschied zwischen Himmel und Hölle am Besten damit erklären, dass ***der Himmel das Ende davon ist, in Geschichten gefangen zu sein.*** *Eine Seele findet in der Gegenwart von anderen, die ihre Liebe sind, ihre eigene Liebe wieder. In diesem gesegneten Zustand ist sie dann frei, einfach zu SEIN oder vom Herzen her neue Geschichten zu erfinden. Und das kann hier auf Erden* ***jetzt*** *erreicht werden. Die Hölle dagegen ist, in den eige-*

nen Lebensgeschichten gefangen zu sein, die einen dann ›erschaffen‹ und dazu treiben, zu dem unausweichlichen Schluss der Geschichte zu werden. Es gibt diese Gefangenschaft in vielen Schattierungen, manche kaum merklich, andere kaum erträglich. Auch dies geschieht **jetzt.**
Das Gesetz der Entropie beherrscht alle Geschichten, die sich selbst überlassen werden. Geschichten fangen Leben ein, um dessen Energie an sich zu reißen. Alle Geschichten, die bis zum bitteren Ende ihrem eigenen Impuls überlassen werden, führen genau dort hin – zum bitteren Ende. Geschichten sind eine endlose Quelle von Erfahrungen und Wachstumsmöglichkeiten, doch wenn nicht die Liebe ins Spiel kommt und eine Perspektive außerhalb der Geschichte erschafft, gibt es keine Erfüllung und kein Entkommen. Viele Seelen stecken in den Fängen von Geschichten, um einfach deren Ausgang zu entdecken, oder vielleicht in der Hoffnung, dass dies die eine Geschichte wäre, die ihr eigenes Happy End verfassen könnte. Sich aus falschem Stolz oder aus blinder Loyalität einer Geschichte zu verschreiben ist eine große Falle. Alle glücklichen Ausgänge von Geschichten werden von Seelen erzeugt, die aus ihrer Geschichte heraustreten und erkennen, dass ihre Loyalität nicht der Geschichte selbst gilt, sondern ihnen selbst, ihren Nächsten und dem Geist der Liebe, der durch die Geschichte wirkt. Geschichten sind nichts Heiliges! Seelen sind etwas Heiliges! Es ist ein großes Verbrechen, Geschichten fortzuführen, durch welche Seelen Schaden nehmen oder leiden. Wer das erkannt hat, wird sich über die irdischen Dramen ins Himmelreich erheben.
In meinem irdischen Dasein diente ich immer Gott und denen, die mich brauchten, aber ich wurde oft als rebellisch angesehen, und zwar weil ich darauf achtete, nicht in Geschichten hineingezogen zu werden. Geschichten haben ihren Wert, doch es gibt eine bessere Art mit dem Leben umzugehen und ihm zu dienen, nämlich Ziele und Aufgaben zu haben, die deinem Leben eine höhere Bedeutung geben und dann danach zu streben, diese zu erfüllen. Aufgaben, Ziele und alles, was dem Leben Sinn gibt, entspricht den Elementen einer Geschichte, aber es verbindet dich mit deiner Quelle und bewegt sich auf einer anderen Bewusstseinsebene. Der Sinn meines Daseins liegt darin, vollständig

dem Willen Gottes zu dienen und die Einheit dieser Beziehung zu erfüllen. Mein Ziel oder meine Absicht war, die Erde von ihrer Dunkelheit und ihren Konflikten zu erlösen. Meine Aufgabe war es, Liebe zu lehren und ein lebendiges Vorbild dafür zu sein, wie man Gott von ganzem Herzen lieben kann und seinen Nächsten wie sich selbst. Ich diente diesen Idealen mit meinem ganzen Sein. Ich durchlebte viele Geschichten und erzeugte ein paar, doch ich war zu keinem Zeitpunkt von der Zustimmung einer Geschichte abhängig, um meinen Sinn, meine Ziele und meine Aufgabe zu erfüllen. Damit zeigte ich, dass ein sinnerfülltes Leben alle Geschichten transzendiert.

Die schwierigste Wendung in meinem Leben lag darin, meine Rolle in einer Geschichte zu akzeptieren und sie gleichzeitig zu transzendieren. Als der Messias sollte ich die Prophezeiungen der heiligen und politischen jüdischen Geschichte erfüllen. Ich tat das auch in jeder Hinsicht, doch ich hielt mich nicht an die menschlichen Erwartungen in Bezug auf den Ablauf dieser Geschichte und ihr Ergebnis. Ich wurde dafür verurteilt, mich als Messias ausgegeben zu haben, weil ich mich nicht an die allgemeine Interpretation dessen hielt, was diese Rolle bedeutet. Mein Daseinssinn, mein Ziel und meine Aufgabe erforderten, dass ich die Erfüllung aus einer anderen Perspektive bringe. Dafür wurde ich gekreuzigt. Durch meinen Tod und die Auferstehung wurde mein Ziel erreicht. Meinen Daseinssinn erfülle ich jeden Tag und meine Aufgabe geht nach wie vor weiter.

Es war nicht nur notwendig, dass ich meine Aufgabe aus einer für das menschliche Bewusstsein unvorhersehbaren Perspektive erfüllte, es war auch unbedingt notwendig, eine äußerst machtvolle Geschichte zu BEENDEN! Die Geschichte, in die ich hineingeboren wurde, war ein uralter Strom aus Prophezeiungen, Überlieferungen und religiösen Traditionen, in den viele Nebenflüsse mündeten. Dieser Strom hätte noch ewig weiterfließen können. Die Menschen hätten noch ewig einen Messias suchen und niemanden für würdig befinden können. Gott gibt Verheißungen und die Menschen konstruieren Geschichten um sie herum. Die Geschichten erhalten dann für die Motivation oft eine größere Bedeutung als die Verheißung, die ihnen zugrunde liegt. Dies ist viele Male mit Nationen, Gesellschaften und Religionen geschehen, die eigentlich auf goldenen Prinzipien beruhten. Die Versuchung, aus einer großartigen Idee Gewinn zu schlagen oder große Menschenmengen zu manipulieren, ist einfach zu verführerisch. Wenn so etwas geschieht, ist es wichtig, dass die Geschichte beendet wird, damit das Leben auf neue und wohltätigere Weise zum Vorschein kommen kann. Idealerweise vollziehen sich diese Übergänge auf natürliche und sanfte Weise, doch leider ist das nicht immer der Fall. Manchmal ist die Veränderung so dringend notwendig und seit so langer Zeit überfällig, dass nur ein Opfer sie in Gang setzen kann. Die Revolutionen eurer Geschichte sind ein gutes Beispiel dafür. Sie entstanden aus dem wachsenden Bedürfnis der Menschen nach Freiheit und Gerechtigkeit.

In meinem Leben war dieses Opfer unvermeidlich. Damals vor zweitausend Jahren veränderte sich die gesamte Geschichte der Menschheit. Wie auch immer jemand die Bedeutung meines Lebens einschätzen mag, was auch immer jemand von meiner Kreuzigung halten mag, eines kann objektiv festgestellt werden: In dem ersten Jahrhundert nach meinem irdischen Dasein fanden unglaublich viele Geschichten ein Ende. Es war meine Absicht, die großen politischen Geschichten zu beenden, damit das Leben sich in ein neues Bewusstsein hinein entwickeln kann und neue Entscheidungsmöglichkeiten zur Verfügung haben kann. Nach der Beendigung dieser Geschichten konnte ein anderer Geist hier auf Erden freigesetzt werden.

In jenen Tagen wurde die Zeit in Geschichten gemessen. Geschichten und Zeit wurden als Dasselbe verstanden. Als ich sagte, das Ende aller Zeiten sei nahe, meinte ich jene massive Beendigung von Geschichten, die bevorstand. Ich half meinen Verwandten, Freunden und Anhängern, sich auf diesen Umbruch vorzubereiten, indem ich ihnen den Unterschied zwischen dem Leben und den Geschichten erklärte. Ich sprach auch über ein weiter entferntes Ende der Zeit, welches größer sein würde, als sich irgendjemand vorzustellen vermag. Diese Zeit ist JETZT! Auch hier geht es nicht um das Ende der geophysikalischen oder biologischen Zeit, sondern um eine weitere Beendigung von

Geschichten, die so umfassend ist, dass ihr sie nur überleben könnt, wenn ihr das Leben, die Liebe, die persönliche Integrität und den Gemeinschaftsgeist mehr achtet als alle Geschichten. Die Erde mit all ihren Ländern und Meeren, ihren Tieren, Pflanzen und ihrer Atmosphäre lechzt nach dem Ende all ihrer qualvollen Geschichten. Vor allem die Herzen der Menschen lechzen nach deren Ende. Und alle werden ihren Teil dazu beitragen, dass es auch geschieht.

In manchen Fällen wird sich etwas durch Erfindungen, durch plötzliche, unerwartete Durchbrüche und Entdeckungen verändern. Aus den daraus erwachsenden, neuen Möglichkeiten, die Realität zu definieren, wird sich ein großer Wertewandel ergeben. Ideale werden die Mächte verlassen, von denen sie bislang unterstützt wurden, und in neuen Gegenden dieser Welt und in neuen Kontexten auftauchen. Planetarische Veränderungen werden zu der Neuverteilung der Bevölkerung beitragen. Die Umsiedelung von großen Menschenmengen wird die ökonomischen Systeme verändern und auch die Art, wie Menschen miteinander in Beziehung treten. Glaubensmuster müssen von Grund auf überprüft werden. Im Laufe des nächsten Jahrhunderts wird es so viele Umwälzungen geben, dass ihr die euch heute bekannte Wirklichkeit bald nur noch in den Geschichtsbüchern finden werdet. Ob das friedlich oder blutig verläuft, hängt davon ab, wie sehr die Menschen an ihren Geschichten hängen und wie treu sie dem Leben und dem Lebendigen sind.

Geschichten dienen nur als Behälter für Erfahrungen, um die Evolution des Bewusstseins zu fördern und den Weg für die Erleuchtung der Seele zu bereiten. In dem Maße, wie die Wahrheit zum Vorschein kommt, wird der Behälter überflüssig.

Überprüfe dein Leben. Lebst du absichtsvoll mit Zielen und Aufgaben, die für dein eigenes Sein und deine Lieben eine Bedeutung haben? Wenn nicht, erforsche den Sinn deines Daseins, deine Ziele und deine Aufgaben und tritt wieder in den Strom des Lebens. Dann werden sich auf natürliche Weise neue Geschichten um dich herum bilden, die zu deinem wahren Wesen passen.

Ich werde immer bei euch sein, in all euren Hoffnungen und Ängs-

ten. Ich werde in euren Herzen sein, um euch bei euren Entscheidungen zu helfen. Doch ich bleibe im Dienst der Liebe und rebelliere oft gegen Geschichten. Daher werde ich nie eine Geschichte höher bewerten als die Wahrheit oder die Liebe, die in ihr zum Vorschein kommen will. Mir wird auch die Chance, dich und euch alle auf eine höhere Bewusstseinsebene zu heben, immer wichtiger sein als die vielversprechendste Geschichte. Es macht mir Freude, euch mit Offenbarungen der Wahrheit und Liebe zu überraschen und zu befreien. Unter der Führung des Heiligen Geistes kann es auch gar nicht anders sein.«

Entsprechende Passagen aus der Bibel

Prediger 3,11-12:
»Er hat alles schön gemacht zu seiner Zeit, auch hat er die Ewigkeit in ihr Herz gelegt; nur dass der Mensch nicht ergründen kann das Werk, das Gott tut, weder Anfang noch Ende. Da merkte ich, dass es nichts Besseres dabei gibt als fröhlich sein und sich gütlich tun in seinem Leben.«

Römerbrief 13,11:
»Und das tut, weil ihr die Zeit erkennt, nämlich dass die Stunde da ist, aufzustehen vom Schlaf, denn unser Heil ist jetzt näher als zu der Zeit, da wir gläubig wurden.«

Der Schlüssel zum Leben

Bei manchen Geschichten wünschen wir uns, sie würden niemals enden. Andere sind so eine Qual, dass wir fast jeden Preis zahlen würden, um ihnen zu entrinnen. Als ich ein Kind war, sagte meine Mutter: »Alles geht vorbei, das Schlimme wie das Gute«, und ihre Stimme klang ein bisschen traurig dabei oder so erschien es mir zumindest. Jeschua's Lehre vom Ende der Geschichten klingt ähnlich wie die Bemerkung meiner Mutter, doch sie enthält einen hoffnungsvolleren Aspekt. Er bezog sich auf das Ende unseres Bedürfnisses, unser Leben über Geschichten zu definieren. Er versicherte uns, dass das Leben auch über die Grenzen aller Geschichten hinaus weitergeht.

Seine Botschaft war mir ein großer Trost in Bezug auf vergangenes Unglück und der wesentliche Grund, niemanden zu verurteilen. Jede Facette des Lebens ist großartiger als jede Geschichte, die je erzählt wurde. Selbst die großen Epen der Menschheit sind nicht wegen der darin dargestellten Erzählung groß, sondern wegen der Liebe, die dadurch Triumphe feiert. Viele der Erfolge und Leistungen, die innerhalb einer Geschichte errungen werden, sind in den Augen der Seele ohnehin von geringer Bedeutung, während das Durchleben dunkler Lebensabschnitte von der Seele als großer Sieg gefeiert werden kann. Es gibt sicher eine Parallele zwischen dem Leben der Seele und den irdischen Geschichten, doch diese Verbindung ist nicht immer direkt und offensichtlich. Jedenfalls nicht, solange wir uns nur auf die irdischen Ereignisse konzentrieren. Wir werden diese Verbindung erst begreifen, wenn wir Erfolg auf einer anderen Ebene definieren. Wäre es nicht für unser Wachstum und unsere spirituelle Entwicklung viel besser, wenn es auch Erfolge jenseits unserer Dramen gäbe, und wenn alle dabei hervortretenden Irrtümer nicht als etwas Beklagenswertes, sondern als Wachstumschancen betrachtet würden?

Nichts wirkt betäubender auf das Bewusstsein als die Idee, dass das Ausagieren unserer Geschichten echtes Leben wäre. Auf viele verschiedene Arten sagte Jeschua zu seinen Lebzeiten immer wieder »Lasst eure Geschichten hinter euch und folgt mir nach.« Geschichten verkleistern die Seele. Doch wir klammern uns an unsere Leistungen und Errungenschaften, die uns die Geschichten liefern, und wir stehen dunkle Lebensabschnitte in der Hoffnung durch, dass ständiges Bemühen irgendwie vergangenen Schaden beheben könnte. In Geschichten lauern viele Fallen und das Ego liebt sie. Die Errungenschaften aus unseren Geschichten sind leichte Beute für das zusammengebastelte Selbstwertgefühl des Egos und die Leiden bestätigen sein schuldbeladenes Gefühl, ungenügend zu sein.

Als Jeschua von den Parallelen zwischen den Elementen einer Geschichte und der Entwicklung von Sinnhaftigkeit, Zielen und Aufgaben sprach, gab er uns meiner Ansicht nach den Schlüssel, um unsere Geschichten auf eine Ebene zu heben, auf der die Seele die Herrschaft hat. Weder unser Potential noch unser Wert werden durch den Verlauf der Ereignisse bestimmt. Stattdessen können wir unser Leben und die Erfüllung unserer Existenz über die Bedeutungen, die Ziele und die Aufgaben definieren, die uns wichtig sind.

Mit dem Bild vom Rad des Lebens gab er mir eine weitere Metapher dafür, wie wir uns auf die Erfahrung einer Geschichte einlassen können, ohne uns darin zu verlieren. Er forderte mich auf, ein Wagenrad zu zeichnen, mit allen strukturellen Teilen wie der Achse, der Nabe, den Speichen und dem Reifen. Dann sollte ich den verschiedenen Teilen Elemente meines Lebens zuordnen. Während ich das Rad betrachtete, wurde mir klar, dass der Reifen die Bewegung bildet. Er absorbiert den Stress und reibt sich auf der Straße des Lebens ab. Daher bezeichnete ich diesen Teil als »das Drama und die Erfahrung der irdischen Existenz«. Die Nabe des Rades ist die Mitte, die die Achse hält und die deren Energie durch die Speichen an den Reifen weitergibt. Ich sah darin ein Äquivalent zum Herzen oder der Mitte unseres Seins. Die Achse bezeichnete ich mit »Liebe« und in den Speichen sah ich die verschiedenen Aspekte von Verantwortung, Charakter und Fähigkeit. Dann fügte ich dem Ganzen meinen Lebenssinn, meine Ziele und meine Aufgaben hinzu.

Als ich fertig war, fragte er mich: »Von welchem Punkt aus sind alle Aspekte deines Lebens sichtbar und beeinflussbar?« Die Antwort war klar: Von der Nabe. Von der Nabe aus konnte ich mein ganzes »Reich« überschauen, doch vom Reifen aus konnte ich bestenfalls die Straße sehen und vielleicht eine Speiche. So beschränkt ist unsere Perspektive, wenn wir ganz mit den Geschichten am Rande unseres Lebens beschäftigt sind! Es ist dann ziemlich schwierig,

den größeren Zusammenhang zu erfassen oder auch nur sich zu entspannen und das Rad rollen zu lassen.
Mit diesem einfachen Diagramm hatte ich schnell erkannt, wie wichtig es ist, vom Herzen her zu leben. Genau wie der Mittelpunkt unseres Seins bewegt sich auch die Nabe des Rades im Vergleich zu dem Reifen nur wenig. Und doch erzeugt sie die Bewegung und gibt die Richtung an. Endlich begriff ich. Der Trick, eine Geschichte zu haben, ohne sich mit ihr zu identifizieren, liegt in dem Bewusstsein um die zentralen Dinge im Leben und im Wiederaufbau des inneren Tempels. Jede Seele hat die Pflicht, zunächst ihre Authentizität zu finden, von der aus sie das Leben meistern kann. Wenn ich aus meiner Mitte heraus lebe, ordnet sich die Welt um mich herum, als würde sie alles erkennen, was ICH BIN! Dieses Bild des Rades hat mein Leben verändert. Ich betrachte mein Leben jetzt als den Ausdruck von Möglichkeiten, die sich vom gegenwärtigen Zeitpunkt aus in alle Richtungen – Vergangenheit und Zukunft – erstrecken. So hat auch meine Vergangenheit mehr Sinn gewonnen. Doch viel wichtiger sind mir die Leidenschaften, Muster, Neigungen und Fähigkeiten meines Herzens. Ich strebe danach, meine Vergangenheit durch den Charakter meines Herzens und die schöpferischen Möglichkeiten meiner Seele mit meiner Zukunft zu verbinden. Indem ich in jedem Augenblick die ihm innewohnende Wahrheit erkenne, kann ich mir leichter eine neue Zukunft vorstellen und das lösen, was noch in der Vergangenheit feststeckt. Nur durch diesen klaren Gesichtspunkt der Gegenwart sind alle Punkte meines Lebens kraftvoll und wahrhaft verbunden. Wenn wir immer persönlich authentisch bleiben, sind wir in unseren Lebensgeschichten sicher und können so in den Strom des Lebens treten und den Mustern des Lebens erlauben, sich unserem wahren Wesen entsprechend um uns herum zu ordnen. Das Leben und der Geist überleben alle Geschichten.
Ich habe keine Ahnung, wie meine Geschichte enden wird, doch das macht ja gerade das Abenteuer aus. Manchmal ist mir das ganz klar, zu anderen Zeiten verschwindet es im Nebel. Doch wer

seine wesentliche Richtung kennt, den kann das Unbekannte nicht aufhalten. Wenn jemand nachts eine Reise beginnt, glaubt er ja auch nicht, dass die Straße verschwunden ist, nur weil er sie nicht sieht. Wenn dieser Mensch frohgemut und mit erwartungsvollem Herzen losgeht, dann wird er in der schwarzen Nacht aufschauen und sehen, dass ihm tausend Sterne winken.

Andere Quellen der Weisheit

William Shakespeare (1564–1616):
»Die ganze Welt ist eine Bühne,
und Frauen wie Männer nur die Spieler.
Sie treten auf und gehen ab
und jeder spielt in seiner Zeit verschiedne Rollen.«

Plutarch (46–120):
»Auf die Frage nach dem Wesen der Zeit antwortete Pythagoras, sie sei die Seele dieser Welt.«

Inschrift auf der großen Moschee in Fachpur-Sikri, Indien:
»Die Welt ist eine Brücke. Überschreite sie. Bau nicht dein Haus darauf.«

Buddha (503-483 v.Chr.):
»Es gibt nur einen Augenblick, in dem man erwachen muss.
Dieser Augenblick ist Jetzt.«

T.S. Eliot (1888–1965):
»Durch die Anziehungskraft dieser Liebe
und ihrem Ruf folgend,
lassen wir in unserem Forschen nicht nach;
und das Ende all unserer Forschungen
wird uns an unseren Ausgangspunkt zurückbringen,
und wir werden ihn zum ersten Mal erkennen.«

Anwendung

Ich will vorausschicken, dass eine Geschichte und eine Beziehung nicht dasselbe sind. Manche Beziehungen sind deckungsgleich mit einer Geschichte, wie zum Beispiel bei einer Geschäftsbeziehung, doch die meisten Beziehungen durchlaufen viele Geschichten. Die Tatsache, dass eine Geschichte verändert oder beendet werden muss, bedeutet nicht unbedingt, dass die darin enthaltenen Beziehungen gering zu schätzen oder zu beenden sind. Es ist genauso wichtig zu lernen, dass Beziehungen sich über Geschichten hinaus entwickeln können, wie dass wir uns selbst über unsere Geschichten hinaus entwickeln. Dabei werden Sie entdecken, dass so manches Beziehungsproblem eigentlich ein Problem der Geschichte war. Andererseits gibt es auch Beziehungsprobleme, die sich hinter einer »guten Geschichte« verbergen. Bei der Anwendung dieser Lehre von den Geschichten ist es sehr wichtig, den Unterschied zwischen Beziehungen und Geschichten zu kennen. Nehmen wir zum Beispiel die Beziehung zwischen einer Mutter und ihrem Kind. Schon am Anfang wird sie neben der anfänglich lebensnotwendigen Symbiose von zahllosen, komplexen Gefühlen und Mustern bestimmt. Im Laufe der verschiedenen Entwicklungsstufen von der Geburt bis zum Eintritt in das Erwachsenenalter verändert sich dann auch die Beziehung. Die Verbindung und die Liebe sind bei jedem Kind anders. Daneben gibt es noch die Geschichten, die diese Beziehung durchlebt, wenn das Kind zum Beispiel zu einer Tagesmutter gegeben wird, weil die Mutter wieder anfängt zu arbeiten, oder wenn ein Umzug in eine andere Stadt stattfindet. Darunter sind schöne Geschichten von gewonnenen Fußballspielen und Ferienspaß, und anstrengende von Krankheiten oder elterlichen Beziehungsproblemen. In der Jugend kommen dann unzählige andere Geschichten mit ins Spiel, doch wenn die Beziehung stark ist, wird sie all dies als das erkennen, was es ist: nur Geschichten. Sie kommen und bringen ihre Erfahrungen und Lektionen mit sich und dann vergehen sie wieder.

Ich war einmal Zeugin einer unglücklichen Situation zwischen zwei Frauen, deren freundschaftliche Bindung darauf beruhte, dass sie beide äußerst empfindsam waren. Die eine war jedoch im Laufe der Zeit gesünder und erfolgreicher geworden. Ihre Zuneigung war ungemindert, doch die immer noch Empfindliche fühlte sich irgendwie im Stich gelassen. Auf emotionaler Ebene versuchte sie, die Freundin zurückzuhalten. Daraus entstanden Verletzungen und Missverständnisse. Das Gefühl des Verlassenwerdens konnte heilen, als sie den Unterschied erkannten zwischen der Geschichte, die sie für eine Weile miteinander erlebt hatten, und der wunderbaren Freundschaft, die sie noch lange verbinden würde.

Ich will auch kurz erwähnen, dass Geschichten in diesem Sinne nicht dasselbe sind wie die allgemein als objektiv anerkannte, historische Geschichte. In vieler Weise entbindet die historische Geschichte uns von unseren persönlichen Geschichten, weil sie uns einen größeren Bezugsrahmen und einen Hintergrund bietet, vor dem wir die Fluktuationen der augenblicklichen Ereignisse überprüfen können. Oft können wir unsere Geschichten auch klarer erkennen, wenn wir sie mit den größeren Bewegungen unserer kollektiven Geschichte vergleichen.

Jetzt können Sie sich Ihren eigenen Geschichten zuwenden. Wie geht es Ihnen damit? Sind sie Ihnen und anderen dienlich, bringen sie Ihnen mehr Gutes als Sie dafür aufwenden müssen? Gibt es darunter Geschichten, an denen Sie sich so abgerackert haben, um sie zu erschaffen, zu erhalten oder zu erlösen, dass Sie darüber die darin enthaltene Beziehung vernachlässigt haben? Sind darunter aufregende Geschichten, in denen Sie sich so richtig lebendig fühlen? Gibt es Schwierigkeiten, die Sie einer Beziehung oder den Umständen angelastet haben, bei denen es jedoch nur darum ging, einer Geschichte eine andere Richtung zu geben? Sind darunter gute Geschichten, die als Deckmantel für Schwierigkeiten oder ungesunde Beziehungen dienen?

Eine Geschichte ist gesund, wenn Sie Ihren freien Willen spüren können, wenn Sie sich frei fühlen, sie zu verfolgen, umzuschreiben, ihr eine andere Richtung zu geben oder sie zu beenden, ohne sich selbst oder andere unangemessen zu verletzen. Ein weiteres Merkmal für eine gesunde Geschichte ist, dass Sie sie unabhängig von den Umständen und damit verbundenen Beziehungen betrachten können. Eine Geschichte ist ungesund, wenn in ihr so viel der eigenen Liebe, des eigenen Lebens und Bewusstseins eingebunden ist, dass alles verloren scheint, wenn die Geschichte enden würde. Solche Geschichten sind oft voller Missverständnisse, Anklagen und Ängste.

Wenn Sie Ihr Leben betrachten, sehen Sie wahrscheinlich eine Mischung aus gesunden und ungesunden Geschichten. Achten Sie auf die Unterschiede. Achten Sie darauf, wie in den gesunden Geschichten spürbar ist, dass Leben durch sie hindurch und über sie hinaus fließt. Häufig ist mit ihnen ein Gefühl von Würde und von Humor verbunden. Achten Sie darauf, wie Sie in den ungesunden Geschichten ständig Energie verlieren, oder dass diese Geschichten ein Gefühl der Leere hinterlassen. Vielleicht bemerken Sie auch eine gewisse Schwere, wenn Sie daran denken.

Die gute Nachricht ist, dass jede Geschichte zum Wachstum der Seele beitragen kann, wenn sie mit höheren Prinzipien in Einklang gebracht wird. Folgende Fragen können Ihnen dabei helfen, sich aus der Umklammerung der Geschichten zu lösen:

1. Spüren Sie, wie sich Ihr Leben und Ihre Energie angefühlt haben, bevor die Geschichte begann.
2. Welche Ereignisse oder Absichten haben Sie in diese Geschichte hinein geführt?
3. Finden Sie Ihren authentischen Platz innerhalb der Geschichte. Wenn sich der nicht finden lässt, sollten Sie die Geschichte vielleicht hinter sich lassen.
4. Schauen Sie sich noch einmal von Ihrem gegenwärtigen Standpunkt aus Ihre Absichten an. Wie geht es Ihnen jetzt damit? Machen Sie sich von der Meinung anderer und von äußerem Anpassungsdruck unabhängig.

5. Schauen Sie nach vorne und stellen Sie sich vor, wie Ihre Energie und Ihre Liebe diese Geschichte überleben werden. Wie werden Sie sich danach fühlen? Was werden Sie an wertvollen Erfahrungen mitnehmen?

Wenn Sie all diese Fragen mit Leichtigkeit beantworten können, gehen Sie frei mit Ihren Geschichten um, auch wenn es da gewisse Verpflichtungen und Einschränkungen geben mag. Wenn Sie in Bezug auf eine bestimmte Geschichte Schwierigkeiten haben, diese Fragen zu beantworten, könnte es sinnvoll für Sie sein, sich aus der Situation zurückzuziehen oder sich professionelle Hilfe zu suchen. Einer der großen Irrtümer, denen wir immer wieder unterliegen, ist die Idee, dass die Beendigung unserer Beteiligung an einer Geschichte bedeutet, dass die Geschichte auch mit uns fertig ist. Ein wahrer Abschluss kommt nur zustande, wenn wir unser Bedürfnis überwunden haben, durch Geschichten unser Leben zu definieren. Das bedarf einer Arbeit auf höherer Ebene, nämlich der Wiederentdeckung des authentischen Selbst, unseres Daseinsgrundes und des Wiederaufbaus unseres Tempels. Genau genommen geht es in diesem ganzen Buch darum.

Meditation

In dieser Meditation werden Sie dem Heiligen Geist lauschen. Entspannen Sie sich in seine Präsenz und lassen Sie Ihr Herz seinem heiligen Ratschlag folgen. Suchen Sie sich dafür einen ruhigen Ort, an dem Sie leicht Sie selbst sein können, ohne irgendwelche Rollen spielen zu müssen. Machen Sie es sich bequem und bereiten Sie sich auf einen meditativen Zustand vor. Fangen Sie damit an, den folgenden Text langsam Satz für Satz zu lesen. Wenn dabei Emotionen aufsteigen, lassen Sie sie los, bevor Sie weiterlesen. Gehen Sie mit ihnen angemessen um und begeben Sie sich nach jedem Aufwallen von Gefühlen wieder in einen kontemplativen, friedvollen Zustand, in der Gewissheit, dass eine höhere Weisheit

Sie führt. Wenn Sie einen Höhepunkt der Erkenntnis oder des Loslassens erleben, nehmen Sie es als einen Segen an, entspannen Sie sich und lassen Sie es für diesen Tag damit gut sein. Manche werden vielleicht viele Tage brauchen, bevor sie den Text ganz zu Ende gelesen haben.

Andere werden vielleicht die ganze Botschaft ohne irgendwelche störenden Reaktionen durchlesen. Das könnte bedeuten, dass Sie deren tiefe Bedeutung schon vollständig integriert haben. Wahrscheinlich bedeutet es jedoch, dass innere Widerstände Ihnen nicht erlauben, sich in diesem Augenblick dafür zu öffnen. Welche Erfahrungen Sie auch machen, lauschen Sie einfach mit Ihrem Herzen, lassen Sie die Botschaft auf sich wirken und öffnen Sie sich für ihren Frieden. Wiederholen Sie diese Meditation drei Tage hintereinander und achten Sie darauf, was die wiederholte Absorption dieser Worte des Heiligen Geistes in Ihrem Bewusstsein auslöst.

»Ich bin da, um dich in deinem Leben zu trösten, doch ich konzentriere mich nicht auf den Kummer und das Leid, die dich quälen. Dein Mühen und dein Ringen, deine Täuschungen und deine Ungerechtigkeiten gelten wenig angesichts der Ewigkeit. Sie sind nur Dinge, die es zu vergeben und zu vergessen gilt.

Ich will wissen, ob du bereit bist, Verantwortung für deine Werke zu übernehmen, für die Umstände und Ereignisse deines Lebens, für die Konsequenzen deiner Gedanken, Worte und Taten. Löst du Probleme oder bist du eins? Bist du ernsthaft und aktiv dabei, dein Leben, dein Herz, deinen Geist und deine Seele zu läutern? Ich interessiere mich nicht für deine Geschichte, aber deine Orientierung im Leben ist mir sehr wichtig. Schaust du ins Licht oder tappst du in der Dunkelheit? Strebst du nach Klarheit und Verständnis oder versteckst du dich im Schatten der Konformität, ohne auf das zu achten, was sich hinter den Schleiern verbirgt? Ich brauche nicht zu wissen, was du getan hast, um dir selbst und anderen Leid zuzufügen. Die Frage ist, reut es dich wirklich, entsagst du wirklich dem Hass und strebst du wirklich nach Liebe und Vergebung? Oder bereust du es lediglich, dass du dabei erwischt wurdest, immer und immer wieder? Fließen Anklagen, Wut und Rachegelüste durch deine Adern? Glaubst du, dass du anderen Schlimmes wünschen kannst, ohne dass es auf dich und das Deine zurückfällt?

Ich interessiere mich nicht dafür, unter welchem Stern du geboren wurdest, zu welcher Rasse, Kultur oder sozialen Schicht du gehörst. Ich will wissen, ob du an der Tür deines Lebens stehen und den heiligen Raum aufrechterhalten kannst. Lebst du in deinem Tempel? Bist du bedingungslos aufrichtig, ohne täuschende Masken und lebst du eine erleuchtete Wirklichkeit?

Ich jubele mit dir, wenn alles in deinem Sinne verläuft. Aber mich interessiert mehr, wie du mit Widrigkeiten umgehst. Reagierst du einfach nur oder stellst du dich der Gelegenheit, um an ihr zu wachsen? Vertraust du auf Gott und die heilige Führung? Kannst du Hindernissen und Schwierigkeiten gelassen entgegensehen, in der Gewissheit, dass alles zum Guten führt?

Handelst du nur um deiner selbst willen oder strebst du danach, anderen zu helfen und etwas zur Gemeinschaft beizutragen?

Kannst du lieben und dich lieben lassen? Ringst du mit dem Leben oder lädst du das Leben ein, dich zu leben? Kannst du achten und geachtet werden? Kannst du vertrauen und bist du vertrauenswürdig? Kannst du vergeben und Vergebung annehmen? Bist du gütig dir selbst und anderen gegenüber? Behandelst du andere so, wie du selbst behandelt werden möchtest?«

Gebet

Gnädiger Schöpfer,
Sei bei mir in den großen Lektionen des Lebens.
Lehre mich, meine Erfahrungen zu schätzen
Um der Anmut und der Intelligenz willen, die sie meinem Herzen bringen;
Um des Miteinanders willen,
Um der Vielfalt, mit der sie mein Leben bereichern,
Und um der Gewissheit willen, mit der sie mich Deiner Liebe versichern.
Gib mir den Mut, meine Geschichten loszulassen,
So wie ein Glas sein Wasser in den Fluss zurückgibt,
Und in diesem Augenblick
Die wahre Wiedervereinigung zu erfahren.

Amen

24

Der Weg

Die Botschaft

»Ihr nehmt an einem großartigen Abenteuer teil und ihr seid schon weit gekommen. Die Liebe ist bis in die entlegensten Winkel gereist, damit jede Seele sich durch ihre einzigartigen Erfahrungen als Individuum erleben und schließlich zu ihrer Erfüllung im Herzen Gottes gelangen kann. Der Schöpfer in Seiner unendlichen Weisheit und grenzenlosen Liebe begab sich ALS LIEBE in zahllose Dimensionen und Teilchen der Liebe, die alle Seine Kinder sind. Ihr wurdet als Liebe nach dem Bilde eures Schöpfers erschaffen und jeder Bewusstseinspunkt strebt danach, sich als das ICH BIN zu erkennen. Bei jeder Reise gibt es Überraschungen und Geheimnisvolles, Vergessen und Erwachen, Entdeckungen und Lernen, Zurücklassen und Verlassenheit. Als sich dieses Abenteuer entwickelte und Persönlichkeiten mit völlig unterschiedlichen Eigenschaften aufzutauchen begannen, schienen sie nicht nur voneinander getrennt zu sein, sondern auch von ihrer Quelle.

Für viele Seelen war die Geburt eine schmerzliche Erfahrung, weil sie die Illusion der Getrenntheit für Wirklichkeit hielten und den Vergleich zwischen den verschiedenen Wege dafür verwendeten, andere Seelen und ihre Erfahrungen gering zu schätzen, zu verleugnen, auszugrenzen, zurückzuweisen und auszunutzen. Diese Vielfalt hat jedoch auch eine großartige Symphonie miteinander verwobener Möglichkeiten hervorgebracht.

Bewegung ist die Kraft und das Werkzeug, welches diese Expedition ermöglichte. Bewegung ist eine ehrfurchtgebietende Kraft, deren Wirken nicht auf die Materie begrenzt ist. Auch eure Gedanken, Gefühle und persönliche Essenz kann sie in einem einzigen Augenblick fließender

Wahrnehmung in die Vergangenheit, in die Gegenwart und in die Zukunft versetzen.
So wie ihr Veränderung normalerweise begreift, ist sie die äußere Maske oder das Ergebnis der Bewegung. Sie ist das örtlich sichtbare Symptom für größere Bewegungsmuster, die sich ankündigen oder ablaufen. Ihr kennt zum Beispiel die Zyklen der Schöpfung, des Wachstums, der Ausbreitung und des Verfalls. Ihr seht sie in eurem Leben, doch sie wirken auf so breiter Basis, dass die daraus resultierenden Veränderungen oft fast unsichtbar bleiben. Manchmal erscheinen euch Veränderungen auch einfach als unsinnige Umgestaltungen der Umstände, die bestenfalls zu Vielfalt und schlimmstenfalls zu Ablenkung führen. Jedenfalls empfindet die Seele Veränderung in der Regel als etwas, dem sie ausgesetzt ist, und manchmal vielleicht als etwas, das sie zu ihrem Vorteil kontrollieren kann.
Ich rate euch jetzt dringend, euch über eure beschränkte Wahrnehmung von Veränderung zu erheben und sie von einer höheren Warte aus zu betrachten. Zum ersten Mal werdet ihr aufgefordert, eine positive, meisterhafte Beziehung zur Bewegung zu entwickeln, zu der ***Kraft hinter den Veränderungen.*** *Ihr braucht das zu eurer Erfüllung, denn in eurem Wesen gibt es ein Paradox: Ihr seid ewige, in Stille ruhende Wesen und gleichzeitig wachst ihr durch Erfahrungen in einem sich ständig verändernden Universum. Veränderung hört nie auf, doch als ewige Seelen steht ihr kurz davor, euch auf eine neue, durch euer SEIN definierte Bewusstseinsebene zu schwingen, auf der ihr die Veränderung als die Illusion erkennen werdet, die sie ist. Dadurch werdet ihr erkennen, welchen essentiellen Wert die Bewegung für eure Freiheit als Wesen hat.*
Ihr wurdet aus dem großen ICH BIN geboren, um euch selbst für immer als Individuen zu erkennen. Ihr steht vor der Herausforderung, den einschränkenden Definitionen eurer Geschichte zu entrinnen und euch als Liebe zu erkennen.
Darüber hinaus seid ihr die Kinder des Geistes, und als solche habt ihr die Möglichkeit, euch in der **Stille** *zu erkennen. Wer die Stille meistert, entdeckt sein wahres Wesen. Wenn alle Taten der Liebe ver-*

gangen sind, bleibt immer noch die Liebe, die du bist, die in vollkommener Stille ruht. Wenn alle Taten der anderen vergangen sind, ob sie nun fruchtbar oder nutzlos waren, bleibt in der nachfolgenden Stille die Liebe, die sie sind. Bedingungslose Liebe ist, dies unabhängig von allen Umständen wahrzunehmen und zu wissen.

Überall um euch herum ist **Bewegung.** *Sie trägt euch vom Gestern ins Morgen und durch all eure Abenteuer. Sie ist die schöpferische Kraft, die sich durch euch bewegt und all eure Gedanken, Sehnsüchte, Hoffnungen und Träume in die Wirklichkeit treibt. Leben ist Liebe in Aktion, und Bewegung ist der ewig fließende Strom des Lebens. So wird es immer sein, doch ihr seid jetzt bereit, eure diesbezügliche Wahrnehmung auf eine höhere Stufe zu heben.*

Einheit *ist die Gegenwart Gottes in der Natur und in dem ständig stattfindenden Prozess der Schöpfung. Das Ausmaß dieser Präsenz ist jenseits des menschlichen Begriffsvermögens. Doch ihr tragt zur Einheit bei, indem ihr seid, wer ihr wirklich seid und indem ihr das meistert, was im Rahmen eurer Möglichkeiten liegt. Der Mensch ist in Bezug auf die Einheit immer kurzsichtig. Jeder sieht sich selbst als ein Individuum und alles andere als den Hintergrund zu seiner eigenen Geschichte. Ein ganz anderes Bild entsteht, wenn jedes Wesen sich als ein Individuum begreift, welches über unvorstellbare Möglichkeiten verfügt, auf das Leben der anderen Einfluss zu nehmen, weil die Einheit alles verbindet.*

Viele Menschen versuchen aus einer Haltung der Kontrolle und Dominanz Einheit herzustellen oder zu beeinflussen. Das ist ein wiederkehrendes Problem in der menschlichen Gemeinschaft, das sich erst lösen wird, wenn die Mehrheit der Individuen ihren Fokus darauf richtet, ihren Umgang mit den anderen drei Elementen der Existenz zu meistern, der Individualität, der Stille und der Bewegung. Außerdem braucht Einheit gar nicht gemeistert, sondern nur anerkannt und wertgeschätzt zu werden. Bei rechtem Handeln bricht Einheit spontan als eine alles umfassende Kraft hervor, die bindet, ohne zu verstricken und die unterstützt, ohne zu begrenzen.

Die Einheit ist die Domäne Gottes. Über Individualität und Stille habe ich dir schon viel erzählt. In diesem Kapitel geht es um die Meisterung der Bewegung, denn sie ist die Kraft, die dich entweder auf eine höhere Ebene tragen kann oder dich noch weiter von Zuhause weg treibt, wenn du der Illusion der Veränderung verhaftet bleibst. Die Kraft der Bewegung zu meistern kann dir viel Glück bringen. Wenn es dir aber nicht gelingt, kann dich das alles kosten, was du hast. Die Ereignisse deiner Zukunft sind nicht das Ergebnis blinden Zufalls oder göttlichen Willens, denn im Herzen Gottes ist nur Gutes für dich vorgesehen. Die künftigen Ereignisse deines Lebens werden vielmehr davon abhängen, wem oder was du Macht gibst, sie werden das Ergebnis deiner eigenen Bereitschaft, deiner Aufmerksamkeit und Liebe sein.

Das Thema der Bewegung ist genauso schwierig zu vermitteln wie zu begreifen. Die Energien, die Gedanken und die Gefühle, die alle wahrnehmbaren Phänomene antreiben, sind reine Bewegung. Diese primäre Kraft erfüllte euer Bewusstsein, lange bevor ihr Worte oder Konzepte hattet, um sie zu beschreiben. Reine Bewegung ist unmittelbar, ohne zeitliche oder räumliche Begrenzung und ohne einen Bezugspunkt außerhalb ihrer selbst. Bewegung beschreiben zu wollen ist daher so ähnlich, als wolltest du zweimal in denselben Fluss steigen. Doch wenn wir versuchen würden, es uns leichter zu machen und uns nur auf das Phänomen der Veränderung konzentrieren würden, würde die Kraft dieser Botschaft verloren gehen.

Ich will jedoch erst einmal ein paar Worte sagen zu dem Unterschied zwischen den göttlichen Veränderungen, die in der Einheit wurzeln und den menschlichen Veränderungen, die in dem Bedürfnis nach Erfahrungen und Vielfalt wurzeln.

In dem komplizierten Gewebe des Lebens gibt es ein Netz von energetischen Verbindungen, welches alle Ebenen der Wirklichkeit miteinander verknüpft. Die Einheit umfasst alle Beziehungen, von den subatomaren bis hin zu den galaktischen. Ihre Fäden sind so empfindsam miteinander verwoben, dass jede echte Veränderung großen Einfluss auf alles andere hat. Der Wandel eines ganzen Ökosystems oder andere Veränderungen dieser Größenordnung können daher nur in göttlicher Zeit erfolgen. Zum richtigen Zeitpunkt kann ein seinem Kokon entschlüpfender Schmetterling weltweite Umwälzungen verursachen. Zum unrechten Zeitpunkt bleiben selbst Kriege und weltweite Bemühungen um politische Vorteile ohne nachhaltige Wirkung. Die göttlichen Wandlungen sind reine Bewegung, unterstützt von der Einheit. Sie sind wie die Jahreszeiten und nicht einmal die Flut könnte sie aufhalten, denn tatsächlich sind die Gezeiten auch in diese Einheit eingebunden. Wenn der Frühling Einzug hält, öffnet sich alles seiner Wärme. Wenn ein Kind geboren wird, verändert sich das gesamte Leben seiner Eltern. Nichts bleibt davon unberührt. Und genauso ist es mit dem Tod. Es ist immer traurig einen geliebten Menschen zu verlieren, doch es ist Monate vorher und hinterher spürbar, wie Gott die Muster der Einheit anpasst, um die Bewegungen dieser Seele zu erleichtern und alle sind von dieser Veränderung mitbetroffen. Gott verändert in deinem Leben oder in deiner Gesundheit nichts einfach nur um der oberflächlichen Anpassung an äußere Umstände willen. Seine Veränderungen sind tief greifende Umformungen des Ganzen auf grundlegender Ebene, denn die göttlichen Wandlungen sind nicht auf die Natur oder kosmische Ereignisse beschränkt. Sie finden auch tief im menschlichen Bewusstsein statt, wo wir sie als Bewusstseinserweiterungen, Entdeckungen, Kreativität, Sternstunden unserer Leistungsfähigkeit und als nachhaltige Verbesserungen in der menschlichen Gemeinschaft erleben.

Nur auf der göttlichen Ebene entspricht die Bewegung genau der Veränderung und verwandelt damit das Gewebe der Einheit. Auf der menschlichen Ebene mag es enge Verbindungen zwischen Bewegung und Veränderung geben, doch sie führen häufig zu unterschiedlichen Ergebnissen. Manche segeln unter günstigen Winden und andere verwenden ihre ganze Energie darauf, Veränderungen zu vermeiden, die sich ihrer Kontrolle entziehen, oder sich dagegen zu sträuben. Viele verharren in deprimierenden Umständen, weil eine Verbesserung nicht in ihrer Reichweite zu liegen scheint. Manche verwenden auch so viel Willenskraft darauf, sich eine Position im Leben zu verschaffen und zu verdienen, dass sie entlang des Wegs tausend echte Chancen ver-

passen. Glücklicherweise gibt es jedoch auch jene, die ihr Leben mit der größeren Ordnung der Dinge in Übereinstimmung bringen und darauf achten, wenn sie die Einladung erhalten, sich in neue Muster der Entfaltung zu begeben. Diese kostbaren Seelen beschleunigen die wahren und dauerhaften Wandlungen des Lebens.

Bewegung ist das, was die ganze Arbeit leistet, unabhängig von den damit zusammenhängenden Ereignissen. Ein Mensch, der sein Handeln nur auf diese Bewegung ausrichtet, wäre unermesslich erfolgreich, wohlhabend und erfüllt. Er hätte wahre Befugnis erlangt. Stattdessen verschwendet der Mensch jedoch seine kostbaren Zeit- und Energieressourcen an Veränderungen, die keine Grundlage in den sich bewegenden Kräften haben. Warum? Ganz einfach: Weil die meisten Menschen kein rechtes Verhältnis zur Veränderung haben und nicht wissen, wie sie die größeren Bewegungen steuern und meistern können. Anstatt auf die größeren Bewegungen zu antworten, setzen sie meistens aus Ruhelosigkeit und Angst Veränderungen in Gang. Dann mögen sie das nicht, was sie in Bewegung gesetzt haben und drücken sich vor den Konsequenzen. Dazu kommen dann noch jene, die ihnen die Verantwortung für diese unerwünschten Auswirkungen aufzwängen wollen, was auch abgewehrt wird. Zwischen dem Widerstand gegen das Eine und gegen das Andere entsteht Stagnation oder Verlust an Bewegung. Das kompensieren sie dann. Deswegen fühlen sich so viele Menschen zu fruchtlosen, rastlosen Veränderungen getrieben und sie verpassen darüber echte Entwicklungschancen.

Betrachte einmal das Räderwerk einer mechanischen Uhr. Ein Rad bewegt das andere. Das Bewusstsein, welches das Uhrwerk erfand, war in gutem Einklang mit der Art, wie Bewegung Veränderung hervorruft. Frage dich einmal selbst, wie du dich mit dem Räderwerk des Lebens bewegst? Reist du mit der Bewegung oder dagegen? Bewegst du dich so, dass du anmutig von einem kleineren Rädchen auf ein größeres überwechseln und die Bewegung bewusst steuern kannst? Oder hüpfst du wie ein Floh auf dem Jahrmarkt richtungslos von einem Rad zum anderen?

Glücklicherweise ist das Leben fließender, komplexer und subtiler als das Räderwerk einer Uhr. Jede Bewegung und Möglichkeit ist unendlich reichhaltig, doch für die Menschheit sind die entscheidenden Begriffe dabei die Bereitschaft und die Achtsamkeit. Das hat damit zu tun, dass es bei menschlichen Entscheidungen mehr um das Teilnehmen und Sich-Einlassen geht – ob ihr mit den Bewegungen des Lebensstroms schwimmt oder dagegen. Um Chancen zur Veränderung anzuziehen, müsst ihr eure festen Vorstellungen darüber loslassen, wie das Leben zu sein hat. Bewegung ist überall und in allem und steht euch immer zur Verfügung, allerdings ist ihr Einsatz davon abhängig, wie viel Einfluss ihr auf das habt, was ihr verändern wollt. Es gibt viele Gründe, die eine Veränderung verhindern können, dazu gehören auch die Fälle, in denen eine Veränderung unmittelbar das Leben der anderen Menschen betreffen würde. Diese Einschränkungen habt ihr für einen Mangel an Freiheit und Möglichkeiten gehalten. Das ist jedoch ein Irrtum.

Viele Menschen sind so mit ihren Bemühungen beschäftigt, Veränderungen, die außerhalb ihres Einflussbereiches liegen, hervorzurufen oder ihnen zu widerstehen, dass sie den unermesslichen Reichtum dessen verpassen, was sich mit jeder Wendung der Ereignisse eröffnet. Leider richtet der Mensch seine ganzen Anstrengungen auf Veränderungen, von denen er glaubt, dass er sie bewirken kann. Er konzentriert sich also auf kontrollierbare Wirkungen und schließt damit größere Bewegungen aus, die zu echtem Erfolg führen würden.

Um zu wissen, was du sinnvollerweise verändern kannst und wie, musst du zuerst wissen, was Dein ist, was dir anvertraut wurde, um dafür zu sorgen und darüber zu bestimmen. Folgendes kannst du sofort verändern, wenn du möchtest: Deinen Verstand, dein Herz, deine Haltung, deine Werte, deine Bereitschaft und das, womit du deine Tage und Nächte verbringst. Andere Dinge kannst du allmählich beeinflussen, wie dein Wirken in der Welt, deine Freundschaften, dein Wissen, deine Ziele, deine Absichten, deine Lebensaufgaben, deine Verantwortung für Ressourcen, deine Gesundheit, deinen Wohlstand und deine Freiheit. Zu anderen Bereichen kannst du nur einen Beitrag leisten. Du kannst sie nicht vollständig verändern, weil der

Wille anderer daran genauso stark beteiligt ist wie dein eigener. Hier wandelt sich nur etwas, wenn der göttliche Wille sowie der kollektive Wille der Natur und der Menschheit dich beim Erreichen deines Ziels unterstützen. Das betrifft deine Umwelt, die größere Gemeinschaft, in der du lebst und jene Fäden der Wirklichkeit, die Gott in jedem Augenblick in das Gewebe des Lebens einfließen lässt.

Wichtiger als das sichtbare Ergebnis einer Veränderung ist, dass du grundsätzlich eine richtige Beziehung zur Veränderung hast. Du denkst vielleicht, dass eine Veränderung zum Schlechten einfach das Gegenteil einer Veränderung zum Guten ist. Das stimmt nicht immer. Letztendlich bestimmt die ***Bewegung innerhalb der Veränderung*** *ihren Wert. Selbst in einer Veränderung zum Schlechten kann eine Bewegung ergriffen und zum Guten umgelenkt werden. Jegliche Veränderung, die du meisterst, ist besser als eine Veränderung, die dich überwältigt, selbst wenn diese zunächst Gutes zu bringen scheint. Der entscheidende Unterschied zwischen guten und schlechten Veränderungen liegt weniger in ihren unmittelbaren oder auch langfristigen Ergebnissen, sondern in ihren Auswirkungen auf deine Beziehung zu den Bewegungen des Lebens.*

Solange ihr das Wesen der Bewegung und der Veränderung nicht begreift, werden in eurem Leben immer wieder Stauungen auftreten und wenn das Wasser des Flusses dann steigt, wisst ihr nicht mehr, wie ihr darauf segeln könnt. Zu wissen, wie du mit Bewegung und Veränderung umgehen kannst, befreit dein Leben von seinen Misslichkeiten. Die meisten Menschen stecken in unerwünschten Umständen fest, weil sie nicht wissen, wie sie die notwendigen Veränderungen akzeptieren und steuern können.

Die größeren Offenbarungen der Wahrheit entstehen, wenn die Bewegung über und durch die Stille deiner Seele verläuft. Es genügt, dass ihr euch von den Illusionen der Veränderung trennt und von den falschen Veränderungen, die durch Rastlosigkeit und Unzufriedenheit hervorgerufen werden, damit ihr die wahre Stimme des Geistes vernehmen könnt. Bewegung ist sowohl in euch als auch um euch herum. Das Meistern der Veränderung beginnt mit der Entdeckung deines ewigen, unveränderlichen Selbst, denn die vollkommene Bewegung ist, bereits am Ort deiner Bestimmung zu sein. Vollkommene Bewegung bewirkt unmittelbare Erhebung.

Es gibt vier menschliche Eigenschaften, die zu dieser Meisterschaft beitragen: Achtsamkeit, Bereitschaft, Ermächtigung und Liebe.

***Achtsamkeit** bedeutet, ganz präsent zu sein, im Herzen zentriert und alles um sich herum wahrnehmend. Es bedeutet auch, wachsam, sorgsam und sorgfältig auf das Leben zu achten. Achtsamkeit ist ein Zustand, in dem du deine Orientierung im Leben kennst und deine Werte, Sehnsüchte, Absichten und Ziele. Es bedeutet, dass du eine Richtung hast und darauf ausgerichtet bist.*

***Bereitschaft** bedeutet, dir deiner Ressourcen bewusst zu sein und deine Fähigkeiten einzusetzen. In diesem Zustand hast du dir deine Erfahrungen zu Eigen gemacht und bist bereit, damit weiter zu Diensten zu sein. Vielleicht erfordert das eine zusätzliche Ausbildung deiner Talente oder die Wiederherstellung deiner Gesundheit, so wie man ein Auto in einen guten Zustand versetzt, bevor man damit eine lange Reise antritt. Bereitschaft ist immer darum bemüht, den größeren Fluss der Wandlungen zu erkennen. Um sie zu entwickeln ist es sinnvoll, alle Sorgen, alle Apathie und jeglichen Geisteszustand, der deine Aufmerksamkeit oder deine Hinwendung zum Neuen untergräbt, loszulassen.*

***Ermächtigung** entsteht, wenn sich dein Lebensrad mit einem Rad größerer Reichweite und Bewegung verzahnt. Wenn deine Achtsamkeit und Bereitschaft die Gnade Gottes auf dich gelenkt haben und du dich den Bewegungen der Veränderung hingibst, die größer sind als alles, was du persönlich bewerkstelligen kannst, dann entsteht echter Wandel. Um ermächtigt zu werden, lass deinen Egoismus beiseite und sei bereit, eine unverdiente Gabe von Glück und gutem Geschick zu empfangen, welche für dich und andere bereit steht. Wenn der Fluss steigt, setze dein Boot ins Wasser und folge der Strömung. Die Bewegungen des Schöpfers sind so umfassend, dass ein großer Teil von deinem Widerstreben, wenn nicht gar alles, fortgespült wird. Sie sind wie ein Fluss, der dich an neue Ufer trägt, zu fruchtbaren, unbebauten Tälern, wo* *neue Freunde auf dich warten und alte Freunde willkommen sind, wo Vergebung leicht fällt und sich zahllose Möglichkeiten auftun.*

***Bedingungslose Liebe** ist unerlässlich, wenn man die Bewegung meistern und aus der Bedingtheit von Veränderungen mit all ihren störenden Nebenwirkungen austreten will. Damit ist die Fähigkeit gemeint, in der Stille eines unendlichen Augenblicks jenseits aller Umstände und individuellen Differenzen die Liebe wahrzunehmen. Dich selbst und andere als Liebe zu erkennen, verleiht dir die Macht der Regeneration und Dauerhaftigkeit, eine Quelle des Equilibriums in dem sich ständig verändernden Strom der Erfahrungen.*

Befasse dich mit diesen vier Eigenschaften, kultiviere sie in deinem Charakter und wende sie in jedem Bereich deines Lebens an. Im Fluss des Lebens mit seinen ständig wechselnden Strömungen sind immer alle diese Attribute relevant, doch in manchen Augenblicken wird es eines geben, das dir besser hilft als die anderen. Diese Eigenschaften gelten auch für die Schöpfungskräfte – Individualität, Stille, Bewegung und Einheit – und können dir zu einem größeren Verständnis derselben verhelfen.

Bewegung ist ein wesentlicher Teil der Schöpfung, denn der Fluss des Lebens fließt immer weiter. Doch das Herz des Menschen wurde auch in der Stille geboren, um sich selbst als ICH BIN zu erkennen. Ihr seid von Einheit umgeben und doch fließen die Bewegungen der Gedanken und des Lebens direkt durch euch hindurch. All dies ist gleichermaßen Teil von euch. Wenn ihr das begreift, werdet ihr von eurer Suche nach äußeren Ursachen ablassen und direkter nach der Quelle Ausschau halten. Ihr werdet feststellen, dass die Zeit nicht euer Feind ist, sondern einfach ein Diener der Bewegung und ihr werdet sie meistern. Das wird euch größte Freiheit geben, euch mit Anmut und in vollkommener Integrität durch die Vergangenheit, Gegenwart und Zukunft zu bewegen und endlosen Möglichkeiten für Wachstum und Ausdruck zu begegnen.

Der sechste Tag, an dem die Kinder Gottes erschaffen wurden, war ein Tag des Abenteuers. Es war der Tag der großen Ausdehnung des Lebens, Lernens, Erfahrens, Herausforderns, Verleugnens, Kämpfens,

Verletzens, Polarisierens und in entgegengesetzte Richtungen Rennens, damit jeder sein Territorium abstecken konnte. Das ist jetzt erledigt. Ihr seid am Ende eurer Suche nach eurem Selbst in den äußeren Bedingungen angelangt, und die Ironie dabei ist, dass ihr euch die ganze Zeit an dem Ort eures eigenen, wahren Seins befunden habt. Die Menschheit erblickt einen neuen Horizont. Damit meine ich nicht nur ein neues Jahrtausend für die Welt, sondern eine neue Ära des Bewusstseins. Auf Erden steht eine große Wiedervereinigung bevor. Sie wird zunächst in den Individuen stattfinden, dann in Gruppen von zwei oder drei und mehreren, bis sie schließlich die ganze Menschheit erfasst. Es handelt sich um die große Vereinigung von Herz und Seele, Geist und Körper, Selbst und Selbst und kollektiv um die Vereinigung aller in der Einheit Gottes. Durch die Illusion der Getrenntheit seid ihr der Überzeugung erlegen, dass euer niederes Selbst hier auf Erden weilt und euer höheres Selbst nur im Himmel anzutreffen ist. Durch Abenteuer und Erfahrungen habt ihr die Türen geschlossen zum Speicher eurer Erinnerungen. Diese Vergesslichkeit hat eine Verzerrung eures Selbstverständnisses erzeugt, die euch gefangen hält. In Wahrheit waren immer alle Teile von euch beteiligt. Ihr habt weder den Schöpfer noch eure Brüder und Schwestern noch euch selbst jemals verlassen. Ihr habt jedoch die, mit den Bewegungen der Gedanken, des Fühlens und des Lebens erfüllte Stille eurer eigenen Essenz verlassen. Ihr habt euch in die Erfahrung der Veränderung begeben und euch von ihren Effekten bezaubern lassen. So haben sie euch definiert, ja sie haben euch eingefangen, jedenfalls für einen Augenblick. Jetzt seid ihr bereit, die Bewegung zu meistern und euch endlich von der Illusion von Veränderung zu befreien

Der Trick besteht darin, euch nicht mehr als Gefangene einer durch Höhe, Gewicht, Geschlecht und Alter bestimmten Form zu betrachten. Der Trick ist zu erkennen, dass eure wahre Natur überall gleichzeitig lebt, jenseits von Raum und Zeit. Dann kann euch die höchste Erkenntnis zuteil werden: Dass ihr an dem Ort eurer Bestimmung ankommt und entdeckt, dass ihr die ganze Zeit dort gewesen seid. Wenn ihr euch durch die Vergangenheit und die Zukunft so bewe-

gen könnt, als wären sie jetzt, wenn eure Reisen des Herzens genauso wirklich für euch sind wie die Reisen des Körpers, dann beginnt die machtvollste und schwierigste Erweiterung von allen: Ihr werdet anfangen alle Beschränkungen zu überwinden, die ihr je hattet, und werdet die Bedeutung des Mitgefühls entdecken.
Das ist eure Reise. Ihr Ziel ist zu entdecken, dass Fleisch und Knochen euch nicht binden, dass ihr tatsächlich die Verkörperung der Liebe und von überhaupt nichts begrenzt seid. Jede Seele ist in Wahrheit eine unbegrenzte Idee der Freiheit. Dein ganzer Körper in all seinen Dimensionen ist nichts anderes als deine Seele, als Form manifestiert. Brich die Ketten deines Urteilens und deiner einschränkenden Glaubenssätze und du wirst auch die Ketten deines Körpers brechen. Der Weg, den ich euch gegeben habe, führt weder auf etwas zu noch von etwas weg. Es ist ein sowohl praktischer als auch mystischer Weg durch die Unendlichkeit eures eigenen, wahren Seins. Es ist euer Weg der Freiheit.«

Entsprechende Passagen aus der Bibel

5. Mose 28,12:
»Der Herr wird dir seinen guten Schatz auftun, den Himmel, dass er deinem Land Regen gebe zur rechten Zeit und dass er segne alle Werke deiner Hände.«

Psalm 1,3:
»Der ist wie ein Baum, gepflanzt an den Wasserbächen, der seine Frucht bringt zu seiner Zeit, und seine Blätter verwelken nicht. Und was er macht, das gerät wohl.«

Galater 6,9:
»Wir wollen aber Gutes tun und nicht müde werden; denn zu seiner Zeit werden wir auch ernten, wenn wir nicht nachlassen.«

Matthäus 6,27:
»Wer ist unter euch, der seines Lebens Länge eine Spanne zusetzen könnte, wie sehr er sich auch darum sorgt?«

Matthäus 25,13:
«Darum wachet! Denn ihr wisst weder Tag noch Stunde.«

Matthäus 28,20:
»Und siehe, ich bin bei euch alle Tage bis an der Welt Ende.«
Johannes 5,35:
»Er war ein brennendes und scheinendes Licht; ihr aber wolltet eine kleine Weile fröhlich sein in seinem Licht.«

Der Schlüssel zum Leben

Dieses Kapitel begann mit einer Überraschung und entwickelte sich schnell zu der größten schriftstellerischen Herausforderung in der dreijährigen Arbeit an diesem Buch. Ich dachte, das letzte Kapitel würde heißen: »Ihr seid meine Geliebten.« So hatte Jeschua es mir in dem ursprünglichen Inhaltsverzeichnis gegeben und das hätte auch gut zu dem letzten Kapitel von »Unendliche Liebe – Jesus spricht« gepasst. Doch wahrscheinlich war es genau passend, dass dieses Kapitel mit einer Veränderung begann, die mich tief erschütterte. Ich erwachte eines Morgens und sah trotz der geschlossenen Läden Licht durch mein Fenster scheinen. Ich vernahm leise Schritte auf dem Teppich. Dann war er da, ganz verkörpert und für alle meine Sinne wahrnehmbar, so wie damals während des Malens. Ich wollte ihn erstaunt begrüßen, doch eine Handbewegung von ihm brachte mich zum Schweigen und gab mir das Gefühl, dass ich besser aufmerksam zuhören und den Augenblick nutzen sollte, solange er währte. Er sprach und tat dann etwas, was meine gesamte Wahrnehmung veränderte.
»Alles ändert sich jetzt, denn ich werde dir etwas über Bewegung mitteilen. Stelle alles hintan, was du je über Veränderung oder Bewegung

gedacht hast, und auch alles, was du dir für das nächste Kapitel gedacht hast. Es wird ein neues Verständnis geben und ein neues Kapitel. Dies wird das letzte Thema sein und der Schlüssel zum ganzen Buch.«
Etwas verwirrt und enttäuscht begann ich: »Aber...«
Er fuhr unmittelbar fort: *»Du warst bis jetzt noch nicht so weit und ich konnte weder deine Bereitschaft noch die deiner Leser voraussehen. Ich freue mich, dass ich dir mehr geben kann als erwartet. Hierin liegt der Weg zu wahrer Freiheit durch die Unendlichkeit eures eigenen Seins. Es ist viel besser, wenn ihr selbst herausfindet, dass ihr die Geliebten Gottes seid, als wenn es euch irgendjemand sagt, selbst wenn ich dieser Jemand bin.«*
Während er sprach, spürte ich eine Bewegung in mir. Durch diese innere Veränderung wurde mir klar, dass alles, was ich für fest und real gehalten hatte, eigentlich Wahrnehmungen waren und diese Wahrnehmungen ordneten sich zu anderen Konfigurationen. In mir bildeten sich ein neuer Himmel und eine neue Erde. Ich war in meinen Grundfesten erschüttert, als ich erkannte, dass alles, worauf ich den Zustand meines Lebens zurückführte, nur zur Unterstützung meiner eigenen Überzeugungen und Meinungen erschaffen worden war. Das Leben meines Körpers spiegelte meine Seele wider, doch darüber hinaus war alles, was irgendwie zu meinem Leben dazugehörte, an meine Gedanken, Gefühle, Ideale und Überzeugungen gebunden, jedenfalls so weit es mich betraf. Die Bewegung, die mich durchlief, trug mich wie ein Fluss zu einer sicheren Insel mitten in der Strömung. Mein Herz sehnte sich danach, in den größeren Möglichkeiten dessen, was sein könnte, zu ankern und zum ersten Mal gab es keinen Grund für mich, es zurückzuhalten. Zum ersten Mal sah ich eine Antwort auf meine brennende Frage, wie der Himmel auf Erden möglich sein soll. Es hängt alles davon ab, wie vollständig wir unsere Seelen in den größeren Fluss des Lebens eintauchen lassen, nach dem sie sich so sehnen. Sind wir bereit, aus unseren Geschichten auszusteigen und den inneren Tempel wieder aufzubauen? Sind wir bereit, unsere Werte völlig neu zu ordnen, und auch unsere

Richtung zu ändern, wenn es sein muss? Interessanterweise fühlte sich nichts davon wie ein Opfer an, denn das Meiste, was ich losließ, waren Belastungen!
Die innere Bewegung beschleunigte sich und ich spürte, wie die Wände einer alten Festung zusammenbrachen und dahinter ein strahlender Tempel voll wunderbarer Dinge sichtbar wurde. In einem Augenblick konnte ich mich in die Vergangenheit, Gegenwart oder Zukunft versetzen und mir das aussuchen, was meinem eigenen Wesen entsprach. Mein früheres Leben, in dem ich danach strebte, mich durch die Reflektion äußerer Ereignisse zu erkennen, wurde durch ein Laufband der Freiheit ersetzt, von dem aus ich auswählen und entscheiden konnte. Ich war keine Geisel unbekannter zukünftiger Erfahrungen mehr, die mich zwangen das Spiel mitzumachen. Alles hatte sich verwandelt.
Ich war von dieser neuen Realität so gebannt, dass ich kaum hörte, wie er sagte: *»Ich werde dich jetzt verlassen, damit du deine Erfahrung genießen und wählen kannst, was dir widerfahren wird. In ein paar Tagen werde ich zurückkommen und wir werden die Arbeit fortsetzen.«*
Das war der außergewöhnlichste Morgen, an den ich mich erinnern kann. Im Laufe des Nachmittags begann ich jedoch von der Wirklichkeit, die ich dachte hinter mir gelassen zu haben, Druck zu verspüren. Mein Kopf fing an zu schmerzen, und als es Abend wurde, war ich richtig leidend, verwirrt und fiebernd. Ich war untröstlich bei dem Gedanken, dass ich so nah am Paradies gewesen war und es mir hatte durch die Finger gleiten lassen. Ganz zu schweigen von all den Vorbereitungen, die ich bereits in das Kapitel gesteckt hatte, das ich nun nicht schreiben würde. Mein Mann Larry war auf Reisen und ich fühlte mich sehr allein. Nach einem tröstlichen Telefongespräch mit ihm beschloss ich, dass nach einem guten Nachtschlaf sicher alles besser sein würde.
Am nächsten Morgen ging es mir jedoch noch schlechter. Meine Atemwege waren völlig zugeschwollen, ich fühlte mich schwach und mein Kopf dröhnte wie eine Trommel. Am wenigsten von all dem konnte ich die Erinnerung an meine gestrige Seligkeit ertra-

gen. Wann immer ich daran dachte, drehte sich mir der Magen um und ich litt noch mehr. Wie sollte ich über die Freuden einer Erfahrung schreiben, die mich derart leiden ließ? Ich hoffte nur, dass Jeschua's weitere Lehren Balsam auf die pochenden Wunden sein würden, die seine ersten Worte in mir geschlagen hatten. Dann erinnerte ich mich..., seine letzten Worte.... Ich sollte wählen, was mir widerfahren würde. Etwas in mir erkannte eine Wahrheit über Veränderung und mir wurde klar, was hier vor sich ging. Ich hatte die Wirklichkeit erzeugt oder mich mit ihr einverstanden erklärt, die ich eigentlich hinter mir lassen wollte. Damit hatte ich dieser Wirklichkeit Macht über mich gegeben, so nahm sie dann einfach ihren Verlauf und tat das, was sie tun musste: Sie warnte mich, dass ihre Grenzen in Gefahr seien! In dem Augenblick, als ich das erkannte, hörte mein Kopfschmerz auf und im Laufe der nächsten drei Tage kehrte mein Befinden zu einem stark verbesserten »Normalzustand« zurück.

Dies war meine erste bewusste Erfahrung der Tatsache, dass Bewegung und Veränderung unterschiedliche Phänomene sein können. Die Kraft der Bewegung wirkt nicht nur auf der physischen, sondern auch auf der mentalen, emotionalen und spirituellen Ebene. Veränderung ist die Neuordnung der Wirklichkeit, die durch die Bewegung verursacht wird. Ich verstand auch, dass das Universum auf dynamische Art vollkommen ist – es ist ein lebendiges, bewegliches System, welches sein Gleichgewicht auch aufrechterhalten kann, wenn es sein Equilibrium für einen Augenblick verliert. Auf diese Weise gehen wir zum Beispiel: Wir geben erst unser Gleichgewicht auf, um es dann wieder zu gewinnen. Wir könnten noch nicht einmal stehen, wenn wir nicht in der Lage wären, unser Gewicht subtil um einen inneren Schwerpunkt herum zu bewegen. In der Kunstgeschichte gab es hierzu eine bahnbrechende Entdeckung. Die alten griechischen Skulpturen waren so formal, steif und symmetrisch wie die ägyptischen Statuen, bis ein Bildhauer namens Polyklet im fünften Jahrhundert vor Christus die Theorie des Contrapost entwickelte. In seinen Skulpturen zeigte er die natürlichen, inneren Bewegungen der diagonalen Gewichtsverlagerung im menschlichen Körper. Dabei ging es ihm jedoch nicht nur um die Darstellung der menschlichen Form, sondern er wollte darin auch kallos, das Schöne, und eu, das Perfekte oder Gute, zum Ausdruck bringen. Das Geheimnis dazu lag in der symmetria, der vollkommenen Proportion aller Teile der Statue zueinander und zum Ganzen. Es ist fast ein Wunder, wie diese einfache Erkenntnis den kalten, harten Marmor zum Leben erweckte. Die alte Legende von Pygmalion, die in heutiger Zeit in dem Musical »My Fair Lady« neu interpretiert wurde, bezog sich wahrscheinlich auf die gleiche Fähigkeit, wie sie Polyklet entwickelt hatte, den Skulpturen Leben einzuhauchen, einfach indem man die **innere Bewegung** darstellt! Polyklets Theorie lässt sich bis zu Pythagoras' dynamischer Symmetrie zurückverfolgen. In der statischen Symmetrie sind zwei Hälften in einem ausgeglichenen Zustand des Equilibriums. In einer dynamischen Symmetrie geht es darum, dass die ganze Komposition eine dynamische Einheit bildet, in der alle Teile einander Energie zukommen lassen und die doch in der Bewegung stabil bleibt. Aus mathematischer Sicht wandte Pythagoras dies auf die Gesamtheit des Lebens an.

In den Herzen der Menschheit gibt es ein unstillbares Verlangen danach, das Leben als dynamische Symmetrie zu erfahren, sich ständiger Veränderungen zu erfreuen und zu erleben, wie sich alles immer wieder leicht und anmutig zur Mitte hin ausrichtet. Die Herzen verlangen danach, Veränderungen zu erfahren, welche die Wahrheit unseres Seins offenbaren statt sie zu verändern. Es werden Unsummen dafür ausgegeben dieses Gefühl zu kaufen und viele geben ihren letzten Pfennig, um es zu erwerben. Doch ohne zu wissen, was dieses Gefühl bedeutet, verliert man dabei einfach das Gleichgewicht und kehrt dann zu dem Prozess zurück, sich in weiteren, entstellenden Veränderungen zu verlieren.

Zum Glück kehrte mein Lehrer zurück und gab mir Kraft für die Realitätsübergänge, auf die ich mich eingelassen hatte. Das Geheimnis zur Bewältigung äußerer Veränderungen liegt darin,

zunächst durch innere Bewegungen des Geistes, des Herzens und der Seele Kraft aufzubauen. Ohne diese Kraft bedroht die äußere Veränderung euer Selbstgefühl. Deswegen klammern sich so viele Menschen an ihren Platz in den Geschichten und fürchten, ihre Lieben zu verlieren, wenn sich die Geschichten ändern würden. Ich verstehe jetzt, warum manche Menschen derartig stur auf ihrem Standpunkt beharren: Sie fürchten, sich zu verlieren, wenn sich ihre Geschichte verändern würde. Andere fürchten vielleicht, dass ihr guter Ruf Schaden nehmen könnte. Das Tragische daran ist, dass wir die inneren Bewegungen verhindern, die den Geist inspirieren, die Seele erhellen und das Herz erfüllen, nur weil wir den mit der Veränderung verbundenen Schmerz fürchten!

Die Wissenschaftler sagen uns, dass wir in einem Universum leben, das nicht fest ist. Selbst das dichteste Atom besteht aus einem Atomkern und seinen Trabanten, die ihrerseits reine Energie sind. Das, was wir für Festigkeit halten, beruht auf reinen Energieteilchen. Es gibt in der physischen Welt keine wirklich festen Elemente. Der Abstand zwischen den Kernen von zwei Atomen ist wahrscheinlich proportional größer als die Distanz zwischen zwei Galaxien. Und in diesem Zwischenraum ist reines, lebendiges Bewusstsein. So bestehen wir zu 99 Prozent aus reinem Bewusstsein, welches in jedem Augenblick veränderbar ist.

Warum geschieht es dann nicht so leicht? Weil noch eine weitere, ebenso mächtige und hartnäckige Kraft im Spiel ist: Die Macht unserer Vereinbarungen darüber, was ist! Diese Vereinbarungen sind so stark, dass wir mitten am Tag das Sonnenlicht nicht sehen würden, wenn wir davon überzeugt wären, dass es Nacht ist! Sie sind so mächtig, dass sie uns mitten aus dem Flug der Freiheit und der kreativen Inspiration herausholen und in die Zwangsjacke des untergeordneten Lebens stecken können – und nur, weil wir es ihnen erlaubt haben! Diese Vereinbarungen haben die Macht, dass wir uns kleiner als Nichts fühlen, wenn wir sie verändern wollen – und nur, weil wir ihnen das Recht übertragen haben, zu definieren, wer wir sind!

Wir versuchen, das zu verändern, was wir für das Gegebene halten – und es versucht, uns zu ändern! Es gibt eine Lösung und sie liegt in der Erkenntnis, dass Bewegung die Herrin der Veränderung ist. Wir bewegen uns durch die inneren Welten des Denkens, des Geistes, des Herzens und der Seele und tauchen dann wieder auf, um die Veränderungen durchzuführen, die aus der Bewegung hervorgegangen sind. Das fließende Zusammenwirken von Bewegung und Veränderung gleicht den Mustern der dynamischen Symmetrie: Ständig in Bewegung und Veränderung begriffen und doch immer zu einem inneren Equilibrium zurückkehrend. Wenn wir uns mit innerer Bewegung stärken und uns der jeweils gerade anstehenden Anpassungen der Wirklichkeit widmen, fangen wir an, diesen Prozess zu meistern und dem Rhythmus zu folgen. Selbst wenn die Veränderungen unangenehm sind, können wir unseren Entschluss stärken, indem wir den äußeren Wert der Veränderung für uns selbst und für andere berücksichtigen. Veränderungen sind meistens angesagt und richtig, wenn sie

- das Leben fördern und die Lebendigen unterstützen
- Ordnung aus dem Chaos entstehen lassen
- unser Bewusstsein und unsere Verantwortung stärken
- Gemeinschaftlichkeit und das allgemeine Wohlbefinden fördern
- Im Angesicht eines sich bereits abzeichnenden Wachstums aufrechtzuerhalten sind
- die äußeren Bedingungen der wahren Essenz näher bringen
- die Kooperation und das Verständnis zwischen Gott und den Menschen stärken
- inspirieren, beleben und vereinen
- Freiheit wiederherstellen oder erhalten

Veränderungen sind meistens unangemessen, wenn sie
- Schaden oder Chaos verursachen
- Konsequenzen auslösen, die man nicht verantworten kann

- andere dahingehend manipulieren, die uns unangenehmen Auswirkungen zu übernehmen
- die Heiligkeit der eigenen, wahren Essenz verletzen
- als Tarnung für Machtspiele dienen
- eine gestohlene Chance darstellen, die eigentlich jemandem anderes gehört.

Die Botschaften dieses Buches und besonders dieses Kapitels wollen Sie tief bewegen. Es kann sein, dass Sie dies vielleicht unbewusst zunächst verhindern, weil Sie sich mit den möglicherweise daraus hervorgehenden Veränderungen unwohl fühlen. Wenn Sie die tiefere Bedeutung erfassen, gehen Sie vielleicht von der Inspiration schnell dazu über, Veränderungen zu initiieren – und stellen fest, dass es Ihnen misslingt. Wenn Sie derartige Erfahrungen machen, achten Sie genau darauf, was hier wirklich vor sich geht. Lassen Sie sich von dem Prozess lehren, Ihre Situation zu begreifen und sich hindurchzubewegen. Erinnern Sie sich daran, dass Sie auf irgendeine Weise dieser Wirklichkeit zugestimmt haben, sonst hätte sie keine Macht über Sie. Durch Ihr Handeln, Ihre Worte, Gefühle oder durch Ihre Fehleinschätzungen haben Sie sich mit dieser Art von Wirklichkeit einverstanden erklärt. Vereinbarungen und Einverständnisse kann man aufheben, doch dazu sind Besonnenheit, Geschick und Beharrlichkeit notwendig – oder wie Jeschua sagen würde: Achtsamkeit und Bereitschaft. Sind die Veränderungen dann jedoch so weit fortgeschritten, dass sie anerkannt und von der Einheit bekräftigt werden, dann füllen die Winde des GEISTES unsere Segel und wir bewegen uns in eine neue Wirklichkeit. Meine Erfahrungen mit dem Schreiben dieses Kapitels sind ein wunderbares Beispiel dafür. Wie versprochen kehrte Jeschua ein paar Tage später zurück und gab mir die Worte für dieses Kapitel. Doch er bat mich, es später aufzuschreiben. So könnte ich ihm nicht nur mit den Ohren, sondern auch mit Herz und Seele besser zuhören und ihn besser verstehen. Ich befolgte seinen Rat, ohne zu ahnen, welche Schwierigkeiten ich mir damit einhandelte.

Während ich ihm zuhörte, war mein Bewusstsein von einer unbeschreiblichen Klarheit gewesen, doch als ich mich zum Schreiben hinsetzte, fand ich keine Worte oder Konzepte, die das Gehörte wiedergeben konnten, ohne seine Bedeutung zu mindern. Tagelang quälte ich mich mit der Unzulänglichkeit der Sprache herum. Aus reiner Frustration schrieb ich viele Seiten mehr, als er gesagt hatte, in der Hoffnung, dadurch irgendwann den roten Faden wieder zu finden, an dem ich die Botschaft unter diesem Berg von intellektuellem, inhaltslosen Geplapper hervorziehen könnte.

Eines Abends sagte Larry beim Abendessen zu mir: »Ich sitze jetzt hier und höre dir zu. Erzähl mir einfach mal, worum es bei dir gerade geht.« Ich begann, mir das Herz frei zu reden, zunächst bruchstückhaft und selbst mir kaum verständlich, doch er hörte weiter zu und war offensichtlich bereit, sich anrühren zu lassen. Als wir uns vom Tisch erhoben, hatte ich den roten Faden gefunden. Er war durch den Fluss der Gedanken zwischen uns beiden deutlich geworden. Meine Gedanken waren klar. Doch ich musste noch eine weitere Hürde nehmen, bevor ich mit dem Schreiben beginnen konnte. Als ich mich nämlich am nächsten Morgen erfrischt und frohgemut an meinen Schreibtisch setzte, blieb ich schon beim ersten Wort wieder stecken. Ich war kurz davor, voller Frustration alles hinzuwerfen, doch die Klarheit des vergangenen Abends ermöglichte es mir, meinen Irrtum zu erkennen. Ich hatte versucht einen neuen Gedanken zu vermitteln, indem ich innerhalb der alten Wirklichkeit eine neue Perspektive einnahm. Es war der uralte Fehler, neuen Wein in alte Schläuche zu füllen. Ich musste den unbefangenen, unschuldigen Blick eines Kindes einnehmen und der Bewegung erlauben, durch mich hindurch zu fließen und die Worte der neuen Wirklichkeit zu bestimmen. Jetzt begann ich zu schreiben und die Worte flossen, ohne dass ich sie begriff. Sie offenbarten ein neues Verständnis von einem neuen Himmel und einer neuen Erde.

Manche Leser tun sich vielleicht zunächst schwer damit, dieses Kapitel zu begreifen. Andere rauschen vielleicht hindurch, als hätten

sie es schon ein Dutzend Mal gehört. In beiden Fällen möchte ich Ihnen vorschlagen, es noch einmal mit dem Blick eines Kindes zu lesen. Unbefangen betrachtet ist es vielleicht die einfachste Botschaft dieses Buches, denn es spiegelt am besten wieder, wie Sie als Seele eigentlich das Leben wahrnehmen.
Als Sie ein Kind waren, ließ nicht Ihre Zellstruktur Ihren Körper jung erscheinen, sondern die unsichtbare Intelligenz, die sich in diesem neuen Ausdruck universellen Bewusstseins versammelt hatte. Jetzt, in diesem Augenblick, sind Sie mit dem gleichen Bewusstsein wie bei Ihrer Geburt genauso lebendig. Sie tragen hier und jetzt die gleiche Intelligenz und den gleichen Geist in sich, der Ihren Lebensfunken entzündete. Diese Lebenskraft ist nicht gealtert, denn sie kann nicht altern. Sie kann nicht krank werden und auch nicht depressiv. Sie ist ewig jung und gesund. Sie kennt nur die Freude und das Einssein mit Gott und dem Universum. Diese vitale Kraft sind Sie! Entbinden Sie Ihre Seele von ihren beschränkenden Gedanken, Überzeugungen und Urteilen und Ihr Herz von seinen gequälten Illusionen. Breiten Sie Ihre Flügel aus und genießen Sie den Flug. Der Weg zu wahrer Freiheit führt durch die Unendlichkeit Ihres eigenen Seins.

Andere Quellen der Weisheit

St. Basavanna (1106-1167):
»Was steht, wird fallen. Doch was sich bewegt, wird immer bleiben.«

William Wordsworth (1770-1850):
»Weisheit und Geist des Universums! Ihr seid die Ewigkeit des Denkens, welches Formen und Bildern Atem und ewige Bewegung verleiht!«

Euripides (485-406 v. Chr.):
»Im schwersten Schicksal sind die Aussichten auf eine glückliche Wendung am größten.«

Marc Aurel (121-180):
»Alles befindet sich in Metamorphose. Du selbst befindest dich in ständiger Veränderung... und genauso das ganze Universum.«

Dhammapada (ca. 500-200 v. Chr.):
»Um Erleuchtung zu erlangen, müsst ihr den Fluss der Zeit durchqueren. Alles Materielle vergeht, doch Erleuchtung währt ewig.«

Anwendung

Die fundamentalen Elemente der Existenz sind:

Individualität
Einheit
Bewegung
Stille

Sie erfüllen Ihr Leben, aber können Sie sie sehen? Bemühen Sie sich bewusst um ein tieferes Verständnis jeder einzelnen dieser Kräfte? Achten Sie darauf, wie diese Elemente in Ihren Beziehungen wirken. Wie teilen Sie sie mit anderen und wie könnten Sie sie zur Entwicklung von mehr Liebe und Verständnis im Zusammensein mit Ihren Freunden oder Ihrer Familie einsetzen?

Betrachten Sie die vier menschlichen Fähigkeiten, die für verantwortungsvolle Bewegung und Veränderung erforderlich sind:

Achtsamkeit
Bereitschaft
Ermächtigung
Liebe

Beachten Sie, wie diese Aspekte der Bewegung Bestandteil jeglichen Übergangs und jeder wichtigen Veränderung sind, die Sie vornehmen. Befassen Sie sich damit, wie sie in Ihrem Charakter auftauchen und zu Ihrem Fortschritt im Leben beitragen. Wie könnten Sie den Prozess verfeinern und bewusster gestalten, damit Ihre Übergänge von einer Wirklichkeit zur nächsten effektiver und anmutiger werden? Wie können Sie andere bei ihren Bemühungen um Veränderung unterstützen?

Die vier Elemente der Existenz und die vier Eigenschaften, die erforderlich sind, um sich mit ihr zu bewegen, sind Bestandteil jeder Erfahrung. Unterschätzen Sie nicht den Wert der Bewusstheit selbst in der kleinsten Handlung. Es sind ohnehin gerade die kleinsten Dinge, an denen wir aus Gewohnheit am stärksten hängen. Unsere einfachen, alltäglichen Muster zu verändern kann so machtvoll sein wie die Umlenkung eines Traums!

Es gab in meinem Leben einen kleinen Zwischenfall, der dieses Prinzip verdeutlicht. In meinem Flur steht ein hübsches kleines Nachtlicht in Gestalt eines Engels. Ich lasse ihn Tag und Nacht angeschaltet, weil seine bunten, glitzernden Bleiglasflügel diesem Bereich meines Hauses einen schönen Glanz geben. Eines Tages brannte die Glühbirne durch und ich hatte keine Zeit sie zu ersetzen. Nacht für Nacht stolperte ich durch den dunklen Flur und schwor mir jedes Mal, am nächsten Tag die Birne auszuwechseln, doch sobald die Sonne schien und ich nicht mehr stolperte, vergaß ich es. Nach mehr als einer Woche begann ich, mich in einem neuen Muster durch den dunklen Flur zu bewegen. Ich ging vorsichtiger und merkte mir die Möbel und Türen, auf die ich achten musste. Plötzlich blieb ich stehen, weil mir etwas Bedeutendes klar wurde: Genauso vergessen wir, unser inneres Licht wieder anzuzünden, wenn der Stress unseres Lebens es ausgeblasen hat. Wenn unser Leben vor Vitalität hell leuchtet, sind wir mit der äußeren Versorgung zufrieden. Wenn wir uns jedoch von Schwierigkeiten und Herausforderungen überwältigt fühlen, sind wir zu beschäftigt, um nach dem Licht einer höheren Antwort zu suchen. In diesem Augenblick wurden mir meine ganzen Erfahrungen mit physischen Ablenkungen klar. Ich tastete im Dunkeln suchend nach

dem Engel und nahm ihn mit neben mein Bett. Dies sollte mir nicht noch einmal passieren. Gleich morgen früh würde ich die Glühbirne auswechseln. Vielleicht war es ja ein wirklicher Engel, der das gerade bei mir getan hatte.
In diesem kleinen Zwischenfall tauchten alle Attribute auf, die Veränderung bewirken. Erst als ich achtsam und bereit war, entstand ein Gefühl der Ermächtigung. Als ich mich in der Kraft fühlte, erfuhr ich die Erfüllung der Liebe, die mich die Situation von einer höheren Warte aus erkennen ließ. Ich glaube, mich erleuchtete die Geschichte mehr als den kleinen Engel.
Derartige Erkenntnisse können in den kleinsten und in den größten Mustern auftauchen, wenn Sie anfangen, die inneren Bewegungen zu begreifen, die wesentlich sind, um Veränderungen zu bewirken.

Meditation

Diese Meditation dient dazu, Sie in das eigentliche Herz des Lebens zu führen, wo Sie Ihren Platz in der gesamten Schöpfung spüren können. Machen Sie es sich bequem. Lassen Sie Ihre Augen zufallen und sich in die innere Stille treiben.
Entspannen Sie Ihren Geist und lassen Sie Ihre Aufmerksamkeit wie eine Feder tief in den Mittelpunkt Ihres Körpers und Ihres Seins sinken. Lauschen Sie nur auf das Schlagen Ihres Herzens und Ihren Atem. In Ihrem Herzen gibt es einen kleinen Funken. Fachen Sie ihn mit Ihrem Atem an, so dass er heller wird. Schauen Sie zu, wie er tanzt und flackert und unter Ihrer Aufmerksamkeit zu sanften Bewegungen wird, die Ihr Herz durchfluten und es von allen weltlichen Sorgen befreien. Sie fühlen sich von diesem Licht magisch angezogen und gehen durch es hindurch auf eine wunderschöne, grüne Wiese. Das Gras duftet und die Blumen blühen. Sie sehen stattliche Bäume und einen kleinen Bach, der aus den fernen Bergen kommt. Ihr Blick schweift über das Tal und die Hügel und Ihnen wird klar, dass Sie in eine höhere Dimension geraten sind, in einen Bereich von Zeit und Raum, wo das Endliche und das

Unendliche einander begegnen, wo die Harmonie des Geistes mit der natürlichen Welt sichtbar wird.
Sie atmen tief durch und spüren die Wärme der Sonne und die frische, belebende Brise. Sie atmen noch einmal tief durch und ein sanfter Wind streicht über Ihr Gesicht, als ob ein riesiger Flügel Ihnen zufächelen würde. Der Geist lässt sich als gewaltiger Vogel zu Ihnen nieder und Sie staunen über seine ehrfurchterregende Kraft. Er ergreift Ihr ganzes Sein, Körper und Seele, und erhebt Sie über die Wiese in die Himmel hinein. Höher und höher trägt euch der Wind, bis ihr hoch über den Wolken auf einem Berggipfel landet. Sie wissen, dass Sie auf dem Dach der Welt stehen. Sie schauen hinab und sehen die gesamte Schöpfung vor sich ausgebreitet. Ein starker Wind umbraust Sie und Sie ziehen die klare, frische Bergluft tief in Ihre Lungen. Mehr und mehr erfüllt der Wind mit jedem Atemzug Ihre Seele. Nach einer Weile vernehmen Sie in seinem Rauschen diese Wahrheiten: »Ohne Bewegung gäbe es kein Leben. Du würdest nichts hören und nichts spüren. Weder du noch irgendein Teil der Natur könnten existieren. Die Bewegung, die dich umgibt und erfüllt, ist die physische Präsenz des GEISTES. Sie berührt deine Seele und du hinterlässt deine Spur darin. Wo auch immer du gehst und stehst, bewegt dich der GEIST. Wenn du dir dessen bewusst bist, wirst du empfindsamer für das Leben und deine Umgebung werden. Du wirst lernen, in welche Umfelder du dich hineinbegeben willst und in welche nicht, welche Entscheidungen dein Leben bereichern und welche nicht, was du mitnehmen und was du zurücklassen willst. Du wirst lernen, die Qualität deines Lebens zu verändern, einfach indem du zuhörst und dich auf die inneren Bewegungen deines Seins einlässt.«
Die Stimmen verhallen im Wind, doch die Botschaft klingt klar in Ihrem Herzen nach. Plötzlich spüren Sie, wie Sie von diesem hochgelegenen, herrlichen Ort abspringen und auf dem Wind des inneren Wissens gleiten. Jeder Atemzug erfüllt Sie mit einem strahlenden Gefühl der Freude und des Staunens. Sie wissen, so muss sich ein junger Vogel fühlen, der das Nest verlässt.

Die Erde ruft Sie nun zurück, ein Windstrom erfasst Sie und trägt Sie sanft hinab. Ihre heimatliche Wiese leuchtet Ihnen entgegen, als wäre das Gras voll mit neuem Leben. Sie wenden Ihren Blick noch einmal gen Himmel und gedenken staunend des wunderbaren Fluges, den Sie gerade erlebt haben.
Ihr Herz ist von Dankbarkeit erfüllt für das, was sich Ihnen offenbart hat und für das, was sich in den nächsten Tagen durch Ihr neues Verständnis des Lebens entfalten wird. Sie öffnen langsam Ihre Augen und verweilen dankbar bei der Wahrheit, die Ihrem Bewusstsein anvertraut wurde.

Gebet

Ewiger Schöpfer,
bewege mich, lehre mich und führe mich zu der Erhabenheit
meiner Seele.
Nimm meine Gebete und erweitere mein Sein
in Deine eigene, große Seele,
auf dass unsere Herzen in süßer Kommunion vereint seien.
Lass mich in jenem Moment erkennen,
dass es Dein Willen ist, der in mir will,
dass es Dein Verlangen ist, das in mir verlangt.
Durch Deine Gnade verwandeln sich meine Leiden,
welche Deine sind,
in Freuden, welche auch Deine sind.
Du kanntest den Durst meiner Seele,
noch bevor sie geboren war,
und gabst Dich, um sie zu erquicken.
Möge sich mein Leben in immer weiteren Kreisen entfalten,
doch den letzten Kreis werde ich erst vollenden,
wenn ich in Dir ruhe.

Amen

Schlüssel zum Leben – die Kernpunkte der alten und neuen Lehren Jeschua's

1. Liebe ist die göttliche, mystische und heilige Kraft, die das Leben erzeugt und erhält, einfach weil sie Freude daran hat. Liebe in ihrer reinsten Form ist Schöpfung, die sich selbst erschafft. Der Schlüssel zur Liebe beruht darauf, dass wir unsere Verbindung zu dieser Kraft kennen. Liebe ist, wer wir sind.

2 Das SEIN ist von grundlegender Bedeutung. Das Licht unseres Seins will nur wiederentdeckt, nicht neu erschaffen werden. Es war immer da – und wird immer da sein – als die Kraft, die allen Erfahrungen zugrunde liegt. Wer glaubt, irgendeine einzelne Erfahrung sei die Grundlage seines Wesens, der wird nicht begreifen, wer er wirklich ist. Wir finden zu unserem wahren Sein zurück, indem wir uns von allen Anhaftungen befreien.

3. Der Schlüssel zum Bewusstsein liegt darin, es als das Licht der Seele zu erkennen. Es ist nichts Äußeres, das wir anstreben können, sondern ein Weg, das Leben von einer höheren Warte aus zu betrachten. Glaube ist die Kerze und Mut ist die Flamme. Sie tragen das Licht in die dunklen Bereiche unserer Erfahrungswelt und schenken uns Einblicke in zuvor Unsichtbares.

4. Mitgefühl ist der Schlüssel zum Leben.

5. Strebt nach dem Reich Gottes – spürt es, lasst euch darauf ein, bringt es zum Ausdruck, dankt dafür und feiert es aus ganzem Herzen – dann wird euch alles gegeben, was ihr aus diesem Zustand heraus ersehnt. Das ist der Schlüssel zur Erfüllung allen Verlangens.

6. Der Schlüssel zur unbefangenen Wahrnehmung liegt in einer neugierigen Geisteshaltung der Freude am Entdecken. Dabei lassen wir alle Vorurteile und festen Annahmen über das Leben los und erforschen es neu mit dem staunenden, frischen Blick eines Kindes.

7. Frieden findet man nicht in der Welt, sondern nur in sich selbst.

8. Ein echtes Equilibrium entsteht durch vollständige Entspannung und Hingabe an die spirituelle Führung und führt uns zu unserer Heiligen Mitte.

9. Glaube ist der Schlüssel zur Existenz. An irgendetwas glauben wir immer, doch um diesen Bereich unseres Lebens zu meistern, müssen wir uns zwei Fragen beantworten: Woran glaube ich und worauf beruht meine Gewissheit?

10. Durch die Kraft der Gedanken und durch Besonnenheit gewinnen wir Zugang zur Kreativität.

11. Jeschua lehrte uns, allen falschen Willen loszulassen und zu der Kraft und der Verantwortung zurückzukehren, die dem essentiellen Willen innewohnen. Wir folgen dem Faden unserer Erfahrung. Der Schlüssel zum essentiellen Willen liegt darin, zu sein, wer wir wirklich sind und das in Handlung umzusetzen.

12. Das JETZT ist der Schlüssel zur Wahrheit. Wenn Wahrheit als etwas Vergängliches betrachtet wird, das mit dem Verlauf der Ereignisse in der Zeit vergeht, so entzieht sie sich uns. Nähern wir uns der Wahrheit jedoch mit gläubigem Vertrauen und mit Bewusstheit, in der Schlichtheit des reinen Seins, so können wir sie als das JETZT erkennen, welches das ganze Leben durchwirkt. Dann gibt es nichts als Wahrheit.

13. Wir haben immer die Möglichkeit, uns zwischen reaktivem und proaktivem Verhalten zu entscheiden. Proaktives Leben entsteht aus dem Wissen, dass bewusste Entscheidungen und außergewöhnliche, wunderbare Möglichkeiten auch ein Teil von Ursache und Wirkung sind und zur Gesamtheit der Existenz dazugehören.

14. Die Mühen und Anstrengungen im menschlichen Dasein haben einen Sinn, sie helfen uns wir durch Erfahrungen stärker zu werden. Dabei macht Vergeben uns frei, Urteilen hingegen behindert diesen Prozess und trennt uns von dem Heiligen Ziel und Zweck unseres Daseins: in Vereinigung mit Gott zu sein.

15. In unserem Inneren gibt es eine Kraft, die auf magnetische Weise dafür sorgen kann, dass wir von allem genug haben. Um uns mit der großen Innenwelt des Universums zu verbinden und uns ihr magnetisches Potential zu erschließen, gilt es unsere Anhaftungen an Energieformen, Ideen und alles, was auf Mangel, Widerstand und Konzepten der Mühsal beruht, aufzugeben.

16. Ein freigiebiges Herz ist der Schlüssel zur Fülle.

17. Gemeinschaft entsteht aus dem Geben und Nehmen von Nährendem. Auf die eine oder andere Weise teilen wir alle das Leben miteinander.

18. Der Wert von Erfahrungen liegt langfristig darin, dass sie uns mit uns selbst, als den Meisterinnen und Meistern der Erfahrung, (wieder-) bekannt machen. Erfüllung ist möglich, wenn wir uns als die Erfahrenden begreifen und nicht als die Erfahrung.

19. Der wahre und essentielle Sinn unseres Daseins liegt darin, die Liebe zu sein, die wir sind. Daraus erschließen sich aller Sinn und Zweck, damit beginnt Weisheit.

20. Durch Gebet und Meditation erlangen wir Zugang zu unserer höheren Wirklichkeit, unserem größeren Selbst.

21. Das Leben ist in sich selbst heilig und erstreckt sich weit über die Gefäße hinaus, die wir unser Eigen nennen und durch die wir mit dem Leben in Kontakt sind. Wer das Leben als die vitale Kraft erkennt, die hinter allen Kontexten wirkt, lebt erfüllter und reichhaltiger. Leben wird nicht durch Gesundheit bewirkt, sondern Leben bewirkt Gesundheit.

22. In dem Wissen um die wahre Beziehung zwischen Körper und Seele liegt der Schlüssel zum Himmelreich und zum Wiederaufbau des Tempels unseres eigenen Lebens.

23. Unsere persönliche Authentizität ist die Grundlage, die es uns ermöglicht, innerhalb der wechselnden Geschichten unseres Lebens sicher zu leben.

24. Aus der Entdeckung unseres ewigen, unwandelbaren Selbst erwächst die Meisterschaft über Veränderungen und Wandel. Dies ist der Weg zur Freiheit.

Über die Autorin

Glenda Green ist Autorin des internationalen Bestsellers »Unendliche Liebe – Jesus spricht« und sie malte mit dem Bild »Das Lamm und der Löwe« eine der bekanntesten modernen Darstellungen von Jesus Christus. Sie lehrte an der Tulane Universität und an der Universität von Oklahoma. Ihre Bilder hängen in bedeutenden Sammlungen, zum Beispiel dem Smithsonian Institut, dem Museum der Stadt New York und dem Williams College Kunst-Museum. Glenda Green galt in den USA mehrere Jahre lang als eine der besten realistischen Malerinnen in Öl.
Ihre Karriere als Künstlerin begann mit ihrem magna cum laude Abschluss in Malerei an der Texas Christian University und setzte sich 1970 mit einem Abschluss in Kunstgeschichte an der Tulane University fort. Als sie 1972 in die Fakultät der Universität von Oklahoma eintrat, hatte sie bereits einen hervorragenden Ruf als Porträt-Malerin. Seit 1980 spielte sie in der nationalen und internationalen Kunstszene eine wichtige Rolle.

In den letzten Jahren widmete sie einen großen Teil ihrer Zeit öffentlichen Vorträgen. Ihre warme, humorvolle und selbstbewusste Art erweckt in ihrem Publikum eine innere Gewissheit des eigenen höheren Bewusstseins. Mit ihrem klaren Stil und ihrer Fähigkeit, auch schwierige spirituelle Themen kompetent darzustellen, vermittelt sie ihren Zuhörern ein besseres Verständnis des Universums und des eigenen Platzes darin.

Weitere Informationen über Veröffentlichungen, Bilder und Termine finden Sie unter lovewithoutend.com.

Quellen

Theresa von Avila:
http://www.ephraem.de/west/thervonavila.htm

LaoTse
Laotse
Tao te king
Das Buch vom Sinn und Leben
Übersetzt von Richard Wilhelm
HTML Herausgabe von Dan Baruth
http://www.iging.com/laotse/LaotseD.htm#1

Bhagavad Gita: zusammengestellt aus
Bhaktivedanta Swami Prabhupada
»Bhagavad-gita«
http://www.prabhupada.de/

Bibelzitate vorwiegend aus
- Die Bibel, übersetzt von Martin Luther, in der revidierten Fassung von 1984, Bibel-Online.NET
- Die Bibel, Einheitsübersetzung, Verlag Kath. Bibelwerk GmbH, 1996

Khalil Gibran, Der Prophet, Walter Verlag 1973

Seattle, Wir sind ein Teil der Erde, Walter Verlag

Rainer Maria Rilke, Sämtliche Werke, Insel Verlag, 1980